진보의 품격

MY OWN WORDS

by Ruth Bader Ginsburg with Mary Hartnett and Wendy W. Williams

Copyright © 2016 by Ruth Bader Ginsburg,
Mary Hartnett and Wendy W. Williams
All rights reserved.

This Korean edition was published by Edenhouse Publishing in 2025
by arrangement with the original publisher, Simon & Schuster, LLC through
KCC(Korea Copyright Center Inc.), Seoul.

이 책은 ㈜한국저작권센터(KCC)를 통한 저작권자와의 독점계약으로
㈜이든하우스출판에서 출간되었습니다.
저작권법에 의해 한국 내에서 보호를 받는 저작물이므로 무단 전재와 복제를 금합니다.

진보의 품격

세상을 바꾼 목소리

루스 베이더 긴즈버그,
메리 하트넷, 웬디 W. 윌리엄스 지음
문경록 옮김

분열의 시대에 필요한 대화와 설득의 기술
루스 베이더 긴즈버그는 어떻게 미국을 변화시켰는가?

"모든 미국인이 긴즈버그가 남긴 유산의 혜택을 입었다"
- 낸시 펠로시

차례

역자 서문　　　　　　　　　　　　　　006
여는 글　　　　　　　　　　　　　　 015
연보　　　　　　　　　　　　　　　 027

1부 | 유년시절과 소중한 추억들

1장 학교 신문 편집자의 글　　　　　　042
2장 하나의 사람들　　　　　　　　　　046
3장 도청: 쇠뿔을 바로잡으려다 소를 죽인다　054
4장 마티 긴즈버그가 좋아했던 주제　　　062
5장 오페라 속의 법과 변호사　　　　　　073
6장 스칼리아 연방대법관을 추모하며　　 084
7장 오페라 〈스칼리아/긴즈버그〉　　　　093
8장 연방대법원 생활의 밝은 측면　　　　116

2부 | 불모지의 개척자들에게 보내는 찬사

1장 벨바 록우드　　　　　　　　　　　130
2장 법조계의 여성 진출　　　　　　　　138
3장 벤저민에서 브랜다이스, 그리고 브레이어까지　155
4장 세 명의 용감한 유대계 여성　　　　　170
5장 샌드라 데이 오코너　　　　　　　　176
6장 글로리아 스타이넘　　　　　　　　 185
7장 위대한 여인들을 기리며　　　　　　188

3부 | 성평등에 관하여: 여성과 법

1장 여성과 법   225
2장 제10순회항소법원에서의 멋진 여정   236
3장 '프론티에로 사건' 답변서   245
4장 남녀평등수정헌법의 필요성   258
5장 'VMI 사건' 법정 발표문   277
6장 성차별 철폐를 옹호함   284

4부 | 연방대법관이 되다

1장 로즈가든 수락 연설   313
2장 상원 인준청문회 모두진술   324

5부 | 판결과 정의

1장 연방대법원의 일상   362
2장 사법부 독립   386
3장 렌퀴스트 연방대법원장 추도사   399
4장 매디슨 강연   411
5장 인류의 목소리에 대한 온당한 존중   450
6장 인간의 존엄성과 법적 공정성   470
7장 반대의견의 역할   502
8장 연방대법원 주요 보고 사항   585

맺는 글   610
감사의 글   616
참고 문헌   617

역자 서문

    2020년 9월 18일, '진보의 아이콘' 루스 베이더 긴즈버그(Ruth Bader Ginsburg, 1933~2020) 연방대법관이 87세를 일기로 영면했다. 알링턴 국립묘지로 향하기 전에 여성 최초로 미 국회의사당(링컨 대통령 동상 옆)에 안치되었으며 펠로시 의장은 "우리 민주주의에 헤아릴 수 없는 손실"이라며 조의를 표했다. 연방대법원도 추모객들이 쇄도할 것을 우려하여 극히 이례적으로 이틀에 걸쳐 고인을 원내에 안치하며 최고의 예우로 대했다. 로버츠 대법원장은 "역사적 인물을 잃었으며 굳건한 정의의 수호자로 영원히 기억될 것이다"라며 고인을 기렸다. 생전에 고인과 자주 갈등을 빚었던 트럼프 대통령도 "법의 거인이자 역사의 선구자를 잃었다"며 정중히 애도의 뜻을 표하고 백악관은 물론 미국 전역의 모든 연방 건물과

군 기지 등에도 조기를 게양하도록 명령했다. 생전에 삼권분립의 정신을 강조하고 몸소 실천했던 긴즈버그 대법관에 대해 입법부와 사법부는 물론 행정부의 수반까지 모두 하나가 되어 최고의 찬사와 경의를 표한 것이다.

미국의 연방대법관은 임기가 정해진 우리나라의 대법관과는 달리 특별히 비위나 불법행위에 연루되지 않는 한 평생에 걸쳐 유지할 수 있는 종신직이다. 고인도 세상을 떠나기 직전까지 무려 27년에 걸쳐 연방대법관으로 봉직했다. 또한 대법관(14인)과 헌법재판관(9인)을 별도로 두고 있는 우리나라와는 달리 미국의 연방대법원은 대법원장을 포함하여 아홉 명의 대법관이 대법원과 헌법재판소의 중차대한 기능을 함께 수행한다. 따라서 대법관 지명 및 인준 과정에서 보수 세력과 진보 세력 간의 대립은 갈등 수준을 넘어 파경 국면까지 치닫곤 한다. 그러나 긴즈버그 대법관의 경우는 확연히 달랐다. 인준 과정에서 그가 보여준 도덕적 우월성, 탁월한 업적, 출중한 지적 능력과 판단력, 타고난 겸손함과 인간적인 매력, 그리고 투철한 국가관으로 심지어 공화당 의원들마저 민주당 못지않은 전폭적인 지지와 성원을 보냈다. 그 결과 미 의회 역사상 극히 이례적으로 열여덟 명의 소속 상원의원 전원이 합의함으로써 법사위원회에서 만장일치로 그의 인준이 통과되었다.

긴즈버그는 다양성과 포용력, 그리고 평등이라는 진보의 핵심 가치를 구현하는 일에 평생 매진하며 진정한 진보의 품격을 대변했다. 이는 그가 헌법 조문의 해석에 관해 원래의 문구와 의미를 수호하는 데 집중하는 보수적 원본주의자 originalist들과는 달리 '살아있는 헌법 living constitution'을 옹호한 것에서 잘 나타난다. 즉, 미국의 선조들이 헌법을 기초했을 당시에 예상하지 못했던 미래의 상황 변화를 제대로 담아내기 위해서는 헌법도 끊임없이 진화해나가야 한다는 것이다. 그에 따르면 미국에서 수정헌법의 역사는 한때 헌법상의 권리와 보호 대상에서 소외됐던 집단 즉, 오랫동안 노예로 살던 아프리카계 흑인에서 시작하여 가난한 백인 남성, 아메리카 원주민, 외국인 노동자 그리고 마침내는 여성에 이르기까지 점차 지평을 넓히며 발전해온 과정을 담고 있다. 고인은 이 책에 제2차 세계대전 중 태평양 지역의 이오지마라는 작은 섬에서 전사한 미 해병대원들을 추모하는 글을 실어 진보의 핵심 가치에 대한 본인의 생각을 오롯이 드러낸다.

여기 미국을 사랑했던 남자들이 누워 있습니다. 장교와 사병, 흑인과 백인, 부유한 사람과 가난한 사람들 모두가 한자리에 누워 있습니다. 여기 그 누구도 신앙 때문에 어느 누구를 더 좋아하지도, 피부색 때문에 어느 누구를 멸시하지도 않습니다. 그들 사이에는 어떤 차별도, 편견도, 그리고 증오심마저도 존재하지 않습니다. 그들은 모두 가장 고매하고 순수한 민주주의의 전사들입니다. 여기 어쩔 수 없이 소수자가 되어버린 이들보다 자신이 우월하다고 생각한다면 그것은 이 추념식에 대한, 그리고 유혈이 낭자한 이들의 희생에 대한 공허한 조롱을 하고 있는 것에 불과합니다. 이에, 엄숙함과 신성한 의무로써 우리 살아남은 자들은, 개신교는 물론 가톨릭과 유대교를 믿는 흑인과 백인 모두의 권리를 지키기 위해 헌신할 것이며, 그로 말미암아 우리 모두가 민주주의를 향유할 수 있게 될 것입니다.

이와 함께 아래에 인용한 두 편의 글은 미국 사회의 또 다른 핵심 가치인 자유와 민주주의에 대한 고인의 절대적인 믿음을 보여준다. 전자는 미국의 헌법 체계와 전통을 수립하는 데 있어서 결정적 기여를 한 루이스 브랜다이스(Louis D. Brandeis, 1856~1941) 연방대법관을 기리며 그가 '자유'에 대해 설파한 내용을 인용한 것이고 후자는 연일 테러의 위협에 직면해 있는 이스라엘의 사법부 수장인 아론 바라크 Aaron Barak 대법원장이 피력한 '민주주의'에 관해 긴즈버그 자신의 생각을 덧붙인 것이다. 다만 한 가지 기억해둘 것은 긴즈버그는 자유가 무조건 옳다고 과신하지 말 것을 당부했다는 점이다. 그는 치우침 없이 상대방의 마음을 이해하고 자신의 이익만큼이나 타인의 이익 역시 동일한 선상에서 헤아려야 한다고 강조해왔다. 자유의 정신이란 최소한 상대방의 이야기를 들어주고 서로가 세심하게 배려해줄 수 있는 공동체를 만들기 위해 노력한 결과로 얻어진 소중한 씨앗이라는 것이다.

미국을 독립으로 이끈 우리의 선조들은 국가 존립의 최종 목표가 각자의 재능을 개발할 수 있도록 시민들을 자유롭게 해주는 것이라고 생각했다. 또한 국가를 이끌어나가는 과정에서 깊이 생각하고 행동하는 세력이 독단적인 세력을 압도할 수 있도록 만들어야 한다고 믿었다. 그들은 자유가 목적이자 동시에 수단이라고 여겼다. 그들은 자유가 행복의 비결이며 용기가 자유를 얻게 해주는 열쇠라고 확신했다. 그들은 마음이 가는 대로 생각할 수 있는 자유(사상의 자유)와 생각하는 대로 말할 수 있는 자유(표현의 자유)는 정치적 진실을 밝히고 확산시키는 데 필수적인 수단이라고 생각했다. 또한, 표현의 자유가 보장되고 다수가 공론의 장을 향해 적극적으로 나선다면 해롭기 이를 데 없는 교조주의가 확산하는 것에 맞서 정상적인 방식으로도 충분히 사회적 보호막을 형성할 수 있을 것이라고 확신했다. 그들은 자유의 최대 위협 요인은 시민들의 무기력이고, 공개적인 토론은 정치적 의무이며, 이 모든 것이 미국이라는 나라가 작동하는 근본원리가 되어야 한다고 생각했다.

그는 국가와 국민의 안전을 확보하기 위해 정부가 유지해야 할 단호한 기조와 '인간의 존엄성과 자유'에 대한 온당한 존중 사이에서 균형을 맞추기 위해 이스라엘 대법원은 한치의 노력도 게을리할 수가 없다고 합니다. "째각거리는 시한폭탄"이 놓여 있는 상황에서 테러리스트를 심문하며 폭력(직설적으로 표현해서 고문과 같은)을 동원하는 것이 과연 합법적인 것인가? 더욱이 경찰들이, 체포한 사람이 시한 폭탄을 어디에 설치했고 언제 터질지를 안다고 확신하는 경우에도 말입니다. 그가 수장으로 있는 이스라엘 대법원의 답변은 "허용 불가! 절대 폭력을 사용해선 안 된다"였고, 그는 이에 대해 다음과 같이 부연했습니다.

"모든 방법을 동원하도록 용인할 수 없는 것이, 그리고 적들이 사용하는 모든 방식을 따라할 수 없는 것이 민주주의의 운명입니다. 민주주의는 때로 스스로 한 손을 뒤로 묶은 채 다른 한손으로 상대방과 맞서 싸우기도 해야 하는 것입니다. 그럼에도 불구하고 민주주의는 세상의 그 어떤 정치체제보다 여전히 우위를 점하고 있습니다. 법을 지키는 것, 그리고 개인의 자유를 인정해주는 것이 민주주의 국가에서 안전을 이해하는 데 결정적 요소로 작용합니다. 무엇보다 중요한 것은 그러한 가치야말로 난관을 극복할 수 있는 정신과 힘, 그리고 역량을 한껏 고양시켜준다는 것입니다."

긴즈버그는 미국 여성운동계의 서굿 마셜(Thurgood Marshall, 1908~1993)[미 연방대법원 최초의 흑인 대법관이자 법학자로 1960년내 흑인 민권운동 을 주도한 인물]이자 미국을 대표하는 정의의 수호자로 통한다. 1960년대 인종차별 종식에 앞장서며 '흑인 민권운동의 대부'라 불리게 된 마셜 연방대법관처럼 긴즈버그도 1970년대에 성차별에 반대하는 운동을 이끌며 '여성운동의 대모'로 불리게 된다. 그가 지향하는 정의의 가치는 다름 아닌 지적 염결성intellectual integrity 또는 정직성honesty에 기반을 두고 있다. 즉, 우리가 다른 사람들에게 요구하는 기준을 자신에게도 동일하게 적용하여 개인적 믿음이나 정치적 성향이 진실을 추구하는 데 방해가 되지 않는 상태에서만이 정의가 온전히 구현될 수 있다는 것이다. 그에게는 정의가 보수 진영이나 진보 진영 그 누구도 결코 일방적으로 독점하거나 외면해서는 안 되는 최상의 가치였으며 편견으로 얼룩진 성차별이나 인종차별은 정의에 대단히 반하는 행위였다. 이에, 미국의 연방대법관들은 특정 사안을 놓고 양대 진영으로 나뉘어 치열하게 논쟁을 벌이기도 하지만 결국에는 정의라는 공동의 가치를 구현하기 위해서 모두가 하나가 된다는 것이다.

긴즈버그는 연방대법원에서 가장 자주 '반대의견'을 낸 대법관으로 통한다. 재판과 관련하여, 다섯 명 이상의 '다수의견'이 연방대법원의 공식의견으로 채택되어 법정에서 발표되고, 소수의견은 반대의견으로만 남고 발표되는 경우는 극히 드물다. 그러나, 현재의 존 로버츠 대법원장이 2005년에 취임한 이후로 보수 성향과 진보 성향 대법관이 '5 대 4'로 구성되자 긴즈버그 대법관은 반대의견을 주도적으로 작성하고 발표에도 적극적으로 나섰다. 어느 법률 평론가에 의하면, 그가 작성한 반대의견들이 오히려 보다 진실에 가깝고 정의에 부합하는 것으로 미국 사회에서 평가를 받았다고 한다. 이는 그가 법치주의라는 대의를 위해 사력을 다해 재판에 임하고, 법치주의의 기본 덕목이라고 할 수 있는 일관성 consistency, 예측 가능성 predictability, 명확성 clarity, 그리고 안정성 stability 추구에 매진하며 의견서를 작성한 결과라고 볼 수 있다. 권말에 그 대표 사례로 법정에서 그가 발표한 일곱 편의 반대의견이 실려 있다.

한편, 미국의 역사는 곧 헌법의 역사라 해도 과언이 아니다. 1776년에 영국으로부터 독립을 선언하고 1783년에 파리조약을 통해 국제적으로 독립을 인정받았으며 그에 따라 1787년에 연방헌법이 제정되었다. 이후 약 240년 동안 미국 역사의 전환기마다 사회적 요구를 반영하여 27회에 걸쳐 헌법이 개정됐다(우리나라는 1948년에 대한민국 정부 수립과 함께 헌법이 제정되었으며 이후 현재까지 아홉 차례 개정되었다). 이 책에는 미국 역사를 관통하는 사건들이 곳곳에 소개되고 있어 독자분들의 이해를 돕기 위해 등장하는 주요 인물들에 대해서는 이름과 함께 생몰연도를 괄호(( )) 안에 별도로 표기하고 내용상 필요하다고 생각되는 법률용어와 판례들에 대한 설명도 괄호(| |) 안에 병기했다. 아울러, 생동감을 살리기 위해서 대중을 상대로 행한 연설문과 법정에서 방청객들을 대상으로 구두로 발표한 의견서는 특별히 경어체를 사용하여 정리했다.

끝으로, 이 책의 원문을 소개해주신 이화여대의 박재항 교수님, 바쁘신 와중에도 감수에 흔쾌히 응해주신 법무법인 태평양의 강기중 변호사님, 제목의 선정에서부터 출간에 이르기까지 물심양면으로 큰 도움을 주신 정병철 대표님과 김석희 대표님, 그리고 번역상 오류를 바로잡아 준 제 아내에게 깊은 감사의 마음을 전한다.

2025년 6월
문경록

여는 글

　우선 독자 여러분에게 이 책이 나온 배경과 그간의 과정에 대해서 설명을 드려야 할 것 같습니다. 2003년 여름, 웬디 윌리엄스Wendy Williams와 메리 하트넷Mary Hartnett이 제 집무실로 찾아와 "본인 의사와 관계없이 누군가는 앞으로 당신에 관해서 쓸 것이니, 차제에 우리를 공식적인 전기작가로 지명하는 것이 좋지 않겠느냐"고 제안했습니다. 웬디와 저는 1970년대에 같은 분야에서 함께 일한 적이 있습니다. 그 당시 저희들은 여성의 평등한 시민권을 인정하는 방향으로 관련 법령을 개정하는 일에 함께 몸담고 있었습니다. 웬디는 미국 서부 샌프란시스코에서 '평등권옹호론자모임' 설립을 주도했고, 저는 동부의 뉴욕에서 미국시민자유연맹(ACLU, American Civil Liberties Union)이 주관하는 '여성 권익 프로젝트'에서 기초 작업을 공동으로 수행했습니다. 저희는 각자 관여하고 있던 공교육, 법제화 및 소송 활동에 대한 이해를 바탕으로 서로 도움을 주고받았으며, 이후에 웬디가 조지타운대학교 법률센터에 합류한 이후로도 긴밀한 관계를 이어갔습니다. 메리는 부교수로 동 대학교가 주관하는 '여성에 관한 법률 및 공공정책에 관한 협력 프로그램'의 책임자로 근무했습니다. 저는 이 전기 작업에서 여행 경험도 풍부하고 현명하며 늘 호감이 가는 메리가 웬디에게 최고의 파트너가 되어줄 거라고 생각했습니다. 그렇게 그들의 공동 작업 제안을 흔쾌히 받아들이게 되었습니다.

처음엔 이 책보다 전기가 먼저 나올 거라 예상했습니다. 하지만 연방대법원 근무 기간이 계속 늘어남에 따라 두 사람은 제가 연방대법원을 떠나는 시점이 임박해오면 그때 가서 전기를 발간하는 것이 좋겠다고 생각했습니다. 그래서 원래 구상했던 순서를 바꿔서 지금 독자분들이 읽고 계신 선집 형식의 책을 먼저 내놓게 된 것입니다.

매주, 적어도 한 번씩은 학생들이 연방대법원을 찾아옵니다. 그 학생들이 저에게 자주 던지는 질문은 "언제부터 판사가 되고 싶었나요?" 혹은 한술 더 떠서 "혹시 처음부터 연방대법관을 꿈꿨었나요?" 같은 것이었습니다. 이 질문 속에는 그간 우리 사회가 이룩해온 발전의 한 단면이 담겨 있다고 봅니다. 오늘날의 젊은이들에게는 소녀가 판사가 되려는 열망을 품는다는 게 전혀 이상할 것이 없습니다. 꽤 오래 전인 1956년 가을에 제가 로스쿨에 입학했던 때와는 너무도 대조적입니다. 그 당시 미국의 법조계에서 여성이 차지하는 비중은 3퍼센트도 채 안 됐습니다. 심지어 어떤 연방 항소법원의 경우에는 그곳에서 근무한 여성 판사가 근 25년 동안 단 한 명 밖에 없었습니다. 오늘날에는 미국 로스쿨 학생의 약 50퍼센트와 연방법원 판사의 3분의 1 이상, 그리고 아홉 명의 연방대법관 중 세 명이 여성입니다. 또한, 미국의 로스쿨에서 학장 보직을 맡고 있는 여성의 비중이 30퍼센트가 넘는 것은 물론이고 경제지 《포춘》이 선정한 미국 500대 기업 소속 사내 변호사 24퍼센트가 여성입니다. 그간 살아오면서 이처럼 위대한 변화를 생생하게 지켜볼 수 있었다는 것은 저에게 감동 그 자체입니다.

미국 역사상 최초로 의회와 법원에서 여성과 남성의 평등한 시민권을 헌법의 기본원칙으로 성공적으로 촉구하는 것이 가능하게 되었을 때, 내가 여전히 살아서 변호사로 활동할 수 있었다는 것이 얼마나 큰 행운인지 모릅니다. 페미니스트들(그들 가운데는 이해심 많은 남성들도 있지요)은 바로 그것을 위해 세대에 걸쳐 노력해왔습니다. 그러나 1960년대 후반까지만 해도 미국 사회는 그런 간절한 목소리를 들어줄 준비조차 되어 있지 않았습니다.

무엇이 저로 하여금 우리의 딸과 아들들이 인위적인 장애물 없이 본인의 능력에 따라 무엇이든 마음껏 이룰 수 있도록 하는 일에 몸 담게 만든 것일까요? 가장 먼저, 평소에 몸소 독서의 즐거움을 가르쳐주시고 제게 이미 주어진 행운과 상관없이 저 자신을 스스로 지켜낼 수 있는 '독립적인 사람'이 되라고 끊임없이 주문하셨던 어머니가 있었습니다. 다음으로는 저의 성장기에 많은 영향을 미쳤고 고비마다 용기를 북돋아주신 대학의 은사님들이 계셨지요. 코넬대학교에서 유럽 문학을 가르쳤던 블라디미르 나보코프 교수님은 지대한 영향력을 발휘해 저의 문해력과 작문 방식에 획기적인 변화를 가져왔습니다. 무엇보다도 그분으로부터 단어 그 자체로 어떤 상황을 그림처럼 생생하게 묘사할 수 있다는 것을 배웠습니다. 교수님 덕분에 적확한 단어와 어순을 선택하는 것만으로도 전달하려는 이미지나 생각에 현격한 차이를 만들어낼 수 있다는 것을 깨달을 수 있었지요. 헌법학을 가르치신 로버트 쿠시먼Robert E. Cushman 교수님과 미국의 국가적 이상을 가르쳐주신 밀턴 콘비츠Milton Konvitz 교수님은 미국이라는 나라가 추구해야 할 영속적 가치를 이해하는 데 큰 도움을 주셨습니다. 그분들은 1950년대에 매카시즘이 공산주의에 대한 두려움을 조성했던 적색공포의 시기에 의회가 그토록 소중한 미국의 전통적 가치에서 벗어나게 된 과정에 대해서도 알려주셨습니다. 그리고 미국의 헌법은 정부로부터 처벌받을 수 있다는 두려움에 떨지 않고도 자유롭게 생각하고, 말하고, 쓸 수 있는 권리를 보장한다는 것을 어떻게 변호사로서, 입법가들에게 상기시킬 수 있는지에 대해서도 배울 수 있었습니다.

하버드대학교 로스쿨의 벤저민 캐플런Benjamin Kaplan 교수님은 이 대학에서 만난 제 첫 은사로 개인적으로 그분에게 너무도 매료되었습니다. 교수님은 민사소송법 수업에서 학생들을 자극하기 위해 소크라테스식 문답법을 활용했지만, 단 한 번도 제 마음에 상처를 주신 적이 없습니다. 1963년부터 1980년까지 대학에서 법학을 가르치는 동안, 저는 교수님의 교육 방식을 본받으려고 부단히 노력했습니다. 컬럼비아대학교 로스쿨에서 헌법과 연방법원에 대해 강의하셨던 제럴드 군터Gerald Gunther 교수님은 저에게 연방법원의 재판연구원 자리를 주선해주셨습니다. 졸업할 즈음 저는 네 살배기 아이의 엄마였습니다. 그 사실만으로도 그런 선처가 당시 로선 교수님에게 엄청난 부담이 될 수 있었음에도 불구하고 오로지 제자를 위해 과감히 결단을 내리셨던 것입니다. 그분의 영웅적인 노력이 없었다면 당시로선 여성인 제가, 그것도 임신한 몸으로 그곳에 재판연구원으로 간다는 것은 사실상 불가능했습니다. 세월이 제법 흘러 제가 연방대법원에 부임한 후에도 실질적이면서 동시에 절차적인 몹시 까다로운 문제들을 풀기 위해서 교수님께 자주 조언을 구했으며 그때마다 교수님은 저에게 혜안을 제시해주셨습니다.

한편, 공개 강연에서 자주 받았던 또 다른 질문은 "세상을 살아가는 데 뭔가 도움이 될 만한 조언을 해줄 수 있느냐"는 것이었습니다. 물론입니다. 결혼식 날에 현명하신 시어머님이 저에게 해주신 충고가 하나의 답이 될 수도 있을 겁니다. 그분은 "훌륭한 결혼생활을 위해서 때론 조금은 못 들은 척하는 것이 도움이 된다"고 귀띔해주셨습니다. 저는 그 말씀을 지금까지도 명심하며 따르고 있습니다. 가정에서는 남편의 동반자로 지난 56년간 완벽할 정도로 몸소 실천해왔을 뿐만 아니라 연방대법원을 포함한 모든 직장생활에서도 저는 시어머님의 조언을 철저히 지켜왔습니다. 상대방이 경솔하거나 불손한 말을 해오면 그저 무시해버리는 것이 상책입니다. 그런 상황에서 화를 내거나 신경질적으로 반응한다면 본인 스스로 상대방을 설득할 수 있는 능력을 키울 수가 없습니다.

또한, 시아버님의 조언도 큰 도움이 되었습니다. 남편이 오클라호마주의 포트실에서 미 육군 포병장교로 근무하던 1954~1956년에 제가 학업을 중단하자 해주신 말씀입니다. 참고로 저는 1954년에 임신한 사실을 알게 되었고 1955년 5월에 아이를 낳았으며 그때부터 셋이 함께 단란한 가정을 꾸려갈 수 있기를 간절히 바랐습니다. 다만 이듬해 갓난아이와 함께 시작해야 하는 로스쿨 생활이 큰 걱정거리였습니다. 그때 시아버님은 "네가 로스쿨을 포기한다면 응당 그럴 만한 사유가 있어야 한단다. 그래야만 누구도 너를 얕잡아보지 못할 거야. 그러니, 네가 정말로 법률 공부를 하고 싶다면 괜한 걱정은 그만하고 아이를 돌보면서 공부도 계속할 수 있는 방법을 찾아보거라"라고 말씀하셨습니다. 그래서 저는 남편과 함께 매일 오전 8시부터 오후 4시까지 아기를 돌봐줄 사람을 구하러 다녔습니다. 우여곡절을 겪더라도 쓸데없는 걱정이나 조바심을 내지 말고 자신에게 주어진 과업에 대한 해결책부터 찾아보라는 그분의 말씀을 세월이 한참 흐른 지금까지도 마음속 깊이 되새기곤 합니다.

'일과 삶의 균형work and life balance'은 제 아이들이 어렸을 때는 아직 만들어지지 않은 용어지만, 당시 제가 경험한 시간 배분의 문제를 적절하게 설명하고 있습니다. 저는 딸아이 제인 덕분에 법대생으로 나름 성취감도 맛볼 수 있었습니다. 오후 4시까지는 성실히 수업과 연구 과제에 몰두하고 이후에는 아이와 함께 익살스러운 놀이를 하거나, 재미있는 노래를 부르기도 하고, 화첩과 동화책을 펼쳐보곤 했습니다. 아이에게 A. A. 밀른의 시를 읽어주거나 목욕을 시켜주고, 밥을 먹이면서 함께 시간을 보냈습니다. 아이가 잠들고 나면 공부에 대한 결의를 새로이 불태우면서 법률 서적을 뒤적였습니다. 그로 인해 제 인생의 매 순간마다 잠깐이라도 저를 오롯이 되돌아볼 수 있는 시간이 주어졌으며, 덕분에 오직 대학에서 법률 공부에만 매달렸던 학우들에 비해 나름대로 균형 감각도 갖출 수 있었다는 생각이 듭니다.

그간 저는 소소한 행운 이상의 것들을 누려왔습니다. 그러나, 세상에 그 어떤 것도 제 남편 마티(Martin David Ginsburg, 1932~2010)와 함께했던 결혼생활보다 소중한 것은 없었습니다. 온갖 것을 두루 갖추고 있는 인간 슈퍼마켓이자 활력이 흘러넘치고 언제나 사랑스러웠던 제 남편을 오롯이 담아낼 수 있는 표현을 저는 아직도 찾아내지 못하고 있습니다. 이 책에는 두 챕터에 그이가 저에 대해 쓴 글을 담았습니다. 누구든 그이가 남긴 글들을 읽고 나면, 그이가 저에게 얼마나 각별했고 훌륭한 인생의 동반자였는지 이해하게 될 겁니다. 참고로 말씀드리면, 결혼생활 초기부터 저의 음식 솜씨가 엉망이라는 사실이 완전히 들통나고 말았습니다. 또한, 집에서 해주는 음식을 유난히 좋아하는 아이들(1965년에 아들 제임스가 태어나서 가족이 네 명으로 늘어났습니다)의 끊임없는 평가로 인해 애들 아빠가 주방을 독차지하는 바람에 끝내 저는 뒷전으로 밀려나고 말았습니다. 결국에는 저희 집이나 지인들의 집에서는 물론이고 제가 근무하는 연방대법원에서조차도 모든 쟁쟁한 실력자들을 물리치고 남편이 주방의 최고사령관으로 군림하기에 이르렀습니다.

　마티는 아들을 임신하고 있는 동안에도 여러 방면에서 제게 조언을 해주었고, 저에 관한 기사는 물론, 연설문과 법원에 제출할 준비서면들도 가장 먼저 읽고 세심하게 비평해주었습니다. 더욱이, 두 번에 걸친 항암 치료 과정에서도 병원 안팎에서 변함없는 우군으로 제 곁을 든든히 지켜주었습니다. 그이가 없었다면 제가 결코 연방대법관이 될 수 없었을 것이라는 사실은 이제 비밀도 아닙니다. 당시 백악관 소속의 변호사 론 클레인 씨가 1993년의 제 연방대법관 지명과 관련해서 "기록으로 남기기 위해서라도 제가 이 말씀을 꼭 드리고 싶습니다. 긴즈버그 여사께서 대법관에 지명

되신 것은 지극히 당연한 결과입니다만, 남편분이 아내를 위해 그토록 '온갖 궂은 일들'을 도맡아 해내지 않았다면 그분은 지명만 받고 대법관 자리에는 오르지 못했을 수도 있습니다"라고 언급한 바 있습니다. 제가 살고 있는 뉴욕주 출신 상원의원 대니얼 패트릭 모이니헌의 전폭적인 지지를 얻어낸 것은 물론이고, 지명되기 직전까지 제가 몸담았던 법학계와 변호사 사회의 수많은 사람들로부터 받아낸 도움도 당연히 마티가 이뤄낸 그 '온갖 궂은 일들' 속에 포함됩니다.

그간 수차례 말씀드린 바와 같이, 제가 지금까지 23년 이상 수행해온 연방대법관이라는 직책은 미국의 법조인으로서 누릴 수 있는 최상의 지위이지만 동시에 엄청난 시간을 쏟아부어야 하는 몹시 고된 직업이기도 합니다. 연방대법원에 대한 국민적 신뢰의 근간은 연방법상 균열 요소를 바로잡는 데 있습니다. 이에 다른 법원들이 연방법의 요구 조건에 동의하지 않는 경우 저희가 심리에 착수할 수 있습니다. 즉, 하급법원 판사들이 법률 또는 헌법적 차원의 처방이 갖는 의미에 대해 제각기 해석을 달리하는 경우, 심리할 수 있는 권한이 연방대법원에 주어진다는 것입니다. 연방대법관이 검토하는 사안은 처음부터 성격상 그리 간단치가 않아서 제기된 사건에 대해서 완벽하리만큼 명확한 답을 즉각적으로 제시해줄 수 있는 경우는 거의 없습니다. 따라서 대법관들은 함께 회의를 열어 면밀하게 추론을 하고, 의견서 초안을 거듭 다듬어서 회람을 한 후, 마침내 각자가 최종 의견서를 작성하게 됩니다. 그 과정에서 대법관끼리 날카롭게 대립하기도 하지만 결국에는 합의에 이르는 경우가 실패로 끝나는 경우보다 훨씬 더 많습니다. 일례로 지난 '2015~2016 회기'에 올라온 총 67개의 사건 중 25건에 대해서 전체 브리핑 및 구두변론을 거친 후 적어도 핵심이 될 만한 사안에 대해서는 전원일치로 결론을 내렸습니다. 그에 반해서 5 대 3 또는 4 대 3(스칼리아 판사의 사망으로 대법관의 수가 여덟 명으로 줄어든 적이 있습니다)으로 의견이 갈린 경우도 있으나 이는 단지 여덟 건에 불과합니다.

어느 대법관이든 다수의견이 잘못됐다고 확신이 서면 본인이 나서서 반대의견을 피력할 수 있으며 저도 그와 같은 특권을 최대한 활용하곤 합니다. 그 과정에서 정치인들의 선거 비용, 소수자 우대 정책[affirmative action, 미국 내 다양한 사회적 소수자들이나 약자들에게 대학 입학이나 취업 및 승진 등에서 우대 조치를 제공함으로써 그간 그들이 받아왔던 차별과 불이익에 대해 보상하고 시정하려는 정책을 말한다], 낙태 허용 등 극도로 민감한 사안에 대해서는 첨예하게 이견이 표출되기도 합니다. 하지만 저희 대법관들은 진실로 서로를 존중하고 심지어는 친구처럼 지내기도 합니다. 동료 간 협력 관계는 연방대법관에게 주어진 임무를 성공적으로 수행하는 데 매우 큰 역할을 하기 때문입니다. 이젠 고인이 되신 스칼리아 대법관이 즐겨 쓰던 표현처럼 "이겨내지" 못한다면 저희들은 헌법이 부여한 책무를 제대로 수행할 수 없습니다. 우리 모두는 우리의 헌법과 연방대법원을 매우 소중하게 생각합니다. 우리 모두가 지향하는 바는 부임했을 당시의 정갈한 모습으로 사법부를 온전하게 유지시킨 상태로 이곳을 떠나는 것입니다.

앞서 언급한 바와 같이, 저는 그동안 살아오면서 여성들이 겪어온 직업상 위대한 변화를 제 두 눈으로 생생히 목격했습니다. 하지만 당시 찍은 사진 속의 암울한 부분이 여전히 현실에 남아있다는 사실을 우리 모두 인정해야 합니다. 아직까지도 미국과 전 세계에서 가난의 고통을 겪고 있는 사람들은 대부분 여성과 어린이들입니다. 아직까지도, 미국과 여타 지역에서 여성들의 소득은 상대적으로 교육 수준이 높고 경력을 많이 쌓은 남성들의 수준을 뒤쫓아가기 벅찰 정도로 현격히 차이가 납니다. 아직까지도, 여성들의 직장 환경은 출산과 양육에 따르는 요구 조건마저 제대로 감당해내지 못하고 있습니다. 아직까지도, 여성들이 성폭력과 가정폭력으로부터 자신을 보호하기 위해서 효과적인 방법을 스스로 강구해야만 하는 실정입니다. 그럼에도 불구하고, 저는 "위 더 피플We, the People"에 속한 모든 사람의 재능을 한데 모으려는 움직임은 앞으로도 계속될 것이라고 낙관합니다. 미국 역사상 최초의 여성 연방대법관이자 저의 절친한 동료로 용감무쌍하기 이를 데 없었던 샌드라 데이 오코너(Sandra Day O'Cornor, 1930~2023)가 표명했던 아래와 같은 기대감에 저도 전적으로 공감합니다.

남성이든 여성이든, 동력을 확보하기 위해서는 우선 남들의 눈에 띄어야 하고 그다음에는 강렬한 모습을 보여줘야 합니다. 여성들이 힘을 얻고 나면, 장애물은 서서히 무너져내릴 것입니다. 우리 사회가 여성들이 해낼 수 있는 것이 무엇인지를 깨닫게 되고 나면, 여성들이 다른 여성들이 해낼 수 있는 것이 무엇인지를 깨닫고 나면, 더욱더 많은 여성들이 그런 활동에 공개적으로 참여하여 여건이 훨씬 좋아질 것입니다.

2016년 7월
루스 베이더 긴즈버그

연보

1933년

3월 15일: 조앤 루스 베이더가 뉴욕 브루클린에서 태어남.

1934년

6월 6일: 언니 매릴린 베이더가 6세의 어린 나이에 뇌막염으로 사망.

1938년

브루클린 소재 공립학교인 PS 238 부설 유치원에 입학. 같은 학급에 조앤이라는 이름을 가진 친구들이 몇 명 있어서 학교에서는 '루스', 집에서는 '키키'로 불림.

1946년

PS 238을 졸업하고 브루클린 소재 제임스 매디슨 고등학교에 입학. 어머니 셀리아가 암 진단을 받음.

1950년

6월 25일(일요일): 어머니가 암으로 사망.
6월 27일(화요일): 고등학교 졸업(어머니의 사망으로 졸업식에 참석하지 못함).

- 1950~1954년

  코넬대학교에 입학.

- 1950년 가을: 블라인드 미팅에서 마티 긴즈버그를 만남.

- 1954년 6월 14일: 코넬대학교 졸업.

- 1954년 6월 23일: 마티의 가족이 살고 있던 롱아일랜드에서 결혼식을 올림.

- 1954~1956년

  마티가 포병학교 교관으로 복무하던 곳인 오클라호마의 포트 실에 자리를 잡음. 오클라호마에 위치한 세무사무소인 로턴 등에서 사무보조원으로 근무함.

- 1955년 7월 21일: 딸 제인이 태어남

- 1956~1958년

  하버드대학교 로스쿨에 입학(전체 약 5백 명의 학생 중 여학생은 아홉 명에 불과).

- 1958~1959년

  컬럼비아대학교 로스쿨 입학(여학생은 12명에 불과했음).

- 1959년 5월: 컬럼비아대학교 로스쿨 졸업(공동 수석).

- 1959~1960년

  뉴욕의 남부지방법원 소속 에드먼드 팔미에리 판사 사무실에서 재판연구원으로 근무.

1961~1963년

컬럼비아대학교 로스쿨에서 국제소송법에 관한 프로젝트를 담당하는 연구원 및 총괄 부국장으로 일하며 틈틈이 뉴욕과 스웨덴을 오감.

1963~1972년

뉴저지 주립대학교의 럿거스 로스쿨 교수로 부임.
- 1965년 9월 8일: 아들 제임스가 태어남.
- 1968년 6월 20일: 아버지 네이선 사망.
- 1971년 처음으로 소송('리드 대 리드 사건')과 관련한 연방대법원 제출용 준비서면을 공동으로 작성.

1972~1980년

컬럼비아대학교 로스쿨 교수로 임용되었으며 미국시민자유연맹(ACLU)의 여성 권익 프로젝트 책임자 및 법률 자문위원으로 활동.

1973년

1월 17일: 연방대법원에서 열린 구두변론('프론티에로 대 리처드슨 사건')에 처음으로 참여함.

- 1980~1993년

  미 연방순회항소법원 판사로 부임(지미 카터 대통령의 지명).

- 1993년 이후

  미 연방대법관으로 부임(빌 클린턴 대통령의 지명).

- 2010년

  6월 27일: 연인이자 인생의 동반자였던 남편 마티가 암으로 사망.

1부

유년시절과
소중한 추억들

서문

긴즈버그는 아주 어린 나이에 본격적으로 글을 쓰기 시작했다. 이 책에 첫 번째로 등장하는 글은 긴즈버그가 열세 살에 학교 신문에 기고한 것이다. 유년시절의 경험은 그가 인격을 형성하고 저술가와 판사로 활동하는 데 큰 도움이 됐다.

1933년 3월 15일, 긴즈버그는 어머니 셀리아와 아버지 네이선의 둘째 딸로 태어났다. 언니인 매릴린은 동생이 발차기하며 뛰어노는 모습을 보고 '키키'라고 불렀는데 나중에는 애칭으로 굳어져 버렸다. 하지만 연방대법관이 된 지금, 그에겐 별명을 지어준 언니에 대한 기억은 전혀 남아있지 않다. 언니는 키키가 태어난 지 불과 14개월 만에 뇌막염을 앓다가 겨우 여섯 살의 나이로 세상을 떠났기 때문이다.

키키 베이더는 아일랜드계와 이탈리아계, 그리고 유대계 사람들이 모여 사는 노동자들의 마을에서 자라났다. 그곳은 벽돌과 치장벽토로 지어진 연립주택들이 즐비한 곳으로, 한적한 가로수 거리가 코니아일랜드애비뉴와 킹스하이웨이를 마주하고 있었고 대로변에는 식품점, 세탁소와 자동차 정비소가 들어서 있었다. 부모님은 치장벽토로 지어진 조그마한 회색 연립주택의 1층을 임대해서 아이들과 함께 살았는데 2층에는 주인집 아주머니가 살고 있었다. 조그만 집에 난방용 석탄이 배달되면 삽으로 난로를 채워

겨울을 났다. 한편, 당시에는 브루클린의 뜨거운 여름을 잠재울 에어컨 시설 같은 건 어디서도 찾아볼 수 없었다. 어머니는 식구들의 옷을 손수 빨아 침실 창밖의 빨랫줄에 널어 말렸다. 거실에는 코일 냉장고와 빅터 축음기가 있었는데, 그곳에서 키키와 삼촌 리처드는 타임스스퀘어 지하철역의 작은 가게에서 사온 레코드판을 틀어놓고 함께 춤을 추곤 했다.[1]

키키는 이웃 동네의 공립학교에 다녔는데 그의 첫 학교는 '브루클린 공립 초등학교 238'에 있는 유치원이었다. 네모난 벽돌로 지어진 학교 건물은 집에서 겨우 한 블록 정도 떨어진 곳에 있었다. 같은 반에 조앤이란 이름을 지닌 애들이 여럿 있어서 어머니가 선생님에게 혼선을 피하기 위해 키키를 가운데 이름인 루스로 불러달라고 특별히 부탁을 했다. 그때부터 줄곧 가족과 친구들은 키키라고 불렀고 좀 더 공식적인 자리에서는 루스로 불렸다. 루스는 위쪽 길에 살고 있던 삼촌 리처드와 등교하곤 했다. 커가면서 둘은 방과 후에 이웃에 사는 친구들과 함께 자전거를 타거나 롤러스케이트와 줄넘기를 하고 스투프볼도 즐겼다. 그의 이웃이자 절친은 일찍 세상을 떠난 언니처럼 매릴린이라 불리던 아이로 로마 가톨릭 신자였다. 루스는 매릴린과 바닥에서 공기놀이 하는 것을 즐겼고 매릴린 집에 초대되어 저녁식사로 스파게티와 미트볼을 먹는 것을 너무도 좋아했다.

루스는 학교에서 내내 열정적이고 성적도 뛰어난 학생이었다.

독서에 푹 빠졌고 작문 수업은 황홀경 그 자체였다. 왼손잡이였던 루스는 선생님이 억지로 오른손잡이로 바꾸려 들자 끝내 울음을 터뜨리고 말았다. 그의 습자 점수는 'D'였다. 루스는 다시는 오른손으로 글씨를 쓰지 않겠다고 맹세했으며 실제로 그 맹세를 지켰다. 그리고 다시는 'D'를 받지 않았다.

대부분 아이들이 그렇듯이 루스도 체육시간과 쉬는 시간을 너무 좋아해서 학교 운동장에서 줄넘기와 피구를 하다가 무릎을 다치기도 했다. 그리고 동네 박물관이나 금요일에 열리는 지역 의회에 견학을 가곤 했다. 거기서는 여자아이들과 남자아이들이 모두 빨간색, 흰색, 그리고 파란색 옷차림이었다. 모두가 하얀 셔츠를 입고 빨간 타이를 맸는데, 여자아이는 파란 스커트, 남자아이는 파란 바지를 입었다.[2] 루스는 당시에 좋아했던 과목으로 영어와 역사, 그리고 사회를 꼽았는데 수학 시간에는 별로 흥미를 느끼지 못했다. 집안의 살림꾼이자 주부로 육성하기 위해 여학생들에게 요리와 바느질을 가르쳤던 가사 시간도 끝내 그의 감흥을 끌어내는 데 실패했다. 긴즈버그는 "나는 페미니즘이라는 말을 알기 훨씬 전부터 남자아이들을 부러워했던 것 같아요. 요리나 바느질보다 뭔가를 수리하는 걸 더 좋아했거든요. 그 아이들은 목공예를 즐기곤 했는데 톱질하는 모습이 나에겐 너무나도 재미있어 보였어요. 바느질에는 전혀 흥미를 느낄 수 없었고 요리 솜씨는 말 그대로 엉망이었죠"라고 말했다. 8학년 여학생들에게는 자신이 입을 졸업식 가운을 만들기 위해 바느질 과제가 별도로 주어졌다. 긴즈버그는 "제 작품은 그야말로 눈뜨고 봐줄 수가 없을 정도였어요"[3]라고 말했다. 다행히 졸업식 직전에 어머니가 동네 옷가게에 수선을 맡겨서 겨우 위기를 넘길 수 있었다고 한다.

금요일 오후에는 동네 도서관에 자주 가곤 했는데 도서관 아래층에는 중국 음식점과 미용실이 있었다. 어머니가 미용실에서 머리단장을 하는 동안 루스는 도서관에서 맘껏 즐거운 시간을 보냈다. 《그리스 신화》와 《시크릿 가든》, 루이자 메이 올컷이 쓴 《작은 아씨들》(루스는 거기에 등장하는 마치 자매 중에서도 활기차고 독립적이며 지적인 '조'를 특히나 좋아했다)을 읽으면서 중국 음식점에서 흘러나오는 양념 냄새에 매료되곤 했다. 또한 낸시 드루라는 가상의 인물이 등장하는 탐정소설의 열렬한 팬이기도 했다. 악몽으로 치를 떨게 만드는 공포영화와는 달리 미스터리 소설을 읽을 때면 별다른 두려움을 느끼지 않아서 좋았다. 낸시를 특별히 좋아했던 이유에 대해 긴즈버그는 "뭔가 색다른 감동을 선사하는 그런 소녀였어요. 낸시는 모험심이 가득하고 대담했고, 그에 반해 남자 친구는 낸시보다 수동적인 편이었죠"[4]라고 답했다. 여성 최초로 단독비행을 통해 대서양을 횡단한 어밀리아 에어하트(Amelia Earhart, 1897~1937) 또한 그의 상상력을 자극하기에 충분했다. 이 여성은 루스가 태어나기 바로 한 해 전에 홀로 15시간에 걸쳐 대서양을 횡단하는 역사적인 비행을 해냈으며, 5년 후에는 세계

일주에 도전하다 태평양 상공에서 홀연히 사라졌다. 루스는 에어하트의 용기와 모험심에 흠뻑 빠져버렸다.[5]

루스는 독서광으로 본인이 손수 이야기를 지어내기도 했다. 어린 사촌들은 그를 천부적인 이야기꾼으로 기억하고 있다.[6] 시도 좋아했는데 읽는 것은 물론이고 암송도 즐겨 했다. 어린 시절 특히 좋아했던 몇 편의 시들 중에는 자유의 여신상 아래 새겨진 에마 라자루스(Emma Lazarus, 1849~1887)의 유명한 시구("지치고 가난한 자여 내게 오라! 자유로이 숨쉬기를 갈망하는 그대여!")와 셰익스피어의 《헨리 5세》 에필로그("인생은 짧다. 그러나 그 짧은 시간 속에서도 누군가는 위대한 일을 해낸다/이 영국의 별처럼"), 그리고 밀튼의 시 "불복종 Disobedience" 등이 있다. 그는 또한 로버트 스티븐슨의 시집 《유년시원 A Child's Garden of Verses》과 루이스 캐롤의 "넋두리 The Jabberwocky"도 좋아했다.[7]

루스는 딸에게 자립심과 생활력이 강한 사람이 될 수 있도록 용기를 북돋아준 어머니를 특히나 존경했다. 루스가 스스로 더 많은 교육을 받아 빼어난 실력을 쌓아나가길 바랐던 어머니는 그것이야말로 루스가 살아가는 데 기본적으로 갖춰야 할 최소한의 요건이라고 생각했다. 어머니는 집안이 가난해서 자신의 오빠가 교육을 제대로 받지 못한 것이 한이었다. 그래서 천부적인 재능을 지닌 딸이 자기 오빠의 전철을 밟지 않도록 해주고 싶었다. "어머니는 제가 학교에서 두각을 나타내고 잠재력을 발휘할 때면 너무도 기뻐하셨어요. 그리고 제게 두 가지를 강조하셨죠. 하나는 '숙녀'가 되어야 한다는 것이었는데, 이는 분노나 질투 같은 사사로운 감정을 함부로 드러내지 말고 항상 의젓하게 처신하라는 뜻이었어요. 그리고 다른 하나는 독립적이 되어야 한다는 것이었는데, 이는 당시 다른 어머니들이 딸에게 주는 흔한 메시지는 아니었죠."[8]

루스가 태어나던 해에 아돌프 히틀러가 독일 총통이 되어 다하우에 수용소를 설치할 것을 명령했다. 제2차 세계대전의 전운이 감도는 그 즈음에 루스가 어린아이에서 사춘기로 접어들자 부모님은 딸에게 죽음의 수용소나 앙상하게 마른 생존자들의 사진을 보지 못하게 했다. "당시엔 너무도 참혹했기에 모두가 아무리 사실이라도 부인해버리고 싶었던 것 같아요. 사람들은 히틀러가 유대인을 증오해 그런 억압적인 법령을 만들었다고 믿었죠. 하지만……"[9]

유년시절 브루클린에서 다양한 인종의 이웃들과 보냈던 날들이 그에겐 아름다운 추억으로 남아있다. 그러나 반유대주의 풍조가 점차 루스의 집 앞마당까지 밀려들고 있음을 느낄 수 있었다. 같은 블록에 살던 나이 지긋한 두 아주머니는 자신들의 양아들들에게 "유대인을 집안에 불러들이면 큰 재앙이 닥친단다. 특히 점심시간에는 더더욱 조심하렴"이라고 말했다.[10] 어떤 아이들은 [유대인들이 유월절에 먹는 빵인] 마초 matzo가 교회에 다니는 어린아이들의 피로 만든 것이라고 외치고 다녔고 루스와 유대계 친구들

1부 유년시절과 소중한 추억들

을 향해 "유대인 자식들"이라며 조롱하곤 했다.[11] 심지어 가족과 차를 타고 펜실베이니아 교외를 지나치다가 어느 여관 앞 잔디밭에서 "개나 유대인은 절대 접근 금지!"라는 문구가 들어간 푯말을 본 적도 있다.[12]

여덟 살이 되던 1941년 12월 7일, 매주 일요일마다 다녀오던 퀸스로 향했다. 그런데, 차 뒷좌석에 앉아 부모님과 함께 라디오를 듣던 중 갑자기 정규방송이 중단되어 모두 화들짝 놀랐다. 이어, 라디오 아나운서가 황급히 일본이 방금 전에 진주만을 공격했다는 소식을 속보로 전했다.[13] 모두가 두려움에 떨며 공격이 사실이 아니길 바랐지만 바로 그 다음날 루스벨트 대통령은 일본과 전쟁에 돌입한다고 선언했다.

모두에게 그랬듯이 전쟁이 터지자 루스의 삶도 순식간에 변했다. 루스에겐 '시Si'라 불리던 대학생 사촌오빠 세이무어가 있었다. 진주만 폭격 당시 그의 나이는 겨우 열여덟 살이었다. 이듬해 5월에는 천하태평의 느긋한 성격을 지닌 그마저도 갑자기 육군에 징집되어 결국 유럽과 태평양 전선에 투입됐다. 루스는 사촌오빠 걱정에 당시 'V-메일'이라 불리던 '승리의 우편물'에 편지를 써서 보내곤 했다. 규격봉투에 사촌오빠의 주소와 함께 고향 소식을 가득 담아 접은 후 우체통에 넣고 나면 편지가 마이크로필름에 저장되어 외국으로 보내졌으며 그곳에서 다시 재생되어 검열을 받은 후에 마침내 전쟁터에 있던 사촌오빠에게 전달됐다고 한다.

공습경보 사이렌 소리가 주기적으로 찢어지듯 울려퍼졌고 그때마다 가정과 학교에서는 모든 활동을 즉각 멈춰야 했다. 어둑한 저녁쯤 집에 돌아오면 야간 등화관제 훈련을 위해 황급히 불을 꺼야 했고 학교에서는 어린 소년들이 강당으로 무리 지어 들어가곤 했다. 루스가 살던 브루클린 동네에는 공습 감시원이 있었고 특정 거리들은 개별적으로 작은 구역들로 쪼개져 각각의 대표를 두었다.[14]

루스 가족도 가솔린 구입용 쿠폰을 배급받아 기름 씀씀이를 줄여야만 했다. 주말에 가족이 브루클린 교외로 소풍 갈 때에는 기름 한 방울이라도 아끼려고 세심하게 차량의 동선을 미리 정해 놓곤 했다. 루스와 학급 친구들은 학교에서 당근과 무 그리고 다른 채소들을 키우기 위해 '승리의 정원'을 가꿨다. 홈룸 시간에는 아침마다 정사각형 꼴로 아프간식 담요를 뜨개질해서 군인들에게 보내기도 했다.[15] 일주일에 하루는 '우표의 날'로 정해서 같은 반 아이들과 용돈을 모아 25센트짜리 우표를 사서 저축용 채권 기록부에 붙이곤 했다. 거기서 나오는 수익금은 전쟁물자 구입에 사용된다고 했다.[16] 아이들은 엄청난 양의 껌도 의무적으로 씹어대야 했다. 껌에서 벗겨낸 은박지를 뭉치로 만들어 '국방용 알루미늄 만들기' 운동에 동참하는 영웅적인 임무를 수행하기 위한 것이었다. 그 와중에도 루스는 공장에서 전쟁물자를 생산하는 강인하고 유능한 여성의 초상이 그려진 '리벳공 로지' 포스터를 유난히 좋아했다고 한다.[17]

열두 살이던 루스의 유년 시절에 줄곧 대통령직을 수행하던 루스벨트가 1945년 4월 15일 아침, 조지아주 웜스프링에서 뇌출혈로 갑자기 사망했다. 그를 이어 트루먼이 미국의 제33대 대통령이 됐다. 그로부터 2주 반이 지난 4월 30일에 연합군이 가까이 다가오자 히틀러가 지하벙커에서 총으로 자신의 오른쪽 관자놀이를 쏴서 스스로 목숨을 끊었다. 5월 2일에는 베를린이 함락됐다. 그리고 채 일주일도 지나지 않은 1945년 5월 8일에 드디어, 루스는 뉴욕 사람들이 거리로 쏟아져나와 유럽 전승일을 기념하며 얼싸안고 춤추는 모습을 지켜봤다.[18]
　　미국이 히로시마와 나가사키에 원자폭탄을 투하한 직후인 그 해 늦은 여름에 치러진 일본 전승일의 풍경은 유럽 전승일과는 사뭇 달랐던 것으로 긴즈버그는 기억한다.

　　모두가 깜짝 놀랐습니다. 아무도 모르게 만들어진 원자폭탄의 실체가 마침내 신문에 실렸죠. 원폭 후 생겨난 엄청난 먹구름! 우리가 수많은 사람들을 죽였으며 너무나도 많은 사람들이 피폭으로 평생토록 상흔을 지닌 채 살아가게 되었다는 두려움! 축제 분위기는 고사하고 일본 전승일에는 오히려 먹구름만 가득 드리워진 것 같았어요. 비록 원자폭탄으로 전쟁은 끝이 났지만 모든 사람이 일본에 투하된 그 도구의 엄청난 파괴력을 실감했으며 그처럼 가공할 무기와 함께 맞을 미래를 몹시도 두려워했던 것으로 기억합니다. 유럽 전승

일은 모두가 기쁨에 들떠 보냈지만, 일본 전승일에는 원폭으로 모두가 엄청난 충격에 휩싸였죠.[19]

1장

학교 신문 편집자의 글

하이웨이 헤럴드, 1946년 6월

루스의 유년시절 내내, 미국의 영부인은 엘리너 루스벨트였다. 어머니는 엘리너를 너무도 존경했던 나머지, 루스에게 엘리너의 신문 칼럼인 '마이 데이'를 종종 큰소리로 읽어주곤 했다. 루스벨트 대통령이 세상을 떠나고 8개월이 지나자 엘리너가 새롭게 창설된 유엔 총회의 미국 대표로 임명됐다. 유엔 헌장은 서문에서 "기본적 인권, 인간의 숭고함과 가치, 남녀 평등권, 그리고 크고 작은 나라들끼리 평등권에 대한 신뢰를 회복시키는 것"을 유엔의 지향점으로 선언했다. 그에 따라 1946년 4월, 엘리너는 새로 설립된 유엔 인권위원회에서 의장직을 맡게 됐다. 제2차 세계대전이 끝나고 루스와 어머니는 엘리너가 이끄는 길을 열심히 뒤쫓아갔다. 그리고 1948년에 마침내 엘리너가 기울인 그간의 노력이 본인 스스로 "전 인류를 위한 국제적 대헌장"과 같은 문서라며 자축했던 세계인권선언의 채택이라는 큰 결실로 이어졌다.

엘리너가 유엔 인권위원회의 수장이 되고 나서 2개월 후에, 루스는 8학년이던 열세 살의 나이로 학교 신문 '하이웨이 헤럴드'의 편집장이 되어 칼럼을 썼다. 이 책에 첫 번째로 등장하는 바로 그 기고문은 그가 장차 큰일을 벌일 거라는 징조를 보여주고 있다. 다른 학생들은 대부분 서커스, 연극반, 합창단 활동 등을 소재로 다뤘지만 루스는 십계명, 대헌장, 권리장전, 독립선언문과 유엔 헌장에 관해 글을 썼다.

하이웨이 헤럴드, 1946년 6월
뉴욕주 브루클린 소재 '238 공립초등학교' 학생부 발간
8B1반 루스 베이더의 편집자의 글

태초부터 지금까지 세상에는 위대한 문서 네 개가 전해져오고 있다. 이들의 위대함은 그 속에 담겨 있는 이상과 원칙으로 말미암아 인류가 얻게 될 온갖 종류의 혜택에 바탕을 두고 있다.

그 첫 번째가 '십계명'으로, 모세가 이스라엘 사람들을 거친 광야에서 가나안 땅으로 안내할 때 받은 계명이다. 오늘날, 각자의 종교를 넘어서서 거의 모든 사람이 십계명을 윤리강령과 행동지침으로 받들며 존중하고 있다.

13세기 이전에 유럽의 왕정체제 아래에서 백성들이 처한 삶의 여건은 감내하기 어려울 정도로 너무나 척박했다. 고액의 세금이 부과되었고 생활은 궁핍하기 이를 데 없었으며 정의는 존재조차 알려지지 않았다. 그러나, 1215년에 영국의 부호와 귀족들이 만나서 소위 '마그나 카르타'라고 불리는 대헌장을 작성하여 국왕인 존으로 하여금 서명하도록 한 후, 영국을 지배하는 법률로 공포했다. 거기에는 영국 농민들에게 역사상 처음으로 부여한 권리들이 담겨 있다.

오랑예 출신의 네덜란드 사람인 윌리엄이 영국의 왕위를 계승해달라는 제안을 받았다. 그때 이미 그는 영국의 군사력을 이용해서 사랑하는 조국 네덜란드가 스페인과 벌이고 있는 전쟁에서 승리를 거두게 하겠다는 커다란 야심을 품고 있었다. 제안을 성사시키려면 영국인들에게 무언가를 양보해야 했고, 그 결과 1689년에 '권리장전'에 서명을 하게 된 것이다. 이를 통해 왕권을 제한하고 국가의 통치권 대부분을 의회에 넘겼는데 이는 세계 역사상 또 하나의 중대한 진보의 발걸음이었다.

미국의 1776년 '독립선언서'는 한 나라가 모습을 갖춰가는 데 있어서 커다란 역할을 했다. 그로 인해 완전히 새로운 모습의 국가가 탄생한 것이다. 바로 그 국가가 오늘날 마침내 세계 강대국들 사이에서도 가장 막강한 나라로 부상했다.

그리고 1945년, 우리는 드디어 다섯 번째 위대한 문서인 '유엔 헌장'을 갖게 되었다. 이 헌장의 취지와 원칙은 세계의 평화와 안전을 도모하고 관용을 베풀며 모든 공격적인 행위나 평화를 해치는 행위를 제어하는 데 있다.

이미 전 세계를 파멸로 이끌 수 있는 무기가 개발되고 말았다. 따라서 이 땅에는 반드시 평화가 정착되어야만 한다. 평화를 증진시키기 위해 우리와 같은 공립학교 학생들도 해낼 수 있는 일들이 도처에 널려 있다. 선량한 이웃 국가들과 함께 잘 지낼 수 있도록 우리 스스로 갈고 닦아야 한다. 그 숭고한 이상이 새롭게 제정된 이 위대한 '유엔 헌장' 속에 담겨 있는 것이다. 이것이야말로, 미래에 전쟁으로부터 인류를 보호하고 평화 체제를 영구히 정착시킬 수 있는 유일한 길이다.

2장

하나의 사람들

이스트 미드우드 회보, 편집자의 글
1946년 6월 21일

루스의 직계 가족들은 종교활동에 그다지 열성적이지 않았다. 그럼에도 불구하고 유대교 전통은 유년기 생활에서 많은 부분을 차지했다. 어머니 셀리아는 금요일 밤이면 어김없이 촛불을 켰다. 하누카는 유대교 축제 기간이다. 할아버지는 이날을 위해 용돈을 따로 준비해 손주들 손에 각각 1달러짜리 은화를 쥐어주었다. 루스와 부모님은 해마다 숙모, 삼촌, 그리고 사촌들이 모이는 유월절[유대인들이 이집트 신왕국으로부터 탈출한 사건을 기념하는 유대교 축제일] 모임에 꼬박꼬박 참석했다. 이 모임은 증조할아버지와 증조할머니가 주관했는데 유월절 첫째와 둘째 날 밤에 열렸다.[1] 루스에겐 유월절에 관한 흥미로운 기억들이 남아있다. 그중에는 그가 전통적인 유월절 방식의 질문을 해야 하는 차례가 되었을 때, 첫 번째로 던진 질문이 "오늘 밤이 이전의 모든 밤들과 다른 이유는?"이었다는 것이다. 나중에 긴즈버그는 "그 질문이 저에겐 유월절 행사 중 최고의 기억으로 남아있습니다. 그런 질문은 가장 나이 어린 사람이 던져야 했는데 제가 그때 그런 나이였죠. 그러고 나면 저녁 내내 질문과 답변이 이어졌습니다"[2]라고 회상했다(이는 훗날 루스가 미국 연방대법원 역사상 가장 적극적이고 정확하게 심문했던 대법관 중 한 사람이 될 징조였는지도 모르겠다).

루스는 어린시절부터 줄곧 유대교 전통의 일부인 정의와 배움을 향한 숭배에 높은 가치를 부여해왔다. 히브리어와 유대 역사를 즐겨 공부했으며 특히, 사사기[士師記, 히브리어로 쓴 구약성경] 4장과 5장에 나오는 여장부이자 심판관이며 예언자인 드보라의 삶과 '드보라의 노래'에 큰 감명을 받았다.

깨어나라, 깨어나라, 드보라여!
깨어나라, 깨어나서 이 노래를 시작하라!
일어나라, 바라크[Barak, 드보라와 함께 시세라가 이끄는 카난군을 격파한 장수]여! 포로들을 끌고 가라!
오! 아비노암의 아들이여![3]

그러나 어릴 때부터 루스는 유대교가 위선적으로 보이는 원리에 집착하고 여성들에게는 저급한 역할을 맡기는 것을 보며 분노를 느꼈다. 한번은 어머니 셀리아가 루스에게 유년시절에 당신의 오빠와 정통파 유대교 신자였던 아버지 사이에 일어났던 사건에 대해 얘기해준 적이 있다. 어느 토요일 오후였다. 그날 오빠가 어렵게 모은 지폐와 동전을 주고 산 반짝이는 새 자전거를 타는 모습을 지켜보며 어머니는 마냥 즐거웠다고 한다. 하지만 모처럼 느꼈던 오후의 행복은 결국 분노와 눈물로 가득한 저녁으로 끝나버리고 말았다. 아버지가 안식일에 자전거를 탔다는 이유로 화를 내며 그 자전거를 도끼로 박살내버린 것이다.[4] 한편, 루스는 왜 남자아이들만 열세 살이 되면 종교적 축하행사인 성인식에 초대되는지 도무지 이해할 수가 없었다. 왜 사촌인 리처드만 바르미츠바를 갖는지, "반면 왜 나를 위한 행사는 존재하지 않는지" 이해할 수 없었다.[5]

보수파 사원인 미드우드 동부 유대인 센터에 자리를 잡기 전까지 루스는 어린시절 내내 여러 유대인 교회를 전전했다. 그곳에서 유대 역사와 휴일, 그리고 의례에 관해서 배우고, 초급 히브리어를 익히며 일요일 오후를 보냈다. 또한 그곳에서(오직 사내아이들만 바르미츠바에 참석할 수 있었기 때문에 여자아이들이 따로 종교 공부를 계속하도록 유도하기 위해 마련한 어떤 비공식 행사를 통해서) 자신이 열세 살이 되었음을 확인할 수 있었다. 같은 반 친구들과 유대국가를 세우는 것에 관해서 이야기를 나누곤 했으며 이스라엘에 나무를 심기 위한 모금 운동의 일환으로 쩨데카 상자에다 동전을 넣곤 했다. *1946년 유대계 학교 졸업식을 계기로 루스가 미드우드 동부 유대인 센터 회보에 두 편의 글을 기고했다.* 그중 하나는 랍비인 스티븐 와이즈의 일흔두 번째 생일을 맞아 전기 형태로 작성한 헌사였다. 거기에는 열세 살 소녀에 불과한 루스가 여성 참정권을 위해 노력한 와이즈에 대해 칭송하는 내용이 담겨 있다. 루스는 "그분은 모든 종교 운동의 최고봉이시다. 유대계 여부를 떠나서 이제서야 모두가 그분의 말씀에 귀 기울이게 됐다. 그분은 여성 참정권 운동의 투사였고 최고의 미국 시오니스트 중 한 명이었다"고 썼다.[6] 또 다른 하나는 회보에 실린 사설로 첫 번째 글과 같은 주제를 다루고 있으며 내용은 아래와 같다.

미드우드 동부 유대인 센터 회보
뉴욕 브루클린오션 애비뉴 1625
제8회, 1946년 6월 21일—Sivan 22, 5706, No. 42
하나의 사람들

전쟁은 피로 물든 흔적과 결코 단시일 내에는 치유할 수 없을 정도로 깊이 패인 상흔을 도처에 남겼다. 씻어내기에 너무나도 많은 시간이 걸릴 그토록 모진 상처를 수없이 많은 사람들에게 남긴 것이다. 유대인 형제자매가 베르겐 벨젠과 다른 나치 수용소에 감금되어 느꼈을 공포를 우리는 결코 잊어서는 안 된다. 또한 정의로운 사람들은 결코 증오나 편견에 사로잡히지 않을 뿐만 아니라 증오와 편견을 가까이 하지도 않는다는 것을 깨닫기 위해 모두가 끊임없이 노력해야 한다. 랍비 알프레드 베들레헴은 "편견은 우리로 하여금 고통스러운 문제에서 벗어나게 해준다. 생각하기라는 문제에서"라는 말씀을 남기셨다.

우리의 이 사랑스러운 땅에서 가족들은 흩어지지 않았고, 공동체는 지워지지 않았으며, 우리의 나라는 제2차 세계대전의 참화로 파괴되지 않았다. 그렇다면, 안심해도 될까? 우리는 전쟁으로 인해 연대감마저 희미해진 국제사회의 일원이다. 갈가리 찢겨진 문명의 가닥을 다시 하나로 묶기 전까지는 그 누구도 위험과 파괴로부터 자유로울 수가 없다. 보유하고 있는 무기나 힘에 상관없이 모든 국가가 신념을 가지고 상호연대의 가치를 지닌 사람들과 함께해 나가야만 세계와 우리 사회가 보다 안전해질 것이다.

세상 사람들이 주입된 편견이나 죽음 앞에서도 결코 물러서지 않으려는 불퇴전의 연대를 함께 만들어낸다면 행복한 세상을 또다시 맞이할 수 있을 것이며, 그런 날은 반드시 오고야 말 것이다. 그때, 오직 그때만이 우리가 신神의 아버지됨이라는 토대 위에 형제애로 맺어진 하나의 세상을 구현하게 될 것이다.

루스 베이터
8학년

1946년에 이 글이 회보에 실리자 루스의 부모님이 대단히 기뻐하셨던 것으로 보인다. 오랜 전쟁이 끝나고 루스는 근 22년 전에 부모님의 결혼식을 집전했던 랍비인 해리 할펀에게 견진성사를 받았다. 그해 6월 24일에는 루스와 학우들이 졸업식을 위해 강당으로 걸어들어가는 모습을 지켜보며 부모님이 몹시 뿌듯해 하셨을 것이다. 그날은 학교 합주단이 에드워드 엘가 경의 "희망과 영광의 나라"를 연주했으며 루스가 144명의 학생 중 1등을 해서 졸업생 대표로 연설을 했다.

그러나 가정의 행복은 그리 오래가지 못했다. 루스가 사춘기에 접어들고 고등학교에 입학하자마자 어머니가 자궁경부암 진단을 받았고, 열세 살이 되던 해에는 처음으로 수술까지 받았다. 루스의 고등학교 시절, 어머니는 종종 병원 신세를 져야 했고, 루스는 어머니가 고통을 심하게 겪는 모습을 지켜보며 몹시도 괴로워했다. 1940년대만 해도 화학요법과 같은 치료술은 존재하지 않았다. 더욱이, 의사가 발견하기 전에 암이 이미 많이 전이된 상태로 이는 당시로선 사형선고나 다름없었다. 그래서 가족들 대부분은 환자 앞에서 '암'이라는 단어조차 꺼내지 못하고 그저 머리글자인 'C'로 에둘러 표현하곤 했다.[7]

루스는 어머니의 병환으로 학업에 지장을 받기보다는 오히려 성실함, 절제된 생활, 그리고 짧은 수면에 의지해 '버티며' 학업과 과외활동에 몰두했다. 일생에 걸쳐, 역경이 불어닥칠 때마다 루스는 늘 이런 모습이었다. 우등생 명단에 이름을 올리고 최고의 성적을 내는

가 하면 학생들의 자치 활동에도 적극적으로 참여하여 학교 합주반의 첼로 연주자로도 활동했다. '고 게터스 Go-Getters'라는 후원단체에도 가입하여 회원들과 함께 학교 운동장에서 티켓을 팔기도 했으며 그 대가로 누구나 탐내는 검은색 바탕 위에 금박으로 글자가 새겨진 반짝이는 재킷을 받기도 했다. 미식축구 경기에서는 악단의 지휘자 역할을 톡톡히 해냈으며 맨해튼에서 퍼레이드가 열리는 날에는 맨 앞에서 춤을 추며 행진하기도 했다. 루스의 공부에 열중하는 습관과 뛰어난 학업 성적만 보고 감히 그를 '따분한 사람'이나 '책벌레'로 여기는 학우들은 없었다. 한 친구는 루스가 "우리 세계에서 결코 미운 오리새끼가 아니었고, 우아하고 외향적이며 친화력이 뛰어난 학생으로 인기가 매우 높았다"[8]고 회고했다. 또 다른 친구는 "똑똑하지만 매우 따뜻했으며, 그래서 더더욱 매력이 넘치는 그런 학생이었다"고 했다.[9]

　루스의 상급생 시절이 끝나갈 무렵, 어머니의 병세가 급격히 악화됐다. 수명을 연장하려는 갖가지 시도가 무위로 돌아가자 담당의사는 마지막으로 엄청난 규모의 방사선 치료를 시도했다. 그러나 통증은 줄지 않고 병세만 더욱 악화되어 고통은 갈수록 심해졌다. 어머니는 세상을 떠나기 한 주 전부터 돌아오는 화요일인 6월 27일에 사랑해 마지않는 딸 루스가 최고의 성적으로 졸업함과 동시에 '명예의 원탁 포럼'에 초대된 극소수 학생들 중 한 명으로 졸업식장에서 대표로 축사를 한다는 사실을 이미 알고 있었다. 하지만 애석하게도 루스와 어머니는 졸업식에 참석할 수 없었다. 1950년 6월 25일에 어머니 셀리아는 42세를 일기로 끝내 숨을 거뒀다. 월요일인 그날 오후에 어머니는 먼저 보낸 첫째 딸아이 매릴린 곁으로 갔다. 루스는 슬픔에 잠긴 아버지 곁을 지키기 위해 온종일 집에 머물렀고 화요일에 열린 고등학교 졸업식 행사에도 끝내 참석하지 못했다.

3장

도청: 쇠뿔을 바로잡으려다 소를 죽인다

《코넬 데일리 선》, 편집장에게 보내는 편지
1953년 11월 30일

어머니가 세상을 떠나고 몇 달이 지난 1950년 어느 가을날이었다. 루스는 자신의 물건들을 중고 쉐보레 자동차에 싣고 전액 장학금을 받기로 한 코넬대학교를 향해 아버지와 함께 북쪽으로 달렸다. 행정학 전공자로 코넬에서 보낸 대학 생활은 지적으로나 인격적으로 루스가 성숙하는 데 결정적인 역할을 했다. 그에게 가장 큰 영향을 끼쳤던 사람들로 두 분의 은사가 있는데 서로가 너무도 다른 유형의 사람이었다. 블라디미르 나보코프 교수는 소설가로 유럽문학을 가르쳤고 로버트 쿠시먼 교수는 정치학과 헌법을 가르쳤다.

루스는 나보코프 교수가 자신의 읽고 쓰는 방식을 완전히 바꿔놓았다고 말했다. 긴즈버그는 "교수님은 어떤 상황을 묘사하기 위해서 단어들을 완벽에 가까울 정도로 정확하게 구사하셨다. 그 뒤로 지금까지 나는 작가들이 독자들에게 상황을 전달하기 위해 특정 단어와 장소를 선별해서 사용한다는 것에 주목해서 작품을 읽는다. 덕분에 책장을 넘길 때마다 즐겁기 그지없다"라며 나보코프 교수를 위대한 쇼맨이자 매혹적인 스승으로 기억했다. 또한 그의 아내 베라가 나무로 만든 커다란 문이 달린 3층짜리 강당 뒤쪽에 특이한 자세로 앉아서 남편이자 교수인 그가 강의 중에 엉뚱한 말을 할 때마다 머리를 세차게 흔들어대던 모습이 아직도 생생하게 기억 난다고 했다. 긴즈버그가 법률가와 학자로서 쓴 글들은 놀라울 정도로 간결하고 정갈하다. 나보코프 교수가 "나는 많은 단어를 써서 장황하게 묘사하는 것보다는 적확한 단어를 찾아내서 상황에 맞게 쓰는 데 주력한다"고 한 얘기가 제자인 긴즈버그의 글 속에서도 짙게 묻어난다.[1]

루스에게 로스쿨에 가라고 처음으로 권한 사람은 다름 아닌 유명 헌법학자이자 시민의 자유에 관한 글을 쓰며 저술가로 활동했던 쿠시먼 교수이다. 그는 1970년대에 법적인 면에서 젠더 평등을 위해 헌신했던 긴즈버그의 모습을 특징 지어주는 사법 적극주의[legal activism, 법해석과 판결에 있어서 법조문에만 그치지 않고 정치적 목적이나 사회정의 구현 등을 염두에 두고 적극적으로 법의 형성 및 창조를 강조하려는 태도]에 대해 가르치며 첫 번째 씨앗을 심어준 장본인이다. 쿠시먼 교수는 루스가 독자적으로 연구 프로젝트를 수행할 수 있도록 지휘 감독했으며 후에는 루스를 자신의 연구 조교로 채용하기도 했다. 1950년대 초반은 냉전이 극에 달한 시대로, 상원의원인 조셉 매카시가 열성 공산당원이라는 꼬리표가 붙은 사람들을 향해 파괴 공작을 일삼았던 시기이기도 했다. 쿠시먼 교수를 만나기 전까지 긴즈버그는 "그런 일들에 대해 생각하지 않으려 했다"며 "당시엔, 그저 좋은 학점을 받아서 하루속히 성공하고 싶었을 뿐이었는데, 교수님은 위대한 교육자로 내가 스스로 깨우칠 수 있도록 인도해주셨다"고 고백했다.[2] 시민의 자유를 침해하는 매카시의 폭압적 행태를 연구하도록 이끌어준 쿠시먼 교수는 제자가 두 가지를 제대로 깨우치기를 간절히 바랐다고 한다. 긴즈버그의 기억에 의하면, "첫째가 작금의 미국인들이 가장 근원적인 가치마저 저버리고 있다는 것이며 둘째는 법률적 기량이 현실을 개선하고 현재의 불합리한 상황을 타개하기 위해 과감히 도전하는 데도 도움을 줄 수 있다는 것이었다."[3]

루스는 쿠시먼 교수의 조언을 십분 이해했다. 이에 상급생이 되던 그 해 11월, 공개적인 법률 논쟁에서 처음으로 저돌적인 모습을 드러냈다. 교지인 《코넬 데일리 선》의 편집장 앞으로 간첩 사건과 관련해서 도청으로 수집한 정보가 증거 능력이 있는지에 대해서 본인의 의견을 보냈으며, 이는 두 명의 코넬대학교 법대생들이 편집장에게 보낸 글에 답하는 형식으로 작성되었다. 두 학생은 허버트 브로넬 법무장관이 발의한 법안을 지지하고 있었으며 "미국 정부에 간첩들이 성공적으로 침투한 사례를 공개하는 것"에 관한 브로넬의 발언에 자극을 받아 그와 같은 글을 작성한 것이었다. 브로넬은 간첩 사건의 경우, 연방검사가 도청을 증거 능력의 일부로 채택할 수 있는 법안을 의회가 마련해주어야 한다고 주장했다. 두 학생은 1928년 연방대법원 판례인 '옴스테드 대 미국 정부 사건'에 관한 판결을 근거로, 간첩사건과 관련해서 수색영장 발부 없이 연방요원이 개인의 통화 내역을 감청하는 것은 미국의 수정헌법 제4조를 위배하는 수색이나 체포 행위에 해당하지 않는다고 주장했다. 더욱이, 그런 식의 도청은 헌법상으로는 물론이고 국가안보상의 이익에도 부합한다고 주장했다. 그들은 또한, "오늘날, 미국인들은 계속해서 커져만 가는 '범죄'라는 파도에 직면해 있다. 매카시즘 지지 여부를 떠나서 누구라도 결정적인 증거의 사용을 막아가면서까지 유죄가 충분히 입증될 수 있는 사람을 보호하려고 시도해서는 안 된다"고 주장했다.

변호사와 판사 그리고 연방대법관으로 살아오면서 긴즈버그는 지금까지 수백 건에 달하는 변론과 의견서를 세밀히 가다듬어 왔으며 그 속에는 자신의 법률에 관한 저술 활동 내용과 사상적 특징이 오롯이 담겨 있다. 그 과정에서 어휘를 선택할 때의 세심함, 정치적 동기가 개입된 기소 사건을 처리할 때의 신중함, 효율적이라고 선택한 지름길이 길게 보면 오히려 소기의 효과를 반감시킬 수도 있다는 측면에 대한 깊은 성찰, 개인의 권리 보장과 무죄추정의 원칙에 대한 확고한 준수 등 그의 법률에 관한 사상이 빛을 발한다. 어린 나이에 대학신문에 처음으로 기고한 글에서도 그 일단을 엿볼 수 있다. 더욱이, 긴즈버그 고유의 글쓰기 방식이 그렇듯 대학생과 심지어 판사들의 글에서도 자주 등장하는 과도한 날카로움과 허장성세, 그리고 지나친 이상주의적 열정은 여기에 실린 그의 기고문 어디에서도 찾아볼 수가 없다. 이것은 단지 우연이 아니다. 근 *50년이란 세월이 흐른 후*, 대학 신문 편집장에게 보냈던 바로 그 편지에 대해 질문을 받자 이제는 연방대법관이 된 긴즈버그는 이렇게 말했다. "자, 이제 알겠죠? 내가 얼마나 온건한 사람이었는지!"⁴

《코넬 데일리 선》
1953년 11월 30일 월요일
편집장에게 보내는 편지
도청: 쇠뿔을 바로잡으려다 소를 죽인다

편집장님께,

화요일에 실린 글을 통해서 두 분이 주장한 것처럼 연방대법원은 한때 의회가 도청에 관한 법제화 문제를 최종적으로 해소시켜주기를 원했으며 그에 따라 '옴스테드 대 미국 정부 사건' 판결 [1928년, 미 연방요원이 도청으로 정보를 취득했다 할지라도 합법적 권리의 침해라고 볼 수 없다고 한 연방대법원의 판결]을 통해서 도청의 합헌성을 인정해주었습니다. 하지만 그들처럼 도청 행위를 헌법상으로 용인하는 것이 그럴만한 가치가 있다거나 현명한 판단이라고 여기는 사람들은 극소수에 불과할 것입니다.

범죄자 체포에 대한 사회적 관심이 지대한 것도 사실이지만, 미국 사회는 동시에 무고한 사람들을 보호해주는 것이 정의라는 개념을 항상 기본으로 여겨왔습니다. 연방형사재판에서 도청으로 취득한 정보를 증거로 받아들이자는 브로넬 법무장관의 제안에 대해 섣불리 결론을 내리기보다 우선, 양측이 지향하는 바가 상대적으로 어떤 장점이 있는지를 면밀히 따져보고 균형점을 찾아내야 할 것입니다.

우리 사회가 날로 커져만 가고 있는 '범죄'라는 격랑에 직면해 있다는 두 분의 지적은 과연 무엇을 의미하는 것입니까? 폭력배나 사기꾼들의 활동이 늘어나고 있다는 의미인가요? 아니면, 국가에 반하는 정치적 범죄 행위로 기소된 사람들이 늘어나고 있다는 뜻인가요? 만일 정치 범죄의 경우라면, 문제의 행위가 경미한 위험과 사소한 양심상의 잘못을 수반한다고 할 때 형사 제재를 더 쉽게 적용할 수 있도록 하는 것이 얼마큼의 가치가 있는 일인지 진지하게 고려해야 합니다.

우선, 형사적 제재의 목적이란 과연 무엇인가요? 단순히 사람들을 감방에 처넣기 위함인가요? 아니면 특정 형태의 행위에 대해 도덕적 비난을 가하기 위함인가요? 도덕적인 판단 근거가 제대로 정립되지 않은 상태에서 그런 용도의 형사법을 제정한다면 그에 따른 값비싼 대가가 다른 영역으로 전이될 것이 불 보듯 뻔합니다.

오늘날에는 개인의 자유로운 선택이 오랫동안 용인되던 영역까지도 규제가 가해지고 있습니다. 그간 주로 사회적 이익을 도모한다는 차원에서 제약이 따랐습니다만, 형사적 제재는 여전히 정부가 동원할 수 있는 가장 극단적인 형태의 징벌적 수단에 해당합니다. 따라서 다른 만족할 만한 대안이 있을 경우, 그런 내용의 형사법은 결코 손쉽게 채택하지 말아야 합니다. 오늘 당장, 우리는 어떤 것을 긴급 조치로 간주할 수는 있습니다. 그러나 형사법은 공동체의 도덕관을 반영하는 것은 물론, 그 자체로도 도덕관을 바꾸거나 새롭게 만들어낼 가능성이 매우 큽니다. 특히, 어떤 특정 행위를 금지하려는 시도가 개인의 권리와 자유를 위험한 지경에 빠뜨리는 경우라면 형사적 제재는 더더욱 마지막 수단으로 남겨놓아야 할 것입니다.

정부기관에 속한 수사관들은 도청으로 상당한 시간을 절약할 수 있고 입증을 위한 증거 자료 확보에 들이는 수고도 대폭 줄일 수 있을 것입니다. 도청이라는 지름길이 훨씬 더 즉각적인 결과물을 가져온다면 사건에 대한 철저한 수사가 오히려 몹시도 부담스러운 작업처럼 느껴질 수도 있습니다. 언젠가 인도의 한 경찰관은 "증거를 찾는다며 뙤약볕 아래서 헤매기보다는 그늘 아래 편히 앉아 붉게 익은 고추를 비벼서 그놈의 눈에 처박아주는 것이 훨씬 즐거운 일이다"라고 말했습니다.

그러나 오늘날 정부에 대한 경계 강화와 더불어 개인의 프라이버시, 도덕성 및 양심이란 측면에서 개인의 권리에 심대한 제약을 가하는 것은 병을 낫게 하기보다는 오히려 병세를 악화시켜 돌이킬 수 없는 결과를 초래할 수 있습니다. 즉, '쇠뿔을 바로잡으려다 소를 죽이는' 교각살우矯角殺牛와 같은 결정적 실수를 범하는 꼴이 될 수가 있다는 것입니다. 범죄도 물론 줄여야 하겠지만 정의에 기초한 우리 사회의 사법체제 속에서 무죄추정의 원칙은 그 무엇보다도 중요하게 다뤄져야 합니다. 즉, 형법상 선량한 사람인 '조'에게는 이런 원칙이 적용되고 상습범인 '존'에게는 저런 원칙이 적용될 수 없음을 우리 모두 명심해야 할 것입니다.

저는 브로넬 법무장관의 제안이 가져올 수 있는 공공의 이익이 그로 인해 발생할 수 있는 막대한 사회적 피해에 비해 과장되었다고 주장하는 바입니다.

루스 베이더

1954년

4장

마티 긴즈버그가 좋아했던 주제

긴즈버그 판사 소개 연설
2003년 9월 25일

다음의 글에서 마티 긴즈버그가 회상하듯이 루스가 최초의 절친이자 남편이자 평생의 동반자였던 마티를 만난 것은 코넬대학교 신입생 때로, 그때 루스는 열일곱 살이었다. 마티는 열여덟 살의 2학년 학생으로, 잘생겼고 사교적이며 총명하고 자신감이 흘러넘쳤다. 그는 루스의 하숙집 친구와 데이트를 즐기고 있던 자신의 룸메이트이자 절친인 마크가 주선한 블라인드 미팅에서 루스를 만났다. 마침, 차가 없던 그 친구가 마티에게 네 명을 모두 태우고 무도회장으로 데려가 달라고 부탁을 했다.

나중에 소개될 마티의 연설문에도 나오듯이 그는 루스의 미모에 첫눈에 반했다. 더욱이, 세월이 한참 흐른 뒤에 어느 인터뷰에서 말했듯이 루스가 단지 매력적이라는 말로는 도저히 담아낼 수 없을 정도로 너무나 멋진 여성이란 걸 깨닫게 됐다고 한다. 그는 "처음엔 그리도 똑똑한 사람인지를 알지 못했습니다. 하지만 두 번째 데이트는 달랐습니다. 순간적으로 참지 못하고 지적 수준을 유감없이 뽐내려 드는 신입생들과는 달리 루스의 입담은 그리 좋지 않았습니다. 누가 처음으로 말했는지 지금은 기억이 잘 나지 않지만 루스를 표현하는 참 멋지고도 적확한 말이 있지요. 루스는 침묵을 두려워하지 않는 사람이라는 것. 만약 누군가가 심도가 깊은 질문을 한다면 아마도 루스는 잠시 멈췄다가 생각을 충분히 하고 나서야 답을 줄 것입니다. 제가 아는 한, 아내는 적어도 54년 동안이나 줄곧 그런 식으로 세상을 살아왔습니다"라고 회상했다.[1]

루스에게 마티는 "내 머릿속에 들어 있는 것에 관심을 보였던 첫 번째 남자"였다.[2] 1950년대에는 마티야말로 그리 흔치 않던 부류의 남성이었다. 그는 루스의 매우 이지적인 모습에 전혀 위축되지 않았고, 오히려 항상 칭찬을 아끼지 않았으며 학문적으로나 전문가로 루스가 추구하는 세계를 늘 자랑스럽게 여겼다. "그는 정서적으로 매우 안정된 사람이어서 내가 본인의 자존심에 위협을 가한다고 단 한 번도 생각하지 않았습니다. 오히려 자신이 생각하기에 유능한 사람과 결혼한다는 것을 매우 자랑스럽게 여겼죠."[3] 루스는 마티에 관해 "나 자신이 내가 생각하는 것보다 훨씬 더 괜찮은 사람이고 원하는 것이라면 무엇이든 다 해낼 수 있는 그런 멋진 사람이라고 느끼게 해줬어요. 나보다 내 능력을 더 믿었지요"[4]라고 회고한다.

친구가 주선해준 자리에서 만났지만 서로의 관계는 한동안 플라토닉한 것처럼 보였다. 당시에 루스는 컬럼비아대학교 로스쿨에 다니던 사람과 사귀고 있었고 마티는 스미스대학교를 다니던 여자 친구가 있었기 때문이다. 하지만 둘은 곧 절친이 되어 지적인 흥미와 능력을 마음껏 나누었다. 더욱이, 극히 일부의 친구들 하고만 나눌 수 있었던 오페라에 대한 열정을 둘 다 가지고 있다는 사실을 발견하곤 뛸 듯이 기뻐했다. 오후의 과학 실험 수업이 본인이 속한 골프팀의 연습에 방해가 되자 마티가 전공과목인 화학을 포기하고 대신에 루스와 동시에 수강할 수 있는 과목을 여러 개 등록하기도 했다. 함께 수업을 듣는 것은 마티에게 일종의 전략적 선택지였다. 즉, 루스와 더 많은 시간을 보낼 수 있을 뿐만 아니라 수업에 빠졌을 때 루스가 세심하게 정리한 강의록에 의지할 수도 있었기 때문이다.

친구처럼 지내던 두 사람의 관계가 로맨틱한 단계로 발전하자 서로가 평생토록 같이 살길 원한다는 것을 깨닫는 데는 그리 오랜 시간이 걸리지 않았다. 이들의 결혼은 '아하' 하는 불꽃같이 짧은 깨달음의 순간이라기보다는 서서히 달아올라 절정에 이르는 과정에 가까웠다. 마티는 "제가 언제쯤 루스와 여생을 함께해야 하겠다고 마음을 먹었을까요? 잘은 모르겠지만 루스보다 훨씬 앞서서 그런 결정을 내렸을 것입니다"라고 말했다. 초기부터 그는 "루스가 없는 세상보다 함께하는 세상이 훨씬 더 좋고 행복할 거라고" 확신했던 것이다. 그가 정식으로 프러포즈를 하자 루스에게서 "좋아요"라는 응답이 메아리처럼 울려퍼졌다. "그때 아마 둘이 차 안에 있었을 거예요"라고 그는 회상한다. 루스가 코넬을 졸업하고 몇 주가 지나고 마티가 하버드대학교 로스쿨에서 한 학년을 마쳤을 때인 1954년 6월에 이들은 드디어 결혼을 했다. 그로부터 수십 년이 흐른 뒤, 루스 베이더 긴즈버그는 "한평생 살면서 결혼이야말로 제가 최고로 잘한 결정이었습니다"라고 말했다.

루스 베이더 긴즈버그를 소개하는 마틴 긴즈버그의 연설
'여성에 관한 법률과 공공정책에 관한 협력 프로그램'
20주년 기념행사
조지타운대학교 법률센터
2003년 9월 25일

여러분이 아시는 바와 같이 저는 조세 전문 변호사입니다. 웬디 윌리엄스 씨와 메리 하트넷 씨가 제가 가장 좋아하는 내용으로 적절한 시간 안에 발표해줄 것을 요청해 저는 자연스레 제 전공인 조세와 관련한 사례를 중심으로 연방대법원이 이룬 그간의 성과를 담은 제법 긴 분량의 강연 원고를 준비했습니다. 그러나, 애석하게도 웬디 씨가 예상 밖의 반감을 표출해 어쩔 수 없이 제 아내이자 존경하는 연방대법관인 루스 긴즈버그와 함께한 제 삶에 대해서만 몇 분에 걸쳐 간략하게 말씀을 드리는 것으로 결정했습니다. 여기 계신 여러분은 오늘 손해를 보신 겁니다. 왜냐하면 제가 당초에 준비했던 내용 즉, 연방대법원이 조세와 관련해서 그간 이룬 성과는 단언하건대, 대단히 흥미로운 내용들로 가득하기 때문입니다.

저희 부부는 여행을 참 자주 다닙니다. 그간 저희가 줄곧 긴 세월을 살아온 컬럼비아특구만큼이나 여행도 잊지 못할 순간을 매번 제공해줍니다. 미국 대통령 선거에서 부시와 고어가 대결한 2000년 12월, 때마침 루스와 저는 〈증거Proof〉라는 연극을 보기 위해 뉴욕에 머물고 있었습니다. 1막의 휴식시간이 끝나자 제자리로 돌아가기 위해 극장 통로를 따라 걷고 있었습니다. 그 순간 도열하듯 서 있던 수많은 관객들이 마치 우리 부부를 환호하는 것처럼 보였습니다. 루스가 저를 쳐다보며 환한 미소를 지었고 저 역시 활짝 웃었습니다. 제가 아내에게 기대어 제법 큰소리로 "오늘 이 도시에 세무 전문 변호사들이 모였다는 사실을 당신은 미처 몰랐을 거요"라고 말해줬기 때문입니다. 아내는 연신 해맑은 미소를 지으며 제 왼쪽 복부를 손으로 한 대 쳤지만 그날따라 제 기분 탓인지 그리 세다고 느껴지지는 않더군요. 지금 제가 여러분께 당시 상황을 묘사해드리는 이유는 그날 행사가 저희 부부가 지내온 근 50년간의 행복한 결혼생활을 너무나도 잘 담아내고 있었기 때문입니다. 결혼생활 내내, 저는 아내에게 바보 같은 선언을 무수히도 해댔습니다. 더군다나 확신에 찬 표정으로 말입니다. 그때마다 아내는 단지 약간의 분노만 표출할 뿐 대부분 그냥 웃어넘겼습니다.

1972년에 컬럼비아대 로스쿨의 종신 교수로 임용되어 학장을 역임하고 현재는 그 대학 총장으로 있는 마이크 소번 교수가 어느 행사장에서 멋진 말로 제 아내를 소개하며 서로 알고 지내기 오래 전부터 제 아내를 특별히 주목했다고 언급한 적이 있습니다. 그 표현이 루스와 마이크 교수에게 적절한 것인지는 모르겠지만 루스와 저의 경우에는 딱 맞는 말입니다. 저희 부부는 1950년에 코넬대의 학부생일 때 블라인드 미팅에서 만났습니다. 아내는 신입생이었고 저는 한 학년 선배였습니다. 사실대로 말씀을 드리자면 그날은 루스에게만 블라인드 미팅이었을 뿐입니다. 제가 감쪽같이 속인 겁니다. 친구 녀석에게 루스를 미리 제 미팅 파트너로 콕 찍어서 알려줬답니다. 저는 그녀가 "진짜 귀엽다"는 것을 직관적으로 알아챘습니다. 이후 루스와 두세 번의 저녁식사와 함께 데이트를 즐기곤 친구들에게 "그 애 말이야! 억수로 똑똑하더라"라고 말해줬습니다. 물론, 두 말 모두 맞는 말이었죠.

그 사이의 53년 동안에 변한 것은 아무것도 없습니다. 여러분은 제 오랜 벗이며 저희 부부에 대해서 잘 알고 계시기 때문에 그간의 이야기는 그냥 접고 넘어가겠습니다. 다만, 저희와 알고 지낸 지 그리 오래되지 않은 분들을 위해 특별히 한 말씀드리죠. '독사의 이빨[serpent's tooth, 셰익스피어의 《리어 왕》에 등장하는 표현. 부모의 은혜를 모르는 자식을 두는 것은 독사의 이빨에 물리는 것보다 더 아프다는 뜻이다]'을 지닌 제 사랑하는 딸 제인이 언론과 했던 인터뷰 덕분에 여러분들도 중요한 부분에 대해서는 이미 알고 계실 겁니다. 지금은 교수가 되어 마냥 행복하게만 보이는 딸아이가 자기는 각자의 소임이 평등하게 나눠진 가정에서 자랐다며 요리는 아빠가, 그리고 생각이 필요한 모든 일들은 엄마가 담당한다고 일방적으로 공표한 것입니다. 그 아이가 언론에서 언급한 내용이 제 명예를 훼손시킬 수 있는 행위였음에도 불구하고, 사실 그 자체이니 법적으로 사실마저도 용인하지 않고 문제를 삼는다면 모를까 저에겐 어쩔 도리가 없다는 것을 새삼 깨닫는 계기가 됐습니다.

20년 전에 열린 아내의 쉰 번째 생일파티에서, 워싱턴 D.C. 순회법원 직원들이 아내의 친구와 지인들에게 많은 질문을 던졌습니다. 그들은 당시에 회고록에 담길 "루스 베이더 긴즈버그를 생각하며"라는 제목의 편지 모음집을 준비하고 있었습니다. 거기에 딸아이 제인은 엄마의 환상적인(?) 고기찜 요리에 대한 글을 남겼습니다. 살펴보니 내용이 너무나도 정확했고 흥미진진했습니다. 그 사건 이후로 루스는 주방에서 완전히 쫓겨나고 만 것입니다! 이는 당시에 음식 맛을 본 저희 아이들 요청이 너무도 강력하였기에 지극히 당연한 조치였습니다.

그러나 제 생각에 그중 가장 멋진 편지는 아니타 에스쿠데로 씨가 쓴 것이었습니다. 그분은 뉴욕시의 변호사 시보 시절부터 세상에서 가장 훌륭한 비서로 저와 함께 일해왔습니다. 제가 아는 한 그분은 세상의 그 누구보다도 타이핑을 가장 빠르고 정확하게 치는 분이지요. 젊은 시절에는 한때 세계 정상급 플라밍고 댄서로 이름을 날렸습니다. 그분을 직접 만나보면 충분히 상상이 갈 겁니다! 어쨌든, 아니타는 루스가 1970년대에 성평등을 앞당겨 실현하려고 벌인 운동에서 받은 충격을 특별하고도 지극히 개인적인 체험에서 우러나오는 멋진 글로 묘사를 했습니다. 너무도 인상이 깊었기에, 여러분께 감히 전문을 읽어드리고자 합니다. 세상에 처음으로 공개하는 것으로, 법률 활동과는 별개로 아내가 주도했던 여성운동이 미국인들의 일상생활에 미친 영향에 관해 쓴 글입니다. 제 아내에게 보내는 최고의 찬사라고 할 수 있죠.

루스 베이더 긴즈버그를 생각할 때면 '섹슈얼'과 '젠더'라는 단어가 떠오릅니다. '젠더 차별'은 제가 뉴욕에 도착하자마자 그분에게 타이핑을 쳐준 책의 제목입니다. 저의 뉴욕 체류 기간은 아주 짧았습니다. 저는 애리조나에서 태어나서 스페인과 남아프리카에서 제 인생의 대부분을 보냈지요. 하지만 집안이 곤궁해지자 어쩔 수 없이 가난한 동네의 변호사 사무실에서 타이핑치는 일을 시작했습니다. 하루는 아침에 그분의 남편이 걸어들어와 성차별, 낙태 등과 관련된 백여 쪽 분량의 자필 원고를 저에게 넘겨주었습니다. 그 순간 갑자기 두려움에 휩싸였습니다. '여성'과 '남성'이라는 단어가 어렴풋이 제 눈앞에 어른거렸습니다. 그 단어들이 그분이 사용하는 방식으로 쓰이는 것을 이전까지 한 번도 본 적이 없었습니다. 심지어 그때까지 두 단어의 차이에 대해 생각조차 해본 적이 없었습니다. 저는 그저 타이핑을 치기 시작했습니다.

그 후로도 수개월간, 그 와이셔츠 차림의 변호사는 당시로는 터무니없게 여겨지던 젠더 차별이란 주제에 대해 누군가가 손수 쓴 글이 담긴 노란색 봉투를 들고 제게 왔습니다. 그 당시 위대한 미국마저도 가난한 사람들로 넘쳐났고 저도 마찬가지여서 타이핑 치는 일을 그만둘 수가 없었습니다. 그러던 어느 날 아침, 그 와이셔츠 차림의 변호사가 "제 아내가 왔어요"라고 저에게 살짝 귀띔해주었습니다. 저는 그저 "맙소사, 그런 이상한 여자가 여길 찾아오다니!"라고 생각했습니다. 150센티미터의 키에 45킬로그램이나 나갈까 싶은 아담한 체구의 여자가 푸른색 다시키를 걸치고 부드러운 소리를 내며 들어섰죠. 저는 '저 여자가 그 여자일 리가 없어. 분명 다른 여자일 거야. 그 여자라면 조르주 상드[George Sand, 1804~1876, 19세기를 풍미했던 자유분방한 여류 소설가이자 극작가이자 수필가]처럼 생겼을 거야. 담배는 어디 있지? 남루한 바지 위를 기어다니는 파리 떼는?'이라고 생각하며 놀라워했습니다. 그러곤 마냥 타이핑을 쳐댔습니다.

가족과 함께 제 집이 있는 스페인의 세빌이란 곳에서 휴가를 보낼 때의 일입니다. 가족들이 성대한 칵테일파티에 초대받아 갔더니 파티가 열리는 방에는 남녀들로 가득했습니다. 제가 남편과 함께 걸어 들어가자 집주인이 남편을 사람들에게 소개했습니다. "돈 마리오 에스쿠데로." 그러자 제 남편 돈 마리오가 "이 사람이 제 여자랍니다"라고 말했습니다. 저는 가슴을 내밀며 당당하게 대꾸했죠. "당신 여자가 아니거든요. 저도 하나의 인격체라고요! 제 이름은 아니타 우아즈 라모스 모스테이로 드 에스쿠데로고요!" 그러자 연회장 뒤편에 있던 여든 먹은 주인집 할머니가 "미국 만세!"라고 외쳤습니다. 타이핑을 치면서 저 역시 어느새 여성운동의 전사가 된 것이지요.

한 사람의 교육자이자 소송을 담당하는 변호사로서 루스가 1970년대에 벌인 운동은 타이핑을 치거나 독서를 즐기며, 아니면 라디오를 청취하거나 사람들과 논쟁을 벌이면서 변화가 찾아오도록 만들었습니다. 거기에는 수많은 일반인과 다수의 대법원 사람들도 포함되어 있습니다. 만약 제 아내가 1980년에 마흔일곱 살의 나이로 은퇴하여 텔레비전이나 보며 봉봉과자를 즐기는 평범한 일상으로 돌아갔다면 20세기에 벌어진 중대한 역사적 사건도 그저 편하게 즐길 수 있었을 겁니다. 몸무게는 봉봉 때문에 지금보다 좀 더 나갔겠지만.

제 아내는 은퇴를 하지 않았고, 당연히 살도 찌지 않았습니다. 그리고 계속해서 자신이 맡은 일들을 더욱더 훌륭히 해냈습니다. 워싱턴 D.C. 순회항소법원에서 13년간 재직하며 보여준 하나의 대표적 사례로, 미국 주간통상위원회에서 '소송률 원칙[filed rate doctrine, 운송회사나 보험회사가 정부에 보고하고 승인을 받아서 확정한 운송료나 보험료의 적용은 독점규제법상 사업자 간 담합 금지 규정 등 다른 법률에 위배되지 않는다는 원칙]을 세우기 위해 기울였던 각고의 노력을 들 수 있습니다. 그 소중한 결실은 이제 미국 법조계에 영원히 기록으로 남을 것입니다. 제 아내는 보다 더 막중한 임무가 주어진 연방대법원이라는 대리석 건물에서 모든 미국인을 위해, 아마도 오래전에 떠난 주간통상위원회를 제외한 미국인 모두를 위해 10년에 걸쳐 봉사하고 있습니다. 여하튼, 오늘 저녁 탁월한 지적 능력, 섬세한 판결, 개인적인 따뜻함, 멈출 줄 모르는 각고의 노력, 그리고 유익한 결혼생활을 통해서 위대한 업적을 만들어낸 아내에게 이 자리를 빌려서 거듭 경의를 표합니다. 저희 결혼생활은 53년 전에 두 번째 데이트를 끝내고 나서 제가 꿈꿨던 바로 그런 나날의 연속이었습니다. 운이 좋아 앞으로 10년을 더 기약할 수만 있다면 훨씬 더 멋진 삶이 될 것이라고 저는 확신합니다[마티는 당시에 이미 암으로 투병 생활을 하고 있었으며 각고의 노력에도 불구하고 10년을 다 채우지 못하고 그로부터 7년 후에 그토록 사랑하는 아내 곁을 떠났다.] 이제, 존경하는 루스 긴즈버그 연방대법관님을 이 자리에 모시도록 하겠습니다.

5장

오페라 속의 법과 변호사*

 루스 긴즈버그는 어린시절부터 음악 특히, 오페라를 좋아했다. 그는 남편 마티와 함께 오페라를 즐겼으며 나중에는 동료 대법관 스칼리아와 함께 공연을 할 정도로 유명해졌다. 학창시절에 루스는 머피 여사가 지휘하는 동급생들로 구성된 관현악단에서 피아노를 쳤다. "관현악단의 다른 단원들은 모두 저보다 더 뛰어난 재능을 지니고 있

---

* 긴즈버그 판사는 지난 수십 년 동안 다양한 청중을 대상으로, 다양한 버전으로 이 주제에 관한 발언을 해왔다. 여기 실린 연설은 특정 방송에서 이루어진 것으로, 당시 시카고 리릭 오페라의 라이언센터에서 활동하는 젊은 가수들이 동행해 오페라 몇 대목을 공연했다. 라이언센터 가수들에 대한 구체적인 언급은 삭제하고 적당한 길이로 편집했다.

었죠"라고 긴즈버그는 말했다. "그래서, 저는 더 지독하게 연습을 했답니다."[1] 맨해튼의 웨스트 73번가에 있던 연습실에서 레슨을 받기 위해 집이 있는 브루클린에서 그곳까지 지하철을 타고 다녔다. 어머니와 이모 코넬리아는 루스와 사촌들을 브루클린 아카데미에 있는 어린이를 위한 '토요 공연장', 시청에 있는 발레단과 오페라 공연장, 그리고 오케스트라 지휘자인 딘 딕슨이 구연하고 지휘하는 한 시간 분량의 어린이를 위한 오페라에 데려가주곤 했다. 루스가 난생처음 경험한 오페라는 딘 딕슨의 어린이용 〈라 지오콘다〉였다. 루스는 그곳에서 울려퍼지는 노래에 완전히 빠져들어 두 라이벌 미녀, 스파이를 경멸하는 악마, 복수심에 불타 남편을 배신하는 아내, 맹목적으로 종교에 심취하는 어머니, 그리고 변장한 귀족에다 잘생긴 선장 등의 등장인물에 완전히 매료됐다.

긴즈버그 대법관은 자기에게 정말로 선택권이 주어졌다면 유명 디바가 되려고 했겠지만 재능이 부족했다고 말한 적도 있다. 진정으로 바라던 꿈을 포기하고 지금의 연방대법관 자리에 머물러야 했지만, 워싱턴내셔널오페라에 세 번에 걸쳐 카메오로 출연해 '경찰서장' 역할을 맡기도 하는 등, 무대에 오르는 행운도 누렸다. 1994년, 리처드 스트라우스가 연출한 〈낙소스 섬의 아리아드네〉라는 오페라 작품을 통해 스칼리아 대법관과 함께 처음으로 공식 무대에 섰으며, 2009년에 재공연이 되자 다시 한번 오페라 무대에 오르기도 했다. 2003년에는 요한 스트라우스의 〈박쥐〉에 동료 대법관인 앤서니 케네디Anthony Kennedy와 스티븐 브레이어Stephen Breyer가 그와 함께 출연했다. '슈프림스[The Supremes, 1960대 최고의 걸그룹이자 보컬 밴드]'로 호명된 게스트로서 이 3인의 검은 법복을 입은 대법관이 프린스 오로브스키 무도장에 등장하자 플라시도 도밍고가 그들에게 특별히 세레나데를 불러줬다. 2011년에 명예 박사학위를 받으러 하버드에 갔을 때도 공동수여자인 도밍고가 즉석에서 다시 한번 긴즈버그에게 멋진 세레나데를 선사했다. 그 당시 긴즈버그가 예정에도 없던 선물에 얼마나 기쁘고 놀랐을지 상상해보라!

아래의 연설문에서 긴즈버그는 법과 변호사가 여러 오페라에서 어떻게 묘사되고 있는지를 설명하고 있다.

오페라 속의 법과 변호사
WFMT 라디오 방송국에서 행한 연설문
일리노이주 시카고
2015년 9월 21일

사실, 변호사들은 오페라 플롯에서 그다지 귀한 대접을 받지 못합니다. 주로 결혼 서약서와 같은 증빙서류의 공증인으로 등장하고 더욱이 그들에게는 노래 부를 기회마저 거의 주어지지 않습니다. 다만, 오페라 〈박쥐〉와 〈포기 & 베스〉에서는 변호사에게 극히 일부지만 역할이 주어지긴 합니다. 〈박쥐〉에서 변호사로 나오는 블라인드 박사가 자신의 의뢰인 아인슈타인에게 해주는 거라고는 수감 기간을 고작 며칠 더 늘려주는 것뿐입니다. 그 정도로 그는 무능한 변호사에 불과합니다. 〈포기 & 베스〉 속의 변호사는 베스에게 단 1달러짜리 이혼을 제안하지만 이전에 한 번도 결혼한 사실이 없다고 주장하자 위자료를 1.5달러로, 겨우 50센트 올려줬을 뿐입니다.

그러나 법집행에 관한 문제는 오페라 플롯에서 빈번히 중요하게 다뤄집니다. 죄수의 역할은 애잔한 오페라 아리아와 이중주가 가장 좋아하는 설정으로 때로는 다소 길게 소개되기도 합니다. 오페라를 꾸준히 보러 가시는 분들은 그 같은 역할과 관련해서 즉시 〈피델로〉, 〈트로바토레〉, 〈돈 카를로스〉, 〈파우스트〉, 〈토스카〉, 〈카르멜회 수녀들의 대화〉, 최근작 〈데드 맨 워킹〉 등 수많은 작품을 떠올리실 겁니다.

이 문제는 비제의 〈카르멘〉에서 한결 부드럽게 다뤄집니다. 여기서는 죄수의 형량이 아닌 교도소의 질서가 문제되는데, 가끔씩 사법 거래를 하는 장면이 등장하곤 합니다. 제1막에서 카르멘은 세빌의 담배공장에서 일하는 동료를 공격해서 상해를 가합니다. 범법 행위를 처벌하기 위해 기병대장이 불운의 테너 가수인 돈 호세에게 카르멘을 마차에 태워 교도소 앞에 떨굴 것을 명령합니다. 가는 도중에 카르멘이 거래를 시도합니다. 돈 호세가 자신을 탈출할 수 있게 해준다면 친구 릴라스 파스티야가 운영하는 카바레에서 그에게 직접 춤과 노래를 선사하겠다는 것입니다. 오페라가 진행되면서 카르멘은 돈 호세의 마음을 사로잡지만 나중엔 그를 큰 곤경에 빠뜨립니다.

한편, 계약도 오페라 플롯에서 중요하게 다뤄집니다. 바그너의 〈니벨룽겐의 반지〉 사이클의 '질풍노도'는 계약 위반에서 비롯됩니다. 보탄은 신들이 머무는 천국인 발할라를 지은 거인 파프너와 파졸트에게 대가를 지불하기로 한 계약을 파기하려고 합니다. 〈니벨룽겐의 반지〉가 묘사하는 계약의 중요성은 수년 전에 저도 실감한 바 있습니다. 그 당시 저희 사무실의 재판연구원으로 지원한 이가 본인의 작문 샘플로 "바그너의 '반지 사이클'이 보여주는 계약의 중요성"이란 제목의 에세이를 제출했기 때문입니다. 유명한 법률 격언인 "팍타 순트 세르반다 pacta sunt servanda"의 의미를 잘 설명해주고 있는 글이었습니다. 이 격언을 알기 쉽게 옮기자면 "협상은 준수되어야 한다"는 것입니다. 저는 즉석에서 그 사람을 뽑기로 결정했습니다.

재판과 심문 과정도 위대한 오페라 작품에 자주 등장합니다. 극히 일부만 예로 들자면, 〈혁명재판소〉라는 오페라에서는 시인인 안드레아 셰니에라에게 유죄 판결이 내려집니다. 오페라 〈아이다〉에서는 위대한 신 프타의 성직자들이 역모를 꾀한 죄로 라다메스를 처벌합니다. 작품 〈노마〉에서는 이교도 무리들이 순결 서약을 어긴 대가로 여제사장을 화형에 처합니다.

벤저민 브리튼의 〈빌리 버드〉에서는 갑판에서 군법회의가 열립니다. 그 배경은 다음과 같습니다. 빌리는 인물이 출중한 것은 물론이고 그에 못지않게 인격적으로도 매우 훌륭한 사람입니다. 그런데, 악마의 전형인 일등 항해사 존 클래거트가 끊임없이 빌리를 쫓아다니며 괴롭힙니다. 클래거트가 빌리를 선상폭동의 주모자로 고소합니다만 그것은 새빨간 거짓말이었습니다. 빌리는 흥분하면 말 더듬는 버릇이 있어서 기소 사건에 대한 심리 과정에서 너무도 긴장한 탓에 끝내 아무 말도 할 수가 없었습니다. 결국 빌리가 격분하여 클래거트에게 폭력을 행사하는데 그의 주먹 한 방이 일등 항해사를 죽음에 이르게 한 것입니다. 선장인 베레가 소집한 약식재판에서 빌리는 유죄로 판명되어 사형선고를 받고 다음날 아침, 선상에서 처형당할 위기에 처합니다. 베레 선장이 군법회의의 결정을 수용한 것입니다.

여기서 우선 베레 선장의 모델에 대해서 말씀을 드리겠습니다. 이 오페라의 바탕이 되는 중편소설을 쓴 작가 허먼 멜빌에게는 레뮤얼 쇼라는 장인이 있었는데 그는 내심 노예제도가 폐지되길 바랐지만 헌법상의 '도망노예 조항'을 이행하기 위해 '도망노예법'[도망한 노예를 주인에게 되돌려주기 위해 1973년과 1850년 두 차례에 걸쳐 미 의회가 통과시킨 법령]을 집행하기로 이미 선서한 바 있는 매사추세츠주 법원의 판사이기도 했습니다. 베레 선장은 레뮤얼 쇼와 같은 갈등으로 괴로워합니다. 그는 빌리가 선량한 사람인 반면에 클래거트는 몹시도 사악한 사람이자 신뢰할 수 없는 인물이라는 것도 잘 알고 있습니다. 하지만 법은 상급자를 공격한 선원은 돛대에서 교수형에 처해야 한다고 말합니다. 베레 선장은 마지막으로 죄수에게 내려야 할 결정 때문에 너무도 고통스러운 시간을 보냅니다. 이것이 바로 인간이 만든 법과 신성한 정의 사이에서 겪게 되는 갈등의 대표적인 사례입니다.

제이크 헤기의 〈데드 맨 워킹〉은 살인 혐의로 유죄 판결을 받은 한 남자의 모습을 그리고 있습니다. 〈빌리 버드〉와는 달리, 사형수였던 조셉 드로슈는 정말로 끔찍한 일을 저지릅니다. 하지만 그의 어머니는 감동스러운 오페라 아리아에서 자기 아들을 죽여서 사람들이 도대체 무엇을 얻고자 하느냐고 되묻습니다. 이것을 현대적 맥락으로 해석하면 다음과 같습니다.

2015년 6월 29일은 연방대법원의 '2014-2015 회기'에 법정 의견을 공표할 수 있는 마지막 날이었습니다. 연방대법원은 현재 사형집행의 수단으로 사용하고 있는 약물 투여 방식을 5 대 4의 다수의견으로 유지하기로 했습니다. 이에, 저는 브레이어 대법관과 함께 반대의견을 제출하면서 우선 근원적인 문제에 대해 의문을 제기했습니다. 즉, 사형집행의 수단으로 어떤 것을 채택하기에 앞서 보다 중요한 것은 사형선고 자체가 헌법에 위배된다는 것입니다. 4년이라는 중단 기간을 거쳐 연방대법원이 주 정부로 하여금 사형집행 부활을 허용한 1976년 이후 실제로 무슨 일들이 일어났을까요? 브레이어 대법관은 이에 관해 숙고해야 할 사항으로 아래의 네 가지를 제시했습니다.

우선, 신뢰성과 정확성에 관한 문제가 대두됩니다. 1976년 이후, 중죄를 저질러 사형선고를 받았으나 나중에 무죄로 밝혀진 사람이 백 명이 넘고 심지어, 그들 중 일부는 사형이 집행되고 나서 몇 년이 지난 후에나 무죄임이 확인됐습니다.

다음으로, 자의성에 관한 문제입니다. 연구 자료에 의하면 사형선고에 절대로 영향을 미쳐서는 안 될 요소가 종종 개입된다는 것입니다. 그 대표적인 것들로 인종과 출신 지역을 들 수 있습니다.

그다음으로, 시간상의 문제입니다. 한 개인이 사형선고를 받으면 평균적으로 18년이 지난 후에나 집행이 됩니다. 그처럼 오랫동안 지연되는 이유 중 하나는 사형수에게 항고할 기회가 두 차례 주어지기 때문입니다. 그렇다면 집행 지연은 사형수 본인이 자초한 것으로 인식될 수도 있으나 집행을 기다리는 동안에 사형수가 겪게 되는 상황은 매우 가혹할 수밖에 없습니다. 수형 기간 동안 독방에서 홀로 지내야 한다면 더욱 그렇습니다. 그렇다면 대안으로는 과연 무엇이 있을까요? 2014년에는 한 사형수가 선고를 받고 30년을 기다린 후에 DNA 분석을 통해 무죄로 판명된 바 있습니다. 만약에 사형이 10년 이내로 신속히, 그게 아니더라도 20년 이내에 집행됐다면 그는 자신이 무죄임을 생전에 결코 입증할 수 없었을 것입니다.

마지막으로, 앞서 말씀을 드린 세 가지 요인이 복합적으로 작용한 결과로 보이는데, 사형집행이 급격히 줄고 있다는 것입니다. 19개 주에서는 주민투표에 붙여서 사형제도를 폐지시켰습니다. 가장 최근에 네브라스카주도 이 대열에 합류했습니다. 2014년에는 단지 7개 주에서만 사형이 실제로 집행됐으며 나머지 43개 주에서는 단 한 건도 없었습니다. 더욱이, 사형은 대체로 카운티 중에서도 규모가 작거나 갈수록 거주민이 줄어들고 있는 곳들을 중심으로 집행되고 있습니다.

궁극적으로 브레이어 대법관이 논한 고려 사항을 염두에 둔다면 우리는 사형집행이 중지되었던 1972~1976년으로 돌아갈 수 있습니다.

법을 엄격히 해석해야 할 때는 언제이고, 상식이 개입할 수 있을 정도로 융통성 있게 해석해야 할 때는 언제일까요? 연방대법원의 '2014-2015 회기'에서 법의 문자적 해석과 목적적 해석 사이의 이분법이 일부 논쟁적인 사안에서 명백히 드러난 바 있습니다. 이를 보여주는 오페라 장면도 많지요. 웅장한 오페라라기보다 오페레타에 가깝지만 법과 변호사를 풍자적으로 다루는 데 있어 길버트와 설리번에 필적할 만한 경쟁자는 없습니다. 법조문 구성의 엄격성과 합리성의 차이를 극명하게 보여주는 작품으로는 〈펜잔스의 해적들〉을 들 수 있을 겁니다.

이 작품에 나오는 영웅 프레더릭은 어렸을 때 아버지로부터 도

선사의 도제가 되라는 지시를 받습니다. 프레더릭의 유모인 루스는 귀가 좀 어두운 편이어서 그를 그만 '도선사pilot'가 아닌 '해적pirate'에게 도제로 보내고 맙니다. 도제계약서에 따라, 그가 무려 스물한 번째 생일을 맞을 때까지도 해적과의 생활이 계속됩니다. 그리고 나서야 그는 비로소 해적 무리로부터 벗어나서 장인과 본격적으로 옛 동료들을 완전히 파멸시키는 작업에 나섭니다. 여기서, 장인은 오늘날의 전형적인 육군소장 같은 인물입니다.

해적왕과 난청에 시달리며 현재는 해적들의 하녀로 일하는 유모 루스가 프레더릭을 찾아갑니다. 이들은 그가 농담을 즐긴다는 것을 알고는 "세상에서 가장 재미있는 패러독스"에 대해서 말해줍니다. 그에 관한 기막힌 사연은 다음과 같습니다. 그는 윤년 2월 29일에 태어났습니다. 즉, 계약서의 조항을 엄격하게 적용한다면 그는 그때까지도 다섯살이 조금 지난 아이에 불과한 것입니다. 그러나 목적성을 갖고 해석한다면, 그는 실제 나이를 인정받고 의무사항에서 벗어날 수 있습니다.

이 이야기는 해피엔딩으로 막을 내립니다. 해적들은 귀족 신분에서 일탈한 자들로 밝혀집니다. 그들은 다시 상원의원의 자격으로 그들이 떠났던 정박지로 돌아옵니다. 무엇보다도, 끝에 가서는 해적과 경찰을 포함한 무대 위의 모든 사람이 여왕에 대한 충성심으로 하나가 됩니다.

작곡가이자 오페라 대본 작가인 데릭 왕이 쓴 〈스칼리아/긴즈버그)란 타이틀의 새로운 오페라 작품에서도 그와 유사한 화해의 모습을 볼 수 있습니다(이 책의 1부 7장 작품의 발췌문 참고). 이 작품은 2015년 7월 11일에 버지니아주 캐슬턴에서 열린 축제 기간에 초연한 코믹 오페라입니다. 작곡가이자 오페라 대본 작가인 데릭 왕이 스칼리아 대법관과 저를 위해 듀엣곡을 작곡했는데 타이틀곡 제목이 바로 "우리는 서로 다르지만 하나"입니다. 주요 의미에 대해서 서로 의견을 달리하기도 하지만 우리는 우리가 근무하고 있는 연방대법원을 매우 소중하게 여기는 마음에서는 모두가 하나가 됩니다. 일부 법정의견서에 나오는 자극적인 말들은 무시해도 무방할 정도로, 대법관들은 서로가 서로를 진정으로 존중해주고 서로에게 애틋한 마음을 갖고 있습니다. 최근, 극도의 적개심이 개입되어 제대로 작동할 수조차 없는 지경에 이른 미국의 정치 기구들과는 달리, 연방대법원은 구성원들로 하여금 동료 간 협력 관계를 바탕으로 헌법과 의회가 끊임없이 부여하는 난제들을 지혜롭게 풀어나갈 수 있도록 이끌어주고 있습니다.

6장

스칼리아 연방대법관을 추모하며*

아래의 글은 2016년 2월 16에 너무나 갑자기 세상을 떠난 절친 '니노Nino'를 위해 열린 행사에서 긴즈버그가 발표한 추도사이다. 비록 서로의 기질이나 법률적 견해, 정치적 신념은 너무도 달랐지만 1980년대에 미 연방순회항소법원에서 판사로 같이 근무할 때부터 두 사람은 줄곧 서로 간의 우정을 돈독히 해왔다. 2007년에 있었던 한 인터뷰에서 스칼리아 대법관은 "우리 두 사람은 핵심적인 신념 체

---

* 이 추도문은 훗날 스칼리아 대법관을 추억하며 쓴 헌사에서 긴즈버그가 공유하려고 했던 생각과 추억들을 포함시키기 위해서 편집되고 업데이트되었다.

계가 매우 다르지만 서로가 각자의 성격과 능력을 존중해줍니다. 긴즈버그 대법관은 매년 새해가 오기 바로 전날을 저와 함께 보내는 유일한 분이죠"라고 말했다.[1]

스칼리아는 본인에 비해 좀 더 냉철한 성격을 지닌 긴즈버그를 웃음 짓게 만들어주는 사람이자 그가 눈물을 흘리는 모습을 지켜보며 가슴 벅찬 감동을 느꼈던 사람이기도 하다. 다음은 스칼리아 대법관의 회상이다. "많은 사람들이 긴즈버그 대법관을 무뚝뚝하다고 생각하지만 전혀 그렇지 않습니다. 그는 정말 다정다감하고 너무 멋진 사람이에요. 단적인 사례를 든다면 여러분도 그의 마음이 얼마나 고운지 충분히 공감하실 겁니다. 저희 연방대법관들이 한때 인도에 머물며 타지마할을 보기 위해 아그라에 간 적이 있습니다. 그곳에는 들어서자마자 첫눈에 타지마할을 한눈에 볼 수 있는 출입구가 하나 있습니다. 다들 알겠지만, 그 건축물은 인도의 왕인 남편이 세상을 떠난 아내를 위해서 지어준 궁전이죠. 저희가 도착했을 때 이미 그곳에 홀로 머물고 있던 긴즈버그 대법관의 뺨에서는 연신 눈물이 흘러내리고 있었습니다. 그리도 감성적일 수가! 저는 놀라지 않을 수 없었습니다."[2]

소중했던 동료를 추모하며
스칼리아 대법관 추도식
워싱턴 D.C., 메이플라워 호텔
2016년 3월 1일

존 스트랜드의 연극 〈원전주의자 The Originalist〉의 대본은 아래의 두 인용문과 함께 시작됩니다.

1. "고정된 의미의 법규집: 모든 언어는 (법률) 문서를 채택했을 당시에 지녔던 의미대로 사용되어야 한다"
2. "그 어떤 언어도 처한 상황을 불문하고 오직 하나만의 확고한 생각을 마음속에 전달하지 않는다는 것이 인간의 언어가 지닌 속성이다"

첫 번째 인용문은 이젠 고인이 되신 스칼리아 대법관과 현 연방대법관인 브라이언 가너 Brian A. Garner의 《법률 독본: 법조문의 해석》에 나오는 표현이고 두 번째는 과거에 존 마셜(John Marshall, 1755~1835) 대법원장이 하신 말씀입니다. 제 생각엔, 스칼리아 대법관은 공동 저자인 가너 대법관과 함께 쓴 문구들에 대해서 매우 확고한 믿음을 갖고 계셨을 겁니다. 그러나 저의 관점은 위대한 마셜 대법원장의 견해와 일치합니다. 고인께서도 개인적으로는 마셜 대법원장이 하신 말씀의 요지에 일부 수긍을 하셨을 겁니다. 다만 고인의 도발적인 법률 해석에 대해서는 앞으로 있을 다른 토론의 장으로 넘기고 여기서는 제가 그분과 함께했던 미 연방순회항소법원 시절부터 다져온 남다른 우정에 대해서 말씀을 드리고자 합니다. 되돌아보니, 연방대법원에서 근무하는 아홉 명의 대법관 중 두 자리를 차지했던 그분과 제가 쌓아온 우정의 세월도 벌써 거의 23년이나 됐습니다.

이제는 고인이 되신 스칼리아 대법관에 대해서는 1996년 6월, 어느 날 이른 아침에 있었던 일이 저에겐 애틋한 기억으로 남아있습니다. 레이크조지에서 열리는 제2순회항소법원 정례회의에 참석하기 위해 막 출발하려는 순간, 고인이 의견서 초안을 들고 저의 집무실로 들어오셨습니다. 엄청난 분량의 서류를 제 책상에 내려놓으며 "이것은 제가 'VMI 사건[남성들만 입교가 가능하던 군사학교에 여성도 입교를 허용하도록 한 1996년의 연방대법원 판결로 스칼리아 대법관이 유일하게 반대의견을 작성함. 이 책의 3부 5장을 참조할 것]'에 대한 반대의견을 마지막으로 손보기 직전에 작성한 초안입니다. 아직까지 모두 회람을 시킬 정도로 모양새를 갖추지는 못했지만 이 사건의 마지막 심리 기일도 다가오고 해서 답변하실 수 있을 때까지 당신에게 최대한 많은 시간을 드리려고 먼저 보여드리는 겁니다"라고 말씀하셨습니다.

올버니로 가는 기내에서 그분이 건네준 반대의견 초안을 읽어보았습니다. "늑대는 늑대로 온다"처럼 재기 넘치는 표현들로 가득한 글이었지요. 글을 모두 읽어내는 데 제법 시간이 걸렸습니다. 경멸하는 듯한 투의 주석 중에는 "연방대법원은 '샬러츠빌 소재 버지니아대학'을 언급하고 있다. 그러나, 그 어디에도 그런 대학은 없다. 그저 '버지니아대학'만 있을 뿐이다" 같은 표현도 있었습니다. 적절한 답변을 구상하느라 그 소중한 주말을 통째로 날려버리긴 했습니다만, 고인 덕분에 며칠 더 연방대법원의 공식 의견을 손볼 수 있게 되어 한편으론 너무나도 기뻤습니다. 하여, 고인의 혹독한 비평 덕분에, 제가 마침내 훨씬 더 설득력을 갖춘 의견서를 완성하게 된 것입니다. 사실 제가 연방대법원을 대표해서 작성한 다수의견 초안은 그분의 의견이 반영될 때마다 개선에 개선을 거듭하여 끝내 멋진 작품으로 발표되곤 했습니다. 고인은 저의 허술한 곳을 즉시 파고들었고 연방대법원의 최종 결정을 튼실하게 만드는 데 필요한 영감마저 전해주시곤 했습니다.

또 다른 잊지 못할 추억은 연방대법원이 '부시 대 고어 사건[미국의 2000년 대통령 선거에서 고어가 플로리다주에 대해 재검표를 요청했으나 연방대법원이 중단을 결정하여 대통령이 부시로 확정됨]'을 판결한 2000년 12월 12일에 일어난 일에 관한 것입니다. 그날 저는 마라톤 회의로 파김치가 된 채로 집무실에 머물고 있었습니다. 이번에는 심리보고서가 토요일에 승인이 났고 준비서면이 화요일에 나왔습니다. 공교롭게도, 그분과 저의 집무실은 서로 맞은편에 자리를 잡고 있었습니다. 그날, 연방대법원이 해내야 할 일을 제대로 해냈고 그분도 그 점에 대해서는 추호의 의심도 품지 않았습니다. 저는 다수의견에 동의하지 않았고 그 사유를 반대의견에 피력하였습니다. 밤 아홉 시경에 제 직통 전화의 벨이 울렸습니다. 그분이 전화를 한 겁니다. 그분은 그냥 의례적으로 "이

제 그만 잊어버리세요"라고 말씀하지 않았습니다. 그 대신, "루스 대법관님! 왜 아직도 그곳에 계세요? 집에 가서 뜨거운 물로 목욕 좀 하세요"라고 했습니다. 그 순간 너무도 멋진 조언이었기에 저는 즉시 따랐습니다.

고인이 제게 재미있는 얘기 하나를 해주신 적이 있습니다. 클린턴 대통령이 연방대법관 지명 문제로 고심에 고심을 거듭하고 있을 때, 고인은 대통령으로부터 이런 취지의 질문을 받았다고 합니다. "만약 귀하가 탄 배가 좌초되어 무인도에서 오도가도 못하는 상황에 처하게 된다면 래리 트라브나 마리오 쿠오모 중 누구와 같이 그 섬에 있겠습니까?" 고인은 한치의 망설임도 없이 단호하게 그분들 대신 저를 추천했다고 합니다. 그리고 그로부터 며칠 지나지 않아 대통령이 고인의 추천을 전격적으로 수용했습니다.

고인의 수많은 재능 중에는 쇼핑에 대한 뛰어난 안목도 한몫을 차지합니다. 1994년, 인도 대법원 소속 인사들과 사법적 교류 차원에서 아그라에 함께 머물고 있을 때, 운전기사가 그분과 저를 자기 친구의 카펫 가게로 데려갔습니다. 그 친구는 아무런 설명도 없이 카펫을 연이어 하나씩 바닥에 펼쳐놓았습니다. 고인은 부인 마우린 여사가 노스캐롤라이나 해변가에 있는 별장에 놓고 쓰면 좋아할 것 같다며 그중에 하나를 골랐습니다. 저도 색깔만 달랐지 모양이 엇비슷한 양탄자 하나를 골랐습니다. 그러나 나중에 알고 보니 겉모습과는 달리 제가 산 것은 몹시도 낡아빠진 것이었습니다.

한편, 저에게는 암울했던 날들의 기억도 있습니다. 그때가 1999년 여름이었을 겁니다. 한바탕 모진 병마와 싸우느라 지중해 동남부에 있는 크레타섬의 헤라클리온에 있는 병원에서 꼼짝없이 누워 지낸 적이 있습니다. 어찌해서 그리도 먼 섬까지 가게 된 것일까요? 고인의 추천으로 그곳에서 개최되는 툴레인대학교 로스쿨의 하기 프로그램에 교수로 참여하게 됐던 것입니다. 거기서 받은 첫 번째 외부 전화가 고인으로부터 걸려온 것이었습니다. 그분은 "루스! 크레타섬에 머무는 동안 당신에게 발생하는 모든 일들은 내가 전적으로 책임을 져야 합니다. 그러니 나를 보아서라도 부디 건강을 회복하셔야 합니다. 내가 도와드릴 일이 있으면 무엇이든 연락을 주세요"라고 말씀하셨습니다.

한번은 누군가로부터 서로 여러 가지 문제로 불협화음을 일으키면서도 어떻게 해서 저와 친구 사이가 됐는지 질문을 받으셨던 모양입니다. 고인은 "저는 생각을 공격하지, 사람을 공격하진 않습니다. 인간성은 그지없이 좋지만 생각이 부실하기 이를 데 없는 사람들이 종종 있습니다. 만약 이 두 가지를 구분하지 못 한다면 판사가 아닌 다른 본업을 알아보는 게 좋을 겁니다. 그걸 구분하지 못하면 당신은 판사가 되길 원치 않는 것입니다. 적어도 연방대법원과 같이 여러 명으로 구성된 재판부 판사로는 적합하지 않습니다"라고 답했다고 합니다. 그 적절한 예로, 연방대법원 근무 초기부터 진보적 입장을 견지해온 브레넌 대법관이 고인에게 그러했듯이 확고한 보수파인 고인도 브레넌 대법관에게 지대한 애정을 보이셨습니다.

벌써부터 고인이 고취시켜주셨던 도전 정신과 파안대소하시던 모습이 너무나 그리워집니다. 또한 그리도 예리하고 너무나 탁월하여 인용하고 싶은 명석한 견해들, 너무나 명확히 기술해서 읽고 나면 결코 뇌리에서 떠나지 않는 어휘들, 제 생일에 받은 그 황홀한 장미 꽃송이들, 그리고 오페라에서 엑스트라로 두 번씩이나 무대에 함께 오를 수 있었기에 너무나도 영광스럽고 소중했던 기억들을 저는 영원히 간직할 것입니다.

풍자적인 오페라 작품인 〈스칼리아/긴즈버그〉의 대본에 고인이 쓴 서문이 실려 있습니다. 거기엔 워싱턴 D.C.에서 보낸 기간 중에 최고의 시간은 2009년, 영국대사관 관저의 오페라 홀에서 함께한 만찬이라고 언급하셨었죠. 그날 고인은 피아노 반주에 맞춰 두 명의 워싱턴 국립오페라단 소속 테너 가수와 함께 노래를 메들리로 불렀습니다. 본인은 그것을 유명한 '3인조 테너 가수의 공연'이라고 칭하셨지요. 실제로도, 그날 고인은 참으로 멋진 가수이셨답니다. 하여, 저는 너무나도 큰 축복을 받은 사람입니다. 그토록 매력적인 총명함과 고매한 정신, 그리고 촌철살인의 위트를 지닌 직장의 멋진 동료이자 고귀한 친구인 그분과 죽어서도 결코 잊을 수 없는 행복한 여정을 잠시나마 지상에서 함께할 수 있었으니 말입니다. 테너 스칼리아와 소프라노 긴즈버그를 위한 듀엣 곡에 나오는 두 인물은 서로 달라도 너무나 다릅니다. 법조문을 해석할 때도 저희 두 사람은 치열하게 대립하곤 했습니다. 그러나 미국이란 나라의 지배 구조상 연방대법원이 지니는 위상과 품격에 대해서만큼은 당신과 함께 한마음으로 숭배했으며 앞으로도 영원히 그럴 것입니다.

7장

오페라 〈스칼리아/긴즈버그〉*

데릭 왕의 코믹 오페라 〈스칼리아/긴즈버그〉가 컬럼비아대학교의 《법과 예술》에 재수록되었을 때, 거기에는 두 대법관이 쓴 서문도 포함되어 있었다. 오페라 발췌본과 함께 두 사람이 쓴 서문을 아래와 같이 소개한다.

〈스칼리아/긴즈버그〉
오페라 수준의 (가벼운) 패러디

---

* 이 책 5부에 담긴 긴즈버그의 재판 철학과 동료 간 협력 관계의 가치가 오페라에 반영되었다.

미국 스타일의 코믹 오페라 1막(데릭 왕 연출)

오페라 대본(작곡가 작성)

루스 베이더 긴즈버그 연방대법관과 안토닌 스칼리아 연방대법관의 법정의견에서 받은 영감을 바탕으로 헨델, 모차르트, 베르디, 비제, 설리번, 푸치니, 스트라우스 등이 남긴 오페라계의 전례에 따라 제작되었음*.

긴즈버그 대법관의 서문

오페라 〈스칼리아/긴즈버그〉로 이제야 제 꿈이 실현되는 듯한 기분이 듭니다. 이 세상에서 가장 좋아하는 재능을 고를 수만 있었다면 저는 한치도 망설이지 않고 멋진 목소리를 택했을 것입니다. 저에게 그런 행운이 찾아왔다면, 아마도 저는 레나타 테발디Renata Tebaldi나 비벌리 실즈Beverly Sills 아니면 메조 소프라노 매릴린 혼Marilyn Horne과 같은 훌륭한 디바가 됐을 겁니다. 그러나 우리 학교 음악 선생님은 잔인할 정도로 솔직한 분으로, 제게 개똥지빠

---

* 오페라 전체 내용은 컬럼비아대학교의 《법과 예술》 제38호(2015년 겨울호)에 실린 데릭 왕의 〈스칼리아/긴즈버그〉를 참조 바란다. 이 오페라의 월드 프리미어 공연은 2015년 7월 11일, 버지니아주 소재 캐슬턴에서 개최된 페스티벌에서 올려졌다. 이 발췌본은 저자의 승인을 받고 게재한 것이다. 라이선스 취득이나 오페라의 공연 또는 여타의 의문 사항들에 대해서는 info@derrickwang.com을 통해 확인할 수 있다.

귀도 아닌 참새 새끼 정도의 점수를 주었습니다. 선생님은 앞으로 절대 그런 노래들은 부르지 않겠다고 제 입으로 약속하게 했습니다. 그럼에도 저는 오페라에 대한 열정을 가슴 속 깊이 품은 채 성장했습니다. 비록, 그 후론 홀로 샤워를 할 때나 꿈속에서만 몰래 노래를 불렀지만 말입니다.

어느 화창한 날에 젊은 작곡가로 오페라 대본 작가이자 피아니스트인 데릭 왕이 스칼리아 대법관과 저를 찾아와 한 가지 요청을 했습니다. 메릴랜드대학교 로스쿨에서 헌법학을 공부하던 중에 오페라에 대한 아이디어가 갑자기 떠올랐다고 합니다. 스칼리아 대법관과 제가 헌법 해석상 서로 다른 시각을 갖고 있다는 것을 과연 노래로 표현해볼 수는 없을까, 하는 생각 말입니다. 왕은 그 아이디어를 시험 삼아 대본에 옮겨보기로 했고, 결국 마지막 듀엣 곡에 중요한 메시지까지 담은 코믹 오페라가 완성된 것입니다. 거기에 담긴 메시지가 바로 "우리는 서로 다르지만 하나"로 여기서 '하나'는 저희가 헌법을 다루는 최고의 사법체계이자 현재 근무하고 있는 연방대법원을 매우 소중히 여기는 마음에 관한 한 모두가 하나가 된다는 뜻입니다.

왕은 이 오페라의 발췌본 일부를 함께 들어보자고 저희에게 제안했습니다. 듣고 나서 작품을 추진하고 공연할 만하다는 생각이 드는지 여부를 본인에게 알려달라고 부탁을 했고요. 훌륭한 관객이 오페라의 대본을 보면서 왕이 참고한 출처들을 확인한다면, 저를 마치 눈부신 디바로 상상하게 될지도 모르겠습니다. 그것이 바로 제가 왕의 질문에 "네"라고 답한 이유라는 걸, 여러분은 이해하시겠지요.

스칼리아 대법관의 서문

긴즈버그 대법관은 연방대법관으로서 이제까지 최상의 역할을 해내왔다고 확신하고 있겠지만 애석하게도 저는 아직도 연방대법관은 고사하고 그저 디바(혹은, 남성 디바라고 불러도 좋습니다)에 도전이나 해볼 수 있을지 계속해서 의구심이 듭니다. 제 아버님은 테너 톤의 훌륭한 목소리를 타고나셨습니다. 더욱이 그런 멋진 목소리로 이스트맨 음악학교에서 정식으로 교육도 받으셨습니다. 저는 조지타운대학교의 학생합창단에서 노래를 불렀습니다(《워싱턴 포스트》에서 음악 평론을 담당하던 폴 흄 선생이 지휘하셨는데 이분은 마가렛이 부르는 노래에 대한 비평을 써서 트루먼 대통령으로부터 귀중한 편지까지 받는 영예도 누리셨죠). 저는 워싱턴 D.C. 순회항소법원에서 활동한 기간을 포함하여 그간 교회 성가대와 여러 합창단에서 노래를 부르며 제 인생의 많은 시간을 보냈습니다. 별 탈 없이 법조인으로 지내오던 제가 겪은 생애 최고의 경험은 어느 날 영국 대사관이 개최한 오페라 무도회에서 보낸 저녁 시간이라고 할 수 있습니다. 그날 저는 워싱턴 오페라단에서 나온 두 명의 테너 가수와 함께 피아노 반주에 맞춰 다양한 노래들을 불렀습니다. 그것이 바로 그 유명한 '3인조 테너 가수의 공연'이라는 타이틀의 작품이랍니다.

하지만 오늘의 작품인 〈스칼리아/긴즈버그〉의 연출가가 제가 직접 공연(노래)을 하도록 허락해줄 거라고 크게 기대하고 있지는 않습니다. 특히, 긴즈버그 대법관 본인이 직접 연기나 노래하기를 거부한다면 듀엣 파트너인 저는 더더욱 어렵겠지요. 설령 그렇다 할지라도, 이 작품은 참으로 멋진 공연이 될 것입니다.

오페라 발췌본

리브레토

시간: 현재

장면: 미국 연방대법원 어딘가에 있는 판사 집무실. 조각상 하나가 눈에 들어온다.

1. 막이 오름(오케스트라)
2. 아리아: "대법관들이 눈이 먼 건 아닌지!"(스칼리아)

헨델 등의 곡이 연주된 후 분노의 아리아: 퓨리오소[그러나 너무 카스트라토(castrato, 거세한 가수) 같지 않게]

자명종 장치가 열린다.¹ 스칼리아 연방대법관이 파워 수트 차림에 높은 헨델식 지팡이를 잡고 등장한다.

스칼리아:

이 법정에서 모두가 줏대 없이 우왕좌왕하고 있습니다.²

마치 그간 법을 한 번도 제대로 다뤄본 적이 없었던 사람들처럼 말이죠!³

(분노의 아리아)⁴

대법관들은 눈이 멀었어요!

어째서 이따위 말을 지껄여대는 거죠?

헌법은 이런 거하고는 아무런 상관이 없어요.⁵

대법관들이 그리도 소중히 여기는 그 권리라는 것 말인데요.

헌법이 언제부터 그런 권리라는 용어를 쓰기 시작했나요?⁶

헌법을 기초한 사람들이 작성하고 서명한 바로 그 문서에 말이죠!

권리라는 단어 없이도 살아남은 말들⁷로 이뤄진 것이 우리 헌법이란 말입니다!

헌법은 권리에 관해 일언반구 언급조차 하지 않고 있습니다!

(공손하게)

우리 대법관 모두가 우리의 헌법을 기초한 사람들이 무슨 말을 했는지 알고 있어요.

그리고(일부 수정헌법과 함께) 그분들의 표현이 무얼 뜻하는지도
요.[8]

우리의 선조가 남기신 말씀이 우리의 한계를 설정하고 있다는
겁니다.

우리 대법관들은 선출직이 아니기 때문에,[9]

더더욱 헌법 조문에 대해서 엄격한 해석을 가해야만 합니다.[10]

(난감한 표정으로)

오, 루스 대법관님! 한번 읽어보시겠어요?

당신도 헌법 조문에 대해서 잘 아시잖아요.

그 진정한 의미를 제대로 알지도 못하면서 여전히 그리 당당하
시네요.[11]

그런 경우가 그간 결코 적었다고는 할 수 없을 겁니다.

그놈의 권리는 왜 그리도 많던지!

제가 보기엔 참 우습기 짝이 없답니다.

당신이 해석하시는 것을 보면![12]

(점점 더 열정적으로)

오! 그럼요, 그럼요, 그럼요, 당신은 어쩔 수 없어요.

그래서 당신 때문에 제가 반기를 들 수밖에 없다는 겁니다![13]

(다 카포 아리아)

의견서상으로 이것을 무시하기 위해

당신들 모두가 힘을 합쳐도

우리 헌법은 이것에 대해 절대로 아무것도 말해주지 않습니다.

아무리 모여봤자 소용이 없습니다.

이 점은 의심하지 않아도 됩니다.

나는 아직 사임하지 않았기에[14]

계속해서 다음과 같이 소리칠 겁니다.[15]

"헌법은 그것에 대해서 일언반구 언급조차 하지 않았다"라고!

……

4. 장면: "아, 거기 계셨군요, 니노"

무대 바닥이 갑자기 터지듯 열린다. 그러자, 우아하게 치장한 대법관 긴즈버그가 그의 집무실로 들어온다.[16]

……

긴즈버그:

아, 맞아! 그 "지긋지긋한 브로콜리!"[17]
그런데 제 생각은 그 정황이 합법적이기는 하지만 미심쩍다는 겁니다.

당신은 골치 아픈 상황에 빠진 겁니다.

그리고 다시 한번, 전체적인 맥락에서 상황을 고려한다면 이것이 상상도 못할 만큼 무시무시한 악마가 아니란 걸 알게 될 겁니다.[18]

좀더 융통성을 갖고 본다면!

스칼리아:

"융통성!"

판사들이 매번 요구하는 그 끝없는 양보.

"융통성!"

그것이 가져올 결과는 이것. 당신이 확대하고 있는 것은 바로 헌법입니다.[19]

"융통성!"

또 다른 말로는 '리버럴'이라고도 하지![20]

매번 그 '리버럴!'

무슨 뚱딴지 같은 소리를! 어리석기 그지없기는![21]

5. 듀엣: "매번 '리버럴'"(스칼리아, 긴즈버그)

베르디-모차르트 매시업. 템포: 짠![22] [hey presto, 무슨 일을

마술처럼 쉽고 빠르게 해냈을 때 내는 소리]

스칼리아: (계속)

이놈의 판사들은 항상 '리버럴'[23]이야!

어찌나 촐싹거리고 돌아다니는지!

긴즈버그:

아니, 잠깐만요, 니노![24]

저희가 아는 바로는 당신의 불평불만을 받아주는 건 그래도 '러버럴'뿐이랍니다.

(목소리를 낮춰서)

(역시! 자제력도 없고 참 군자답지 못하시군.)[25]

스칼리아:

그놈의 사법 적극주의자[26]들이 헌법 조문의 경계선을 넘어서서 어찌 그리도 슬쩍슬쩍 밀치고 들어오는지!

긴즈버그:

이 법원은 '사법 적극주의자'[27] 집단으로 불리고도 남죠.

앨라배마 셸비 카운티[28]에서라면

의회의 입법 권한이 절정에 달한 그곳이라면요.[29]

하지만 그 의회도 결국은 우파 판사들과 벌인 싸움에서 패하고 말았어요.[30]

스칼리아:

그건 과도한[31] 힐난과 판사들의 의견이……[32]

긴즈버그:

하지만 차별을 반대하기 위해서 그 정도면 과하다고 할 순 없죠.

스칼리아:

당신의 설교에 따르자면,[33] 그걸 없애는 게 이점이 있다는 거요?[34]

긴즈버그:

맞습니다. 철저하게 금지할 수 있는 법의 제정을 통해서 말이죠.

스칼리아:

인종에 기반해서 입학을 허가해주는[35]
그런 상황에 우리가 처해 있지 않다면 가능할 수도 있겠죠!

당신의 그 알량한 지식에 따르면,[36]
대학 지원자들의 운명이

본인들의 피부색에 따라 결정될 수 있어요.
하지만 그것이 죄가 되는지는
누가 대학에 들어가는지에 달려 있겠죠.[37]

여기에 국가가 나선다면
그건 또 다른 차별이 아닌가요?[38]

긴즈버그:
그러나 피부색은 단지 하나의 고려 요인에 불과해요.
그것도 요인 중의 요인일 뿐입니다.
아니, 한 요인 중의 요인이고 또 그 요인 중의 요인일 뿐입니다.[39]

그리고 사람들은 보호가 필요해요.
인종 카스트 같은 계급 차별에[40]
비도덕적으로 감염되는 것을 막기 위해서라도 말입니다.[41]
이놈을 하루빨리 박멸해버리지 않으면
언젠가 또다시 기승을 부릴 겁니다.
 그리고 우리의 미래가
한순간에 '인종 중립적'이 될 수 있는 것처럼 말하는 것은
머리를 모래에 처박고 있는 타조나 할 짓이지요.
이 세계를 고통스럽게 하는 게 무엇인지 볼 수 없을 테니까요.[42]

스칼리아:

부당하게 대우받던 사람들이 입은 피해는 반드시 보상해줘야 한다는데는 나도 동의합니다.

그렇다고 무작정 법령을 양산하는 것은

더 많은 해악을 가져올 뿐입니다.[43]

긴즈버그:

어쩜 그리도 오만하실 수가! 어찌 그리도![44]

6. 아리아와 변주곡: "당신은 결국 실패로 끝날 길(눈에 번쩍 띄는 해결책)을 찾아서 헤매는군요" (긴즈버그)

베르디 등의 곡이 흐른 후

긴즈버그(계속):

수천 번 수만 번 말씀을 드렸건만!

존경하는 스칼리아 대법관님!

당신은 고통으로 번민하는 저희를 구할 수 있습니다.

다만, 당신이 이런 생각들을 기꺼이 받아들일 수만 있다면!

(그러면 당신이 경직된 자세에서 벗어날 수도 있을 겁니다.)[45]

(베르디풍으로)⁴⁶

당신은 그놈의 눈에 확 들어오는 해결책을 찾고 있겠지만 결국은 실패할 겁니다.

문제가 그리 간단하지 않습니다.

그러나 우리의 헌법이 이토록 아름다운 것은

미국이란 사회처럼 헌법도 진화하기 때문이지요.

이 나라를 세운 선조들은 예지력을 갖춘 훌륭한 분들이었습니다.

그러나, 동시대가 처한 상황으로 인해 더 이상 전진하는 데는 한계가 있을 수밖에 없었겠죠.

이에 그분들은 그에 대한 결정권을 저희에게 남겨 헌법이 오히려 더 풍성해질 수 있었던 것입니다.

(풍성한 목소리로)

그리고 앞으로도 세세손손 계속해서 성장해나갈 수 있도록 말이죠!⁴⁷

(짧은 카덴차가 스캣 솔로에서 재즈 왈츠로 발전해간다)⁴⁸

성장해나갈 수 있도록 해줍시다.

그 당시 이 땅의 법은 정의가 극소수의 사람들을 위해 존재한다는 개념에서 출발했습니다.⁴⁹

하지만 당시에도 그 같은 가정에 모두 확실한 근거가 있었던 것은 아닙니다.

하여, 우리들은 그때보다 더욱더 심층적으로 정의에 대해서 검토해야만 합니다.

이제 우리는 한때 우리가 포로로 삼았던 사람들을 풀어주고 있습니다.[50]

그들은 노예나 안사람이 아닌 그 이상으로 대우받아 마땅한 사람들입니다.[51]

우리가 그 정도도 여지껏 받아들이지 않았다면

솔직히 우리의 삶이 더 나아졌을 거라고[52] 누가 감히 말할 수 있을까요?

(짧은 카덴차가 가스펠 발라드로 이끈다.)

그래서 우리들은 느려 터진 법제화 과정을 도저히 지켜볼 수가 없는 것입니다.

우리가 이미 영위하고 있는 삶을 온전히 살아가기 위해서라도.

우리는 그럴 권리가 있고 그런 권리는 보호받아 마땅합니다.

그리고 성취하려는 의지가 있다면 이 점을 반드시 명심해야 할 것입니다.

우리는 용서하는 것을 두려워하지 않지만,

동시에 모든 악행을 바로잡는 임무를 부단히 수행해나갈 것입니다.

'우리 국민'과 헌법이 살아있는 한 말이죠.[53]

어느 나라에서건 어느 곳에서건

신분이나 인종을 떠나서

모두가 진정으로 속해 있는 곳은 오직 국가일 뿐입니다![54]

(베르디풍으로)

이제 모든 사람이 평등하게 대우받고 있습니다.

우리 선조가 처음에 보았던 그런 세계를 뛰어넘어서 말이죠.

우리의 과거와 현재는 그저 속편에 불과하다고 생각하세요.

융통성이 가미된 법으로 더욱더 개화될 미래를 생각해보면서 말이죠.

(오페라, 재즈 그리고 팝의 세 가지 스타일에서 모두 룰라드)

법, 법, 법!

……

13. 레치타티보: "조용히 해주세요"(해설자)

불편한 침묵이 길게 흐른다. 그러고 나서

해설자:

(전율이 느껴질 만큼 조용하다)

제가 조용히 해주실 것을 요청했습니다.

이제 침묵은 깨졌습니다.

스칼리아 대법관!

그간 진술한 당신,

당신이 다시 살아 돌아올 기회가 사라졌습니다.

(깜짝 놀라게 하며)

당신은 이미 당신의 운명을 결정지었습니다.

이제 당신은 사라져야 합니다!

……

이것이,

이것이 바로 당신의 운명입니다.

당신이 원전주의자의 신념을 철회하지 않으면

당신이 해방되기 위해서 할 수 있는 일은 오직 사라져주는 것 뿐입니다.

스칼리아 대법관!

아직도 할 말이 남아있나요?

14. 아리아: "운명은 잘 짜여진 각본일 뿐이다"(스칼리아)

……

스칼리아(계속):

나는 당신의 흥정을 받아들이지 않겠습니다.

······

15. 장면: "그건 안 되겠습니다"(긴즈버그, 해설가, 스칼리아)

······

긴즈버그:

저도 저분과 함께 사라질 수 있도록 해주세요.

저도 발언을 했으니까요.

스칼리아:

루스, 당신까지 끌어들이지 마세요.

내 이 지긋지긋한 운명 속으로!

루스, 이제 내 곁을 떠나세요. 그래서 자신을 구하세요.

너무 늦기 전에!

해설자:

하지만 왜 그의 곁에 남아있으려는 거죠?

긴즈버그 대법관!

당신 스스로 정당성을 입증해보세요.

그 독특한 목소리로 직접 말이죠.

긴즈버그:

우리는 모두 정의를 위해 봉사하고 있습니다.

즉, 우리는 정의를 위해 한 목소리로 말할 수 있습니다.[55]

그래서 저분과 여기에 함께 머물기로 마음먹은 것입니다.[56]

스칼리아:

루스, 그게 가당키나 하다고 생각해요?

긴즈버그:

(해설가에게, 스칼리아에 관해서)

저분이 말씀하셨습니다.

그래서 저도 진술했습니다.

제가 진술한 내용이 생산적이었다고 여기실 수도 있겠지요.

그러니 저도 저분과 함께 사라지게 해주세요.

저도 말을 내뱉었으니까요.

해설자:

그런데 당신은 왜 이런 식으로 당신의 적을 돕는 거요?

긴즈버그, 스칼리아:

적이라고요?

긴즈버그:

무슨 말씀을!

스칼리아:

완전 헛소리야! [57]

긴즈버그:

아닙니다.

저는 제 친구를 위해서라면 죽음도 불사할 것입니다. [58]

해설가:

친구라고요?

하지만 당신 둘은 달라도 너무 다른 걸요!

스칼리아, 긴즈버그:

맞습니다.

16. 듀엣: "우리는 서로 다르답니다. 그렇지만 하나입니다."

(스칼리아, 긴즈버그)

스칼리아, 긴즈버그(계속):

우린 서로 다르답니다.

그래도 우린 하나랍니다.

그것이 바로 미국의 모순이랍니다.

스칼리아:

둘 사이의 긴장을 우린 숭배합니다.[59]

스칼리아, 긴즈버그:

갈라진 가닥들은 서로의 마찰을 통해 하나가 됩니다,

미국의 핵심 가치를 지키기 위하여!.

그 핵심 가치는 미국의 힘이고, 따라서 우리 연방대법원이 추구하는 바입니다.

우리 아홉 명의 대법관[60] 모두는 서로가 서로에게 동지랍니다.

스칼리아:

정의롭기 위해서.[61]

긴즈버그:

심리하고 확인하기 위해서.

스칼리아:

우리의 전통에 대해 말할 수 있게 해주세요.[62]

긴즈버그:

우리가 맞이할 미래에 대해서도 말할 수 있게 해주세요.[63]

스칼리아:

이것이 바로 우리에게 부과된 임무……

긴즈버그:

이것이 바로 자유……

스칼리아, 긴즈버그:

…… 서로 다른 가닥들이 어떻게 꼬여 있는지를 판단하는 것! 그것이 우리를 서로 다르게 만듭니다.

스칼리아:

우리는 하나……

긴즈버그:

내일의 근원을 만들어낸다는 점에서 우리는 하나……[64]

스칼리아:

물결을 바꾸는 하나의 의견……[65]

스칼리아, 긴즈버그:

국가가 이끌고 나아가야 할 좌표를 그려낸다는 점에서 우리는 항상 모두가 힘을 합쳐 결정을 내립니다.

우리의 미래가 불명확하기에.

하지만 한 가지는 결코 변하지 않습니다.

우리가 헌법을 숭배한다는 것 말입니다.[66]

우리는 모두 그 믿음의 관리인입니다.[67]

우리는 숙명처럼 그 믿음을 지켜내고 있습니다.

우리 대법원의 일은 이제 시작일 뿐……

그리고 그 결과 우리 모두가 앞으로도 정의가 실현되는 모습을 보게 될 것입니다.

우리는 서로 다릅니다.

우리는 하나입니다.

8장

연방대법원 생활의 밝은 측면*

오페라만이 연방대법관 긴즈버그가 동료들과 우정을 나누었던 유일한 기반은 아니었다. 아래의 연설문에서 긴즈버그는 지난 수년간 경험했던 연방대법원 생활의 밝은 측면들을 거론하고 있으며 본인이 높게 평가하고 지속적으로 증진시키려 했던 동료와의 협력 관계를 북돋아주는 연방대법원의 전통에 대해서도 설명하고 있다.

---

* 긴즈버그 판사는 지난 수십 년 동안 다양한 청중을 대상으로, 다양한 버전으로 이 주제에 관한 발언을 해왔다. 분량을 감안하고 당초 전달했던 특정 맥락을 명확히 하기 위해 연설문을 편집했다.

연방대법원 생활의 밝은 측면

기업전문변호사연합 모임에서 행한 연설

캘리포니아주 샌디에고, US 그랜트 호텔

2013년 2월 8일

오늘 연설에서 저는 직장에서 경험한 무거운 과업들에 대한 회상은 접어두고, 대리석으로 지어진 궁전 같은 연방대법원 생활의 밝은 면과 대법관 아홉 명의 협력 관계를 굳게 다져온 전통에 대해 말씀드리겠습니다.

우선, 서로 악수를 나누며 시작하는 대법관들의 정례모임인 평의가 있습니다. 연방대법원에서는 본격적으로 업무를 시작하기에 앞서 매일 아침 회의를 개최합니다. 대법관들은 로빙룸Robing Room이나 인근의 회의실에 들어서자마자 각자 돌아가며 서로에게 악수를 청합니다(셈이 빠른 분들은 회의에 앞서, 그리고 자리에 앉기까지 모두 서른여섯 번에 걸쳐 손을 흔든다는 걸 벌써 헤아리셨겠죠). 대법관들은 양측의 주장을 듣고 사건을 심의하기 위해 매일 만나며 때론 연방대법원에서 오찬을 같이 하기도 합니다. 오찬 장소는 우아하나 고급 요리가 나오는 정도는 아닙니다. 메뉴 내용은 연방대법원의 일반 카페테리아에서 제공되는 수준으로, 이곳을 방문하는 모든 분들이 드시는 것과 같다고 보면 됩니다.

정해진 규칙이 없어 각자 취향에 따라 오찬을 하는데, 통상 여섯 명에서 여덟 명의 대법관이 합류합니다. 그러나 아홉 명 그 이상으로 자리를 같이 하는 경우도 있기는 합니다. 2006년에 퇴임하신 오코너 대법관은, 시내에 머물 때면 우리와 점심을 함께하며 미국과 세계 각국을 둘러본 소회와 다른 나라에서 사법부의 독립을 위해 벌이고 있는 일들에 대한 이야기를 들려주며 우리의 대화에 생기를 불어넣어 주었습니다. 또한, 미국에서 시민을 위한 사회 교육을 초등학교 단계부터 앞당겨 시행해보겠다는 원대한 구상에 관해서도 말씀하신 적이 있습니다. 2010년에 퇴임하신 스티븐스John Paul Stevens 대법관도 종종 자리를 같이 해주셨습니다. 그분은 이제 연세가 아흔이 되셨는데도 여전히 테니스와 골프에 대단한 열정을 보이고 계십니다. 2009년에 퇴임하신 수터David Souter 대법관은 도시 생활을 그다지 좋아하지 않으시지만, 보스턴만은 예외랍니다. 그래서인지 워싱턴에서는 뵙기가 무척이나 어렵지만, 보스턴에 있는 연방 제1순회항소법원[우리나라의 고등법원에 해당하며, 1891년에 연방대법원의 부담을 덜어주기 위해서 설치되어 현재 미국 열두 개 지역에 항소법원이 있다] 재판에는 정기적으로 참석하고 계십니다.

오찬을 함께하는 자리에서 대법관들 사이에는 주로 어떤 얘기가 오갈까요? 무엇보다도 당일 연방대법원 사건을 담당했던 변호사들이 어떠했는지에 대해 이야기를 나눌 겁니다. 아니면 도시에 새로 생긴 것들, 워싱턴 D.C.의 셰익스피어 극장이나 워싱턴 소재 국립오페라단에 대해서, 또는 의회도서관이나 국립미술관 또는 필립스 컬렉션에서 가장 최근에 개최된 전람회 등에 대한 소식들도 서로 나눕니다. 로버츠John Roberts 대법원장과 알리토Samuel Anthony Alito 대법관 같은 분들은 자녀들에 관한 이야기를 나누고, 두 분보다 연배가 높은 스칼리아 대법관, 케네디 대법관, 브레이어 대법관 그리고 저는 주로 손주들 얘기로 대화의 꽃을 피웁니다.

때로, 외부 인사가 게스트로 초대되어 오찬 중의 대화를 더욱 더 다채롭게 만들어주기도 합니다. 최근 회기에 초대된 분들로는 전 국무장관 콘돌리자 라이스, 전 이스라엘 대법원장 아론 바라크, 전 유엔 사무총장 코피 아난, 남아공 헌법재판소의 전 재판관 알비 삭스Albie Sachs 등이 있었고, 가장 최근에는 남아공의 전 헌법재판관이자 현재 헌법재판소 부소장으로 있는 디크강 모세네케Dikgang Moseneke도 자리를 함께 해주셨습니다. 현재까지 두 번 이상 초대된 분으로는 연방준비은행 이사회 의장이었던 앨런 그린스펀과 세계은행 총재였던 제임스 울펀슨이 있고, 모두 비범한 재능을 지니신 분들로 저희에게 멋진 이야기를 들려주며, 덕분에 오찬도 한껏 즐길 수 있었습니다.

생일을 맞은 분에게는 오찬 전에 화이트와인으로 건배를 제안하고 모두 함께 "해피 버스데이!" 노래를 부르며 축하를 합니다. 이때 대개 스칼리아 대법관이 합창을 이끄는데, 노래를 조율하는 지휘자로서 어느 누구도 감히 넘볼 수 없는 분이기 때문입니다. 새로 선임된 대법관이 부임할 때에는 그의 전임 대법관이 동료들 모두를 초대해서 환영만찬을 베풀어주는 것 또한 어느덧 연방대법원의 전통이 됐습니다.

또 다른 행사들이 주로 판사와 변호사들을 위해 이따금씩 열리곤 합니다. 대법관들은 신임 연방판사들을 위한 오리엔테이션 주간에 워싱턴 D.C.에서 열리는 만찬에 합류해서 참석자들과 차례로 인사를 나눕니다. 연 두 차례 개최되는 '연방대법원 역사 모임(Supreme Court Historical Society, 이하 '역사 모임')'의 연속 강연에서는 대법관들이 차례로 돌아가며 그날의 강연 내용을 소개합니다.

제가 경험한 '역사 모임'의 사례를 들어보죠. 저는 수년 전, 연방대법원에서 미국 역사상 여성 최초로 변론이 허용됐던 벨바 록우드(Belva Lockwood, 1830~1917) 변호사의 일과 일상에 관한 연구 모임에 참석한 적이 있습니다. 1876년에 열린 연방대법원 재판에서 대법관들은 록우드가 제출한 변론신청에 대해 여섯 명이 반대하고 세 명이 찬성하여 받아들이지 않기로 결정합니다. 그러나 3년 후에 의회가 연방대법원과 연방법원들로 하여금 소정의 자격을 갖춘 모든 여성에게 변론을 허용해주도록 하는 내용의 법안을 통과시킵니다. 록우드는 당시로서는 대단히 획기적이었던 그 같은 법안을 시행하는 것에 만족하지 않고, 여성이라는 신분으로 1884년과 1888년에 치러진 미국 대통령 선거에 연거푸 출마하는 일까지 감행했습니다.

그 모임에 참석하고 수개월이 지나 저는 '역사 모임'에서 1908년의 그 유명한 '뮬러 대 오리건주 사건'에 대한 연방대법원 판결이 내려지기 직전에 벌어진 변론을 재연하는 작업을 주관했습니다. 이 사건은 여성이 유급으로 일할 때 근무시간을 하루 10시간으로 제한하는 오리건주의 법령과 관련이 있습니다. 그 당시 이 법령을 어긴 죄로 기소된 피고는 세탁소를 운영하고 있었는데, 그는 자신의 사업장에서 일하는 여성들이 매주 6일 내내 그것도 매일 12시간씩 작업해주길 원했습니다. 이 사건의 구두변론은 그날 늦게까지 계속됐습니다. 노동보호법을 여성에게만 예외적으로 적용해도 무방한지, 아니면 헌법에 명시된 평등보호 조항에 따라 노동보호법이 남성과 여성을 모두 똑같이 보호해야 하는 것인지에 대해서 장시간 변론이 진행되었습니다.

저희 대법관들은 해마다 한 번씩, 공식적인 휴가를 갖습니다. 또한 5월에 심리가 끝나자마자, 그리고 본격적으로 5월 말에 접어들기 직전 또는 해당 회기의 잔여 의견서가 모두 정리되어 나오는 6월 초에 연방대법원에서는 해마다 음악회가 열립니다. 이 전통은 1988년에 블랙먼Harry Blackmun 대법관이 처음으로 도입하고, 그가 퇴임하면서 오코너 대법관에게 바통을 넘겼습니다. 지난 12년 동안 저는 음악회 행사에 꾸준히 참석해왔습니다. 몇 년 전, 저희가 거기에다 가을 음악회를 추가했습니다. 최근엔 '메트로폴리탄 오페라단'의 스타급 성악가인 르네 플레밍, 수전 그레이엄, 조이스 디도나토, 스테파니 블라이드, 토머스 햄슨, 그리고 브린 터펠 등이 출연하기도 했죠. 2012년 봄에 개최된 음악회에서는 주요 연주자 중 한 분으로 세계적인 피아니스트 레온 플라이셔가 자리를 빛내주셨습니다.

또 다른 행사로는 미 의회의 여성 상원의원들과 연방대법원에 근무하는 여성 대법관들이 2년에 한 번씩 만나는 만찬 자리가 있습니다. 1994년에 처음 시작했을 때는 대법관 두 명과 상원의원 여섯 명이 모임에 참석했습니다. 그리고 2012년에는 대법관 세 명과 상원의원 열일곱 명이 자리를 같이 했죠.

연방대법원이 휴정하는 주에는 하루나 이틀 일정으로 대학과 로스쿨을 방문하거나 전국을 다니며 판사와 변호사들을 만납니다. 한겨울이나 한여름에는 저희들 중 일부가 다른 나라에서 강의를 하거나 그 나라의 법률 시스템을 배우기 위해 외국으로 나갑니다. 저는 최근에 휴가를 이용하여 호주, 오스트리아, 중국, 영국, 프랑스, 인도, 아일랜드, 이스라엘, 이탈리아, 일본, 룩셈부르크, 뉴질랜드, 남아공과 스웨덴에서 학생이나 대중들을 상대로 강연을 하고 법조인 모임에도 참석했습니다. 2012년 1월 말과 2월 초에는 이집트와 튀니지를 방문하여 이들 국가에서 독재정권을 몰아내고 나서 처음으로 열린 기념행사에서 축사를 하기도 했습니다. 오는 2013년 9월에는 캐나다 대법관들과 오타와에서 만나 서로 의견을 교환할 예정이며, 2014년 2월에는 유럽사법재판소 소속 인사들과 회합을 위해 룩셈부르크를 방문할 예정입니다.

연방대법원에는 난제가 산적해 있어 막대한 시간을 투자해야 하지만 반면에 그만큼 직무에 대한 만족도도 대단히 높습니다. 저희들은 변호사와 판사들이 연방대법원의 결정을 제대로 이해할 수 있도록 하기 위해서 부단히 읽고, 생각하며 의견서 작성에 매진합니다.

주지하는 바와 같이, 특정 사안에 대해서는 대법관들 사이에서 매우 커다란 견해 차를 보일 때가 있습니다. 최근의 사례로는 연방정부가 법적으로 의무화한 건강보험, 소수자 우대 정책, 공립학교 인종차별 폐지 계획, 무기를 보유하고 소지할 수 있게 한 수정헌법 제2조[Second Amendment: 1791년 권리장전의 일부로 비준된 내용으로 주별로 민병대 유지를 인정하여 미국인들에게 공식적으로 총기를 소지할 권리를 헌법상으로 보장함]상의 권리, 공직자의 선출과 낙선에 관여하기 위한 기업의 비용 지출에 대한 통제, 관타나모베이에 억류된 사람들도 미국 법원을 이용할 수 있는 권리, 그리고 불법체류자에 대한 정부의 체포 활동 등을 들 수 있습니다. 그러나 그 모든 과정 속에서도, 서로가 긴밀히 협력 관계를 유지하고 있으며 적지 않은 시간을 순수한 의미에서의 동반자 관계로 함께 즐기며 보내고 있습니다. 통상적으로, 법을 적용하는 과정에서 발생하는 강력한 의견 충돌로 인해 서로를 존중하는 마음마저 손상을 받는 경우는 극히 드물며, 설사 그렇더라도 지극히 순간적일 뿐입니다.

우리 모두는 언제나 연방대법원 판결에 참여하는 특정 개인보다 우리가 봉사하는 연방대법원의 존립 기반 그 자체가 더 중요하다는 것을 잘 알고 있습니다. 개인적으로는 법조인으로서 세상에서 가장 멋진 일에 종사하고 있다고 생각합니다. 우리의 책무는 최선을 다해 정의를 추구하는 데 있습니다. 이 나라를 세운 선조들은 우리가 그리할 수 있도록 종신직(단, 헌법상 '선량하게 행동하는 경우에 한해서')을 부여했을 뿐만 아니라 의회가 우리가 받는 보수를 함부로 삭감하지 못하게 했을 정도로 매우 현명했습니다.

렌퀴스트(William H. Rehnquist, 1924~2005) 대법원장은 본인이 좋아하는 스포츠에 비유해서 판사의 역할을 다음과 같이 정리한 적이 있습니다.

헌법은 농구경기에서 중요한 순간에 홈팀 선수에게 반칙을 선언해야 하는 심판과 매우 흡사한 위치에 판사를 배치해놓았다. 즉, 판사는 엄청난 야유를 받을 수도 있지만 그럼에도 불구하고 이미 목격한 이상 파울을 선언해야만 하며 홈 관중이 원하는 바를 그대로 따라서는 안 된다.

렌퀴스트 대법원장은 판사가 그런 막중한 책무로부터 빠져나가려 하는 바로 그 순간이 법복을 스스로 벗어야 하는 때라는 충고도 덧붙였습니다. 저는 그분의 말씀에 전적으로 동의합니다.

2부

불모지의 개척자들에게
보내는 찬사

서문

젊은 변호사 시절, 스웨덴에 살고 있을 때 긴즈버그에게 현지어로 바그마르켄Vägmärken이란 단어가 갑자기 눈에 들어온 적이 있다. 이 단어는 사전적 의미로 새로운 길을 트는 사람, 혹은 도로 표지판을 가리킨다.[1] 이제, 수많은 사람들이 긴즈버그를 그런 인물의 전형으로 여기고 있다. 긴즈버그는 성평등이라는 새로운 길을 개척하고, 여성과 남성 모두에게 더 많은 기회를 부여해왔다. 긴즈버그는 또한 역사 속 잘 알려지지 않은 인물을 조명하거나 부각함으로써, 자신보다 앞서서 자신이 얻은 기회와 성취로 향하는 길을 미리 닦아놓은 이들에게 멋진 찬사를 보내는 것으로도 정평이 나 있다. 그는 자신의 교육과 경력개발에 시간을 쏟으면서도 또 다른 한편으로 끊임없이 자신의 과거를 뒤돌아보며 본인과 마주했던 사람들의 공로를 인정하고 감사의 뜻을 전하고 있다. 최초로 연방대법원에 제출한 준비서면에서도 그와 같은 면모가 잘 드러난다. 초기에 성평등에 관한 변론서 작성에 도움을 준 미국시민자유연맹(ACLU)의 법률자문위원단 전임자 명단을 준비서면에 특별히 담았으며 제자들이 개별적으로 준비서면 작성에 기여했다는 것도 특별히 기록으로 남겼다.

긴즈버그가 보내는 찬사는 결코 사탕발림이나 겉치레로 하는 말이 아니었다. 즉, 사실관계를 파악하기 위해서 수시간에 걸쳐 이력을 추적하고, 거기서 나온 이야기들을 공유해서 만들어낸 결과물이었다. 그 속에는 초기의 미국 여성 변호사와 판사들은 물론이고 연방대법원 판사의 부인들과 유대계 연방대법관들에 관한 이야기도 포함되어 있다. 지금까지도 연방대법원에서 가장 열심히 일하는 대법관으로 손꼽히는 긴즈버그는 그 바쁜 와중에도 역사적 인물과 동료들 모두에게 골고루 감사의 글을 전하는 일을 계속해오고 있다. 아래의 찬사는 지난 수년간에 걸쳐 작성된 수십 개의 원고 중 극히 일부를 선별한 것에 불과하다. 관련 자료는 이미 방대해진 지 오래지만 지금도 계속해서 차곡차곡 쌓여가고 있다.

1장

벨바 록우드*

오늘 밤 저는 결코 좌절하지 않는 용감한 여성이자 1879년에 미국 연방대법원을 불굴의 의지로 바꿔낸 한 위대한 여성에 관해서

---

* 긴즈버그 판사는 지난 수십 년 동안 다양한 청중을 대상으로, 다양한 버전으로 이 주제에 관한 발언을 해왔다. 여기에 재수록된 연설문은 2014년 5월 16일에 메릴랜드 여성 변호사협회에서 발표한 것이다. 이날 긴즈버그는 '리타 데이비드슨[Rita C. Davidson, 1928~1984, 미국 여성 최초로 메릴랜드주 장관과 항소법원의 판사로 근무한 인물]'상을 수상했으며 다음과 같은 말로 연설을 시작했다. "그분을 떠올리면, 이 상을 수상하게 된 것은 저에게 너무나 큰 영광입니다. 리타 데이비드슨은 매우 현명하고 전문적인 식견을 고루 갖춘 여성이었습니다. 지적이고 혈기왕성 하며, 유머가 넘치면서도 끈질기고 용감한 인물로, 소외된 사람들에게 더 좋은 세상을 만들어주는 일에, 그리고 모든 사람들에게 평등하고 공정한, 그래서 좀더 정의로운 사회를 구현하는 일에 본인의 모든 재능을 바쳤습니다." 분량을 고려하고 당초 전달했던 특정 맥락을 명확히 하기 위해서 내용을 편집했다.

말씀을 드리고자 합니다. 그 여성은 바로 벨바 록우드로, 1830년에 미국에서 태어났습니다. 록우드는 미국 역사상 최초로 아홉 명의 연방대법관 앞에서 변론이 허용됐던 여성이자 여성 최초로 대통령 선거를 완주한 인물이기도 합니다.

록우드는 부나 사회적 지위가 높지 않은 가정에서 태어나서 뉴욕 나이아가라 자치주의 가족 농장에서 성장했습니다. 결혼하고 겨우 4년 만에 남편이 사망하고 두 살배기 아기를 홀로 키우게 되었지만, 대학에 등록하여 고등학교 교사, 그리고 나중에는 교장이 되기 위한 소정의 교육까지 받았습니다. 1866년에 워싱턴 D.C.로 이주해서 2년 후엔 재혼을 했습니다. 미국의 수도에 정착한 이후로, 여성 참정권과 고용기회 확대를 옹호하는 인물로 명성을 떨쳤습니다. 오랫동안 꿈꿔오던 변호사가 되기 위해 적극적으로 나섰지만, 변호사 업계에서 여성이 환영받지 못하던 시절이라 결코 이루기 쉬운 꿈은 아니었습니다.

벨바 록우드의 동지로 여성 참정권을 옹호했던 엘리자베스 스탠턴은 벨바를 셰익스피어의 《베니스의 상인》에 나오는 포르샤에 비유한 적이 있는데, 실제로 벨바는 작품 속의 주인공과 꽤나 많이 닮았습니다. 여기서 주목할 점은 벨바와 포르샤 모두 여성으로, 정의의 옹호자로서 자신이 지닌 것 이상으로 해낼 수 있음을 몸소 보여주며 강렬한 인상을 남긴 당대의 대표적 지성인이었다는 점입니다. 두 사람 모두 탁월한 유머감각과 천재성에 더해 여성들은 신체적으로나 정신적으로 연약하다는 당시의 사회적 통념을 불식시키기 위해 강철 같은 체력과 정신력을 동원합니다. 그러나 두 사람 사이에는 엄연한 차이도 존재합니다. 작품 속에서 포르샤는 임무를 달성하기 위해 자신의 실체가 드러나기 전까지 철저하게 남자처럼 행동합니다만, 벨바는 여성과 변호사란 직업이 당시 극심해지고 있던 정치권의 갈등만큼이나 서로 어울릴 수 없다는 사회적 인식과 맞서 싸우면서도 결코 포르샤처럼 남자로 위장하지는 않았습니다. 오히려 그 당시 평범한 여성이 입을 법한 것보다 훨씬 더 누추한 옷도 서슴없이 걸치고 다닐 정도로 당당하게 행동했습니다.

벨바 록우드의 부단한 노력은 끝내 결실을 맺게 됩니다. 1869년, 서른아홉 살의 나이에 두 아이의 어머니로 워싱턴 D.C.에 소재한 법과대학에 입학 허가를 신청합니다. 그러나 대학 당국은 당시보다 훨씬 더 열악했던 그 이전의 시절에나 통할 법한 구차한 구실을 동원해서 입학을 거부합니다. 여성의 등교는 "젊은 남학생들이 수업에 집중하는 데 방해가 된다"고 말입니다. 록우드는 국립대학 로스쿨(오늘날의 조지워싱턴대학교 법학대학원)이 마침내 입학을 허용할 때까지 기다리고, 또 기다립니다. 그러나 또 다른 난관을 만납니다. 대학 당국이 끝내 학위를 수여하지 않기로 한 것입니다. 이 또한 남자 동기들 때문이었을 것으로 추정됩니다. 그 당시 남자들은 여자들과 같이 졸업하는 것이 본인의 가치를 떨어뜨리는 일이라며 꺼렸습니다.

장애물을 넘기 위해, 록우드는 당연직 총장이었던 율리시스 그랜트에게 편지를 보냅니다. 그리고 그 편지에 "저는 학과 커리큘럼을 정식으로 통과했습니다. 따라서 저에게 학위를 수여해주실 것을 요청합니다"라고 사실관계와 요구 사항만을 간략하게 적시합니다. 그에게서는 아무런 답도 얻어내지 못했지만 편지를 전달한 지 2주 후인 1873년 9월에 정식으로 선임된 후임 총장이 록우드에게 드디어 학위를 수여합니다.

컬럼비아특구에서 3년간 법무 실습을 받고 나서, 1876년에는 경력상 요건이 충족되니 연방대법원에 법정 변론 변호사로 출입할 수 있도록 허락해줄 것을 요청합니다. 연방대법원은 '6 대 3'의 다수의견으로 아래와 같은 극히 짧은 사유와 함께 승인을 거부합니다.

> 연방대법원의 일관된 관례와 관련 법규의 정당한 해석에 근거하여, 남성 이외에는 그 누구도 변호인과 자문 자격으로 대법정을 출입할 수 없다.

록우드는 이에 굴하지 않고, 이제는 의회를 상대로 청원을 받아달라며 로비를 펼칩니다. 마침내, 근 3년간의 끈질긴 노력 끝에 의회가 "어떠한 여성"이라도 필요한 자격을 갖추고 있다면 "연방대법원에서 대법원장의 재량으로 변론할 수 있도록 허용해야 한다"고 의결합니다. (록우드의 사례는 연방대법원과 의회 간에 때론 건설적인 대화가 이루어지기도 한다는 것을 보여줍니다. 이는 또한, 의회가 연방대법원에 비해 사회적 변화에 보다 더 신속하게 부응한 사례이기도 합니다. '릴리 레드베터 사건'을 다시 한번 떠올려봅시다. 이 재판에서 연방대법원은 5 대 4로 릴리가 소송을 너무 늦게 제기했다고 판단했습니다. 저는 그러한 결정에 동의할 수 없으며 연방대법원이 잘못 판단한 것을 즉각 바로잡아야 한다고 주장했습니다. 그때 연방대법원이 아닌 의회가 그런 일을 해냈습니다. 의회가 나서서 역사상 처음으로 '릴리 레드베터 공정임금법'을 만든 것입니다.)

한편, 출입 승인이 난 지 21개월이 지나고 나서 록우드는 마침내 연방대법원에서 진행된 구두변론에 참가한 최초의 미국 여성이 됩니다. 록우드는 일흔다섯의 나이가 된 1906년에 대법원에서 마지막 변론을 펼칩니다. 거기서 록우드는 지난 30년간 쌓아온 전문성을 바탕으로 국가에 대항하여 위자료 지급을 강하게 압박함으로써 이스턴 체로키에 거주하는 인디언들로 하여금 5백만 달러 상당의 보상금을 받을 수 있게 해줍니다. 그들은 아무런 보상도 받지 못하고 조상 대대로 지켜온 자신들의 땅을 국가에 송두리째 빼앗겼던 사람들이었습니다.

록우드는 여성 참정권 옹호론자 그 이상이었습니다. 모든 여성에게 정치적 권리는 물론이고 시민권도 완전하게 부여해줄 것을 강력히 촉구했습니다. 록우드 본인도 다른 여성들과 마찬가지로 투표권을 행사할 수 없었지만 여성이 후보가 될 수 없다는 내용은 헌법 조문 그 어디에서도 찾아볼 수 없다고 당당하게 주장하며 스스로 두 차례에 걸쳐 대통령 후보로 출마합니다(힐러리 클린턴이 미국 여성으로서 처음으로 민주당의 대통령 후보 경선에 나선 것보다 무려 124년 앞서, 록우드는 그처럼 과감한 첫발을 내디뎠던 것입니다). 록우드는 자신의 러닝메이트였던 마리에타 스토우에게 편지를 써서 대선에 참여한 배경을 다음과 같이 전합니다. "스스로 쟁취하지 않으면 여성들은 결코 남성들과 동등한 권리를 누릴 수가 없을 것입니다. 즉, 그와 같은 권리는 우리 여성들이 남성들에게 명령할 수 있는 위치까지 오르지 못한다면 결코 누릴 수 없을 것입니다."

록우드는 1884년과 1888년에 '평등권당Equal Rights Party'의 후보로 대선 선거운동을 하는 동안, 대중의 주목을 지속적으로 이끌어내면서 정부의 실행을 유도해낼 수 있는 다양한 선거 쟁점을 이슈화하는 데 집중합니다. 일례로, 공공부지 보존, 토착 원주민에 대한 시민권 부여, 중국인 배제법 폐지, 남녀평등을 촉진하기 위한 가족법 개정, 남북전쟁 참전용사들에게 혜택을 주기 위한 기금 모금에 국세를 동원하는 방안 등을 적극적으로 주장합니다. 무엇보다 록우드는 꿈만 쫓는 이상주의자가 결코 아니었습니다. 1884년 대통령 선거에서는 본인의 대중성을 십분 활용하여 유료로 순회연설을 진행하는 방식 등으로 자금을 마련해 선거를 치러냈으며, 이 전략은 선거가 끝나고 놀랍게도 125달러가 남았을 정도로 성공적이었습니다.

제 집무실을 방문하는 분들은 재판연구원들이 근무하고 있는 사무실 벽면에 "연방대법원은 록우드의 대법정 입회를 불허한다"는 내용을 담고 있는 투표용지 복사본이 걸려 있는 것을 발견할 수 있습니다. 투표용지 옆에는 눈길을 끄는 한 컷의 삽화가 있는데 1884년에 치러진 대통령 선거에서 록우드가 남성 후보인 그로버 클리브랜드와 제임스 블레인에 맞서 싸우는 장면을 묘사하고 있는 것입니다. 록우드는 자신에게 온갖 모욕을 퍼붓고 밥 먹듯이 폄하하는 사람들 앞에서도 결코 주눅이 들지 않았고, 1917년에 세상을 떠날 때까지도 낙천주의자의 면모를 유감없이 발휘했습니다.

법 실행에서 록우드가 살던 시대를 전후로 엄청난 개선이 이루어졌습니다. 오늘날 연방대법원 입회식에는 상당수의 여성들이 참석합니다. 구두변론에서 양측 대리인으로 모두 여성 변호사가 나오는 경우는 이제 더 이상 주목할 거리조차 되지 못합니다. 오늘날 여성들은 학계를 선도하는 대학의 총장, 변호사협회 회장, 법과대 학장, 연방법원 판사, 주 법원 판사, 지역이나 주 그리고 연방정부의 선출직 대표자로 근무하고 있으며, 기업에서는 다수가 고위직 임원급 반열에 올라 있기도 합니다. 연방대법원에는 현재 세 명의 여성 대법관이 근무하고 있습니다. 그럼에도 불구하고, 록우드가 지녔던 특유의 감각과 퇴행을 막으려는 강철 같은 의지는 오늘날의 여성들에게도 여전히 요구되고 있습니다. 우리의 딸과 손녀들이 나아가는 길에 방해가 되는 인위적인 장애물들을 제거해서 그들이 열망하는 것들을 온전히 이룰 수 있도록 하기 위해 우리는 그 같은 투지를 단단히 부여잡고 있어야 합니다.

2장

법조계의 여성 진출*

오늘 저는 최근 미국의 변호사와 판사 사회에 진출한 여성들의

---

* 이 연설에서 긴즈버그는 애라벨라 맨스필드(Arabella Mansfield, 1846~1911), 레마 바칼루(Lemma Barkaloo, 1840~1870), 마이라 브래드웰(Myra Bradwell, 1831~1894), 바버라 암스트롱(Barbara N. Armstrong, 1890~1976), 플로런스 앨런(Florence E. Allen, 1884~1966), 버니타 매슈스(Burnita S. Matthews, 1894~1988), 셜리 헙스테들러(Shirley M. Hufstedler, 1925~2016)를 포함해서 새로운 길을 개척한 여성들에게 찬사를 보낸다. 긴즈버그 판사는 지난 수십 년 동안 다양한 청중을 대상으로, 다양한 버전으로 이 주제에 관한 발언을 해왔다. 여기 수록된 연설문은 2006년 8월 11일에 개최된 미국사회학회 연례회의에서 신시아 엡스타인Cynthia Epstein의 요청으로 발표된 것이다. 긴즈버그는 "저의 소중한 친구인 신시아가 이 회의에서 연설을 해줄 것을 부탁해왔습니다. 저는 개인적으로 그의 요청을 거절하기가 참으로 어려웠습니다. 그가 법조계 여성들에 대한 논문을 책으로 엮었을 때, 나는 그 책이 출간되기도 전에 탐독했습니다"라고 말했다. 이 연설문은 하버드대학교의 《법과 젠더》(2007년 겨울호) 제30호에 실렸다. 분량을 고려하고 당초 전달하려 했던 특정 맥락을 명확히 하고자 연설문을 편집했다.

모습을 그려보고자 합니다. 과거를 돌아보며, 저는 여기에 소개해 드릴 여성들의 모습에서 큰 용기를 얻습니다. 하지만 숫자가 말해주듯이 법조계의 여성들은 오늘날까지도 편견으로부터 완전히 자유롭지 못합니다. 사회과학적 차원의 연구를 통해 그 원인을 살펴보고 지속되는 문제를 해결하는 데 도움을 받을 수 있을 것입니다.

제가 자라던 시절, 법조계의 남성들은 재판 업무는 물론이고 변론 업무마저도 여성들과 함께할 수 없다는 식의 강고한 우월의식을 갖고 있었습니다. 이를 프랑스어로는 '이데 휙셰 idée fixe' 즉, 고정관념이라 합니다만 고대 문헌에 따르면 남성이 여성보다 항상 우월했던 것만은 아닙니다.

그리스신화에 나오는 팔라스 아테나는 지금도 이성과 정의의 여신으로 추앙을 받고 있습니다. 아가멤논이 그의 딸 이피게니아를 희생시키면서 시작된 폭력의 악순환을 종식시키기 위해 오레스테스를 법정에 세우려고 아테나가 '정의의 법원'을 만듭니다. 비로소 복수가 지배하는 사회 대신, 법의 원리에 의해 작동하는 사회가 성립되는 것입니다.

구약성서 판관기에 나오는 드보라를 생각해보십시오. 그는 예언자이자 재판장이며 군대의 지휘관이었습니다. 그렇게 세 가지 권력을 모두 행사했던 사람은 이스라엘 역사상 드보라 외에 남성인 모세와 사무엘밖에 없습니다. 당시, 도처에서 사람들이 찾아와 드보라에게 판단을 구합니다. 유대인 교사들에 따르면, 드보라는 누구에게도 도움을 받을 필요가 없을 정도로 유복해서 아무런 대가 없이 누구든 선뜻 도와줄 수 있었다고 합니다.

비록 아테나나 드보라의 존재를 몰랐다고 할지라도, 미국의 사법체계는 여성을 남성과 같은 반열에 올려놓는 일에 너무나도 오랫동안 저항해왔습니다. 겨우 1869년이 되어서야, 아이오와 출신의 애라벨라 맨스필드에게 미국인 여성 최초로 변호사 자격을 인정해줬습니다. 같은 해에 세인트루이스대학교 로스쿨이 미국 역사상 최초로 여성의 입학을 허용해줬습니다.

이 로스쿨에 최초로 입학한 여학생 중 한 사람인 레마 바칼루는 그보다 앞서 모교인 컬럼비아대학교 로스쿨에 지원했으나 입학을 거부당한 바 있습니다. 신시아 엡스타인이 언급했듯이 컬럼비아대학교는 또 다른 지원자 세 명에 대해서도 입학을 거부하며 대학 이사회 구성원 중 한 사람이 다음과 같이 말했다고 합니다. "월등히 뛰어난 여성이라 할지라도 우리가 특별히 구제해서 뉴욕에서 변호사로 일할 수 있도록 해주면 결국 법조계 전체의 품위를 떨어뜨릴 테니 결코 그 같은 사태를 용인할 수 없습니다. 포르샤 같은 여성의 발자국 소리가 우리 대학의 모의 재판정에서 들리는 것을 절대로 묵과해선 안 됩니다." 그는 분명 드보라가 지녔던 예지력을 전혀 갖추지 못한 인물이었을 겁니다.

법과대학 입학이 허용되었을 당시만 해도, 여학생들은 교수와 남학생들로부터 진심 어린 환영을 받지 못했습니다. 그 단적인 사례로 펜실베이니아대학교의 로스쿨을 들 수 있습니다. 1911년, 이 대학 총학생회가 자신들의 강력한 지지 기반인 신입생 회원들에게 강제로 콧수염을 기르도록 하는 문제를 두고 찬반투표를 실시하기로 합니다. 만약 채택이 되면 콧수염이 일정 수준 자라지 않은 학생들에게는 매주 25센트의 벌금을 부과한다는 안이었습니다. 한 남학생이 같은 반에 속해 있던 유일한 여학생을 위해서 무려 11시간에 걸쳐 끈질기게 반론을 제기한 끝에, 이 안건은 부결로 처리가 됩니다. 그러나 여기서 중요한 것은 그토록 오랫동안 격론을 벌이고 나서야 그런 결과가 나왔다는 사실입니다.

변호사 업계에서도 그간 남성의 전유물로만 여겨졌던 영역으로 여성이 진입하는 것에 공공연히 거부감을 표출하는 수치스러운 사례가 다수 발생했습니다. 1869년, 일리노이주 대법원은 마이라 브래드웰의 변호사 개업 승인 요청을 거절하면서, 그가 결혼하고 나면 본인이 서명한 변론 계약서가 자연스럽게 파기되어 계약 이행을 제대로 하지 못할 것이기 때문이라는 이유를 들었습니다. 일리노이주 대법원은 여성 변호사들이 미국 사회에서 익명의 존재로 남아있는 것이 공익에 더 부합한다고 판결한 바 있습니다. 브래드웰은 영국의 상황에 견주어 미국이 처한 현실에 대해서 아래와 같이 비판합니다. 참고로, 사회변화를 선도하려는 사람들에게는 유머감각이 큰 도움을 주는 것 같습니다.

우리의 이웃인 영국의 형제들에 따르면, 여성들을 법률 업무라는 거칠고 험난한 바다에 뛰어들도록 내버려두는 것은 너무도 잔인한 처사라고 합니다. 그렇다고 그들은 캐나다와 여타의 영국령을 포함해서 대영제국 전체를 여성(여왕)이 지배하는 것마저 부정할 정도로 도리에 벗어나지는 않았습니다. 우리 미국인 형제들은 언젠가 여성들의 변론 참여에 익숙해질 날이 올 것입니다. 그러고 나면 자신들이 여성들로 하여금 법정에서 변론할 수 있도록 해준 것이 영국처럼 여왕에게 지배를 받는 것보다 결코 나쁘지 않다고 생각하게 될 것입니다.

1968년까지도 법의 영역은 대체로 남성들을 위한 특별 보호구역으로 남아있었습니다. 당시에는 대학 교재들이 그와 같은 내용으로 출간되었고 교수들도 그런 취지로 학생들을 가르쳤습니다. 단적으로, 1968년에 발간되어 첫 해부터 널리 교재로 채택됐던 토지 소유에 관한 판례집에는 심지어 "토지는 원래 여성처럼 결국 소유될 운명으로 태어났다"라는 문구가 삽화와 함께 실려 있습니다.

1950년대와 1960년대에 로스쿨에 도전했던 소수의 여성들은 일반적으로 남자들에게 실질적인 도전이나 경쟁 상대가 되지 못했습니다. 1971년에 개최된 전미 로스쿨협회 모임에서 저명한 법학 교수가 남학생들이 베트남전쟁으로 징집되어 가는 바로 그 시점에 여학생의 등록이 늘어나는 것에 대해서 동료 교수들이 우려를 표명하자 걱정할 필요가 없다며 이런 말을 한 적이 있습니다. "여자 법학도들이란 결국 어떤 사람들이냐 하면, 그저 부드러운 남자일 뿐이죠."

제2차 세계대전 중에 여학생의 법과대학 등록이 일시적으로 급증한 것과는 대조적으로, 1970년대에는 그 규모가 드디어 임계치에 다다를 정도가 됩니다. 제2차 세계대전 시기에 하버드대 총장은 로스쿨이 이 전쟁을 어떻게 견뎌내고 있느냐는 질문에 "생각했던 것보다 그리 나쁘지 않다"라며 "아직도 75명이나 되는 남학생들이 재학 중이니 굳이 이 시점에 여학생까지 받아들일 필요는 없다"고 답했다고 합니다(반면 베트남전쟁 시기, 같은 대학의 총장은 "우리 학교는 이러다가 결국 맹인, 절름발이 그리고 여자들만 남게 될 거다"라고까지 우려를 표했습니다).

대학의 로스쿨이 여성을 받아들이는 데 왜 그리도 많은 시간이 걸린 걸까요? 이에 관한 논쟁은 여성이 남성만큼 학위에 걸맞게 본인의 역량을 키우는 데 매진하지 않을 것이란 추정부터 데보라 로데가 최근에 쓴 글 중에 "넉넉한 여자 화장실의 부재"라는 제목이 가리키고 있는 것처럼 심지어 '화장실 문제'까지도 다양한 범위에 걸쳐 있습니다.

그러나, '여성 사절'이라는 음울한 표지판과 차가운 공기가 억세게 짓누르는 와중에도 법조계의 용감한 여성들은 결코 좌절하지 않았습니다. 1960년대 초반에 미국 법조계에서 여성 변호사들의 비중은 겨우 3퍼센트에 불과했습니다만, 오늘날에는 열 배 가까이 증가하여 30퍼센트에 이르고 있습니다. 1947년부터 1967년까지 로스쿨에서 매년 여학생들은 불과 3퍼센트에서 4.5퍼센트의 비중을 차지했습니다만, 오늘날에는 전체 학생 중 절반 정도가 여학생들이며 대형 로펌 소속 변호사 중에 여성들이 차지하는 비중이 50퍼센트가 넘습니다.

여성들의 법조계 진출은 대학 강단에서도 뚜렷이 나타나고 있습니다. 1919년에는 나치트리엡 암스트롱이 UC 버클리대학교 법학 교수로 임용되어 1923년에 조교수가 되었으며, 이후 그는 전미변호사협회가 인가한 로스쿨에서 여성 최초로 종신 교수가 됩니다. 그로부터 약 20여년이 지난 1945년까지 단 두 명의 여성만이 전미로스쿨협회가 인증한 대학에서 종신직 교수 자리에 올랐습니다. 1963년에 제가 럿거스대학 로스쿨 교수로 임용되었을 때만 해도 협회가 인증한 대학에서 종신직에 오른 여성은 채 스무 명도 되지 않았습니다. 그러나 1990년에 이르러서는 로스쿨 교수 중 20퍼센트 이상을 여성이 차지하게 되었고, 오늘날에는 약 19퍼센트의 로스쿨 수장이 여성이며, 종신 교수직의 25퍼센트를, 그리고 전체 로스쿨 교수의 약 30퍼센트를 여성이 차지하고 있습니다.

변호사 업계에서도 여성들의 진출이 현저히 확대되고 있습니다. 여성이 지역 변호사협회 회장으로 선출된 적이 없는 유일한 사례는 앨라배마에 불과합니다. 이미 160명 이상의 여성이 여러 주의 변호사협회 회장으로 활약했습니다. 두 명의 여성이 전미변호사협회 회장으로 임기를 마쳤으며 그중 한 사람은 최근에 회장으로 세 번째 임기를 시작했습니다. 또 다른 여성이 그 두 명의 전미변호사협회 회장과 함께 대의원회 의장으로 뽑혔습니다.

2005년 11월에 뉴욕시 변호사협회에서 행한 강연에서 하버드대 로스쿨 학장인 엘레나 케이건Elena Kagan 교수는 제가 직전에 제시한 여성들의 변호사업계 진출 현황을 상세히 설명한 바 있습니다. 그분에 따르면, 이와 관련한 뉴스들이 온통 희망적인 것만은 아니라고 합니다. 케이건 교수는 "여성 변호사가 일반적인 성공의 척도를 기준으로 볼 때, 대부분의 항목에서 남성에 비해서 매우 뒤처져 있다"는 점에 주목합니다. 우선, 로스쿨의 환경에 대해서 살펴보겠습니다. 케이건 학장은 한 학생의 보고서를 언급하며 여성들이 겪는 경험에 대해 이야기했습니다. 이 보고서는 다른 최상급 로스쿨에서 행해진 유사한 연구 조사 결과도 추적하고 있습니다. 여기서 주목할 것은 여학생들이 수업시간에 적극적으로 참여하는 정도가 남학생들에 비해 상대적으로 떨어진다는 것입니다. 그 결과 여학생들이 뛰어난 학업 성적으로 상을 받는 경우가 드물다고 합니다. 법리 **추론** 과목에서 자신이 상위 20퍼센트 안에 든다고 생각하느냐는 질문에 33퍼센트의 남학생이 그렇다고 대답한 반면, 여학생은 겨우 절반 수준인 15퍼센트에 머물렀습니다. 여학생들은 또한 "재빨리 생각해내고, 구두로 변론하며, 준비서면을 작성하고, 상대방을 설득하는" 능력이 상대적으로 떨어진다고 본인을 평가했습니다. 케이건 교수는 "이제 뭐가 또 남았더라" 하고 말하며 잠시 상념에 잠겼습니다. 그분의 동료로 펜실베이니아대학교 로스쿨에서 여학생들이 처한 상황을 연구한 라니 귀니어 교수는 이 대학 로스쿨에 재학 중인 여학생이 한 말을 특별히 기록으로 남겼습니다. "남학생들은 로스쿨 자체가 어렵다고 생각하는데 여학생들은 본인의 학습 능력이 떨어진다고 생각한다."(이런 면에서는 어느 로스쿨이든 별반 차이가 없습니다. 예를 들어, 브랜다이스대학교에서 유전공학을 가르치고 있는 그레고리 페츠코 교수는 최근에 "내가 알고 지내던 유능한 여성들은 거의 예외 없이 본인의 능력을 실제보다 과소평가하고 있는" 반면에, "본인이 유능하다고 생각하는 남성들은 대부분이 본인을 과대평가하고 있다"는 것을 발견했습니다.)

로스쿨을 졸업하고 난 이후의 삶에 기초해서 케이건 교수는 그 원인을 아래와 같이 규명했습니다. 한 연구에 따르면, "여성 변호사들은 같은 조직의 남성 구성원들에 비해서 리더의 역할을 잘 맡지 않는다"고 합니다. 전체 변호사의 30퍼센트가 여성임에도 불구하고 《포춘》이 선정한 500대 기업에서 법률 자문역을 맡고 있는 여성들은 15퍼센트에 불과하고 대형 로펌에 근무하는 여성들의 비중은 50퍼센트를 넘었지만 전체 파트너급 변호사 중에서는 17퍼센트만이 여성입니다.

또 다른 두드러진 남녀 간 차이점은 하버드대학에 재학 중인

한 학생의 연구 결과에서 드러납니다. "남을 위해 봉사하는 일"이라는 생각에 법률 업무를 직업으로 선택했다고 답한 여성의 숫자가 2 대 1 비율로 남성보다 압도적으로 많다는 것입니다. 따라서, 케이건 교수는 남성들도 공공서비스 활동에 참여하도록 여성들이 적극적으로 행동에 나서야 할 필요가 있다고 제안합니다. 케이건 교수는 다음과 같은 의문을 제기하기도 합니다. 여성들이 특별히 공공서비스와 관련한 법무 업무에서 만족감을 찾을 수 있기 때문에 '남을 위해 봉사하는 일'에 너무 많은 관심을 갖게 되는 것은 아닐까요? 또는, 이 분야의 취업 기회가 여성들에게 상대적으로 많이 주어지는 것은 아닐까요? 아니면, 이 분야가 여성들에게 자기를 개발하고 성찰할 수 있는 기회를 좀 더 많이 제공한다거나 이직이나 복직이 손쉽게 이뤄지는 영역이어서 그런 건 아닐까요?

로스쿨 학생과 변호사로서 여성들이 그려지는 방식에는 문제가 있는 것 같습니다. 사회과학자들의 연구를 통해 헤아려볼 수가 있겠죠. 지난 9월,《뉴욕타임스》가 여성들이 진정으로 원하는 것이 무엇인지, 그리고 왜 그들은 전문직 성취도 측면에서 남성들보다 못한지에 대해서 그간 수시로 조명해온 이야기들을 다시 한번 살펴봤습니다. 최근, 예일대학교에 재학 중인 학부 여학생들을 조사한 바에 따르면, 약 60퍼센트가 아이를 갖는다면 공부를 아예 중단하거나 줄이겠다고 답했습니다. 이 신문사 편집국장에게 보내온 편지 중에서 특히 눈길을 끄는 대목 하나가 있습니다. "지금은 제가 열아홉 살 때 선언한 것들이 … 오늘날 신문의 헤드라인을 장식하지 않았다는 데 오히려 안도감을 느낍니다." 그러나 케이건 교수는 2005년에 발간된 《하버드 비즈니스 리뷰》의 조사보고서를 근거로 하여 이러한 보도에 맞섭니다. 이 연구 조사에서 매우 주목할 만한 점은 일정 기간 휴직했던 고급 여성 인력의 93퍼센트가 원래의 직장으로 복귀를 원하고 있다는 것입니다.

제가 자체적으로 진행한 연구 조사에 따르면, 여성들은 20세기 중반에 이르러서야 마침내 판사 사회에 진입하기 시작했습니다. 1995년에 저는 여성들에게 마치 철옹성 같았던 연방법원이라는 사법체제의 문을 뚫고 들어간 세 명의 인물을 칭송하는 글을 쓴 적이 있습니다. 1934년에 제6순회항소법원 판사로 부임한 플로런스 앨런, 1949년에 컬럼비아특구 지방법원 판사로 부임한 버니타 매슈스, 그리고 같은 해에 제9순회항소법원 판사로 부임한 셜리 헙스테들러가 바로 그런 분들입니다. 여기에 계신 공동 발표자들의 시간을 너무 많이 빼앗지 않기 위해서 제 이야기는 이제 줄여야 할 것 같습니다. 다만, 그리 오래되지 않은 날들을 상기시키고자 세 분 가운데 특별히 앨런 판사에 대해서만이라도 간략하게 소개해보겠습니다. 앨런 판사는 미국에서 여성 최초로 '제3조 연방법원[Article III federal court: 미국의 사법권을 규정하고 있는 헌법 제3조를 전문적으로 다루는 법원으로 모든 구성원은 대통령이 지명하고 상원이 최종 승인한다]'에서 근무했습니다.

연방판사로 부임하기 전까지 앨런 판사는 오하이오주에서 '최초'라는 수식어가 수시로 붙어다닐 정도로 수많은 업적을 쌓았습니다. 미국에서 최초의 여성 검사시보, 최초의 일반 관할법원 여성 판사, 최초의 주 대법원 여성 판사 등이 바로 그것입니다. 오랫동안 종신직으로 제6순회항소법원에서 근무하고 최초로 여성 항소법원장을 지낸 후 퇴임했습니다. 한때 앨런 판사가 여성 최초로 연방대법관이 될 거라는 소문이 나돌기도 했습니다. 1949년 당시에 두 개의 연방대법관 자리가 공석으로 남아있었습니다. 트루먼 대통령은 처음엔 그중 한 자리를 여성으로 채우는 것에 반대하지 않았던 것으로 알려져 있습니다. 그러나, 민주국가위원회의 여성분과위원장이자 정치 전략가인 인디아 에드워즈는 당시만 해도 대통령이 아직은 그럴 때가 아니라고 결론을 지었던 것으로 기억합니다. 에드워즈는 트루먼 대통령이 자문을 구했을 때 사람들이 보인 반응을 다음과 같이 전했습니다.

남성 대법관들은 예복과 신발을 벗고 셔츠 단추를 푼 상태로 비공식적으로 만나 토론도 하고 결론을 도출하는데, 만일 여성을 대법관 자리에 앉힌다면 적지 않은 어려움이 따를 겁니다. 개인적으로는 여성용 위생시설이 전혀 갖춰지지 않은 것도 아직도 여성을 받아들이고 싶지 않은 또 다른 이유입니다.

(이제 시대가 많이 변했습니다. 제가 연방대법관에 지명된 1993년에, 제 동료들은 남성 대법관들이 예복을 갈아입는 장소에 여성용 화장실을 따로 설치할 것을 지시했습니다. 그것도 남성들이 사용하는 것과 똑같은 규모로 말입니다.)

1978년 '여성판사전국모임'의 결성은 여성 판사가 법정에 나타날 때마다 호기심의 대상이 되던 시대가 종언을 고하는 계기가 되었습니다. 연방정부 차원에서, 케네디, 존슨, 닉슨과 포드 시대의 행정부들은 헌법 제3조에 따라 기껏해야 모두 합쳐 여섯 명의 여성을 판사로 임명했습니다. 카터 주지사가 1977년에 대통령으로 부임했을 때, 전체 97명의 연방판사 중에서 여성으로는 유일하게 셜리 헙스테들러 판사가 연방항소법원에 근무하고 있었으며 전체 지방법원 판사 399명 중에 여성 판사는 겨우 다섯 명에 불과했습니다. 카터 대통령은 40명의 여성 판사를 종신직 연방판사로 지명했으며, 이는 오랫동안 견고했던 진입장벽을 일시에 허물어뜨릴 정도로 파격적인 조치였습니다.

카터 대통령이 한꺼번에 다수의 여성을 연방법원 판사로 지명하자 다시는 되돌아갈 수 없는 길이 열리기 시작합니다. 레이건 대통령은 여성을 처음으로 연방대법관에 지명함으로써 새로운 역사의 한 페이지를 장식했습니다. 그가 바로 저의 소중한 동료인 오코너 대법관입니다. 레이건 대통령은 또한 28명의 여성을 연방법원 판사로 지명했습니다. 단임으로 끝난 '아버지' 부시가 대통령으로 재임하는 동안에는 36명의 여성 연방법원 판사가 배출됐습니다. 클린턴 대통령 때는 무려 104명이나 되는 여성이 연방법원 판사로 임용됐으며 현재의 '아들' 부시 대통령은 최근까지 52명의 여성을 그 자리에 앉혔습니다.

오늘날, 모든 연방항소법원은 제1순회 및 제8순회 법정에 적어도 두 명 이상의 여성판사를 배치하고 있습니다. 그간 아홉 명의 여성이 연방항소법원장을 맡은 바 있으며 그중 세 명은 아직도 법원장으로 재직하고 있습니다. 40명의 여성이 지방법원장 출신으로 그중 17명이 법원장직을 계속 맡고 있습니다. 통틀어 250명 이상의 여성이 종신직 연방법원 판사로 재직 중이며 그중 58명이 상고법원 소속입니다. 다만, 여성이 전체 연방법원 판사직의 4분의 1을 차지하고 있다는 점에서 아직도 가야 할 길이 많이 남아있습니다. 그렇지만 1959년에 제가 로스쿨을 졸업할 당시, 항소법원에서 여성으로는 유일하게 앨런 판사 한 분만 계셨다는 것을 보면, 참 먼 길을 달려왔다는 생각이 들기도 합니다. 주 정부 차원의 법원들에서도 여성들의 진출이 매우 활발하게 진행되고 있습니다. 오리건주, 인디애나주와 켄터키주를 제외한 여타 주의 최종심 항소법원에 여성 판사가 없는 곳은 이제 단 한 군데도 남아있지 않습니다. 현재, 여성 판사가 전체 법원장 중에서 차지하는 비중이 30퍼센트에 이릅니다.

하지만, 이웃 나라들을 살펴보면 이 분야에서 감히 미국이 앞서가고 있다고는 말할 수가 없습니다. 캐나다에서는 현재 여성이 대법원장을 맡고 있고 대법관 여덟 명 중 세 명이 여성이며 뉴질랜드도 현직 대법원장이 여성입니다. 독일연방헌법재판소에 근무하는 16명의 재판관 중에 네 명이 여성이며 1994년부터 2002년까지 여성 재판관이 소장직을 맡았습니다. 현재, 유럽연합 대법원에는 다섯 명의 여성이 근무하고 있으며 그중 두 명은 판사로, 세 명은 재판관 평의회 위원으로 각각 근무하고 있습니다. 네덜란드 헤이그 소재 국제형사재판소는 총 열여덟 명의 재판관 중 여덟 명이 여성이며 그중 한 명이 수석 부소장으로 재직하고 있습니다.

한편, 제가 근무하고 있는 미국의 연방대법원은 현재 모습으로는 전망이 그리 밝아 보이지 않습니다. 2006년 1월 31일에 오코너 대법관이 퇴임한 뒤, 제가 유일한 여성 대법관으로 재판정 한 자리를 지키고 있습니다.* 방금 끝난 금번 회기 동안에 연방대법원 법정에서 변론을 담당했던 변호사 가운데 남성이 117명인데 반해 여성은 26명에 불과했습니다. 또한 2,980명의 남성이 연방대법원 법정 변호사로 선정된 반면에 여성은 겨우 1,603명에 불과했습니다. 주디스 레스닉 씨가 저에게 상기시켜준 것처럼 연방대법원은 이제까지 단 한 번도 원심에서 여성을 스페셜 마스터[법정의 질서가 제대로 지켜지고 있는지 감독하는 사람으로, 판사가 임

---

* 이 연설 이후로, 여성 대법관 두 명 즉, 소니아 소토마요르와 엘레나 케이건이 연방대법원에 새로 합류했다.

명한다)로 지명한 적이 없습니다. 연방대법원이 최초심과 최종심을 겸한 재판을 담당하는 경우에 말입니다(미국의 지방정부들 사이에서 벌어지는 사건이나 국가와 하나 또는 그 이상의 지방정부들끼리 벌어지는 사건에 대해서 연방대법원은 제1심 재판에 대한 관할권을 주도적으로 행사할 수 있습니다). 지난 회기에 23명의 남성 재판연구원이 연방대법원에서 근무했으나 여성은 16명에 불과했습니다. 더욱이 다음 회기에는 신입 재판연구원 중 여성은 겨우 7명으로 지난 10년의 기간을 통틀어 가장 낮은 수준입니다. 남성들은 30명이나 되는데 말입니다.

평소에 제가 자주 던지는 질문이 하나 있습니다. 여성들이 판사 사회에 진출하는 것이 미국이란 나라의 사법체계에 과연 무슨 의미가 있느냐는 것입니다. 이와 관련하여 미네소타주 대법원의 진 코인 판사가 유명한 말을 남겼는데, 늙어서 세상을 떠날 즈음에는 한때 현명했던 남성이든 여성이든 결국은 노쇠해 똑같은 판단을 하게 된다는 것입니다. 이는 사실입니다. 그러나 다른 한편으로는 최근에 열린 제5순회항소법원에서 재판을 맡았던 알빈 루빈 판사가 언급한 바와 같이 여성들도 각기 다른 인종이나 민족 집단 출신의 사람들처럼 자신들만의 "생물학적 차이, 문화 충격 및 인생 경험의 영향으로 확연히 구별되는 복합적인 관점"을 통해서 사회에 특별히 기여할 수 있다는 것 또한 자명한 사실입니다. 그간에 미국의 사법체계상 판사들의 출신 배경이 다양해진 것과 경험 측면에서 훨씬 풍부해진 것은 인정받아 마땅합니다. 돌이켜보면, 사법체계의 모든 참여자가 대부분 똑같은 틀에서 쏟아져나오던 시절은 그야말로 비참하기 이를 데가 없었습니다.

3장

벤저민에서 브랜다이스, 그리고 브레이어까지

미 연방대법원에 유대인의 자리는 있는가?*

미 연방대법원의 첫 유대계 대법관인 브랜다이스(Louis Dembitz Brandeis, 1856~1941)와 같은 민족 출신으로 그보다 약 63년이나 앞서 대법관에 지명된 사람이 있습니다. 그는 브랜다이스 대법관과는 달리 너무나도 굴곡진 삶을 살았으며 그래서인지 브랜다이스 대법관만큼 고매한 성품을 지닌 인물은 아니었습니

---

* 긴즈버그는 지난 수십 년 동안 다양한 청중들을 대상으로, 다양한 버전으로 이 주제에 관한 발언을 해왔다. 여기 실린 버전은 2009년 9월 13일에 스페르투스 유대인학술연구소에서 발표한 것이다. 분량을 고려하고 당초에 전달했던 특정 맥락을 명확히 하기 위해 연설문을 편집했다.

다. 그가 바로 유다 벤저민(Judah P. Benzamin, 1811~1884)으로, 매우 복잡하고 다양한 이력의 소유자이기도 합니다.

벤저민은 1811년에 버진아일랜드의 산타크루즈라는 섬에서 태어났으며 아버지는 스페인에서 미국으로 건너온 유대인이었습니다. 이후, 사우스캐롤라이나의 찰스턴에서 성장했으며 남북전쟁이 일어나기 전에는 뉴올리언스에서 촉망받는 변호사로 활동을 했습니다. 브랜다이스와는 달리 매우 엄격한 유대교 전통 속에서 유년시절을 보냈으나 성인이 되자 놀랍게도 정작 본인은 가톨릭 의식에 따라 결혼식을 올립니다. 그는 유대인 율법을 따르지 않았고 유대교 휴일도 지키지 않았으나 그렇다고 유대계라는 정체성마저 지워버릴 수는 없었지요. 당시의 유대계 사회는 절대로 그와 같은 결정을 용납하지 않았기 때문이었습니다.

1853년, 미국의 제13대 대통령 밀러드 필모어가 벤저민을 연방대법관으로 지명했습니다. 그러나 벤저민은 1852년에 이미 루이지애나주 의회의 상원의원 두 자리 중 한 자리에 선출되었기에 지명에 응하지 않기로 합니다. 그가 상원의원을 선호한 것은 당시에 연방대법원이 지금처럼 행정부 및 의회와 대등한 위치에 서 있지 못했다는 의미이기도 합니다. 벤저민은 유대계 최초로 미 의회 상원의원이 되었으며, 1858년에는 두 번째 6년 임기를 시작했습니다.

만약 벤저민이 연방대법관 자리를 수락했다면 재직 기간은 아마도 매우 짧았을 것입니다. 브랜다이스가 대법관으로 재직했던 기간인 23년보다 훨씬 더 단명으로 끝날 수도 있었습니다. 1861년 초에 루이지애나가 북부연합에서 분리되어 독립하자 벤저민은 어쩔 수 없이 상원의원 자리에서 물러났습니다. 그가 연방대법원에 있었다고 해도 상황은 크게 달라지지 않았을 것입니다.

벤저민은 남북전쟁이 일어나기 전, 미 의회 상원에서 남부연합의 이익을 대변해서 역사상 전설로 남을 만한 대단히 유명하고도 감동을 주는 연설을 했습니다. 하지만 오늘날에는 결코 받아들이기 쉽지 않은 정서(노예제도를 지지한다는 내용)를 담고 있었습니다. 그는 훗날 남부연합의 데이비스 제퍼슨(Davis Jefferson, 1808~1889) 내각에서 법무장관, 육군장관 그리고 마지막에는 국무장관까지 지냈을 정도로 당시로선 대단한 거물이었습니다. 비록 그가 고위직을 지내긴 했지만 아메리카 대륙에서 반유대주의가 맹위를 떨치던 시대여서 정적들은 그를 심지어 '배반자 유다'라고 부르기도 했습니다. 언론 및 남부연합과 북부연합의 군부 지도자들(북부군 사령관 율리시스 그랜트 장군과 남부군 사령관 스톤월 잭슨 장군)은 물론이고 남부연합의 동료 정치인들마저도 그를 유대인이라 부르며 한껏 조롱을 퍼부었습니다.

마침내 남부군이 항복하자 벤저민은 영국으로 탈출을 감행합니다. 그 와중에 승리에 도취한 북부군 병사들은 물론 성난 군중들과 조우하기도 하고 바다에서는 거친 폭풍우도 만나 여러 번 죽을 고비를 넘깁니다. 미 상원과 남부연합에서 시도한 정치적 모험과 법률가적 경력에 비춰볼 때, 그의 인생 편력은 처음의 뉴올리언스 시절과 이후의 영국 체류 시절로 대별할 수 있습니다. 그가 쌓아온 경력은 두 기간 모두 하나같이 주목받아 마땅한 내용들로 가득합니다.

젊은 시절, 그는 암울한 당시 상황으로 인해 학위 수여 요건을 채우지 못하고 2학년만 마친 채 예일대학을 홀연히 떠나서 새로이 운명을 개척하고자 뉴올리언스에 정착합니다. 그때가 1832년이었으며 주경야독으로 바로 그해에 변호사가 됩니다. 초기에는 엄청나게 고생했지만, 루이지애나가 주로 승격되기 전에 근무했던 전임자가 남긴 루이지애나 대법원과 항소법원의 판결문들을 요약해서 1834년에 한 권의 책으로 출간한 것을 계기로 그의 명성과 부는 점점 커져만 갑니다. 여기서 그는 최초로 루이지애나 특유의 사해동포주의와 복잡한 법률 체계를 종합적으로 다루고 있는데 그곳이 전통적으로 로마, 스페인, 프랑스와 영국적인 요소들을 두루 갖추고 있었기 때문입니다. 벤저민은 본인의 화려한 경력과 그에 대한 대중적 관심 덕분에 1852년에 실시한 선거에서 주 의회로부터 연방의회의 상원의원 자리를 보장받습니다(참고로, 수정헌법 제17조가 발효된 1913년까지만 해도 상원의원은 선거를 치르지 않고 몇 개 주의 입법기관들에 의해 선출됐습니다).

그간에는 엄청난 행운을 누렸지만 남북전쟁에서 남부연합이 패배하자 벤저민의 위상은 급전직하로 추락합니다. 그는 대부분의 재산을 잃거나 몰수당해 거의 빈털터리 신세가 되어 영국으로 탈출합니다. 크레올[Creole, 서인도제도에 사는 유럽인과 흑인의 혼혈]계인 아내와 전통적인 가톨릭 방식으로 양육을 받은 딸은 루이지애나에서 오랫동안 살다가 파리로 이주합니다. 그들은 벤저민의 경제적 지원 아래 그간 익숙해진 안락한 생활을 지속하길 바랐지만 벤저민은 아내와 딸의 소망과는 달리 프랑스 수도인 파리에서 사업 기회를 찾기보다는 오히려 영국의 변호사가 되어 독립적으로 법률사무소를 운영하길 원했습니다.

'인스 오브 코트' 법학원에 머물며 학생으로 등록하고 견습생으로 일하면서 처음부터 다시 시작해야 하는 고난의 여정임에도 불구하고 벤저민은 영국 변호사로 제2의 인생을 살아가기로 결정합니다. 그가 다니던 '링컨스 인' 법학원에서 정식회원 자격을 취득하려면 통상 3년이 소요되는데 학교 측에서 특별히 그에게 6개월만에 자격증을 수여해주기로 합니다. 그 덕분에 경제적으로나 시간상으로 부담해야 할 것들이 줄어들었지요. 그럼에도 불구하고 지독하리만큼 근면한 생활 태도에는 한치의 변함이 없었다고 동료들은 회고합니다.

벤저민은 55세의 나이에 드디어 영국의 정식 변호사가 됩니다. 당시로선 상당한 고령임에도 그가 처한 상황은 젊었을 때와 별반 다르지 않았습니다. 신참 변호사로 많은 어려움이 따랐지만 벤저민은 당시 친구에게 보낸 편지에서 "어려서 호기심 가득한 사내아이로 커갈 무렵에 느꼈던 것처럼, 나는 지금 변호사란 직업에 엄청난 흥미를 느끼고 있다오"라고 말합니다. 마치 루이지애나에서 그랬듯, 영국에서도 벤저민은 저서를 출간하자마자 새로운 동료들 사이에서 큰 명성을 얻게 됩니다. 루이지애나에서 법률가로 활동하면서 얻은 시민사회 체제에 대한 지식을 바탕으로 영국에서도 '벤저민 온 세일즈'로 잘 알려진 또 다른 역작을 만들어낸 것입니다. 1868년에 출간된 이 책은 법률 고전으로 불릴 정도로 유명세를 타서 시중에 책이 나온다는 게 흔치 않던 당시에도 그의 책만큼은 거의 즉시 사볼 수 있을 정도로 선풍적인 인기를 끌었다고 합니다. 벤저민은 업계에서 가장 많은 수입을 올리게 된 것은 물론이고 사람들로부터도 존경을 받는 당대 최고의 항소 전문 변호사로 거듭나게 된 것입니다. 그 결과 변호사가 되고 나서 7년이 지난 후에는 영국 왕실의 고문변호사로 영입되기까지 합니다. 그의 목소리는 영국 상원 의사당은 물론이고 추밀원 사법위원회에서도 울려퍼졌습니다. 1872년에서 1882년에 이르는 약 10년이란 기간 동안 그에 관한 기사는 신문에 적어도 136회 이상 오르내립니다.

자서전에 따르면, 벤저민은 수임한 사건마다 결코 패소할 수 없다는 듯 필사적으로 모든 소송에 매달렸으며 습관처럼 매번 법원에 출석했다고 합니다. 이 또한 그가 불굴의 정신을 바탕으로 법정 변론마다 그리고 굴곡진 자신의 운명에 맞서서 어떻게 대응해왔는지를 여실히 보여주는 대목입니다. 단 한 번의 주어진 인생을 살며 법조인으로서 미국과 유럽이라는 두 개의 대륙에서 모두 최고의 반열에 오른 것입니다. 그 첫 번째는 혈기가 왕성했던 젊은 시절에 이룬 것이고 두 번째는 패배한 나라에서 도망쳐온 전직 장관의 신분으로 이뤄낸 것이었습니다. 《런던타임즈》는 그의 유고 기사에서 "유배와 약탈로 점철된 지독히도 불운한 삶 속에서도 본인의 선조들을 지켜줬던 탄력적인 대응 능력으로 단단히 무장한 인물"로 그를 묘사했습니다.

한편, 브랜다이스는 연방대법원에서 근무한 최초의 유대계 인물로 1916년부터 1939년까지 약 23년간 재임했습니다. 켄터키주 루이스빌에서 성장한 그는 1876년, 스무 살의 어린 나이에도 불구하고 하버드 역사상 최고의 성적으로 로스쿨을 졸업했습니다. 졸업 후에도 그곳 교수들과 긴밀한 관계를 이어갔으며 26세가 되자 대학의 요청으로 모교로 돌아와 증거법을 강의했습니다. 브랜다이스는 변호사로 활동하며 그 시기에 벌어진 사회 및 경제개혁 운동에 폭넓게 참여하여 "서민들의 변호사"라고 불렸고, 미국의 변호사 사회에서 무료 변론의 전통을 공고히 다지는 데 일조를 했습니다. 장시간의 업무에도 불구하고 절반 이상의 시간을 대중운동에 할애하였으며 그에 상응하는 급료는 당시 본인이 속해 있던 로펌에 모두 반납했을 정도로 청렴했습니다.

초기에 품었던 의구심이 해소되자, 그는 마침내 여성들의 참정권 운동을 열렬히 지지하기 시작합니다. 그는 시민의 권리만큼 의무도 강조했는데 이에 대해서 1913년에 "우리는 공적인 업무에 참여할 의무로부터 여성들을 배제시킬 수 없다"는 말로 간결하게 정리합니다. 이런 시민적 의무라는 주제가 처음에는 변호사로, 그리고 나중에는 판사로 활동하며 일관되게 펼쳐온 그의 사상적 기반이라 여겨집니다.

브랜다이스는 변호사로 활동할 때부터 사회적으로 훌륭한 단체들에게 거액을 기부했으나 정작 본인은 가정에서 매우 검소한 생활을 했다고 합니다. 한 친구가 회상하길, 저녁에 그의 집을 방문할 때면 본인은 이미 식사를 했다거나 나중에 따로 하겠다며 먹는 것에서마저 절제된 모습을 보였다고 합니다.

윌슨 대통령이 브랜다이스를 연방대법관으로 지명한 1915년에 그는 예순 살의 나이에 접어들었습니다. 클린턴 대통령이 1993년에 저를 연방대법관으로 지명했을 때, 그때 제 나이 역시 공교롭게도 예순이었습니다. 브랜다이스의 동료들 중 제임스 맥레이놀즈라는 사람이 있었는데 브랜다이스가 연방대법관으로 지명되자 일부 비난하는 사람들이 그랬던 것처럼 이 사람도 대놓고 반유대주의를 지지했습니다. 그 반감이 어찌나 심했던지, 브랜다이스가 회의에서 발언하면 자리를 박차고 나가버릴 정도였다고 합니다. 그가 브랜다이스 옆에 앉기를 거부하는 바람에 연방대법원에는 현재 1924년경에 공식적으로 찍은 단체 사진이 단 한 장도 남아있지 않습니다. 브랜다이스보다 2년 앞서 윌슨 대통령이 맥레이놀즈를 연방대법관으로 지명했기 때문에 연공 서열상 브랜다이스가 그의 바로 옆자리에 앉을 수밖에 없었다고 합니다.

동료들이 브랜다이스에 대해 갖고 있는 생각은 그야말로 각양각색입니다. 연방대법원장을 역임한 찰스 휴즈(Charles Evans Hughes, 1862~1948)는 그를 "현미경의 달인이자 망원경의 달인"이라고 묘사합니다. 올리버 홈스(Oliver Wendel Holmes, 1841~1935) 대법관은 그가 사소한 사건을 훨씬 더 큰 진실로 변환시키는 데 탁월한 능력을 발휘했으며, 각론에서 총론을 도출하는 데도 비범한 재주를 지녔다고 말한 바 있습니다. 그의 법률적 고견들은 오늘날까지도 우리들에게 더할 나위 없이 유용한 길잡이가 되어주고 있습니다. 유대계 여부를 떠나서 그를 존경하던 사람들은 미국 헌법 역사상 그가 기여한 바를 적절히 표현하기 위해서 성경책까지 샅샅이 뒤져봐야 할 정도였다고 합니다. 일례로, 루스벨트 대통령은 그를 '유다'가 아닌 '이사야[Isaiah, 이스라엘 역사상 가장 위대한 선지자]'로 불렀습니다.

브랜다이스는 판사라면 모름지기 본인의 편견이 법리로 연결되지 않도록 항상 유념해야 한다고 주장하며, 법적 소극주의[judicial restraint, 사법 적극주의에 반대되는 개념으로 판사들은 헌법에 의해 허용되는 법률을 수정하려 들지 말아야 한다는 사상] 규범의 필요성을 그 어떤 법학자들보다도 강력하고도 구체적인 내용으로 역설했습니다. 아울러, 그는 현대 법학에서 프라이버시의 헌법상 권리는 물론이고 언론 자유에 관해서도 탁월한 건축가이자 도편수로서 통했으며 아래와 같이 유명한 글을 남겼습니다.

미국을 독립으로 이끈 우리의 선조들은 국가 존립의 최종 목표가 각자의 재능을 마음껏 발휘할 수 있도록 시민들을 자유롭게 해주는 것이라고 생각했다. 또한, 국가를 이끌어나가는 과정에서 깊이 생각하고 행동하는 세력이 독단적인 세력을 압도할 수 있도록 만들어야 한다고 믿었다. 그들은 자유가 목적이자 동시에 수단이라고 여겼다. 그들은 자유가 행복의 비결이며 용기가 자유를 얻게 해주는 열쇠라고 확신했다. 그들은 마음이 가는 대로 생각할 수 있는 자유(사상의 자유)와 생각하는 대로 말할 수 있는 자유(표현의 자유)는 정치적 진실을 밝혀내고 확산시키는 데 필수적인 수단이라고 생각했다. 또한, 언론의 자유가 보장되고 다수가 공론의 장을 향해 적극적으로 나선다면 해롭기 이를 데 없는 교조주의가 확산하는 것에 맞서 정상적인 방식으로도 충분히 사회적 보호막을 형성할 수 있을 것이라고 확신했다. 그들은 자유의 최대 위협 요인은 시민들의 무기력이고, 공개적인 토론은 정치적 의무이며, 이런 모든 것들이 미국이란 나라가 작동하는 근본 원리가 되어야 한다고 생각했다.

브랜다이스는 유대교 종교 행사나 봉사 모임에는 참석하지 않았지만 한편으론 열성적인 시오니스트였습니다. 그보다 나중에 대법관이 된 카르도조(Benzamin Nathan Cardozo, 1870~1938)와 프랑크푸르터(Felix Frankfurter, 1882~1965)에게 미국에서 결성된 시오니즘 조직의 일원이 될 것을 강력히 권고하기도 했습니다. 그를 충실히 따르던 유로프스키에 의하면 그는 미국 사회의 시오니즘 조직에 세 가지 선물을 선사했다고 합니다. 조직을 구성하는 능력, 목표를 설정하고 달성할 수 있도록 중지를 모으는 능력, 그리고 그중에서도 가장 중요한 이상주의가 바로 그것입니다. 특히, 그가 추구하는 이상주의는 미국 사회에 이미 자리를 잡은 유대계 미국인들을 집중적으로 끌어들여 시오니즘 그룹을 재구성하는 데 큰 도움이 됐습니다. 그는 반유대주의 세계로부터 탈출하는 해외의 유대인들에게는 이스라엘에 정착할 것을 강력히 촉구했습니다. 여기서 그가 말하는 이스라엘은 새로운 사회, 공평하고 개방된 곳, 유럽에 만연한 편견으로부터 자유로운 그런 나라였습니다. 그는 상부상조하며 미국에 안주해온 유대인들은 이제부터 또 다른 임무를 수행해야 한다고 역설했습니다. 즉, 동족들이 새로운 이상국가인 이스라엘을 건설하는 일에 어떤 방식으로든 일조를 해야만 한다는 것입니다.

브랜다이스가 연방대법관 자리에서 물러날 때, 그의 동료 대법관들은 고별사에서 다음과 같이 밝혔습니다.

귀하의 오랜 실무 경험과 업무에 대한 심오한 지식, 넓은 범위의 연구와 어려운 문제를 풀어나가려는 끈기는, 귀하의 분석력과 빈틈 없는 설명 능력과 더불어 귀하의 사법 경력을 타의 추종을 불허할 정도로 출중하게, 그 영향력은 지대하게 만들었습니다.

법이야말로 탄압받는 사람들, 가난한 사람들, 소수민족, 그리고 영혼이 외로운 사람들의 수호자라는 것을 브랜다이스는 온몸으로 보여줬습니다. 그에 이어 연방대법관에 오른 네 명의 유대계 인물들 즉, 카르도조, 프랑크푸르터, 골드버그(Authur Joseph Goldberg, 1908~1990)와 포타스(Abe Fortas, 1910~1982)에 의해 그와 같은 전통이 면면히 이어져왔습니다. 한때 어떤 사건에서 본인의 의견이 연방대법원에서 다수의견으로 채택되지 않자 크게 낙담한 프랑크푸르터 대법관이 자신의 친구들에게 자신이 "역사상 가장 많은 비방을 받으며 박해받는 소수자에 속한다"고 방어적으로 말한 적이 있습니다. 하지만 제 마음엔 "정의와 평화 그리고 깨우침에 대한 나의 관심은 유대계 사이에 면면히 이어온 오랜 역사적 유산에서 비롯된 것"이라는 골드버그 대법관의 적극적이고도 긍정적인 언급이 오히려 더 마음에 와닿습니다. 다른 유대계 대법관들도 아마 그런 제 생각에 대체로 공감할 것입니다. 브레이어 대법관과 나는 그처럼 장구한 역사를 지닌 유대계 유산과 맥이 닿아있다는 행운을 지금도 누리고 있습니다.

그러나 현직에 있는 우리 두 사람이 처한 상황은 앞서 언급한 다섯 명의 유대계 출신 대법관들과는 차이가 있습니다. 수년 전 왁스먼이 연설을 통해 발표했던 내용 중에서 역사적 사건에 관한 일부 내용이 특별히 제 주목을 끌었습니다. 왁스먼은 1997년부터 2001년까지 미 연방정부의 법무장관으로 재직하면서 본인의 역할을 훌륭히 수행해낸 인물입니다.

그날의 연설에서, 왁스먼은 그의 전임자 중 한 사람으로 역사상 최초로 유대계 출신 미 연방 법무장관이 된 펄먼(Philip Perlman, 1890~1960)을 언급합니다. 펄먼 법무장관은 법정 조언자[a friend of the cour, 사건 당사자가 아닌 제3자로 소송에 이해관계가 있는 사람이나 단체로 자발적으로 소견서를 제출해서 재판부의 판단에 도움을 주며 재판 당사자 가운데 어느 일방을 도울 수도 있다] 자격으로 부동산 취득에 대해서 인종적으로 제약을 가하는 서약서는 헌법에 위배가 된다는 내용으로 변론을 해서 결국 재판에서 이긴 적이 있습니다. 이것이 바로 1948년의 그 유명한 '셜리 대 크레이머' 사건입니다. 그 당시, 필립 엘먼, 오스카 데이비스, 힐버트 자키, 스탠리 실버버그 등 네 명의 유대계 변호사가 미국 정부를 대신해서 준비서면을 작성했으나, 펄먼의 이름만 남기고 그 네 명의 이름은 제출된 준비서면에서 모두 삭제되었습니다. 이를 주도한 사람은 아놀드 라움으로 당시에 펄먼 직속의 법무차관이었으며 그 역시 유대계였습니다. 라움은 "거기에 유대계인 펄먼 장관의 이름이 들어가야만 한다는 것도 엄청난 불행이다"라고까지 말했습니다. 만약, 거기에 삭제된 네 명의 이름을 추가한다면 유대계가 떼거리로 나서서 미국 정부의 입장을 퇴출시키려는 것처럼 보일까 봐 심히 우려했던 것입니다.

그런 측면에서 클린턴 대통령이 1993년에 나를 107번째 연방대법관으로, 그리고 1994년에는 108번째로 브레이어를 연이어 지명한 배경에 대해서 이쯤에서 특별히 되새겨볼 필요가 있습니다. 우리 두 사람이 걸어온 길은 매우 흡사합니다. 즉, 우리는 수년간 대학에서 법학을 강의를 했고, 이후 연방순회항소법원에서는 그보다 더 오랫동안 근무를 했습니다. 그리고 둘 다 유대계 출신이기도 합니다. 하지만, 프랑크푸르터 대법관, 골드버그 대법관과 포타스 대법관이 근무했던 시대와 우리가 대법관으로 부임한 시대는 확연히 대비가 됩니다. 이제는 더 이상 그 누구도 브레이어와 내가 유대계 몫의 자리를 차지하고 있다고 생각하지 않습니다.* 우리 모두 유대 유산을 자랑스럽게 생각하고 그 속에서 힘을 얻기도 하지만, 이제 유대교라는 종교 자체는 더 이상 클린턴 대통령의 지명과 아무런 상관관계가 없다는 것에 특별히 주목하고자 합니다.

신의 보호를 받아 안전하다는 느낌은 구약성서 신명기에 등장하는 계율에 잘 드러납니다. 이 계율은 제 집무실에 있는 공예품

---

* 이 연설 이후, 2010년 8월 7일에 또 한 명의 유대인 여성 대법관 엘레나 케이건이 연방대법원에 합류했다.

이나 히브리어 편지 속에서도 찾아볼 수 있으며, 집무실의 세 벽면과 책상에도 놓여 있습니다. "정의여! 정의여! 너희가 추구해야 할 세계일지니!"라는 경구가 새겨진 공예품은 판사라면 마땅히 무엇을 추구해야 하는지를 일러주고 있습니다. 이 경구는 저로 하여금 "정의가 강물처럼" 널리 퍼져나가도록 해야 한다는 것을 끊임없이 마음속으로 되새기게 만들어주지요. 또한 신명기 몇 구절이 적혀 있는 양피지 조각으로 만든 커다란 은색 메주자mezuzah가 제 집무실의 문설주에 놓여 있는데 이것은 뉴욕의 브루클린에 있는 유대계 슐라미스 여학교에 다니던 아주 똑똑한 십 대 여학생으로부터 받은 선물입니다. 내가 가장 아끼는 재판연구원 중 한 사람도 그 학교를 다녔습니다.

오늘 여기서 제가 전하려는 것은 이제, 미국에서 유대계가 특별히 접근 못 할 분야는 거의 없으며 본인이 유대계라는 것을 세상에 알리는 것에 대해서도 달리 두려워하지 않는다는 사실입니다. 유대계들에 관한 문제가 사회적으로 다양한 측면에서 분출되곤 했는데, 그런 와중에도 엄청난 진전이 이뤄진 것입니다. 뉴욕 가먼트 디스트릭트에서 근무하는 회계사와 연방대법원에 근무하는 대법관 사이에는 과연 무슨 차이가 있을까요? 내가 품어온 한 세대는 회계사였던 나의 어머니와 나에게 열려 있던 기회의 차이를 목격해왔습니다.

4장

세 명의 용감한 유대계 여성[*]

전미유대인여성협의회가 수여하는 상을 받게 되어 기쁘기 그지없습니다. 다름아닌 '티쿰 올람Tikkum Olam의 원칙'을 따르는 단체로부터 받는 상이기에 그 기쁨은 더욱더 큽니다. 이 원칙은 세상을 신중하게, 그리고 꾸준히 개선해야 할 의무에 관한 것으로 저희가 몸담고 있는 지역사회는 물론 국가와 인류를 보다 더 인간적이고 공평하며 정의롭게 만들기 위해 각자의 몫을 해내야 한다는 것입니

---

[*] 이 연설문은 2001년 3월 12일에 유대인여성전국평의회 워싱턴 지부에서 발표한 것이다. 분량을 고려하고 당초 전달했던 특정 맥락을 명확히 하기 위해 연설문을 편집했다.

다. 미국에서는 오랜 세월에 걸쳐 사회정의와 유대계 전통이 서로 결합하며 발전을 거듭해왔습니다. 특히, 유대계 여성들의 인간적 풍모와 용감함은 정신적으로 재무장이 필요할 때마다 저를 지켜주고 저에게 용기를 북돋아주고 있습니다. 이제부터, 그 대표적인 실천 사례로 세 분의 여성을 여러분에게 소개하고자 합니다.

우선, 저의 정신적 버팀목 가운데 가장 높은 자리를 차지하고 있는 에마 라자루스(Emma Lazarus, 1849~1887)를 소개하겠습니다. 라자루스는 위대한 법률가인 벤저민 카르도조 대법관의 사촌이기도 합니다. 에마는 시오니즘이 세상에 나오기도 전에 이미 시오니스트였습니다. 1866년, 겨우 열일곱 살의 나이에 첫 번째 시집을 냈고 이후 38세라는 젊은 나이에 암으로 생을 마감할 때까지 에마는 쉬지 않고 글을 썼습니다. 인류애와 특히 동족을 사랑하는 마음이 그분의 모든 작품에 고스란히 배어 있습니다. 자유의 여신상 기단에 새겨져 있는 에마의 시 "더 뉴 콜로서스The New Colossus"는 오랫동안 수많은 이민자를 반갑게 맞아주고 있습니다.

저는 겨우 열다섯 살밖에 안 된 소녀가 수십 년 전에 썼던 일기에서도 힘을 얻습니다. 여기에《안네의 일기》일부를 소개합니다.

나를 종종 괴롭히는 수많은 의문 중 하나는 여성이 과거는 물론이고 바로 지금까지도 남성보다 열등한 사람으로 취급을 받는다는 것이다. 이게 단지 불공평하다고 말하기는 쉽겠지만 나에겐 그것만으로는 충분치 않다. 즉, 그토록 정의롭지 못한 생각의 근거가 도대체 무엇인지 알고 싶다. 추측해보건대, 남성이 여성보다 육체적으로 강하다는 이유 하나만으로 태초부터 여성을 지배해온 것으로 보인다. 오직 돈을 벌고, 아기들을 임신시키고, 기분이 내키는 대로 해대는 것이 바로 남성인데도 말이다. 지금도 다수의 여성은 이 문제에 대해 묵묵히 받아들이며 살고 있다. 이는 참으로 바보 같은 짓으로 오래 참으면 참을수록 문제가 더욱더 견고하게 자리를 잡게 될 것이다. 다행히도, 교육과 직장생활 그리고 사회발전 덕분에 그들은 이제야 깨닫기 시작했다. 그 결과, 근래 들어 수많은 나라에서 여성들의 평등권이 인정되었으며 마침내 남녀를 불문하고 대다수 사람이 그리도 오랫동안 묵묵히 굴종해온 것이야말로 얼마나 나쁜 것인지를 제대로 인식하게 되었다.

안네의 예리한 통찰력이 마지막 일기 곳곳에 담겨 있으며 위의 내용은 그중 극히 일부에 지나지 않습니다. 여기에 계신 그의 독자분들은 잘 아시겠지만 안네는 1929년 7월에 네덜란드에서 태어나 겨우 열여섯 살이 되기 세 달 전인 1945년 어느 날, 베르겐벨젠 수용소에서 그토록 아리따운 나이에 생을 마감했습니다.

세 번째 여성으로, 유대계 여성 자선단체인 하다사Hadassah를 설립한 헨리에타 졸드(Henrietta Szold, 1860~1945)가 있습니다. 헨리에타에게는 남자 형제는 없고 여자 형제만 일곱이었습니다. 헨리에

타의 어머니가 돌아가시자 아무런 인척관계가 없던 하임 페레츠라는 사람이 오랫동안 이어온 유대계 전통에 따라 남성에게만 허용된 카디시Kaddish를 암송해도 되겠느냐고 헨리에타에게 묻습니다. 이에, 1916년 9월 16일자 서신에서 헨리에타는 하임에게 아래와 같이 본인의 의견을 전합니다.

저희 어머니를 기리기 위해 카디시를 암송하고 싶다는 당신의 말을 듣고 너무 놀라서 무슨 말을 해야 할지 생각조차 나지 않았습니다. 당신의 제안은 감사하기 이를 데 없고 아름답기 그지없는 것으로 결코 잊지 않겠습니다.

이쯤이면, 제가 당신의 제안을 받아들일 수 없다는 것에 대해 의아해하실 겁니다. 당신이 무엇을 말씀하시려는지 저도 잘 알고 있습니다. 이에, 그와 같은 유대인 전통[오직 아들만 기도문을 암송할 수 있으며 남성 유족이 없는 경우라면 이방인 남성이 대신할 수 있다—저자의 것에 대해, 그리고 당신의 후의에 대해 이 글을 통해 감사의 뜻도 함께 전하고자 합니다. 물론 유대인 관습은 저에게 매우 소중하고 신성한 것입니다. 하지만 제가 감히 돌아가신 어머니 앞에서 당신에게 암송을 부탁드릴 수는 없습니다. 카디시는 남녀를 불문하고 자식들이 공개적으로 부모님이 유대인 공동체와 맺어온 관계를 이어가겠다는 뜻을 선언한다는 의미로 저는 이해하고 있습니다. 하여, 전통의 사슬은 각자마다 본인만의 연결고리를 이음으로써 끊어

지지 않고 세세손손 이어져온 것입니다. 당신도 당신 가족의 후손들을 위해 그리할 것이고 저도 반드시 그리할 것입니다.

제 어머니는 아들 없이 딸만 여덟 명을 두셨습니다. 그러나 저희 어머니는 물론 아버지까지도 단 한 번도 아들이 없다고 한탄하지 않으셨습니다. 아버지가 세상을 떠나신 후, 어머니는 딸들 앞에서 다른 집안 사람들이 카디시를 암송하는 것을 절대로 허락하지 않으셨습니다. 저는 그러한 어머니의 정신을 헤아려 당신의 제안을 받아들이지 않는 것뿐입니다. 그럼에도 불구하고 당신의 제안은 너무나 아름답게 제 기억 속에 길이 남아있을 것입니다. 거듭 말씀드리지만, 저나 제 가족의 생각보다는 귀하의 의견이 일반적으로 수용되어 온 유대교 전통에 훨씬 더 부합한다는 점에 대해서도 잘 알고 있습니다. 다만 이젠 당신께서도 제 생각을 충분히 이해해주시리라 믿습니다.

종교적 관행에 대해 서로 간의 차이를 참아내고 심지어는 감사하면서 공동체의 유산을 이해하고 기리자는 헨리에타의 간청이 너무나도 매혹적이지 않습니까? 동료가 입장을 밝히며 일종의 이해 부족을 무심코 드러낼 때, 제가 해줄 수 있는 것으로 이보다 더 완벽한 거절이나 배려 차원의 표현은 없을 것입니다.

1995년에 개최된 전미유대인위원회 연례모임에서 제가 했던 연설 내용은 오늘날에도 유효하며 앞으로도 변함이 없을 것입니다. 여기서, 그 내용의 일부를 소개하며 강연을 마치도록 하겠습니다.

"저는 유대계로 태어나 성장했으며 유대계임을 자랑스럽게 여겨온 판사입니다. 정의에 대한 요구는 모든 유대계의 전통을 관통해 강물처럼 흐릅니다. 제가 미국의 연방대법원에서 재판관으로 봉사할 수 있다는 가슴 벅찬 행운을 해마다 누릴 수 있기를 소망합니다. 이를 위해 앞으로도 변함없이 더 큰 힘과 용기를 제 스스로 다져나갈 것입니다."

5장

샌드라 데이 오코너*

 동료들을 대신해서, 미 연방대법원 역사상 최초로 여성 대법관에 지명되었으며 누구보다도 특출난 오코너 대법관에게 이 자리를 빌려 경의를 표하는 바입니다. 아울러, 저를 연사로 맞아주신 이 행사 담당자분들에게도 깊은 감사의 뜻을 전합니다. 지난 25년간 연방대법관으로 봉직하면서, 그리고 그 이후로도 오코너 대법관은

---

* 이 연설문은 2015년 4월 15일에 워싱턴 D.C. 소재 국립여성및예술품박물관에서 발표한 것이다. 이날 긴즈버그는 소토마요르 대법관과 케이건 대법관과 함께 퇴임한 오코너 대법관을 위한 '세네카여성리더십포럼'의 시상식 행사에 참석했다. 분량을 고려하고 당초 전달했던 특정 맥락을 명확히 하기 위해 연설문을 편집했다.

풍부한 기량과 유연한 대응 능력을 바탕으로 온갖 모진 풍파를 헤쳐 나갈 수 있는 거친 들판의 목동처럼 진정한 여성 지도자의 면모를 유감없이 발휘하셨습니다.

여러분들도 잘 아시겠지만, 동료와의 협력 관계는 다양한 사람들이 모인 연방대법원의 효율적인 운영에 필수적인 요소입니다. 오코너 대법관은 오래전부터 연방대법원 구성원들과는 물론이고 해외 파트너들과도 협력 관계를 구축하고 강화하는 데 누구보다도 큰 역할을 하셨습니다. 브레이어 대법관은 그런 오코너 대법관의 품격을 언급하며 "대법관님이 방문하는 곳은 언제나 분위기가 밝아졌습니다. 그건 아마도 대법관님의 특별한 능력, 혹은 천부적인 재능 덕분일 겁니다. 대법관님은 격렬한 의견 충돌 상황에서도 유머로 건설적인 결과를 이끌어내셨고, 서로 대립하는 사람들에게는 오늘만 있는 것이 아니라 내일도 있음을 상기시켜 주셨습니다"라며 감탄한 바 있습니다.

오코너 대법관에게 쏟아진 수많은 찬사 중에서도 절로 무릎을 치게 만드는 대단히 인상적인 내용이 하나 있습니다. 한창 젊었을 때, 애리조나주 레이지비랜치에서 보냈던 시절에 있었던 이야기입니다. 오코너 대법관은 직접 소에 낙인을 찍고 트랙터도 몰곤 했는데 놀랍게도 총을 쏠 때면 양철 깡통의 원하는 곳에 그대로 명중을 시켰다고 합니다. 이 일화를 들려준 분은 한때 농장에 머물며 그녀와 함께한 추억들을 아직도 생생하게 기억하고 있었습니다. "대법관님은 투박하거나 거친 타입은 아니었지만 협곡에서 인부들과 어울려 모든 일을 능숙하게 해내셨죠. 어떤 경우에도 본인 몫은 꼭 해냈던 분입니다." 오코너 대법관은 직장에서도, 가정에서도 모든 일을 매 단계마다 바로 그런 방식으로 풀어나가셨습니다.

1981년에 연방대법원에 합류했을 당시, 오코너 대법관은 거기 있던 그 누구도 겪어본 적이 없는 경험들, 혹은 결코 같은 수준으로 겪어본 적 없는 것들을 회의 테이블에 가져왔습니다. 1930년대에서 1950년대에 걸쳐 여성으로 성장했고, 가족을 부양한 것은 물론이고 법률 업무를 포함해 안 해본 일이 거의 없었습니다. 행정 지원 업무, 개인 변호, 공직 선거 당선, 애리조나주 상원 지도부, 재판 및 항소와 관련한 주 정부 법률 서비스 지원 등 그간의 경험들은 실로 다채롭기 그지 없습니다. 오코너 대법관은 매우 영민하면서도 근면성실한 학생이었고, 연방법 및 그와 관련한 지식도 재빨리 습득했습니다. 그 결과 실무에 돌입한 이후, 언제든지 모든 것을 즉각 본인의 것으로 만들어냈지요. 제가 연방대법관이 되었을 때 보내주신 환영사 역시 남달랐습니다. 참고로, 연방대법원은 자체 규정에 따라 관례나 관행을 기록으로 남기지 않습니다. 오코너 대법관은 그것을 스스로 터득해야 한다는 의미로 이해했던 것 같습니다. 제가 1993년 회기에 부임하자마자, 오코너 대법관은 제가 알아두어야 할 사항을 몇 가지로 간략하게 말씀해주셨는데 그것은 약을 통째로 떠먹이는 방식이 아니라 며칠이나 몇 주 동안만이라도 제 스스로 안전하게 지낼 수 있을 정도의 내용이었습니다.

한편, 연방대법원 회기 말미인 1993년 10월, 저는 대법원장님의 과제물을 초조하게 기다리고 있었습니다. 관례에 따라 완전히 신참인 저에게는 만장일치로 판결이 날 수 있을 정도로 논란의 여지가 전혀 없는 그런 사건이 떨어질 것으로 기대하면서 말입니다. 그러나 내려온 과제물은 참, 어이가 없었습니다. 신참인 저에게 결코 쉽지 않은 매우 복잡한 사안으로 연방대법원에서 의견이 6 대 3으로 갈렸던 '에리사ERISA 사건[Employee Retirement Income Security Act, 노동자들의 연금 수급권을 보호하기 위하여 1974년에 제정된 미국의 연금개혁법의 약어로 의회에서 통과시킨 법안 중에서 매우 불가사의한 것으로 손꼽힘]'을 배정하신 겁니다. 오코너 대법관에게 조언을 구했습니다만 돌아온 답은 너무나도 단순했습니다. "그냥 해보세요. 가능하다면, 대법원장님이 또 다른 과제를 던지기 전에 의견서 초안을 모든 분에게 보내드리고요. 아니면 아주 따분한 과제를 또다시 받게 될 수 있거든요." 이는 오코너 대법관이 사안을 대하는 가장 전형적인 방식이었습니다. 즉, 분노나 후회, 또는 억울함을 품거나 괜한 하소연으로 쓸데없이 시간과 정력을 낭비하지 말고 벌어진 일이나 얼른 끝내라는 말씀이셨지요.

참고로, 오코너 대법관은 '에리사 사건' 판결에서 반대의견을 냈습니다. 그리고 제가 처음으로 작성한 연방대법원 법정의견을 요약해서 발표하고 나자 수행원을 통해서 메모 하나를 전달했지요. "당신이 연방대법원을 위해 처음으로 작성한 의견서군요. 멋진 작품입니다. 앞으로도 훌륭한 작품을 기대해봅니다." (그 쪽지 하나가 얼마나 저를 기분 좋게 만들었던지, 늘 반추하며 저 역시 나중에 부임한 소토마요르 대법관과 케이건 대법관이 첫 작품을 제출했을 때, 그와 비슷한 내용의 메모를 전해드린 바 있습니다.)

연방대법원 역사상 첫 번째 여성 대법관으로서 오코너 대법관은 제가 감히 넘볼 수 없을 정도의 속도로 업무를 처리했습니다. 바로 오늘까지도 제 메일함은 다음과 같은 요청 사항들로 가득합니다. "지난해(또는 몇 년 전에), 오코너 대법관이 우리 캠퍼스 또는 지역을 방문하심, 우리 변호사 사무실 또는 시민단체에서 말씀하심, 이런 일 또는 저런 일을 하셨음, 등등." 그다음에 "루스! 이제부터는 네 차례야"라는 취지의 문구가 달려 있습니다. 한 번은 제 비서들이 아마도 오코너 대법관은 당신의 모습을 쏙 빼어닮은 남모르는 쌍둥이가 따로 있는 게 분명하다는 우스갯소리를 한 적도 있습니다. 그 정도로 1인 2역을 하듯 시간관리에 상상을 초월할 정도의 천부적 능력을 보였지요. 다른 사람들이 플라이 낚시, 스키, 테니스 혹은 골프를 즐겼을 법한 시간에, 그분은 대체 무슨 연유로 디모인, 벨파스트, 루이지애나, 르완다 등을 방문한 걸까요? 오코너 대법관은 그 이유를 다음과 같이 말씀하셨습니다.

남성이든 여성이든 동력을 확보하기 위해서는 우선 남들의 눈에 띠어야 하고 그다음에는 강렬한 모습을 보여줘야 합니다. 여성들이 힘을 얻고 나면 장애물은 서서히 무너져내릴 것입니다. 우리 사회가 여성들이 해낼 수 있는 것이 무엇인지를 깨닫게 되고 나면, 여성들이 다른 여성들이 해낼 수 있는 것이 무엇인지를 깨닫고 나면, 더욱더 많은 여성들이 그런 활동에 공개적으로 참여하여 여건이 훨씬 좋아질 것입니다.

오코너 대법관의 재판연구원으로 근무하다 애리조나주 대법원장을 끝으로 퇴임한 루스 맥그리거는 그 해외 출장에 관해 이렇게 이야기한 적이 있습니다. "대법관님은 신흥국에서 민주적으로 선출된 입법기구와 독립적인 사법기관이 제대로 유지되어 법치주의가 뿌리내릴 수 있도록 돕는 일에 끊임없이 몰두해 오셨습니다." 그리고 오코너 대법관은 "만약 우리가 미국의 귀중한 유산을 지키기 위해 대외적으로 행동하지 않는다면, 미국에서마저 법치가 무너질 수도 있다"라며 그 취지를 상기시켜주셨지요.

1988년에는 혹독한 유방암 제거 수술로 수개월을 병마와 싸우느라 체력이 급격히 떨어진 적도 있습니다. 그러나 오코너 대법관은 가장 바쁘게 돌아가던 회기 중에도 붓편한 몸을 이끌고 하루도 빠짐없이 재판에 임했습니다. 완쾌 후에는 그토록 힘들게 보냈던 시간과 본인 스스로 극복해냈던 일들을 회상하며 암과 싸우는 여성들에게 희망과 용기를 북돋아주었지요. 이 과정은 텔레비전 방송에서도 다뤄진 바 있습니다. 오코너 대법관은 병세가 호전되기 훨씬 전부터 오전 여덟 시가 되면 자신이 시작한 법원 내 운동 시간에 하루도 빠짐없이 참석했습니다. "안타깝지만, 내가 할 수 없는 일들이 너무 많아요. 하지만 작은 일은 할 수 있지요. 내가 할 수 있는 일을 할 거예요"라는 말씀과 함께요.

그 뒤로 몇 년이 지나, 올림픽 여자 농구 대표팀이 연방대법원을 방문했을 때, 본인이 스스로 해낼 수 있다는 것을 또다시 몸소 보여주었습니다. 오코너 대법관은 "미국에서 가장 높은 곳에 있는 코트" 즉, 슈프림 코트Supreme Court인 연방대법원 건물 맨 꼭대기 층의 농구 코트로 대표팀을 이끌었습니다. 대표팀은 그곳에서 몇 분의 짧은 연습을 했는데, 선수 한 명이 그분에게 볼을 패스했습니다. 첫 번째 볼은 놓쳤지만 두 번째 볼은 거침없이 골대 안에 명중시켰지요.

오코너 대법관은 심리청원 일람표에 올라온 개별 사건 재판마다 최선을 다했습니다. 또 재판이나 대법관 평의에서 본인의 의견을 피력하는 데 있어서도 결코 주저함이 없으셨습니다. 반대의견을 별도로 작성할 때에는 동의하지 못하는 이유를 쓰며 직설적이고도 프로다운 면모를 유감없이 발휘했습니다. 그러나 "전체주의에 가까운", "심각히 호도하는", "실로 받아들일 수 없는", "법리적 재앙" 등의 원색적인 표현을 써가며 대법관 동료들을 질책하는 것은 극구 삼갔습니다.

저와 오코너 대법관이 근 12년을 함께 일하는 동안 법원 방청객들은 두 여성 대법관이 서로 다른 관점을 가지고, 서로 다른 목소리를 내는 모습을 보아왔습니다. 다른 남성 대법관들처럼요. 그럼에도 매 회기마다 일부 변호사들이 고등법원 재판정에 두 명의 여성이 있다는 것에 충분히 적응하지 못하는 상황이 연출되곤 했습니다. 연방대법원의 구두변론 때 벌어진 일입니다, 하버드대 로스쿨 교수와 법무장관 이상의 고위직 인물들을 포함하여 다수의 유명 변호인단이 제 질문에 답하기 시작할 무렵이었습니다. 어떤 분이 저를 향해 "그런데, 오코너 대법관님……"이라고 하자 오코너 대법관은 미소를 지으시며 활기찬 목소리로 "그분은 긴즈버그 대법관이시고 제가 바로 그 오코너입니다"라고 바로잡아준 적이 있지요. 그런 혼선을 염려해서, 제가 대법관으로 첫 회기를 시작한 1993년에는 전미여성판사협회에서 두 사람에게 티셔츠를 선물로 주셨습니다. 우리 둘은 번갈아가며 각자의 티셔츠에 적힌 문구를 읽었습니다. "저는 샌드라입니다. 루스가 아니고요." "저는 루스입니다. 샌드라가 아니고요."

오코너 대법관은 퇴임 후 연방대법관이자 판사로 수행했던 직무 이외의 영역에서도 다양한 활동을 해오고 있습니다. 학생들에게 미국의 삼부를 구성하는 사법부, 입법부와 행정부에 대해 교육시킬 목적으로 웹사이트(www.icivics.org)를 손수 만들고 홍보하는 것도 그중 하나이며 저도 나라와 민족을 위해 실로 대단히 중요한 작업이라고 생각하고 있습니다. 또한 선출이 아닌 지명으로 판사를 뽑아야 한다고 주장하며 사법적 독립을 쟁취하는 일에도 여전히 변함없는 열정을 발휘하고 있지요. 국무부의 요청이 있을 때면 미국을 방문하는 외국 법률가들과의 만남이나 장시간의 해외 출장도 마다하지 않습니다.

수년 전, 오코너 대법관은 한밤중에 셰익스피어극장이 제작한 연극 〈헨리 5세〉에 깜짝 출연을 한 적이 있습니다. 이사벨 역을 맡아 프랑스 여왕으로 분해서 조약을 체결하는 장면에서 그 유명한 대사를 읊었죠. "행복하게도, 한 여성의 목소리가 모처럼 좋은 일을 해낼 수도 있더군요." 그리고 오코너 대법관은 정말로 그렇게 일을 했습니다. 연방대법원에 몸담은 사반세기 동안 줄기차게 그 전형을 온몸으로 보여준 것입니다.

6장

글로리아 스타이넘 *

저는 그간 너무나 기쁜 마음으로 오늘 밤을 기다려왔습니다. 오늘 모실 연사는 세상에서 가장 이타적이고, 가장 배려심이 깊으며, 누구보다 헌신적인 글로리아 스타이넘입니다. 잡지 《뉴욕》을 펼쳐 보고 그 안에서 《미즈》의 창간 소식을 처음 알게 되었을 때의 기억이 아직도 생생합니다. 글로리아의 맑은 마음, 용감한 정신, 그리고

---

* 이 연설문은 2015년 2월 2일에 뉴욕시변호사협회에서 발표한 것이다. 그날, '여성과 법에 관한 긴즈버그 대법관 특별 강연' 연례모임에서 강연 예정이었던 글로리아 스타이넘을 긴즈버그 대법관이 소개했다. 분량을 고려하고 당초 전달했던 특정 맥락을 명확히 하기 위해 연설문을 편집했다.

지칠 줄 모르는 활력은 《미즈》의 창간이라는 모험과 또 다른 모험들에 영감을 불어넣었고, 글로리아의 친구인 말로 토머스의 말을 빌리자면 소녀와 소년이 나와 당신으로 존재할 수 있도록 그들을 자유롭게 해주었습니다.

적어도 과거 반세기 동안, 글로리아는 여성운동을 대표하는 이미지였고, 페미니즘의 얼굴이었습니다. 그 얼굴이 왜 다른 사람이 아닌 글로리아였을까요? 네, 글로리아는 분명 아름답습니다. 그러나 그게 다는 아닙니다. 게일 콜린스는 글로리아의 여든 살을 축하하며 그녀에겐 대중의 인기를 몰고 다니는 여타의 유명인사들과 확연히 구별되는 특성이 있는데, 그건 바로 특유의 공감 능력이라고 말한 바 있습니다. 글로리아는 모두의 관심을 받는 와중에도 메가폰을 잡지 않습니다. "그녀는 거의 언제나 경청하기를 택합니다."

저의 사랑하는 동료, 샌드라 데이 오코너 대법관과 마찬가지로 글로리아 역시 비행기 안에서 많은 시간을 보냅니다. 여전히 세계 곳곳을 누비는데, 가장 아름다운 장소를 찾는 것이 아니라 그녀의 목소리가 진정으로 필요한 바로 그런 곳을 찾아가지요. 샌드라 판사가 건강을 유지하기 위해 법원에서 아침 여덟 시 에어로빅 수업을 개설한 것은 유명한 일화입니다. 글로리아는 "여러 공항과 도시들을 뛰어다니며" 건강을 유지한다고 하죠.

글로리아는 청중을 자기만의 방식으로 이끌며 노련하게 사로잡는 설득의 기술을 가지고 있습니다. 그런 사례는 차고도 넘치지만 굳이 하나만 예로 들자면, 1970년대 후반 저와 함께 펜실베이니아의 버크힐폴스에서 개최된 제2회 순회법원 컨퍼런스에 참석했던 일이 생각납니다. 그곳에서 우리는 사회학자 리오넬 타이거 그리고 포드햄대학교 로스쿨의 웰런 교수와 함께 "남녀평등에 관한 수정헌법은 꼭 필요한 것인가?"를 주제로 토론을 벌였지요. 토론을 시작했을 때는 청중들의 마음이 각양각색으로 분열돼 있었습니다만, 글로리아가 발언을 끝내고 이루어진 표결에선 경이롭게도 법안의 필요성에 거의 모두가 공감하는 것으로 나타났습니다.

글로리아는 어린 소녀와 젊은 여성들에게 미국과 전 세계 여러 나라가 더욱더 안전하고, 더욱더 많은 기회로 충만하며, 더욱더 행복한 곳이 될 수 있도록 불굴의 노력을 기울여왔습니다. 그 노력을 기리는 의미로 모두 함께 "브라보! 글로리아!"를 외치며 그분을 연단으로 모셔봅시다.

7장

위대한 여인들을 기리며
연방대법관의 아내들*

현재 내가 근무하는 연방대법원의 위엄이 깃든 방과 홀들에는 위대한 인물들의 사진과 흉상들로 가득하다. 총 129점의 사진이

---

* 긴즈버그는 2005년의 매사추세츠 소재 레녹스의 벤트포트홀 강연을 포함해서 이 주제에 관해 지난 수년간 다양한 계층의 대중들을 대상으로 수많은 강연을 했다. 긴즈버그는 또한 이 주제를 다룬 글을 1996년 회기에 자신의 재판연구원을 지냈던 로라 브릴과 함께 공동 집필한 적도 있다. 로라 브릴은 관련 강연과 기사에 대한 아이디어를 최초로 제안한 인물이기도 하다. 이 기사의 후속 추가본 및 수정본 작업과 관련하여 긴즈버그는 소속 재판연구원인 길리안 메츠거, 알렉산드라 에드살, 그리고 로셀 쇼레츠의 도움에 감사의 뜻을 전했다. 1999년, 최종 추가본과 수정본이 마침내 연방대법원이 발행하는 《역사저널》 제24호에 실렸다. 이 책을 편찬하는 과정에서 벤트포트홀 연설문과 저널에 실린 원고를 모두 참조했으며 분량을 감안하고 당초에 전달했던 특정 맥락을 명확히 하기 위해 내용을 편집했다.

걸려 있는데 그중 28점은 역대 대법원장들의 사진이고 101점은 대법관들의 사진이다. 애비게일 애덤스[Abigail Adams, 1744~1818, 미국의 독립운동을 이끌었던 제2대 대통령 존 애덤스의 부인]의 유지를 받들어, 나는 여기서 19세기와 20세기 초에 걸쳐 연방대법원과 관계를 맺어온 여성들에 대해서 회고해보겠다. 물론 여기에 등장하는 인물들은 대법관이 아닌 그들의 아내들이다. 레이건 대통령이 미국 역사상 최초로 샌드라 오코너를 여성대법관으로 지명하기 전까지는 그 정도로 높은 지위를 가지고 연방대법원에서 근무한 여성이 전무했기 때문이다.

19세기 세 명의 여성을 살펴보는 것으로 이야기를 시작해보자. 아마도 연방대법원의 가장 성실한 학생들도 그들의 이름을 잘 모를 것이다. 19세기 전반기의 폴리 마셜(Polly Marshall, 1767~1831)과 새라 스토리(Sarah Story), 그리고 19세기 중엽부터 20세기 초반에 걸쳐 활동했던 맬비나 할런(Malvina Harlan, 1839~1916)으로, 이들은 각각 연방대법원장을 역임한 존 마셜(John Marshall, 1801~1835년 재직), 연방대법관을 지낸 조지프 스토리(Joseph Story, 1811~1845년 재직), 그리고 집안의 첫 번째 연방대법관 존 마셜 할런(John Marshall Harlan, 1877~1911년 재직. 그의 손자가 그에 이어 집안의 두 번째 연방대법관이 되었다)의 부인이었다. 내가 가장 주목하는 여성은 맬비나 할런이지만, 20세기가 막 시작될 무렵에 연방대법관의 아내가 된 헬렌 태프트(Helen

Herron Taft, 1861~1943)에 대해서도 이야기하고자 한다. 헬렌은 윌리엄 태프트[William Howard Taft, 미국의 제27대 대통령으로 1909년~1913년간 재임한 후 연방대법원장으로 부임했다. 미국과 일본이 각각 필리핀과 대한제국의 통제권을 갖기로 한 가쓰라-태프트 조약의 당사자이기도 하다]의 아내로 가족과 친구들 사이에서 넬리로 통했다. 남편 윌리엄은 처음에는 아내가 원하던 미국의 대통령이 됐지만 결국 나중에는 본인이 그토록 원하던 연방대법원장(1921~1930년 재직)이 되어 끝까지 미국 사회에 봉사하고 생을 마감했다.

"모든 위대한 남성들 뒤에는 위대한 여성들이 있다"라는 옛말은 여기서도 통한다. 하지만 대법관들의 뒤에 앉아 있던 여성들은 그간 대중에게 별다른 주목을 받지 못했다. 그로 인해 19세기 여인들에 관한 이야기를 엮어나가는 과정에서 자료 부족이라는 결정적인 한계에 봉착하기도 했다. 더욱이, 현존하는 것들 가운데 당사자들이 직접 작성한 자료들은 여인들을 제대로 묘사하기에 턱없이 부족한 정보를 가지고 있었다. 일례로,《내 생애 최고의 사랑 폴리 *My Dearest Polly*》라는 책은 존 마셜 연방대법원장이 아내에게 쓴 편지들을 나중에 다시 편집해서 발간한 것이다. 그 책의 편집자에 따르면, 아내 폴리는 남편 존에게 받은 편지를 모두 온전히 보관하고 있었으나 불행히도 존은 보존엔 별로 관심이 없어서 아내로부터 받은 편지를 단 한 장도 남기지 않았다고 한다.

반면, 조지프와 새라의 아들인 윌리엄 스토리는 아버지의 일생과 관련해서 각종 편지들을 수집해놓은 것은 물론이고 그에 관한 이야기를 담은 책까지 펴냈지만. 그 속에는 새라가 조지프에게 보낸 편지에 관한 내용은 단 한 줄도 들어있지 않았다. 다만, 남편의 자서전 색인에는 새라라는 이름 아래 다음과 같은 항목들이 나타난다. "스토리와 결혼하다." "딸을 저 세상으로 보내며." "환자처럼" "코튼 매더가 아둔하다는 걸 깨닫다." 확실히, 조지프가 새라에게 보낸 편지들이 새라가 조지프에게 보낸 것들보다 훨씬 더 많이 남아있다.

하지만 집안의 첫 번째 연방대법관 존 할런의 아내인 맬비나는 본인이 직접 글들을 써서 남겼다. 그녀는 자신의 일상을 회고록 형식으로 정리했지만 남편의 서류뭉치 속에 쳐박혀 거의 눈에 띄지 않는 채로 의회도서관 한 켠에 너무나 오랫동안 방치되어 있었다. 독자들은 이 글의 끝자락에서 맬비나의 회고록이 출간된 경위와 작품에 대해, 그리고 몇 가지 그녀의 발언에 대해 살펴볼 것이다.

맬비나보다 사반세기 이후의 인물인 헬렌 역시 자신의 삶과 시대에 대한 본인의 이야기를 남겼다. 헬렌이 남긴 원고가 도서관에 장서 형태로 남아있는 건 아니지만 남편과 딸이 그녀의 원고들이 출간될 수 있도록 매력적으로 정리해놓았다. 두 사람은 헬렌의 일생을 정리하는 작업이 헬렌이 백악관을 떠난 후의 울적함에서 벗어나는 데 도움이 될 거라 생각한 듯하다. 헬렌이 서류와 편지뭉치를 펼쳐보며 곰곰이 생각에 잠겨 옛일들을 회상하는 동안, 브린 모어칼리지를 휴학하고 있던 딸이 그 내용을 써내려 갔다. 마침내, 헬렌 태프트 여사의 《찬란한 날들을 회상하며 Recollections of Full Years》라는 회고록이 1914년에 출간되어 독자들에게 큰 반향을 불러일으켰다. 때마침 미국에서는 여성참정권을 확보하기 위한 운동이 본격적으로 전개되고 있었다. 그리고 바로 그해에 하퍼콜린스 출판사가 칼 스페라자 안토니라는 작가를 통해 헬렌에 관해 새롭게 쓴 전기를 《넬리 태프트: 래그타임 시대의 자유로운 영부인 Nellie TaftL: The Unconventional First Lady of the Ragtime Era》이라는 제목으로 출간했다.

 미 연방 수도로 거듭나던 당시만 해도 워싱턴 D.C.는 늪으로 가득한 지대여서 마을이라 부를 만한 곳도 없고, 여성들보다는 남성들이 활보하던 곳이었다. 이 초기 시기에 대법원의 판사들은 수도에서 법원이 자리를 잡을 때까지 같은 지붕 아래 기숙사 같은 곳에서 함께 머물렀고, 남편은 아내들과는 따로 살아야 했다.

 남편이 수도에서 멀리 떨어진 곳으로 순회재판을 나가면 아내는 한동안 집에 홀로 머물러야 했다. 순회재판을 다니는 과정은 때론 가혹하고 때론 위험하기도 하여 19세기 내내 대법관들에게 큰 부담감을 안겨줬다. 그 와중에도 예외는 있었는데, 당시 유명했던 두 사례를 소개하고자 한다. 1789년부터 1810년까지 대법관으로 재직했던 윌리엄 쿠싱(William Cushing, 1732~1810)은 아내와 함께 순회할 수 있도록 별도로 제작한 마차를 타고 순회재판을 다녔다. 아무리 날씨가 궂고 비포장도로가 덜컹거려도 아내는 마차 안에서 남편에게 큰 목소리로 재판과 관련한 서류를 읽어줘야 했다. 줄리아 앤 워싱턴Julia Ann Washington도 남편과 함께 순회재판을 다녔다. 줄리아의 남편은 미국의 초대 대통령 조지 워싱턴의 조카인 부시로드 워싱턴(Bushrod Washington, 1762~1829)으로 1798년부터 1829년까지 대법관으로 재직했다. 하지만 몸이 약했던 아내는 그처럼 울퉁불퉁한 길을 돌아다니는 것을 몹시도 힘들어했다고 한다. 그래서 쿠싱 대법관의 경우와는 정반대로, 남편이 부인에게 큰소리로 서류를 읽어주곤 했다고 한다. 하지만, 그들과 같은 부부 동반의 사례는 그리 흔치 않았으며 대부분의 경우에는 순회재판을 다니며 워싱턴 D.C.에선 연방대법원 숙소생활을 해야 했기에 부부는 상당기간 떨어져 사는 것을 자연스럽게 받아들였다.

대법관들이 워싱턴 D.C.에 머물며 가족과 함께하는 시간이 줄어들자 공식적인 지출도 감소하여, 당시에 신설기관으로 예산이 부족했던 연방대법원으로서는 체면을 살리는 데 오히려 적지 않은 도움이 됐다고 한다. 부부가 각자 살도록 유도한 이면에는 그런 경제적 의도가 다분히 깔려 있었다고 보아야 할 것이다. 최근에 출간된 존 마셜 연방대법원장의 전기를 통해서 대법관들 사이에 동지애를 키워주기 위해 그가 숙소의 테이블과 휴게실까지 적절히 활용했다는 것을 확인할 수 있다. 본인이 작성하고 발표한 의견서에 반대하는 사람들을 설득하여 끝내는 연방대법원이 한 목소리를 내도록 하기 위해 대법관 숙소에서 마데이라 와인을 어떻게 활용했는지도 최신판 전기를 통해 살펴볼 수 있다. 마셜 연방대법원장이 그토록 백방으로 뛰어다니며 추구했던 만장일치 판결 방식은 입법부와 행정부의 정치적 공격으로부터 총칼도 없이 제3의 부서인 사법부를 지켜내는 데 큰 기여를 했다.

한편, 마셜도 본인의 연방대법원 생활과 가정생활을 엄격히 분리했음에도 불구하고 부인에 대한 애정은 누구 못지않게 부족함이 없었다. 1797년, 필라델피아에 머물던 그는 아내 폴리에 대한 그리움으로 가득한 편지 한 통을 남겼다. "이 큰 도시가 하루이틀 동안 내 마음을 사로잡긴 하지요. 그러나 그것도 잠시, 곧장 당신이 나에게 손수 전해주던 청량한 물 한 잔과 소박한 식사가 너무나도 그립답니다. 아마도 내가 당신과 함께 그곳에 있다면 지금쯤 사내아이들은 우리 곁에 앉아 재롱을 떨고 있겠고 당신과 나는 갓난쟁이 메리가 뛰어 노는 모습을 보며 차가운 고기 한 점으로 저녁식사를 한껏 즐기고 있겠죠."

아내 폴리가 세상을 떠나고 한 해가 지난 1832년에 마셜 대법원장은 "아내의 판단은 너무도 반듯하고 안전했기에 나는 당혹스러운 상황에 빠질 때면 종종 의견을 구하곤 했다. 내 기억엔 아내의 조언을 따르고 나서 실망한 적이 단 한 번도 없었다. 그 반대의 경우에는 오히려 자주 후회하곤 했다"고 회상했다. 하지만, 반세기에 가까운 49년간의 결혼생활을 지속하며 마셜 대법원장에게 적지 않은 걱정거리도 있었다. 그의 지인들에 따르면, 아내 폴리는 병약한 여자로 만성질환에 시달렸다고 한다. 소음에 너무 민감한지라 아내를 괴롭히지 않기 위해 마셜 대법원장은 집에 들어서거나 주변을 산책할 때는 신발마저 벗고 다닐 정도였다고 한다.

남편의 삶에서 폴리가 큰 비중을 차지했다는 것은 소박하게 새겨진 마셜 대법원장의 묘비명으로도 충분히 입증된다. 그가 세상을 떠나기 이틀 전에 남긴 유언에 따라 묘비엔 본인의 근 팔십 평생의 삶을 세 가지 사건으로 정리한 이름과 날짜만이 기록돼 있다. 즉, 본인의 이름과 출생일, 아내의 이름과 결혼일, 그리고 이 세상을 떠난 본인의 사망일.

마셜이 허약한 부인의 자애로운 수호자를 자처했던 반면에, 상대적으로 젊었던 조지프 대법관은 우리 시대의 벤처사업가처럼 몹시도 흥미진진하게 결혼생활을 즐겼던 인물이다. 그는 애석하게도 결혼한 지 겨우 7개월만에 첫 번째 부인 메리의 죽음을 맞게 된다. 그러나 두 번째 부인 새라 웨트모어를 만나서는 다행히 오랫동안 행복한 결혼생활을 누렸다. 그가 아내 새라에게 보낸 편지를 보면 그들이 서로를 지극히 존중하는 사이였음을 여실히 알 수 있다. 조지프는 본인이 경험하는 도시에서의 문화 생활과 정치적 행태는 물론이고 변호사들의 모습과 변론 내용 등 연방대법원에서 일상적으로 접하는 것들에 대해서도 새라에게 시시콜콜 전해주곤 했다. 당시에도 사회적으로 큰 이슈가 되는 사건과 관련해서 의견서가 제출되고 나면 대법관들 사이에서 엄청난 격론이 벌어지곤 했다. 그때마다 조지프는 집에 돌아와 아내에게 이야기 보따리를 한껏 풀어놓았는데 그 안에는 개인에 관한 은밀한 내용들도 고스란히 담겨 있었다고 한다.

    1843년, 조지프 스토리 대법관은 "아내의 건전한 분별력에 전적으로 신뢰를 표한다"는 내용이 담긴 유언장에 서명하며 자녀들의 유산 분배를 아내에게 맡긴다고 선언한다. 또한, 그는 "아내 명의로 된 유산은 물론이고 아내를 위해 별도의 펀드 매입을 통해 소유하고 있던 내 명의로 된 주식 일체"도 아내에게 상속키로 한다. 그 당시, 매사추세츠주 의회가 결혼한 여성의 재산 소유를 인정하지 않았음에도 불구하고 그는 본인 재산에 대한 소유권이 전적으로 아내에게 있다고 생각한 것이다. 이에, 저작권은 물론이고 그간 출간한 책들의 원고와 서신들을 포함해서 그에 관한 모든 기록물 일체도 아내에게 남겼다(참고로, 매년 지급되던 저서들의 인세 수입이 본인 연봉의 두 배에 달했다고 한다). 그의 유언장 마지막 부분에서 아내가 평생 동안 아무런 걱정 없이 살아가길 바란다는 소망을 피력하는 것으로 일생을 같이한 반려자에 대한 믿음을 감동적으로 보여주고 있다. "결코 판결문의 주문이 아닌 그저 권고의 의미로 다음과 같이 내 뜻을 전합니다. 당신이 더이상 원하지 않는다면 와인이나 서적들은 모두 처분해버려도 됩니다. 오랜 애정과 추억이 담긴 다른 물건들도 단지 내가 한때 소유했던 것이라는 이유만으로 보관할 필요는 없습니다."

조지프 스토리는 대법관 동료들이 아내와 떨어져서 홀로 대법원 숙소를 사용하던 전통을 처음으로 깬 사람이다. 아내 새라 스토리가 1828년 연방대법원 회기 동안에 남편과 줄곧 그곳에서 생활을 같이 했기 때문이다. 마셜 대법원장은 이에 대해 모호하게 반응했는데, 조지프의 아내가 다른 대법관들과 식사를 같이한다면 여성의 '인간적인 영향력'이 그곳에 모인 법관들에게 도움이 될 수도 있을 거라 생각한다고 말했다. 그러나 그러기 위한 전제조건으로 새라가 한 가지 유념해야 할 것이 있었다. 마셜 대법원장은 그가 남편 조지프를 '독점'하지 않기를 바랐다. 실험은 모두 성공적으로 끝나지만은 않았다. 새라에게 워싱턴의 일상생활은 마음에 들었지만 허약한 소화기능 탓에 일률적으로 제공되는 숙소의 식단은 감당해낼 수가 없었다. 또한 새라는 대법관 회의가 끝나기만 하염없이 기다리다 지쳐만 갔고 끝내 남편보다 먼저 도시를 떠났으며 그 후로 수년 동안 돌아오지 않았다.

그러나 새라의 체류로 인해 연방대법원 숙소의 전통은 크게 흔들렸다. 1829년에 대법관이 된 존 맥클레인(John McLean, 1785~1861)은 함께 숙식을 하던 동료 대법관들과는 달리 워싱턴 D.C.에 있는 집에서 아내와 단둘이 생활을 했다. 그보다 조금 이른 시기에는 윌리엄 존슨(William Johnson, 1771~1834) 대법관이 결혼과 함께 단체 숙소에서 떨어져나갔다. 이와 같은 일련의 변화로 마셜 대법원장의 심기가 몹시 불편해졌다고 한다. 그는 대법관들이 뿔뿔이 흩어져 살수록 더 많은 별도의견이 나오게 될 것이라고 우려했는데 그런 불길한 예상은 그대로 적중했다. 대법관들 모두의 일치된 의견을 만들어내기 위해서 그간 애써 공들여왔던 노고가 점차 빛을 잃기 시작한 것이다.

이제 다시, 첫 번째 부인인 맬비나 할런의 이야기로 본격적으로 돌아가보자. 할런의 남편은 존 마셜 할런으로 1877년에서 1911년까지 연방대법관에 이어 대법원장으로 재직했다. 2001년까지만 해도 할런의 이야기는 할런 가족과 대법원장의 전기작가들을 제외하고는 거의 알려지지 않았다. 1839년에 태어나서 1916년에 세상을 떠났으나 본인이 《인생역정 Memories of a Long Life》이라는 제목을 붙인 회고록은 그녀가 남편 존 마셜 할런을 만난 1854년부터 남편과 사별한 1911년 사이의 나날들만을 다룬다. 회고록은 할런 가문, 남북전쟁 전후 인디애나주, 켄터키주 그리고 워싱턴 D.C.의 정치 상황, 종교, 그리고 물론 연방대법원에 관한 흥미진진한 일화나 날카로운 통찰력을 담고 있다.

나는 그 시대의 용감한 여성이 기록한 대표적인 연대기로 맬비나의 회고록에 단숨에 빠져들었다. 그녀의 원고를 읽는다면 내가 느낀 감동을 누구나 느낄 것이라 생각한다. 이 회고록을 책으로 내기 위해 수개월 동안 대학 출판부나 상업 출판사에 백방으로 의사를 타진했으나 매번 무위로 끝나고 말았다. 거의 포기하기 직전, 다행히 연방대법원 역사모임이 이 프로젝트에 관심을 표했다.

2001년에는 회고록의 완성을 위해 자체적으로 발간하는 저널의 여름호 전체를 할애하기도 했다. 저널에 실리기 전에 역사가들과 함께 신시네티대학교 법대 교수인 린다 프시비셰프스키가 회고록 원고에 세심하게 주석까지 달아주었으며 첫 장에 등장할 '소개의 글'도 준비해줬다. 참고로, 린다 교수는 할런 대법원장에 관한 매력적인 전기인 《존 마셜 할런의 공화국 The Republic According to John Marshall Harlan》의 저자이기도 하다. 아울러, 역사모임에서는 눈길을 끄는 수많은 사진을 확보하여 저널 곳곳에 실었으며 표지에는 맬비나가 열일곱, 존 마셜 할런이 스물셋일 때 올린 1856년의 결혼식을 기념하여 그렸던 초상화가 실려 있다.

회고록 출간을 계기로 세간의 관심을 끌기 위해서 《뉴욕타임스》의 연방대법원 출입기자인 린다 그린하우스에게 신문에 서평을 실어줄 것을 부탁했다. 린다는 《뉴욕타임스》는 정기간행물에 대한 리뷰는 싣지 않는다고 말했지만 다른 방식으로 도움을 줄 수는 있을 것 같다고 말했다. 린다는 분명 생각이 있는 사람이었다. 《뉴욕타임스》에서 그녀의 기사를 읽는 사람이라면 린다가 똑똑한 사람이라는 걸 모르지 않을 것이다.

2001년 8월, 드디어 《뉴욕타임스》가 맬비나의 회고록에 관한 특집기사를 2회에 걸쳐 게재했다. 일요일판 1면에서는 결혼사진과 함께 회고록에 대해서 설명했고, 그다음 주에는 후속 편으로 맬비나의 원고에서 인용한 글들도 실었는데 거기에는 남북전쟁에 관해 회상하는 부분도 들어 있다.

첫 번째 인용문은 맬비나가 당시에 노예를 소유하고 있던 켄터키 출신인 존과 결혼하기로 마음먹게 된 과정을 담고 있는데 열일곱 살까지 인디애나에 살았던 맬비나는 그때의 추억을 다음과 같이 정리하고 있다.

일가친척들 모두가 남부 지역에서 횡행하던 노예제도에 극렬히 반대했다. 내가 가장 좋아하던 어머니 쪽의 삼촌은 강경한 노예제도 폐지론자였다. 삼촌은 (내 남편을 만나기 전까지는) 남부 출신 남자와 결혼해서 남부에 사느니 차라리 죽음을 택하라고 하실 만한 분이었다.

켄터키주는 비록 노예제도를 지지했지만, 북부연합에 대한 충성심은 버리지 않았다. 존은 결혼하고 5년이 지났을 무렵, 맬비나와의 상의 끝에 북부연합군에 합류하기로 했다. 그때 그들에겐 어린 자식이 둘 있었다. 이후, 존은 전쟁 기간 내내 북부연합군으로 복무했다.

그로부터 수십년이 지난 1903년, 남북전쟁에 관한 일화가 여전히 화제에 오르던 시기, 맬비나는 그해에 한 만찬자리에서 있었던 일을 기록으로 남겼다.

대략 열대여섯 명이 테이블에 둘러앉아 있었다. 기분이 최고조에 달한 남편이 남북전쟁에서 본인이 겪었던 일화를 꺼내며 자신이 속해 있던 부대 이야기를 했다. 그의 북부연합군 연대가 남부연합군 소속 침입자인 존 모건을 뒤쫓기 위해 테네시와 켄터키를 거쳐 급히 행군을 하고 있었다. 이야기가 북부연합군의 선발대가 반대편 해변을 가로질러 가던 모건의 척후병들을 거의 따라잡기 직전에 이르렀을 때였다.

그날 저녁에 초대된 루턴(Horace Harmon Lurton, 1844~1914) 판사가 갑자기 나이프와 포크를 테이블에 내려놓고는 의자에 기대더니 놀라움과 경이로움에 가득 찬 표정을 지으며 남편에게 극도로 흥분한 목소리로 "그날 날 쏘려고 했던 사람이 누구였는지 이제서야 알게 됐습니다! 이게 도대체 가당키나 한 일인지요! 오늘의 이야기는 평생토록 잊지 못할 겁니다"라며 감탄사를 연발했다.

내 남편도 그 판사처럼 화들짝 놀라 "그렇다면 당신도 그때 기습부대에서 모건과 같이 있었단 말입니까? 이제야 알겠습니다. 제가 왜 모건을 따라잡지 못했는지! 그야말로 하느님께서 저희 두 사람에게 은총을 베풀어주신 겁니다. 그날 당신을 조우하지 못한 것에 대해 제가 오히려 주님께 감사를 드립니다!" 하고 말했다.

남편의 얘기 끝에 벌어진 기막힌 반전에 모두가 놀라 뒤로 넘어질 뻔했다. 그날, 동족상잔의 상처가 어떤 방식으로 완벽하게 치유되는지를 신비롭고도 너무나 기막히게 깨닫게 된 것이다. 한 명은 켄터키 출신이고 또 다른 한 명은 테네시 출신인 두 사람이 나중에 하나로 통일된 나라인 미 연방공화국의 시민이자 연방법원 판사로 같은 시기에 같은 곳에서 근무하게 된 것이다. 마치 남북전쟁이라는 게 존재하지 않았던 것처럼.

루턴 판사는 그 당시 제6순회항소법원에서 근무하고 있었는데 7년 후인 1909년에 연방대법관으로 임명되어 2년간 할런 대법관과 함께 근무했다.

언론의 힘 덕분인지 《뉴욕타임스》의 맬비나 회고록에 관한 기사는 수많은 출판사의 관심을 이끌어냈다. 출간과 관련하여 랜덤하우스가 할런 대법관의 후손들과 역사모임에 가장 좋은 조건을 제시했다. 이 모던라이브러리 판은 2002년에 일반 서점에서 선보였는데 그날이 바로 미국의 '어머니 날'이라 출간 시기도 그야말로 절묘했다. 맬비나의 회고록은 독자들로부터 큰 사랑을 받았다. 한 평론가는 "이 책을 읽다 보면 마치 멋진 천상의 이야기꾼과 마주하고 있는 듯하다"고 극찬했다.

존 할런이 1877년에 대법관으로 지명될 즈음에는 앞서 언급했던 연방대법원 숙소의 일상은 이미 전설로 남은 지 오래된 때였다. 이제 연방대법원으로의 부임은 대법관의 직계가족 모두가 워싱턴 D.C.로 이사를 간다는 의미가 되었다는 뜻이다. 이는 또한 대법관의 부인들에게는 무보수의 일을 의미하는 것이기도 했다.

맬비나는 대법관 부인이라면 당연히 개최해야 했던 월요일의 가정방문 리셉션에 관해 주목할 만한 이야기도 남겼다. 그날이면 방문객들이 한꺼번에 쏟아져 들어왔는데, 많게는 2백 명에서 3백 명 정도가 행사에 참석했다고 한다. 다소 고급스러운 분위기 속에서 테이블마다 신선한 샐러드와 풍성한 케이크가 제공됐으며 음악가들도 초대되어 젊은 사람들은 왈츠 한두 곡에 맞춰 춤을 추고 나이든 사람들은 앉아서 그들을 지켜보며 즐거워했다고 한다. 대법관 부인이 개최하는 이 행사는 찰스 휴즈 대법원장이 재임하던 1930년대까지 계속됐다.

1856년, 열일곱 살의 맬비나가 켄터키에서 결혼생활을 하려고 부모님이 살던 인디애나를 떠나던 날, 어머니는 맬비나에게 "네가 결혼을 할 만큼 네 남편을 사랑한다고 하니 명심하거라. 이제부터 남편의 집이 바로 네 집이고, 남편의 사람들이 바로 네 사람들이며 남편의 관심사가 곧 네 관심사인 것이다. 그러니, 딴 생각 말고 오직 남편에게만 집중해야 한다"고 조언하셨다.

맬비나는 귀담아듣기는 했지만 그렇다고 어머니의 가르침을 전적으로 따른 것은 아니었다. 본인 나름대로 음악에 대한 관심도 저버리지 않았으며 남편이 해외여행 중에 연방대법원 회기에 맞춰 미국으로 돌아와야 했을 때에도 맬비나는 홀로 여행지에 남아 여행을 계속하기도 했다. 몇몇 친구들과 이탈리아에 가기로 결정한 것에 대해서 여사는 "이런 자립심의 표출이 내 딸들에게는 너무나도 신선하고도 충격적이어서 그 여행을 '엄마의 반란'이라고 부르기도 했다"고 썼다.

하지만, 본인의 야심은 어디까지나 남편이 성공하도록 돕는 데 있었기에 존으로부터 개인적으로 독립하기보다는 훌륭한 내조자가 되려고 더욱더 노력했다. 맬비나는 남편이 자신을 부를 때 쓰는 '할머니'라는 별명을 자랑스러워했다. 그 별명이 "그가 오직 세월만이 줄 수 있는 판단력과 경험을 가진 사람으로 [자신을] 존중해주는 것"이라 생각했기 때문이었다.

존이 대법관이 되자 맬비나는 미국의 제19대 대통령인 루서포드 헤이즈(Rutherford Hayes, 1822~1893)의 부인 루시 헤이즈(Lucy Hayes, 1831~1889)와 친분관계를 더욱더 발전시켜 나갔다. 그 당시 영부인의 별명이 '레모네이드 루시'였는데 이는 그녀의 넘치는 활력을 보여주는 것이었다. 맬비나는 백악관에 간간이 공식적으로 초대받는 것보다 개인적인 친분을 쌓는 것을 더 중요하게 생각했다.

백악관 만찬에서 대법관 부인들이 항상 남편 뒤에서 딱딱한 자세로 서 있거나 조용히 격조 있게 자리만 지켰던 것은 아니었다. 맬비나에 따르면, 모리슨 웨이트(Morrison Remick Waite, 1816~1888) 대법원장은 1870년에 여성운동가이자 법률가로 명성을 날리던 벨바 록우드 여사가 제출한 심리청원을 관례적으로 묵살한 것을 두고 자신의 아내와 영부인이 돌아가며 자신을 한껏 놀려대는 걸 억지로 참아야 했다고 한다.

맬비나가 기록으로 남긴 것 중 가장 흥미로웠던 부분은 대법관 부인들이 만찬에 참석해서 남편들의 단순한 사교모임을 넘어 그 이상으로 큰 일을 해내기도 했다는 사실이다. 할런 대법관은 미국 역사에 관한 유물 수집가로 한번은 로저 태니(Roger Brooke Taney, 1777~1864) 대법원장이 1857년 '드레드 스콧 사건[흑인 노예 드레드 스콧이 주인을 따라 노예제가 폐지된 주로 이주하자 자유인으로 인정해달라는 소송을 주인을 상대로 제기했으나 흑인 노예는 헌법상 소송을 제기할 자격조차 없다며 연방대법원이 기각시킨 사건]을 판결할 때 사용했던 잉크 스탠드를 대법원장 집무실에서 본인의 집으로 가져간 적이 있었다. 이 판결은 노예 부모가 낳은 자식들은 누구도 영원히 미국의 시민이 될 수 없으며, 그 위대한 적법절차조항[Due Process Clause, 미국 수정헌법 제5조에서 연방정부와 주 정부가 적법한 절차 없이 '생명, 자유 또는 재산'을 박탈하는 것을 금지시킨 조항]까지 인용해가며 타인을 노예로 삼을 수 있는 권리를 보장한다는 내용을 담고 있다. 이는 할런이 대법관으로 재직하며 극렬히 반대했던 판결로, 나중에 남북전쟁(1861~1865년)이 끝나고 1866년에 수정헌법 제14조가 채택이 되자 끝내 번복이 되었다.

한편, 너무도 점잖은 신사였던 할런은 리셉션 행사장에서 한 여인을 만났는데 자신이 태니 대법원장과 인척관계라고 주장하자

문제의 잉크 스탠드를 되돌려주겠다고 약속을 했다. 그러나 맬비나는 남편의 결정이 현명치 못한 처사라고 여겨 잉크 스탠드를 본인이 보관하고 있던 특별한 물건더미 속에 깊숙이 감춰버렸다. 끝내 찾아내지 못한 할런 대법관은 그 여인과의 약속을 결국 지키지 못했다.

그로부터 몇 달이 지나 연방대법원에서 1883년의 소위 '시민권 사건'에 대한 변론이 이루어졌다. 그리고 미 의회가 공공숙박시설에서 인종에 상관 없는 평등한 대우를 보장하며 1875년에 채택한 시민권법을 폐기하는 판결이 내려졌다. 할런 대법관은 홀로 반대의견을 제시했다. 그후 13년이 지난 1896년, 그 유명한 '분리평등의 원칙[제공되는 시설과 서비스의 질이 유사하다면 인종에 따라 사용구역을 일부 제한하거나 분리해도 모두 평등하다는 주장]'을 활개치게 한 '플레시 대 퍼거슨 사건' 판결에서도 그랬듯이 말이다. 한편, 할런은 수개월에 걸쳐 반대의견 작성에 심혈을 기울였지만 생각이 잘 정리되지 않았다고 한다. 맬비나의 회고록에 따르면, 당시에 남편은 "법리, 판례 및 법률이라는 세 가지 문제"를 놓고 깊은 수렁에 빠져버린 듯했다고 한다.

앞서 언급했듯이 맬비나는 노예가 없는 주에서 태어났을 뿐만 아니라 노예제도를 극렬하게 반대하던 가정에서 자랐기에 남편이 고심에 고심을 거듭하고 있던 반대의견이 하루 빨리 완성되기를 간절히 바랐다. 어느 일요일 아침, 남편이 교회의 봉사모임에

나가 있을 때, 맬비나는 일전에 숨겨놓았던 태니 대법원장의 잉크 스탠드를 들고 와서는 "손수 깨끗이 닦고 손질도 해서 잉크를 새로 가득 채워넣었다. 그러고는 남편 서재에 있던 책상에서 나머지 잉크 병들을 모조리 치워버렸다. 그토록 역사적인 잉크 스탠드가 드디어 남편의 서류뭉치 바로 앞에 놓이게 된 것이다." 그리고 할런 대법관이 집으로 돌아오자 "서재에 있는 당신 책상에 가면 영감이 떠오를 것"이라고 귀띔을 해주었다. 아래의 글은 그와 관련된 일화이다.

> 남북전쟁이 일어나기 전, … 노예제도의 족쇄를 일시적으로 더욱 옥죄었던 '드레드 스콧 사건' 판결에서 태니의 잉크 스탠드가 수행했던 역사의 일부 기억이 … 그날 아침엔 남편의 생각을 보다 명확히 정리하는 데 마술 같은 역할을 해줄 것만 같았다. 남편은 평등한 시민적 권리를 누리고자 하는 해방 노예들을 보호할 수 있는 방안과 씨름하며 오랫동안 깊은 고민에 빠져 있었다. 그날 아침에, 그이의 펜은 유난히도 자유로이 움직였고 그토록 고심했던 반대의견을 단숨에 완성했다.

다음번엔 나도 "생각이 잘 정리되지 않는" 상황이 오면 용서받을 필요가 있는 펜을 찾아 할런의 집무실을 찾아갈지도 모르겠다. 아마도 조셉 브래들리(Joseph Philo Bradley, 1813~1892) 대법관이 1873년의 '브래드웰 대 일리노이주 사건' 판결에서 지금까지도 악명이 자자한 보충의견을 작성할 때 썼던 펜 같은 것도 괜찮겠다. 그 판결은 여성에게 변호사 자격을 부여하지 않을 권한이 주정부에게 있다고 결론 내렸다. 브래들리 대법관의 의견서에 따르면 "타고난, 그리고 적합한 수동성과 연약함 때문에 여성들은 시민생활과 관련한 상당수의 직업에 어울리지 않는다." 그는 여자들의 "활동 공간이 가급적 가정을 벗어나지 말아야 한다"고 보았다. 그의 생각은 헌법보다 상위에 있는 다른 법에 뿌리를 두고 있었다. "여성의 숭고한 운명과 임무는 아내와 어머니로서 고귀하고도 유순한 일을 수행하는 데 있다. 그것이 바로 '창조주의 법'이다." (브래들리 대법관이 오늘날 여성들이 우주비행사, 민간항공기 파일럿, 주지사, 상원의원 및 의회 대표, 지방법원과 연방법원 판사, 연방대법관 등으로 활동하고 있다는 사실을 하늘나라에서라도 알게 된다면 아마 깜짝 놀랄 것이다.)

마지막으로 소개할 여성은 우리를 20세기로 데려가준다. 헬렌("넬리") 헤런 태프트는 남편이 대통령이 되기를 간절히 바랐으며 결혼해서 실제로도 그 꿈을 실현하기 위해 적극적으로 활동한 인물로, 여기서 그녀의 몇 가지 면모를 살펴보려 한다. 불행히도 헬렌은 단임으로 끝난 태프트의 집권 시기, 두 차례에 걸쳐 뇌경색이 찾아와 그 후유증으로 심각한 언어장애를 겪기도 했다. 이때 얻은 장애를 극복하기 위해 헬렌은 무진 애를 썼다.

넬리 헬렌은 어렸지만 당대의 여성들이 대부분 당연히 그래야만 된다고 느꼈던 것과는 달리 본인의 지식을 굳이 남들 앞에서 감추지 않았다. 대학에서 화학과 독일어를 공부했으며 첫째 아이가 태어나기 전까지는 여자 사립학교에서 학생들을 가르쳤다. 두 사람이 교제하는 동안 윌리엄 태프트는 신시네티에서 넬리가 주선하는 토요일 밤 모임인 '살롱'에 참석하곤 했다. 모임의 참석자들은 벤저민 프랭클린, 존 애덤스, 에드먼드 버크, 마르틴 루터, 장자크 루소, 프랑수아 마리 볼테르 같은 위대한 사람들의 사상에 대해 이야기를 나눴다. 태프트는 넬리의 "모든 것에 관한 끝없는 지적 열망"과 "뛰어난 업무 처리 능력"에 감탄했다. 넬리의 신조는 "배우기 위해 산다"였다.

결혼 직전인 1886년 어느 날, 넬리가 워싱턴 D.C.를 방문하자 태프트가 재치 있게 쓴 편지 한 통을 넬리에게 보낸다. "나의 연인 넬리! 당신과 내가 공식적인 자격으로 이곳에 머물 수 있을지 의문입니다. 아, 그렇죠! 제가 깜빡했네요. 당신이 재무장관이 된다면 그럴 수 있지요." 넬리의 시아버지에 따르면, 넬리는 알뜰하면서도 숫자를 다루는 데 치밀하기 이를 데가 없었다. 태프트는 현명하게도 가정의 재무와 관련한 모든 일을 넬리에게 전적으로 맡겼다. 결혼한 지 11년이 지난 1897년에 그는 자신의 애틋한 감정이 가득 담긴 편지 한 통을 아내에게 보낸다. "당신은 내 인생에서 너무나도 많은 부분을 차지하고 있습니다. … 당신이 나에게 아첨

하거나 그저 달콤하게 복종하지 않아 다행이에요. 당신은 나의 가장 사랑스러운, 최고의 비평가입니다. 내가 최선을 다하도록 늘 나를 깨어 있게 하는, 나에게 너무 소중한 사람이지요." 한편 신시네티에서 부부생활을 하는 동안, 넬리는 신시네티 심포니 오케스트라를 창단하여 수년간 단장으로 활동하기도 했다.

넬리의 목표는 남편이 대통령이 되는 것이었기에, 남편이 법무차관으로 재직한 뒤 미국의 제6순회항소법원의 판사로 지명된 것에 의구심을 표하기도 했다. 나중에 본인의 자서전에 "적어도 내게는 남편이 그런 수준의 법원 판사로 지명되는 것이 그리 축하할 만한 일은 아니었다. … 나는 판사 업무의 좁은 영향력에 두려움을 느끼기까지 했으며, 남편이 그보다는 전체를 아우를 수 있는 폭넓은 전문가로 성장해나가길 간절히 바랐다"고 언급했다.

1901년에 태프트가 항소법원을 떠나 필리핀 총독으로 부임하면서 두 사람은 마닐라에 둥지를 틀었다. 그러나 곧 콜레라가 섬나라 전역을 강타했다. 루스벨트 대통령이 태프트에게 미국에 연방대법원 자리를 마련해주겠다고 했으나 태프트는 끝내 고사했다. 넬리는 "그간 그이에게 법무 경력이 따라붙는 것을 줄곧 반대해왔지만 이번에는 한편으로 약간 흔들리기도 했다"고 기록으로 남겼다. 하지만, 필리핀의 상황이 워낙 위중하고 그곳에서 자신의 노력이 무엇보다 중요하다는 생각에 태프트는 부인과 협의 끝에 대통령의 요청에 따르지 않기로 한다.

필리핀에 머무는 동안, 태프트와 넬리는 군인 출신 인사들의 리더십과는 확연히 다르게, 현지 문화를 진심으로 존중하고 민주적 자치 국가의 길을 마련해주기 위해서 백방으로 노력한다. '배우기 위해 산다'는 신념을 가진 넬리는 필리핀에 체류하면서 그곳의 온갖 섬들은 물론이고 일본과 시베리아, 그리고 서유럽까지도 여행했다.

1908년, 태프트가 마침내 미국의 대통령 후보가 된다.《워싱턴포스트》는 넬리의 영향력에 대해서 다음과 같이 보도했다. "남편이 대통령 후보가 됐다는 것에 대해서 넬리가 특별히 만족감을 느껴야 할 충분한 이유가 있다. 본인이 손수 나서서 종신직인 연방대법관이 되는 것을 말리지 않았다면 그녀의 남편은 대통령 후보로 지명될 기회조차 얻지 못했을 것이기 때문이다."

넬리는 영부인으로서 언론과도 좋은 관계를 유지했다.《워싱턴포스트》는 "정신적 성취라는 측면에서 보면, 그녀는 역대 대통령 부인 중에서도 그 역할에 가장 잘 어울릴 정도로 특별한 여성이다"라고 보도했다.《뉴욕타임스》는 이것을 "머리가 좋은 데다 그 좋은 머리를 잘 쓰기도 한다"고 간명하게 정리했다. 넬리는 도쿄 시장의 도움을 받아 매년 이 수도 전체를 물들이며 봄의 도래를 알리는 벚꽃나무를 들여왔다. 이외에도 넬리는 '역사상 처음으로'라는 수식어에 걸맞는 수많은 기록을 남겼다. 1909년, 미국 역사상 처음으로 취임 행사에서 대통령 당선자와 함께 차량에 동승

한 영부인이 된 것도 그중 하나다. 넬리는 단순히 차에 함께 탄 최초의 영부인이었던 것만은 아니다. 그녀는 처음으로 차를 손수 몬 영부인이기도 했다.

1921년 태프트는 연방대법원장이 되었다. 이는 그가 일생 동안 가장 바랐던 자리이기도 했다. 남편이 대통령에 당선되는 것을 세상에서 그 무엇보다도 바랐던 넬리는 본인의 자서전에는 연방대법원장으로 벌인 활동에 대해서 단 한 구절도 언급하지 않는다. 다만 남편이 딸에게 쓴 편지에서 당시 넬리의 면모 일부를 엿볼 수 있다. "네 엄마는 자기 마음에 드는 초대라면 한치의 주저함도 없이 모두 다 응했고, 자기 눈길을 끄는 곳이라면 한밤중에도 찾아가곤 했단다." 1943년, 넬리는 본인의 여든두 번째 생일을 겨우 일주일 앞두고 그토록 사랑하던 아들 로버트와 찰스 그리고 딸 헬렌 곁을 영원히 떠났다. 헬렌은 법학으로 학위를 취득했고 한때는 브린모어칼리지의 학장으로 근무했다.

오늘날 대법관 부인들의 일상은 당시와는 비교가 불가능할 정도로 크게 변했다. 이제는 부인들이 매주 월요일은 물론이고 다른 날에도 사람들을 굳이 집으로 초대해서 연회를 베풀지 않아도 된다. 그들은 자신만의 경력과 관심사를 추구한다. 대법원 배우자들 가운데 '인간적'인 다양성을 채워주는 건 아직까진 두 명의 남자들뿐이다. 법원의 특별한 공간엔 배우자들을 위한 자리가 있으며, 그들은 일 년에 세 차례 정도 점심을 함께하며 번갈아 요리를 한다. 공동 요리사로 가장 많은 선호를 받는 멤버는 최고의 셰프, 마티 긴즈버그이다. 점심 행사는 한때 '레이디스 다이닝 룸'이라 불렸던 1층 공간에서 열리는데, 이곳은 오코너 대법관의 제안으로 1997년 회기부터 그 명칭이 '나탈리 코넬 렌퀴스트 다이닝 룸'으로 바뀌었다(1991년 세상을 뜬 나탈리 렌퀴스트는 그 방을 개조한 일등공신이었다).

렌퀴스트 대법원장은 수년 전에 행한 연설에서 다음과 같이 말했다. "변화는 인생의 법칙이며 사법부도 그와 마찬가지입니다. 미래에 직면하게 될 어려움과 마주하기 위해 사법부도 반드시 변해야 합니다." 연방대법원의 회기가 막 시작될 무렵이면 그 같은 변화가 벌써 주인들을 기다리고 있다. 다만, 나는 대법관들과 그들의 배우자들이 일에서도, 그리고 삶에서도, 서로 좋은 관계를 맺고 보살피며 서로를 존중한다면 그러한 변화가 더 수월하게 찾아올 것이라 믿는다.

3부

성평등에 관하여
: 여성과 법

서문

1970년은 서른일곱 살이 된 긴즈버그에게 인생의 분수령이 된 해이기도 했다. 럿거스대학교의 종신직 법학 교수가 되자마자 새롭게 활동을 시작한 여성 법학도들의 "깨어난 의식"에 영감을 받아 자신의 학술과 법리 분석의 초점을 당시로선 매우 중요했던(그러나 그렇게 매력적이지는 않았던) 미국과 외국의 소송 절차에 적용되는 지배 원리를 탐구하는 데서 법률에서의 성평등 문제로 옮겨 간 것이다.(참고로, 초기에 몸담았던 학술분야를 그처럼 그리 매력적이지 못한 것으로 묘사하는 것에 대해 긴즈버그 대법관은 이의를 제기하며 "저는 모든 소송 사건을 정말로 좋아했습니다"[1]고 언급한 바 있음을 특별히 기록으로 남기고자 한다. 긴즈버그에 따르면 로스쿨에 다닐 때도 소송법에 관심이 많았고, 1960년대 초에는 스웨덴의 민사소송법 체계에 천착하여 논문을 쓰기도 했으며, 럿거스대학교와 컬럼비아대학교 로스쿨에서는 소송에 대해서 강의도 했다고 한다. 연방대법관이 되어서도 소송에 관한 의견서를 지속적으로 작성했으며 특히, 렌퀴스트 대법원장은 다른 대법관들보다 긴즈버그에게 더 자주 소송에 관한 의견서 작성을 주문해서 관심 분야에 집중할 수 있도록 배려해줬다고 한다.)

'법의 날'인 1970년 5월 1일, 긴즈버그 교수는 뉴저지의 뉴어크 소재 럿거스대학 로스쿨에서 '여성해방'을 주제로 한 학생 토론의 좌장을 맡았다. 그해 연말에는 시카고에서 개최된 전미로스쿨협회 연례모임에 패널로 참석해서 로스쿨이라는 학문공동체가 시급히 해결해야 할 현안으로 두 가지를 제시했다. 첫째, "로스쿨 교재와 수업시간에 발표되는 자료에서 여성을 정형화된 인물로 묘사해서 의도적으로 우스꽝스럽게 비하하는 시도를 제거하는 것"이며 둘째, "정식 교과과정에서 성차별 관련 자료를 강의 내용에 포함시키는 것"[2]이었다. 그 와중에 긴즈버그는 학생들로부터 다음 봄학기부터 성차별에 관해 강의를 해달라는 요청을 받고 수업시간에 쓸 자료들을 모으는 데 그해 여름을 바쳤다. "여성의 법적 지위와 관련해서 연방법원의 공개된 판결문과 법률 관련 기사들을 근 한 달에 걸쳐 샅샅이 뒤지고 철저히 파악했습니다. 결과적으로 보면 저에겐 그리 대단한 작업은 아니었습니다. 당시로선 관련된 판결문과 그에 관한 해설 자료가 생각했던 것보다 많지 않았기 때문입니다"[3]라고 긴즈버그 대법관은 회상한다.

1971년에 긴즈버그는 두 건의 토론회 발표 자료를 재구성해 《법률저널》에 실었다. 성평등에 관한 그의 생각을 처음으로 기고한 글로, 이를 계기로 1970년대 말까지 젠더와 법에 관한 기사가 《법률저널》을 통해 봇물처럼 쏟아져나왔다.

그해 봄에는 긴즈버그 본인이 직접 '성차별과 법'을 주제로 첫 번째 세미나를 열었다. 이 코스는 기본적으로 실습 과목의 요소를 갖추고 있어, 학생들은 미국시민자유연대(ACLU) 뉴저지 지부의 사건 목록을 다룰 수 있었다. 공교롭게도, 긴즈버그는 그해 봄과 여름에 걸쳐 ACLU 전국지부와 함께 성차별과 연관 있는 사건과 관련한 두 건의 준비서면을 작성하고 있었다. 하나는 본인이 나중에 '할머니 준비서면grandmother brief'이라고 칭하게 되는 것으로 노쇠한 어머니를 정성껏 모시고 살던 찰스 모리츠라는 남성이 의뢰한 사건을 위해 제10순회항소법원에 제출할 자료였다. 당시 원고는 세법상 쟁점이 되고 있던 사안에 대해서 법원에 이의를 제기한 상태였다. 문제가 된 세법 조문에 따르면, 피고용자가 회사에서 근무하면서 부양가족을 돌보며 발생한 비용에 대해서는 일정 부분 세액을 공제받을 수 있으나 다만, 원고인 모리츠와 같이 미혼인 남성은 그에 해당하지 않는다는 것이다. 또 다른 하나는 '어머니 준비서면mother brief'으로 아들을 잃은 어머니 샐리 리드가 연방대법원을 상대로 소송을 제기한 사건이다. 이 소송은 사망한 십 대 아들 소유의 조그만 땅을 어머니가 관리할 수 있도록 해달라는 것으로 재판 결과 기각이 되고 오히려 뒤늦게 신청한 아버지가 관리인으로 지정이 됐다. 샐리가 살고 있던 아이다호주의 법령에 따르면 유서를 남기지 않고 사망한 가족과 친지들의 재산 관리권은 남성에게 우선해서 주어졌기 때문이다.

첫 번째 준비서면에서 긴즈버그 교수는 수정헌법 제5조[누구라도 적법절차에 의하지 아니하고 '생명이나 자유 또는 재산권'을 침해할 수 없다고 명시함. 또한, 일사부재리 원칙, 미란다 원칙, 재산권을 행사할 수 있는 권리 등에 대해 규정함]에서 남녀가 동등하게 보호를 받을 수 있도록 한 취지를 근거로 성평등을 주장하며 원고인 모리츠도 세금공제 대상에 포함되어야 한다고 주장했다. 두 번째 준비서면은 앞선 주장을 강화하고 확장하면서 이번에는 수정헌법 제14조[남북전쟁이 끝난 직후인 1868년에 비준된 미합중국의 시민권 및 평등권에 관한 조항]의 평등보호 조항Equal Protection Clause을 바탕으로 했다. 이상의 두 가지 준비서면으로 긴즈버그는 연방대법원에서 성평등을 대변하는 최고의 소송대리인으로 급부상했다. 특히, 1971년 11월 22일에 연방대법원이 확정한 '리드 대 리드 사건'은 미국 사법 역사상 기념비적인 소송 사건으로 널리 알려지게 된다. 이것은 연방대법원이 최초로 헌법상의 평등보호 조항에 따라 성별에 기초한 법적 지위를 무효로 만든 사건이다(판결이 나고 몇 달이 지나자, 앞서 소개한 '모리츠 사건'과 관련하여 제10순회항소법원이 세법상으로 성별 구분을 없애기로 결정했으며 그에 따라 결혼하지 않은 남성인 모리츠도 세금 감면을 받게 된다).

'리드 사건'이 종결되고 몇 주 지나서 ACLU가 여성 권익에 관한 프로젝트를 수립하기로 의결하고, 1972년부터 본격적인 작업에 들어갔다. 긴즈버그가 프로젝트의 간사 역할을 맡게 되었으며 그다음 해에는 ACLU의 법률자문위원 세 명 중 한 사람으로 위촉되어 1970년대 말까지 활동했다.

한편, 긴즈버그는 13년 전 수석으로 졸업한 컬럼비아대학교에서 114년만에 미국인 여성 최초로 종신직 교수가 되었다.(긴즈버그는 1972년이 미국 법학계에서는 '여성의 해'였다고 기억한다. 당시 미국 내 로스쿨들은 보건교육복지부[1979년에 교육 부문이 분리되어 현재 공식 명칭은 보건복지부다]가 남성들로 가득한 교수진에 여성을 추가하도록 압력을 가하면서 몹시 허둥대고 있었다.) 긴즈버그는 럿거스와 마찬가지로 컬럼비아에서도 민사소송법을 가르쳤고 그곳에서 처음으로 진행했던 세미나 모델도 컬럼비아에 도입해 학생들에게 젠더와 법에 대해 가르치면서 동시에 젠더 문제와 연관된 실제 소송 및 입법 프로젝트에 참여할 수 있도록 했다.

1972년에는 UC 버클리대학교의 로스쿨 교수인 헤르마 힐 케이와 버펄로 뉴욕주립대학 교수인 케네스 데이비슨과 함께 성차별과 법에 관한 사례집(법률 강의 교재로 알려짐)을 만드는 작업을 공동으로 진행했다. 그 결과, 1974년 《젠더 기반 성차별: 텍스트, 사례 및 관련 자료 Sex-Based Discrimonation: Text, Cases and Materials》라는 제목으로 책이 출간되었다. 이는 관련 내용으로는 미국에서 출간된 최초의 사례집(아마 전 세계에서도 처음일 것이다)으로, 당시에 전국의 로스쿨로 급속히 확산되고 있던 '여성과 법' 수업에 참여한 학생과 교수들 사이에서 매우 귀중한 자료로 통했다.

긴즈버그가 세 개 부문을 맡아서 집필했다. 제1장에서는 헌법상 여성에 관한 법의 역사, 남녀평등에 관한 헌법수정안의 내용, 그리고 연방대법원은 성차별 사건에서 평등보호의 원칙을 적용하는 데 앞장서야 한다는 새로운 지침에 대해 설명하고 있다.(여기서는 '모리츠 사건'과 '리드 사건' 그리고 '프론티에로 대 리처드슨 사건[미군이 군인 가족에게 부여하는 혜택에서 남성 군인과 여성 군인 간에 차별이 있어서는 안 된다고 연방대법원이 결정한 사건]'에 관한 판결 내용을 다루고 있다. 참고로, 1973년의 '프론티에로 사건'은 긴즈버그가 두 번째로 길을 개척한 연방대법원 사건이다.) 제4장은 여성과 소녀들이 그동안 교육 과정에서 겪었던 온갖 차별적 관행에 대해서 살펴본다. 성별에 기반한 입학 허가 정책에서부터 고등학교 스포츠팀이 여학생들을 배제한 사건과 임신한 여학생의 퇴학 처분에 이르기까지 다양한 사례들이 담겨 있다. 제6장은 '비교를 위한 살펴보기'에 해당하는 장으로, 성평등에 관한 유엔선언의 내용과 여성의 불평등을 없애기 위해 스웨덴 정부가 새롭게 도입한 모델들을 소개하고 있다.

 10년이라는 긴 여정 속에서, 긴즈버그는 성평등을 주제로 새롭게 펼쳐지고 있던 헌법과 여타의 법률들, 긴즈버그 자신이 정비하고자 무진 노력을 기울였던 법령들을 연대순으로 기록하거나 비평하며 스물다섯 편 이상의 글을 언론에 실었다. 긴즈버그는 ACLU의 지원 아래 스물네 건에 이르는 연방대법원 담당 사건들에 대해서 방대한 준비서면을 주도적으로 작성해서 제출했다. 여기서 아홉 건은 변호인으로 소송을 대리한 것이었고 열다섯 건은 법정 조언자로 소견서를 작성하여 법원에 제출한 것이었다. 그중 여섯 건에 대해서는 구두변론을 위해 본인이 직접 연방대법원에 출석했을 정도로 열성적으로 재판에 임했다. 놀랍게도, 스물네 건의 관련 재판 중에서 단 한 건만 패소했을 뿐 나머지는 모두 승소를 이끌어냈다. 긴즈버그는 처음으로 변론을 맡게 된 '리드 사건'에서부터 시작해 다양한 준비서면 작업을 통해 연방대법원 판결문에 본인의 변론을 그 누구보다도 가장 많이 반영시킨 변호사로 통했다. 이를 통해 긴즈버그는 '여성운동계의 서굿 마셜'이라는 영광스러운 호칭도 얻게 되었다. 그 결과, 1980년 긴즈버그가 컬럼비아특구 순회항소법원의 판사로 부임하기 위해 법학 교수 자리와 소송일을 떠나게 되었을 때쯤에는 주와 연방정부 차원에서 미국의 법률과 법령들은 그야말로 혁명과 같은 변화를 경험하게 된다.

성차별 사건과 관련하여 연방대법원이 평등보호의 원칙을 수립하는 과정에서 긴즈버그가 기여한 바는 여기서 끝나지 않는다. 연방대법원에서 대법관으로 세 번째 회기를 맞았던 1996년, 긴즈버그는 '미국 정부 대 버지니아주 사건[일명 'VMI 사건'으로 연방대법원이 남성들만 입교하던 군사전문학교에 여성들에게도 입학을 허가하라는 판결을 내렸다]' 재판에서 여섯 명의 대법관을 대신하여 다수의견을 작성했다. 그리고 이 다수의견에서 긴즈버그는 본인이 적극적으로 옹호했으며 연방대법원이 이를 통해 1970년대에 발전시킬 수 있었던 성평등에 대한 접근법을 보다 명확히 하고 더욱더 강력한 것으로 만들었다.

1970년대를 풍미했던 젠더와 법에 관한 긴즈버그 고유의 언어들은 두툼한 문서들(변론, 학술적이면서 대중적인 언론 기고문, 의회에서의 증언, 인터뷰와 연설 등) 속에 다채롭게 담겨 있다. 여기에, 그토록 다양한 커뮤니케이션 과정에서 그가 주로 다루었던 주제의 범위와 본질, 그리고 스타일을 반영한 몇 편의 글을 선별하여 실었다.

가장 먼저, 교수 시절 긴즈버그가 쓴 "여성과 법"에서부터 출발해보자. 이 연설문에서 우리는 1970년대 초반, 긴즈버그가 법적 투쟁에 나섰던 순간들을 생생히 엿볼 수 있다. 그 시절에는 법률 사례집은 물론이고 강의실에서조차도 '여성 인권'이란 단어 자체를 찾아보기 어려웠고, 성차별 문제를 진지하게 고민하던 연방법원도 극소수에 불과했다. 그로 인해 성별 구분을 기반으로 한 법률 및 정부 정책을 재고해달라는 페미니스트들의 지속적인 요구와 법적 투쟁은 연방대법원까지 올라가 보지도 못하고 중간에 모두 좌초되고 말았다.

두 번째 글은 (긴즈버그 본인이 '인생의 동반자'라고 불렀던) 마틴(마티) 긴즈버그가 쓴 "제10순회항소법원에서의 멋진 여정"이다. 이 글에서 마티는 특유의 순발력과 유머를 발휘하여 두 가지 판례 즉, '모리츠 사건'과 '리드 사건'이 어떻게 진행되었는지를 소개하고 있다. 다음으로는 법률가로서 긴즈버그가 여성의 평등권을 옹호하며 작성한 '프론티에로 사건' 준비서면에서 발췌한 내용을 가져왔다. 그다음으로 '남녀평등수정헌법(ERA, Equal Rights

Amendment)'에 반대하는 사람들이 운운했던 "세 가지 끔찍한 시나리오"에 대해서 논박하는 "남녀평등수정헌법의 필요성"이란 제목의 글과 긴즈버그 최고의 걸작으로 꼽히는 'VMI 사건' 판결에 관한 법정 발표문(언론과 방청객들을 위해 작성한 연방대법원 판결문의 구두 요약본)도 수록했다. 'VMI 사건' 발표문은 성별 구분에 적용된 헌법상 평등의 원칙과 관련해서 긴즈버그 대법관의 가장 의미심장한 사상을 담고 있다. 마지막으로 소개하는 글은 2008년에 《법률저널》에 실렸던 "평등 원칙에 대한 1970년대의 새로운 시각"이라는 제목의 기고문으로, 1970년대의 여성운동이 미국 사회에 가져온 변화에 대한 그만의 감회가 오롯이 담겨 있다.

1장

여성과 법
심포지엄을 소개하며*

"남성과 여성 사이에 존재하는 사회적 관계를 규정짓는 원리로 하나의 성(여성)이 또 다른 성(남성)에 법적으로 종속되어 있다는 개념은 근본적으로 잘못된 것이다. 인류의 발전을 저해하는 크나큰 장애물인 그와 같은 편견이 이제는 어느 일방에게만 권력이나 특권을 부여하지 아니하고 상대방에게 덧씌워진 장애마저도 용인하지 아니하는 완전한 평등의 원리로 대체되어야 한다."—존 스튜어트 밀, 《여성의 종속》(1869년)

---

* 이 글은 원래 1971년에 《럿거스 법률 리뷰》 제25호에 실렸던 것으로 분량과 맥락을 고려하여 일부를 편집했다.

1970년 1월 1일, '법의 날'을 기념하는 차원에서 럿거스대학교 로스쿨 학생변호사회는 여성해방에 관해 공개토론회를 개최했다. 그리고 토론의 사회자이자 이 대학의 여성 법학 교수 두 명 중 한 사람인 나는 심포지엄에 대해 간략히 소개해달라는 요청을 받았다. 다음의 글은 '법의 날' 프로그램의 일환으로 연설한 내용에 좀 더 살을 붙인 것이다.

I. 비교를 위한 살펴보기

　　"가족은 사람들이 영위하는 가장 자연스러운 삶의 터전입니다. 다만, 가정은 자유롭고 독립적인 사람들이 더불어 살아가는 곳이어야 할 것입니다." 이것은 스웨덴 총리 올로프 팔메(Olof Palme, 1927~1986)가 자국의 근로소득세 부과 체계 변경에 따른 자산상 평가절하로 손해를 볼까 봐 우려하는 스웨덴 여성들에게 행한 연설문의 일부다. 과거 스웨덴 과세 체계는 미국과 비슷해서 아내의 소득을 남편 소득과 연계하여 처리함으로써 여성들의 근로 의욕을 저해한 바 있다. 이에, 스웨덴은 세금을 개별적으로 부과하는 새로운 방식을 도입했다. 즉, 결혼 여부를 불문하고, 각자의 근로소득에 대하여 개인에게 일률적으로 적용할 수 있는 누진 율표에 따라 세금을 부과한다는 것이다. 그날 연설에서 팔메 총리는 궁극적으로 여성의 독립과 평등을 구현하는 것이 자신의 궁극적 목표이며 이는 이미 혼인법 개정을 통해서 교육 분야와 노동시장은 물론이고 사회적 혜택을 도출하는 과정에서도 많은 진전을 보이고 있다고 설명했다.

미국의 경우는 최근에 와서야 여성의 지위에 대한 인식이 유럽의 초창기 수준에 겨우 이르게 된 것 같다. 여성과 남성 페미니스트, 법원과 입법기관들이 적극적으로 나선 덕택에, 삶과 자유를 정당한 법 절차에 따라 보장받고 법률적으로 평등하게 보호해달라는 여성들의 주장이 이제야 제대로 알려지기 시작한 것이다. 그러나 미국의 여성들은 아직도 동등한 기회와는 너무나도 동떨어진 삶을 살아가고 있다. 일부 유럽 국가들은, 과거에는 비록 여성에게 투표권을 부여하는 문제에 있어서는 미국보다 느리게 대응한 바 있지만 다른 사회 문제들에 있어서는 여성이 남성과 동등한 목소리를 낼 수 있는 방안을 미국보다 빠르게 도입하고 있다. 단적으로, 스웨덴이 성취한 소득세제상의 발전과 미국이 최근에 발표한 '개정안'을 한 번 비교해보자. 1969년 세법 개정안은 미국의 세법상 특징으로 자리 잡은 '결혼 과징금'을 영구화하는 것은 물론이고 과세 범위마저 확대시키는 결과를 낳았다. 그에 따르면 맞벌이 부부로 소득이 서로 비슷한 경우, 동거를 하면서 각자 단일납세자로 소득을 신고하는 남녀들보다 훨씬 더 많은 세금을 부담해야 한다. 즉, 미국에서는 세법 개정안이 장려하는 '결혼에서 오는 유대감'이란 단지 밖에서 일하는 남편과 가정주부로 집에서 머무는 아내라는 경직된 관계를 더욱더 조장하는 것에 불과한 것이다.

II. 고용과 교육의 새로운 지평: 평등보호의 가능성

"여성은 단지 좀더 성숙한 어린아이에 불과하다"와 같은 낡아 빠진 시각은 이제 더 이상 예전만큼의 인기를 끌기 어렵지만 (특히 사회적으로 중상류층에 속하면서 세제 감면까지 받는) 여성들은 돈벌이가 되는 일자리와 가사일 중 무엇이든 선택할 수 있는 세상을 만나 혜택을 받고 있는 거 아니냐는 인식이 여전히 팽배하다. 게다가 여성들이 돈벌이를 택했을 때, 그들은 특별 보호 법안의 혜택까지 누리는 것 아니냐는 인식도 있다. 장밋빛으로 세상을 보지 않는 많은 남성들과, 어쩌면 일부 여성들은 여전히 여성에게 이상적인 선택과 보호의 상황이 존재할 거라는 믿음을 가지고 있다고 고백한다.

그렇지만…… 또 다른 선택이 아주 이른 시기부터 이미 주어져 있다. 취학 전 아동들에게 가장 인기가 많고 여러 가지 측면에서 본보기가 되는 텔레비전 프로그램은, 바로 그 시리즈를 연출한 (여성) 감독에 따르면 "명백히 남성 중심적"이다. 어린이집이나 유치원에 다니는 아이들을 위해 쓰여진 책들을 보면 남아에게는 성취감을 끝도 없이 자극하지만 여아에게는 반대로 수동성을 지나치게 강조한다. 20세기 전환기에 제정된 노동시장의 징벌적 보호 법령들이 노동력을 착취하는 공장에서 일하던 여성들에게 일부 실익을 가져왔을 수도 있다. 하지만, 근래에 와서 그런 법령들은 좀 더 많은 보수를 주는 직업을 차지하기 위한 경쟁에서 여성을 따돌리고 남성만을 보호해주는 기능으로 전락했다. 그 같은 국가 차원의 '보호'와 고용주들에 의한 (때로는 남성 중심적인 노조에 의한) 확인할 수 없는 차별로 인해 여성들은 문턱에서 좌절하고, 승진을 양보하며, 동일한 직종에서 동일한 일을 하는 남성들에 비해 상대적으로 현저하게 낮은 보수를 받을 수밖에 없는 것이 현실이다.

최근 연방법과 그에 관한 세부 지침, 그리고 그러한 모든 조치를 실행에 옮기려는 여성들의 적극적인 노력 덕분에, 순종하는 다수를 낡은 보호 법령이라는 감옥과 고용주의 차별적 관행에서 구출하려는 시도들이 이어지고 있다. 국가 차원의 핵심적 조치로는 우선 1963년에 제정된 동일임금법[Equal Pay Act, 사업주가 동일한 사업장 내의 동일한 가치를 지닌 노동에 대해서는 동일한 임금을 지급해야 한다고 규정하고 있다]과 1964년에 제정된 시민권법 제7조[Title VII of Civil Rights Act, 공공장소에서는 물론이고 취업이나 교육 및 법률상으로 인종과 피부색, 종교, 성별 및 출신 국가에 의한 차별을 금지한다]를 들 수 있다. 또한 가장 최근에는 노동부가 연방정부와 계약 관계에 있는 일자리에서 여성에 대한 차별을 없애기 위해 세부 지침을 발표하기도 했다. 이와 같은 진전은 우리 사회에 새로운 차원의 법률적 보호를 약속하는 것이기도 하다. 이제 평등권을 보장하는 운동은 남녀 모두 개인의 재능과 역량을 최대한 발휘할 수 있는 고용을 추구하고 있다. 최근에 연방법원이 일리노이주 고용법상 여성들에게 부과한 근로시간 제한 규정이 시민권법 제7조에 부합하지 않는다고 판결을 내린 것이 그 단적인 예이다. 중요한 것은 이 사건의 원고가 근로자들이란 점이다. 이들은 국가 차원의 '보호적' 규제가 여성 근로자들을 승진에 유리하거나 초과 근무가 필요한 일에 배치할 수 없도록 만들어 결과적으로 남성 근로자들에게 과도한 초과근무 부담이 주어졌다는 주장을 펼쳐 크게 공감을 일으킨 바 있다.

입법 및 행정적 조치들이 여성 구직자들에게 기회의 문을 열어주는 동안 또 다른 핵심 영역인 교육 부문에서는 사법부가 앞장섰다. 1970년, 세 명의 연방법원 판사가 판결한 '커스틴 대 버지니아대학 사건'은 헌법의 보호 아래 여성들에게 동등한 기회를 부여하려는 그간의 노력에 결정적인 전기를 마련해주었다. 법원이 샬러츠빌에 있는 버지니아대학의 학부에서 여성들의 입학을 배제하는 것이 수정헌법 제15조가 담고 있는 평등보호 조항에 위배된다고 본 것이다. 법원은 2년의 과도기를 거친 후, 남성과 완전히 동일한 조건으로 여성들의 입학을 허용하는 계획을 드디어 승인했다. 비록 [흑인 민권운동의 기폭제가 된] '브라운 대 교육위원회 사건' 판결이 나온 지 16년이나 지난 뒤이기는 했지만, '커스틴 대 버지니아대학' 사건은 정부기관이 남성들에게는 보장된 교육 기회를 여성에게 박탈하는 것은 위헌이라는 판결을 내린 첫 번째 사례가 되었다.

비록 이 헌법적 요구는 공교육을 담당하는 '주 정부의 행위'에만 제한된 것이기에 '사립' 고등교육 기관들에게는 빠져나갈 구멍을 주었지만, 이들 '사립' 기관 역시 유사한 개혁을 자발적으로 시행한 것은 주목할 만하다. 단적으로, 코넬대학교 문리학부는 이미 1969년도와 1970년도 학기 동안 여성들에게도 남성과 동일한 조건으로 입학을 허용했으며, 대학의 기숙사 이용에 대해서도 남녀를 불문하고 동일한 조건을 제시했다. 뉴욕대학교 로스쿨도 한때 남성만을 위해 운영하던 프로그램을 여성에게도 개방했으며, 결혼하지 않은 남성이나 결혼한 부부만 쓸 수 있던 기숙사 시설도 싱글인 여성에게 제공하고 있다. 또한 여학생들(현재 법학박사 학위 프로그램에 등록한 전체 학생 중 15퍼센트 이상을 차지하고 있다)의 요청에 따라 이 대학 정교수 자리에 여성들도 본격적으로 진출하기 시작했다. 하버드대학교 로스쿨도 여학생들에게 기숙사 시설 제공과 의료서비스 개선, 그리고 로스쿨 여학생 증원을 위한 학생 선발 프로그램에 기금을 조성하는 것에 대해서도 마침내 합의를 했다. 수십 개의 종합대학과 단과대학, 그리고 로스쿨이 사회에서의 성역할에 관한 교육 프로그램을 본격적으로 도입하기 시작한 것이다.

물론, 미국의 대학들이 변화를 위해 구상하고 있는 밑그림들은 아직까지 그토록 밝지만은 않다. 1969년부터 1970년까지 예일대학교 학부에 입학한 여대생들이 상대적으로 우수한 성적을 보여줬음에도 불구하고, 이 대학 총장은 여학생들의 등록이 증가하는 추세에 부합하는 조치를 내리길 거부했다. 남녀의 통합 교육에 강한 의구심을 표하는 사람들의 후원에 대학 운영이 크게 좌우되고 있다는 것을 확인할 수 있는 대목이다. 총장은 "예일대학교는 불가피한 경우라면 몰라도 남학생을 희생시켜 가면서까지 여학생을 뽑을 이유는 없다"고 말하기도 했다. 시카고대학교 로스쿨은 채용 과정에서 여성 변호사를 차별하는 로펌을 취업 알선 명단에서 배제시켜 달라는 요구를 받았으나 끝내 받아들이지 않았다. 이에, 열네 명의 여학생이 시민권법 제7조 위반을 이유로 대학과 시카고 소재 세 개 로펌을 상대로 연방정부의 고용평등위원회에 고소장을 제출했다. 최근에는 여성단체들이 연방정부와 계약을 맺은 전문대학과 종합대학들을 고발하는 고소장을 노동부에 제출하기도 했다. 입학 허가에 관한 정책, 재정 지원, 졸업생 취업, 그리고 학교 직원과 교수의 채용, 승진, 보수 등에서 여성을 차별하고 있는지 여부를 제대로 조사해달라는 것이다. 한편, 초등교육 및 고등교육과 연관된 여러 사건들이 법원에서 심리 중에 있다. 현재, 미국 남부의 여러 지역사회가 제출한 '학교 차별 폐지 계획서'는 인종 분리를 제거한다면서 그 핑계로 성 분리를 공고히 하고 있다. 이와 같은 계획이 지속적으로 인종 차별의 가림막으로 기능한다는 것은 의심할 여지가 없다. 동시에 그러한 계획은 대학에 들어가기 직전의 교육 단계에서 주 정부 차원의 성 분리 계획이 헌법적으로 허용 가능한지에 관해 의문을 제기한다.

'커스틴 사건' 판결에 따라 이제는 다른 영역에서도 '평등보호 조항' 적용을 재평가하는 방향으로 나아가고 있다. 예를 들어 '사이덴버그 대 맥솔리의 올드에일하우스' 사건에서 법원은 오직 남성 손님만 받아온 115년 묵은 이 가게의 관행이 헌법상 평등보호 조항에 위배된다고 판시했다. 그러면서 판결문에 다음과 같이 적시했다. "너무나도 오래되어 이젠 사유나 근거조차 사라져버린 시대착오적인 관습에 집착하는 것은 여성들을 일상의 현실에서 고립시키는 결과를 낳을 뿐이며, 법적 차원에서도 여성을 경제적, 성적으로 착취하는 상황을 영속시킬 뿐이다." 재판부는 원고들에게 약식 판결을 내린 최종 처분에서 해당 가게의 차별은 "합리적으로 볼 근거가 없다"고 결론을 내렸다.

한편으로 이와 같은 법률적 자각이 모든 분야에서 일어나고 있는 것은 아니다. 최근 아이다호주 대법원은 주 정부의 법령이 미국 헌법상 평등보호 조항에 위배되지 않는다는 취지로 다음과 같이 판결했다. "유언 없이 사망한 자의 유산 관리를 주장하는 사람이 여러 명 있고 그들 모두가 동등하게 상속받을 권리가 있다면 그 자격은 여성보다 남성에게 우선적으로 주어져야 한다." 이런 유형의 판결은 앞으로 연방대법원에서 다루어질 여러 유사 사건이 가공할 만한 선례로 남을 수 있다. 페미니스트들이 이전보다 훨씬 더 적극적으로 나서서 현재 계류 중인 '남녀평등수정헌법'이 조속히 비준될 수 있도록 요구해야 하는 이유이기도 하다.

Ⅲ. 여성과 1990년대의 환경

최근 수개월 동안, 언론은 여성운동가들의 활동에 대해 자주, 그리고 종종 잘못된 보도를 하고 있다. 최근 십여 년간 덜 순종적인 다수의 목소리가 더욱 커지고 있기에 페미니스트 조직과 활동가들에 대해 관심을 갖는 것도 이상한 일은 아니다. 다만 여성해방을 조롱하거나 페미니스트들의 호소를 민권운동의 반사 효과 정도로 평가절하하는 사람들이 있다면 그들은 그러한 시각에서 벗어나야 할 것이다. 물론, 미국에서 여성들의 평등권 확보라는 위대한 영감은 흑인들이 인종차별을 철폐하기 위해 조직적으로 벌인 민권운동에서 유래했다. 그러나 여성들의 선택권이 미국보다 훨씬 빠르게 확장되고 있는 유럽에서는 그와 같은 모델이 통하고 있지 않다. 하나의 보편적인 관심사를 분명 기여 요인으로 지적할 수 있을 것이다. 장기적인 안목에서 환경문제를 해소하기 위해 산아제한에 대한 관심을 보다 강화해야 한다는 인식이 바로 그것이다. 심지어 페미니스트들이 추구하는 지향점에 무관심한 사람들조차도 '아이들, 교회, 그리고 부엌'을 넘어서 여성들이 그들의 삶의 번영을 추구할 수 있다는 전망을 새롭고 매력적인 제안으로 바라본다. 1990년을 기준으로 3억 명보다는 2억 2천만 명 정도의 인구를 가진 미국이 훨씬 더 나은 미래로 보인다. 낙태법을 폐지하거나 무효화하자는 주장에 귀를 기울이는 일부 입법가들이나 판사의 표심에는 프라이버시에 대한 관심이나 여성들이 주장하는 수정헌법 제14조의 평등권 구현보다 산아제한의 필요성이 더 큰 영향을 미칠 수 있다.

여성의 평등권 확보라는 미완의 프로젝트는 이제 새로운 전기를 맞고 있다. 1970년대에 남녀평등을 중심으로 결집했던 생각과 에너지가 향후 수십 년간 보편적으로 요구되는 건강한 환경과 사회를 구현하는 데 커다란 기여를 할 수도 있기 때문이다. 페미니스트 운동의 의제와 관련한 핵심 사항들은 고용 및 교육의 기회균등으로 이어져 끊김없이 실행되어야 한다. 일반인도 폭넓게 이용할 수 있는 양질의 보육시설(러시아와 이스라엘의 사례를 참고할 수 있다)을 확보하고, 남편과 유사한 소득이 있는 아내에게 차별적으로 세금을 부과하지 않으며, 근로자들이 부양가족을 돌볼 때 발생하는 추가비용을 감면해주는 내용으로 세법을 개정하는 것 등을 들 수가 있다. 아울러, 공공 숙박 및 주거 시설과 관련해서 아직도 남아있는 차별적 관행들, 그리고 형사법, 재산법 및 가족법상 여성들에게 상대적으로 열악한 지위를 부여하는 잔재들을 조속히 청산해야 한다. 이를 위해서는 누구보다도 정부와 대학이 앞장서야 한다. 좀 더 밝은 미래를 위해서는 페미니스트가 주축이 되어 활동가 그룹을 지속적으로 발굴할 필요가 있다. 그들은 정치적 예리함을 갖추고 평등이 원칙에 충실하되, 궁극적인 성공이 대중의 지지를 확보하는 데 있다는 실용주의적 자질도 함께 갖추어야 할 것이다.

2장

제10순회항소법원에서의
멋진 여정

마티 긴즈버그는 조세 전문 변호사이자 법학과 교수이며 최고의 요리사로 제10순회항소법원 연례 대회의를 위해 본인이 준비한 연설문을 발표하기 직전인 2010년 6월 27일에 세상을 떠났다. 그로부터 두 달이 지난 이 날, 긴즈버그 대법관이 콜로라도주의 콜로라도 스프링스에서 열린 대회의에서 참석자들을 향해 다음과 같은 말로 연설을 시작했다. "저의 사랑하는 남편은 연말정산을 연기해가면서까지 오늘 제10순회항소법원에서 발표할 연설문을 본인이 직접 처음부터 끝까지 작성했습니다. 아마 여러분도 그 내용이 궁금할 겁니다. 하여, 제가 남편을 대신해서 읽더라도 넉넉한 마음으로 이해해주셨으면 합니다. 제 리듬감은 남편과 같지 않겠지만 아무튼 최선을 다해보겠습니다." 그러고는 청중들의 웃음과 환호 속에 긴즈버그는 남편 마티가 쓴 원고를 딱 한 곳만 수정하고 읽어 내려갔다. 연설이 끝나자 청중들은 긴즈버그(와 마티)에게 기립박수를 보냈다.

다들 아시다시피 저는 조세 전문 변호사입니다. 헨리 법원장님은 제게 제가 가장 좋아하는 주제로 연설을 하면 된다고 힌트를 주셨지요. 그래서 저는 당연하게도 조세 관련 사건에서 연방대법원이 이뤄낸 그간의 성과를 담은 내용으로 장문의 연설문을 준비했습니다. 애석하게도 법원장님은 깜짝 놀라며 반감을 표했고, 결국 오늘은 그 대신에 존경하는 루스 긴즈버그 대법관님과 함께한 오랜 세월 동안 제가 겪었던 중요한 일들에 관해서 말씀을 드리도록 하겠습니다. 우선, 그분과 함께 공동변호인단으로 일했을 때가 떠오릅니다. 우리 둘 중 한 사람에게 제10순회항소법원에서 변론할 수 있는 영광이 주어진 사건이기도 했지요. 앞으로의 추억담을 들으며 여러분들은 분명 멋진 이야기라 감탄할 테지만 그럼에도 불구하고 전체적으로 보면 여러분은 손해를 보는 겁니다. 장담하건대, 조세 사건에서 연방대법원이 이룩한 성과가 이보다 훨씬 더 흥미로운 주제임이 분명하기 때문입니다.

1960년대에 저는 뉴욕시에서 주로 조세와 관련한 변론 업무를 수행하고 있었고, 루스는 뉴어크 소재 럿거스대학교 로스쿨에서 교수 생활을 시작했습니다. 아내가 가르쳤던 과목 중 하나는 헌법이었고, 1960년대 말에 이르면 성별을 기반으로 차별하는 법령들이 야기하는 '평등보호'에 관한 문제로 눈길을 돌리기 시작했습니다. 당시만 해도 미국의 연방대법원은 성별에 기초하여 여성들을 차별하는 법률 조항에 대해 단 한 번도 무효라고 판결한 적이 없기 때문에, 그러한 학술적 담론을 이끄는 게 쉬운 일은 아니었습니다.

그 이후로 오늘에 이르기까지 아내와 저는 저녁이 되면 서로 옆방에서 공부를 했습니다. 아내의 방이 제 방보다는 더 컸지요.(여기서 긴즈버그는 읽기를 멈추고 다음과 같이 끼어들었다. "이의가 있습니다. 이는 명백히 사실이 아닙니다. 저희는 작은 방을 침실로 썼는데 저는 거기서 일했고, 그보다 더 큰 방을 식당으로 썼는데 마티는 거대한 조세 관련 책들이 꽂힌 책장으로 둘러싸인 그곳에서 일했지요.") 1970년 가을의 어느 날일 겁니다. 제가 그 작은 방에서 미 연방 조세심판소의 견본 인쇄물을 읽고 있다가 원고가 직접 작성한 공소장 하나를 발견했습니다. 소장의 작성자는 찰스 모리츠 씨였습니다. 그에 따르면, 명시적으로 나타난 기록상 하나만 빼고 나머지 주요 조건이 해당 법령에 모두 완벽하게 부합한다는 사실을 확인하였음에도 불구하고, 조세심판소가 내국세법 214조에 따라 600달러 상당의 부양가족 비용에 대한 세액공제를 거부했습니다. 모리츠 씨는 출판사 편집장으로 영업도 겸하고 있어서 출장이

잦았고, 바쁜 와중에도 여든아홉이 되신 어머니와 함께 살고 있었습니다. 돈을 벌기 위해 회사를 다니면서도 어머니를 돌보는 데 소홀함이 없도록, 그리고 어머니가 홀로 낡은 집에 머무는 일이 없도록 본인이 일로 어머니 곁을 지킬 수 없을 때는 최소 600달러의 추가 비용을 들여 그와 아무런 친분관계가 없는 간병인의 도움을 받았습니다. 그 정도 액수면 사실 흥정을 매우 잘한 편일 겁니다.

단지 사소한 문제가 하나 있었을 뿐입니다만 조세심판소에선 그 문제가 그의 발목을 잡았습니다. 내국세법의 해당 조항에 따르면 그와 같은 사례에 해당하는 여성(이혼녀, 사별한 부인 또는 독신 여성)이나 결혼한 부부, 상처한 남자나 이혼한 남자와 같은 납세자의 경우 최대 600달러까지 세액공제를 받을 수 있습니다. 그러나 그간 한 번도 결혼한 적이 없는 남성은 예외였는데 모리츠 씨가 바로 거기에 해당한 것입니다. 조세심판소는 "공제는 법률적 품위에 관한 문제"라고 인용하며 납세자가 헌법적으로 이의를 제기하는 것은 무시해도 된다고 덧붙였습니다. 조세심판소가 내국세법은 헌법에 근거한 그 어떤 공격에도 끄덕 없다는 것을 자신 있게 주장한 것은 주지의 사실입니다.

조세심판소에 이의를 신청하는 과정에서 모리츠 씨기 변호사가 아닌 데도 불구하고 본인이 직접 준비서면을 작성했다는 점을 잠시 짚고 넘어가겠습니다. 한 장짜리 분량으로 거기에 "만약 제가 효심이 깊은 아들이 아니라 효심이 깊은 딸이었더라면 공제를 받았을 것입니다. 이것이 말이 되는 소리입니까?"라고 적었습니다. 조세심판소는 이 납세자가 끝내 헌법을 근거로 이의를 제기할 것이라는 인상을 받았을 것입니다. 그간 제가 읽은 어떤 준비서면보다 모리츠 씨의 한 장짜리 진술이 더 설득력이 있었기에 잊을 수가 없습니다.

자, 저는 제 방 옆의 큰 방으로 들어가 아내에게 조세심판소의 견본 인쇄물을 흔들며 "이것 좀 읽어봐요"라고 말했습니다. 루스는 다정하고 친근하게 그러나 시큰둥한 표정으로 "조세 사건엔 관심 없어요"라고 말했죠. 나는 "이건 읽어봐요"라고 말하고 나의 작은 방으로 돌아갔습니다.

5분도 채 안 돼서—그건 짧은 의견서였으니까요—루스는 여러분이 상상할 수 있는 가장 커다란 미소를 지으며 저에게 와서는 "이 사건 우리가 맡아요!"라고 말했지요. 그리고 우리는 그렇게 했습니다.

물론 우리 부부는 모리츠 씨의 항소 사건을 무료로 변론했습니다. 그러나 이 납세자가 그리 가난한 편이 아니었기에 우리에겐 비영리조직이 필요했지요. 가장 먼저 ACLU가 떠올랐습니다. 당시 ACLU의 법무국장 멜 울프 씨는 우리가 작성한 제10순회항소법원의 준비서면을 흔쾌히 검토해보겠다고 했습니다. 솔직히 말하자면 준비서면의 90퍼센트는 루스의 작품이었죠. 멜은 서면을 읽고 크게 설득되었습니다.

몇 달 후, ACLU가 역사상 처음으로 연방대법원에서 열린 성차별 및 남녀의 평등한 보호에 관한 사건 재판에 참여하게 됩니다. 여러분들도 기억하실 '리드 대 리드 사건'이죠. 멜은 모리츠 씨 사건을 떠올리며 루스에게 '리드 대 리드 사건'의 상고인인 샐리 리드 씨를 위해서 ACLU가 연방대법원에 제출할 준비서면을 주도적으로 작성해달라고 부탁했습니다. 아내는 제안을 받아들였고 그 결과 아이다호주 대법원에서 내린 판결이 끝내 번복되었습니다. 연방대법원이 전원일치 의견으로 샐리 씨의 손을 들어준 것입니다.

샐리 씨에게 좋은 일이 루스에게도 좋은 일이었습니다. 이 사건 이후 루스는 두 가지 일을 계속하기로 결심을 합니다. 하나는 럿거스에서 컬럼비아 로스쿨로 자리를 옮겨 종신 교수로 일하는 것, 다른 하나는 ACLU가 새롭게 만든 여성 권익 프로젝트의 의장을 맡는 것입니다.

이제 다시 모리츠 씨에게 돌아가봅시다. 홀러웨이 판사가 재판부를 위해 작성한 판결문에 따르면, 제10순회항소법원은 원고가 관련법상 평등보호 조항을 적용받지 못했다는 것을 발견하여 조세심판소의 판결을 번복하였고 이에, 최종적으로 원고는 600달러에 상당하는 부양비용에 대해 세액공제를 받게 됩니다.

놀랍게도, 연방정부는 이 사건에 대해 이송명령[사법권 행사가 관할권의 범위를 벗어났거나 공정성을 상실하지 않았는지 심사하고자 할 때, 사건에 관한 정식 기록을 제출할 것을 명령하는 일을 말한다]을 요구하는 청원서를 제출합니다. 연방정부의 주장에 따르면 제10순회항소법원의 결정이 연방법상 문자 그대로 수백 개에 이르는 법령에 대해서 위헌이라는 먹구름을 드리웠다는 것입니다. 그러나 이는 역설적으로 수많은 법령이 세법 제214조와 같이 오직 성별에만 근거하여 차별을 방조해왔다는 사실을 여실히 드러내는 것이기도 했습니다.

컴퓨터가 보급되기 전이라 정부의 주장을 확인하는 작업은 그리 쉽지만은 않았습니다. 그러나 어윈 그리스월드 법무장관이 본의는 아닌 듯하지만 그래도 고맙게도 그런 부분까지 세심하게 신경을 써서 증거자료로 첨부를 해주었지요. 국방부의 중앙컴퓨터로 판결에 영향을 받을 수 있는 수백 개에 이르는 연방법에 관한 법령을 선별해서 청원신청서와 함께 그 목록을 제출한 것입니다. 그 신청서를 근거로 해서 모리츠 씨가 승소를 했고, 중앙컴퓨터의 목록은 가격을 매길 수 없는 선물이라는 것이 입증되었습니다. 1970년대의 남은 기간 동안, 루스는 의회에서, 연방대법원에서 그리고 여타의 수많은 법원에서 해당 법령들의 위헌성을 주장하였고 끝내 성공적인 결실을 맺었습니다.

제10순회항소법원을 향한 우리의 여정은 큰 의미가 있었습니다. 우선 루스는 부지런한 헌법학자에서 대단한 숙련도와 성공 가능성을 지닌 항소 전문 변호사로 거듭나 1970년대 초반에 커리어 전환을 이루어냈지요. 이는 훗날 상급법원 판사가 되는 데도 디딤

돌 역할을 해주었습니다. 다음으로 그리스월드 장관의 도움으로 '모리츠 사건'은 루스에게 소송과 관련한 의제들을 적극적으로 제공해주었습니다. 루스는 1980년 순회항소법원 판사로 부임할 때까지 이 의제들을 활발하게 다루었습니다.

말하자면, 최종 공제세액이 정확히 296.70달러에 불과한 세금 사건에서 위대한 성취물들이 나올 수 있었던 것입니다.

이제 여러분 모두 아시겠지요. 40년 전, 루스의 큰 방에 인쇄물을 가져간 것은 저이니, 제가 역사를 바꾼 셈입니다. 그것도 당초 예상했던 것보다 훨씬 더 좋은 방향으로 말입니다. 그러니 이 자리를 빌려 감히 주장합니다만, 저는 국가를 위해 실로 엄청난 봉사를 해냈으며 그 덕분에 오늘의 이 영광스러운 자리도 특별히 주어졌다고 생각합니다. 그리고 여러분이 오늘 말씀을 드린 내용보다는 아주 살짝 덜 중요하지만 상당히 더 재미있는 주제에 여전히 관심이 있으시다면, 언젠가 루스와 함께 이곳을 다시 방문해 기쁜 마음으로 '조세 사건에서 연방대법원의 성과'에 대한 이야기를 들려드리겠습니다.

연설이 끝나자 청중들은 루스 긴즈버그에게 모리츠 씨가 그후 어떻게 되었는지 아느냐고 물었다. 이에 긴즈버그는 미소를 지으며 "세 살에 불과한 나이이지만, 어머니를 극진히 돌본" "제임스 제임스 모리슨 모리슨 웨더비 조지 듀프리James James Morrison Morrison Weatherby

George Dupree"에 관한 밀른의 동시를 인용하며 답했다. "제가 확실히 아는 것이 있다면 모리츠 씨는 어머니를 극진히 모셨다는 사실입니다. 어머니가 아흔셋이 될 때까지도 말이지요."

3장

'프론티에로 사건' 답변서

1970년 가을, 샤론 프론티에로Sharron Frontiero는 미공군 중위로 앨라배마주의 몽고메리에 위치한 맥스웰 공군비행장에서 근무하고 있었다. 남편 조셉은 군 전역자로 당시 몽고메리 소재 헌팅던대학교에 전일제 학생으로 재학 중이었다. 당시, 연방법에 따라 결혼한 군인은 주택수당을 추가로 제공받고 본인의 부양가족은 기지 내에서 제공하는 의료서비스를 무료로 이용할 수 있었다. 그러나 연방법은 '부양가족'에 대해서 여성보다 남성에게 상대적으로 우호적인 내용을 담고 있었다. 만약 남편 조셉이 비행장 요원이고 아내 샤론이 학생 신분이었다면 샤론은 자신의 보수와 상관없이 자동적으로 남편의 부양가족 대우를 받으며 법적으로 정해진 혜택을 누릴 수 있는 자격도 주어졌을 것이다. 하지만 샤론의 경우는 반대의 상황이라 자신의 가족이 혜택을 받을 수 있는 요건을 적법하게 갖췄다고 인정받으려면 남편이 본인 경비의 절반 이상을 아내에게 의존하고 있다는 것을 입증해야만 했다. 샤론이 두 사람의 생계비 상당 부분을 부담했지만 법이 요구하는 '비용의 절반 이상'이라는 것을 구체적으로 입증하기에는 다소 부족한 상태였다. 이에, 당시의 부대 사령관은 물론 국방장관과 공군을 상대로 연방법원에 소송을 제기하고, 여성 군인에게는 상대적으로 적은 혜택을 제공하도록 한 연방법이 헌법상 보장된 평등보호에 대한 권리를 침해했다고 주장했다.

사건이 연방대법원까지 올라가자, 대학 교수이던 긴즈버그가 샤론을 지원하기 위해 ACLU를 대리하여 70여 장에 이르는 방대한 '법정 조언자' 소견서를 작성했다. 여기서 긴즈버그는 1971년까지 계속된 여성들에 대한 오랜 차별의 역사와 연방대법원이 그동안 취해온 입장, 즉 법률상 성별 구분(긴즈버그는 이를 종종 "성 역할의 단순 구분"이라고 불렀다)은 합리적인 것이고, 헌법에도 부합한다는 입장을 수면 위로 끌어올렸다. 긴즈버그는 이러한 입장이 "무엇이든 가능한" 판단 기준으로 변질되어버렸다고 지적했다. 연방대법원이 1948년 "두 개의 성별 사이에 존재하는 명확한 선"이라고 요약한 바로 그 선을, 입법가들이 마음껏 휘두를 수 있게 된 것이다. 이와 관련해서 ACLU의 준비서면에 담겨 있는 긴즈버그의 핵심 견해는 다음과 같다. 성에 근거한 입법적 구분선은 인종 구분과 마찬가지로 "의심스럽다"는 딱지가 붙어야 하며, 따라서 연방대법원은 1970년대 초반에 인종에 근거한 법적 구분 시 적용했던 "엄격한 심사"의 원칙을 성 구분에도 적용해야 한다는 것이다. 엄격한 심사의 핵심은 국가가 [차별로] 의심이 되는 분류 정황에 대해서 "국익을 위해 부득이하게 필요하다"는 것을 입증해야 한다는 것이며 그런 경우에도 "엄격한 잣대"에 근거하여 판단해야 한다는 것이다. 한 법률 평론가는 "이론상으로는 엄격하나 실제로는 결정적인"이라는 그 유명한 문구를 여기에 표식처럼 붙여줬다. 왜냐하면 그 당시 미국 법원들이 이 기준을 적용하여 인종 구분이 헌법에 반한다는 판결을 자주 내렸기 때문이다.[1]

법원에 제출한 준비서면과 관련해서 ACLU에 지원을 요청했던 샤론 프론티에로 측 변호인들은 처음엔 이러한 방식의 변론을 거부하고 대신에 긴즈버그와 ACLU가 '조력자 소견서' 형태로 변론 내용을 제출할 것을 제안했다. 하지만 협상의 결과 마침내 ACLU와 샤론 측 변호사들이 최종답변서를 제출하기 위해서 공동으로 작업하기로 결정했다. 답변서의 요지는 연방법령이 합헌적이라는 정부 측 변론을 반박하는 것으로, 긴즈버그가 "의심스러운 성 sex as suspect"이라고 반론한 부분을 아래에 실었다. 이 사건은 긴즈버그가 대법원에 처음으로 개인적으로 출석한 사건으로, 그녀는 프론티에로 측 변호인 한 명과 변론 시간을 나누어 진행했다. 긴즈버그는 여기서 '의심스러운 성' 주장을 처음으로 직접 대법관들에게 제시했다.

상고인 남부빈곤법률센터, 법정 조언자 ACLU의 공동 답변서
1973년 1월 12일, 미 연방대법원에 제출
'프론티에로 대 리처드슨 사건', 411 U.S. 677(1973)

오직 성에 근거하여 사회적 역할을 결정하는 입법적 판단은 그 판단 기준에 대한 의구심을 불러일으킨다

1. … 연방대법원은 현재까지 성을 입법상 구분을 위한 '의심스러운' 기준으로 인정한 바 없으며 피상고인들에 따르면, 결코 인정해서는 안 된다. … 저희 상고인은 연방대법원이 이 사건에서 적용한 성 기준이 법률상으로 '[차별로] 의심이 된다'고 선언할 것을 거듭 촉구하는 바이다. 이것은 10년 전 미국 사회에 만연하던 성차별이 초래한 사회, 경제 및 정치적 파급 효과에 대해 관심을 갖고 있던 사람들에게는 그저 지극히 평범한 사안에 불과하다. "남녀를 불문하고 모든 사람에게 법적으로 주어진 권리의 평등성은 민주주의 사회에서 매우 기본이 되는 사항이며 미국의 기본법에 필히 반영되어야 할 개인의 궁극적인 가치에 대한 민주주의의 약속이기도 하다." 대통령 직속의 '여성 지위에 관한 위원회'가 작성한 "미국의 여성들" 44-45쪽(1963년)("여성의 권리에 대한 헌법적 보호의 모호성"을 배제하기 위해서 연방대법원이 "반드시" 해명해줄 것이라는 기대감을 드러내고 있는 진술서에서 인용함)

2. (정부 측 준비서면에서) 피상고인은 엄격한 심사를 명시적으로 나타내주는 핵심적인 요소가 성 기준에 이미 내재되어 있다면서 "인종이나 출신 국가와 같이 성은 가시적이며 불변의 생물학적 특성으로 개인의 능력과는 아무런 관련이 없다는 것"을 인정하고 있다(피상고인 준비서면 15쪽). 반면에, 피상고인은 인종 구분으로 특정 부류에 속한 사람들이 헌정사상 특별히 냉대를 받았으며 이는 성 구분과는 성격이 완전히 다르다고 주장하고 있다(피상고인 준비서면 16쪽). 그러나, 그러한 진술은 이 사건의 변론 범주를 벗어날 뿐이다. 미국이 남북전쟁 이후 수정헌법을 채택하던 시기에 의회의 최대 관심사는 흑인 노예 문제였고, 여성 문제나 아프리카 이외의 지역에서 이주한 외국인들과는 전혀 무관했다. 다만, 수정헌법상 평등보호의 원칙은 인간의 통제권에서 벗어난 특성을 기준으로 해서 법률적 구분을 해서는 아니된다는 기본원리를 본원적으로 반영한 것이었다. 이에, 1971년 연방대법원은 공식적으로 외국인 신분도 바로 그 의심스러운 범주에 공식적으로 포함시킨 바 있다. ['그레이엄 대 리처드슨 사건' 판결, 사건번호 403 U.S. 365(1971)]

3. 그러나 피상고인 측은 성 기준이 능력과는 불가분의 관계가 성립되지 않는다고 하더라도 상고인이 주장하는 '의심스러운' 수준에는 이를 수 없다고 주장하고 있다. 그 이유로 여성들이 그

간 정치적 과정에서 배제된 적이 없는 숫자상의 다수를 구성하고 있다는 점을 들고 있다. 여기서 그들이 간과하고 있는 사실은 미국 역사상 전반적으로 정치적 침묵이 숫자상의 다수 집단인 여성들에게 강요돼 왔다는 것이다. 이와 관련해서, 엘리너 플렉스너 Eleanor Flexner의 《투쟁의 세기 Century of Struggle》(1959), 《받침대를 집고 서다 Up from the Pedestal》(A.S. Kraiditor, ed. 1968)를 참고하여 주시기 바란다(조력자 답변서 11~18쪽). 심지어 오늘날까지도 변호사나 판사 업무 등 법률 서비스와 관련해서 대다수 주에서 여성이 남성만큼 충분한 권리를 향유하지 못하고 있는 실정이다. 이와 관련해서는 조력자 답변서 41~42쪽을 참고하시기 바란다. 또한, 교육기관, 고용시장 그리고 가장 악명이 높은 정치 무대에서 여성들은 아직도 여전히 남성들 다음의 위치로 밀려나 있는 실정이다. 전직 노동부 장관 제임스 호지슨은 1970년대 노동시장에서 여성에 대한 차별이 "그 어떤 여타의 소수자 그룹에 비해 보다 더 교묘하게 진행되고 있으며 훨씬 더 만연해 있다"는 것을 언급하며 [남성들로만 구성된] 피상고인 측에 부여되어야 할 가치를 암시했다.

여성의 '정치적 영향력'은 오직 사실을 상상력으로 대체하는 경우에만 '막대하다'고 규정할 수 있다(마치 피상고인이 준비서면에서 그리했듯이 말이다). 현재, 미 의회 상원에는 여성의원이 단 한 명도 없고 하원에는 단지 14명만이 있을 뿐이다. 더욱이, 지난 20년간 단 한 명의 여성만이 하원위원회의 위원장직을 맡았을 뿐이며, 상원에서는 그간 그런 최상위급 직책을 맡아본 여성이 아무도 없었다. 연방정부에서 GS-16 등급[우리나라 행정부처의 국장급에 해당하는 고위직 공무원] 이상의 지위를 차지하고 있는 여성은 겨우 3퍼센트에도 미치지 못한다. 1972년 10월 31일 현재, 미국 외무부 전체 인력의 약 4분의 1이 여성이지만 대사 자격으로 근무하는 여성은 채 3퍼센트도 되지 않는다. 주지사를 맡고 있는 여성은 전무하며 주의원으로 활동하는 여성도 6퍼센트 미만에 불과한 실정이다.

4. 본 사건의 성 기준이 '[차별로] 의심이 된다'는 것을 부인하기 위한 최종 근거로 피상고인 측은 성 구분이 "여성의 열등함에 대한 법률적 판단을 은연중에 표현하고 있는 것으로 볼 수가 없다"고 주장하고 있다(피상고인 준비서면 17~19쪽). 이는 또한 그들이 동원한 여성과 남성의 인구 구성 논쟁 즉, 인구통계학적으로 여성이 남성보다 더 많은 비중을 차지해왔다는 주장과도 밀접한 관련이 있다. 그들은 "여성이 열등하다는 낙인"이 아래의 관련 판례와 법령에 적시되어 있지 않다고 주장하고 있다. 즉, (i) 여성들은 바텐더 직업에 적합하지 않다고 선언한 판결('ㄱ에사에르트 대 클리어리 사건' 판결, 사건번호 335 U.S. 464(1948)), (ii) 여비서와 가정주부를 포함하여 본인의 성별에 적합한 직업을 갖도록 여성들을 육성하는 여자전문대학의 설립에 관한 법령(이와는 대조적으로

버지니아주 정부의 남자전문대학은 일종의 군사학교로서 모든 범주의 인문학사 및 공학사 학위과정을 제공함'('윌리엄스 대 맥네어 사건' 판결 316F. 보충자료 134(D.S.C. 1970) 및 인용된 비망의견서, 사건번호 401 U.S. 951(1971)), (iii) 가사와 육아에 몰두할 수 있게 해준다는 취지로 여성을 배심원단에서 배제시킨 판결('호이트 대 플로리다주 사건' 판결, 사건번호 368 U.S. 57(1961)), 그리고 (v) 여성들이 그간 블루칼라 직종에서 보수 및 승진상 평등한 기회를 찾는 데 큰 걸림돌이 되어온 판결('뮬러 대 오리건주 사건' 판결, 사건번호 208 U.S. 412(1908))에서 그와 관련한 표현을 찾아볼 수가 없다는 것이다.

피상고인 측보다 더 많은 관심을 갖고 그와 같은 사법적 판단과 관련 법령을 연구해온 법학자들은 이 사안에 대해서 피상고인과 의견을 달리하고 있다. 즉, 피상고인이 "여성은 열등하다"는 낙인이 없다는 것을 은연중 나타내기 위해서 제시한 각개의 판결이 오히려 개인의 역량, 관심사, 목표 및 사회적 역할에 관해서 오직 성만을 근거로 한 '합당하지 못한(또는 적어도 입증이 되지 않은)' 가정에 근거하고 있음을 여실히 보여주고 있다는 것이다.

여성들이 정치, 경제 및 사회활동에 완전히 참여하지 못하도록 '보호해주는' 입법적 판단에 '온건함'이라는 딱지를 붙이는 사람들이 있다. 이들은 대체로 이러한 '보호'를 '분리평등의 원칙[인종에 따라 사용 구역을 일부 제한하고 분리해도 평등하다는 원칙으로 1960년대에 흑인들의 민권운동을 촉발시켰다]' 수준에서 이해한다. 대다수 남성과 여성들은 희생 정신, 민감함, 수동성, 자신감 결여 등과 같은 성향을 전통적으로 어머니나 아내 역할과 연관 짓는다고 이야기한다. 반면에, 사회과학자들의 조사를 통해 남성 가장들에게는 단호함, 저돌성, 독립심과 같은 것에 보다 더 큰 가치를 부여한다는 것이 명백히 밝혀진 바 있다.

이 '순종적 다수'가 '온건한' 구분과 '분리평등의 원칙'이라는 완곡어법의 기저에 있는 실제 판결을 의식하고 있다는 증거들은 차고도 넘친다. 영향력과 권력을 지닌 지위를 남성들이 모두 독점하는 사회에서 성장하면서, 여성들은 본인 스스로 열등한 젠더에 속한다고 생각하게 된다. 여성들은 자존심도 낮고 남성들이 생각하는 것처럼 여성들 본인조차 남성이 되기를 더 원한다는 생각은, 예를 들어 부모 모두가 일반적으로 여아보다 남아를 선호한다는 사실에 이미 투영되어 있다. 여성 심리학자인 마티나 호너는 이를 다음과 같이 확인한다. "정형화된 여성의 이미지는 … 사실상 오랜 기간에 걸쳐 내면화되어온 것이다. 최근에 와서야 여성도 종종 부지불식간에 본인의 행동에 스스로 심리적 압박을 가하고 있다는 것을 겨우 깨닫기 시작했다. … 한편, 그런 이미지 속에 깊게 자리잡은 사회적 문제와 그보다 좀 더 중요하다 할 수 있는 내부의 심리적 장애 요인이 실제로는 남성이 누릴 수 있는 기회마저 위축시킨다."《여성의 성취도와 연관된 갈등을 이해하기 위하여 *Toward an Understanding of Achievement-Related Conflicts in Women*》, 28 J. Social Issues 157, 158(1972)》

5. 전통적인 틀을 깨고 나오려는 여성은 소수자 그룹이 흔히 겪게 되는 온갖 편견은 물론이고 적대감과도 마주치게 된다. '분리되고 고립되어' 있어도 소수자 그룹이라면 적어도 정치적 결사체를 육성할 수 있는 장점을 갖고 있는 반면에 여성들은 각자가 모두 파편처럼 따로 떨어져 있어 소수자 그룹보다 단결하기가 훨씬 더 어렵다. 그 결과, 이 '순종적 다수' 집단은 정치적 가능성마저 점차 상실하게 되는 것인데 피상고인은 이것을 그저 여성들의 탓으로만 돌리고 있다. 특정 젠더에게 적합한 것이라는 그간의 도식적인 개념에서 벗어나 다양한 선택권을 추구하고 있는 여성들은 이제 더이상 남성들의 보호를 원하지 않고, 전통적인 남녀역할을 강화하는 인위적인 제약과 구별에 구속되지 아니하며, 개인의 잠재력을 스스로 개발하려는 의지가 매우 강하다. 이런 여성들을 결코 '온순'하다고만 볼 수는 없을 것이다. 이 사건에서 보듯이, 생계비를 버는 사람은 아내로 남편과 함께 아파트에 사는 데 들어가는 비용의 상당 부분(법적으로는 적어도 절반 이상을 요구)을 부담하고 있으니 여기서는 오히려 남편이 아내의 부양가족에 해당한다고 볼 수 있다. 즉, 두 사람은 전통적인 남성 중심의 부부 개념에서 벗어나서 아내가 생계비를 책임지고 남편이 의존해서 살아나

가는 새로운 형태의 가정을 꾸리고 있는 것이다. '온건한' 입법부의 판단은, 주로, 혹은 전적으로 남성으로 구성된 의사 결정 기구의 관점에서 삶은 결코 이런 식으로 배열되어서는 안 된다는 점을 끊임없이 상기시킨다.

결론*

요약하면, 성을 '의심되는' 기준으로 지정하는 것은 이미 소명된 사안으로, 이 사건을 다루는 데 있어서 오직 유일하게, 전체적으로 만족시킬 수 있는 근거를 제공해준다. 이에, 그 같은 지정이 이번 소송을 평가하는 출발점이 되어야 한다고 상고인은 거듭 주장하는 바이다.

긴즈버그 교수는 성을 [차별이] '의심되는' 기준으로 분류하기 위한 싸움에서 완벽한 승리를 거둔 것은 아니지만 결국은 '프론티에로

---

* '프론티에로 사건' 답변서의 주석을 보면 긴즈버그가 지향했던 바를 알 수 있다. 거기에는 그의 스승이자 멘토였던 제럴드 군터가 작성한 《하버드 법률 리뷰》의 최근 기사가 첨부되어 있다. 군터 교수는 연방대법원이 그들도 인식하지 못하는 사이 "또 다른 형태의 평등보호"를 향해 나아가고 있다고 주장하며 그 단적인 증거로 긴즈버그가 주도적으로 이끌어냈던 '리드 사건'의 판결문을 포함시켰다. 연방대법원은 '리드 사건' 판결에서 제시했던 기준에 변경을 가하고 있다는 것을 부인했지만, 군터 교수는 "분류 요소로 성에 특별히 민감한 요소가 분석에 포함되었다는 가정 없이는 '리드 사건' 판결의 결과를 이해하기가 어렵다. 성별과 연관된 수단에 대한 특별한 의구심을 도입해야만 그와 같은 재판 결과가 전체적으로 설득력을 갖출 수 있다"고 주장했다.

사건'과 그 후로도 몇 년 동안 이어진 양성평등을 위한 더 큰 싸움에서 이겼다. 브레넌 대법관이 대표로 작성한 복수의견에 따르면 연방대법관 중에서 네 명만이 문제가 되고 있는 성 분류가 엄밀한 심사를 거쳐야 한다는 긴즈버그의 의견에 전적으로 동의했다. 다른 대법관 네 명은 성 분류가 '의심되는' 기준에 해당하는 사건이라고 지칭하기를 거부하기는 했지만 그가 변론했던 1971년의 '리드 사건' 판결을 인용하면서, 관련 법령이 성을 특정해서 부양의 의미를 규정한 것은 위헌이라는 의견을 제시하며 긴즈버그의 의견에 부분적으로 동의를 표했다. 그 결과, 이 재판에서 원고인 샤론 프론티에로는 '8 대 1'이라는 압도적인 표차로 승소하게 된다.

성 분류도 문제가 됐던 인종차별과 동일하게 '의심되는' 범주에 들어가도록 하기 위해서 반드시 필요한 대법관 다섯 명의 전폭적인 동의가 이뤄지지 않자, 긴즈버그는 후속 사건들을 통해서 대법관들이 성차별 사건에 대해서 차선책인 '중간 단계' 수준의 판단 기준을 명확히 제시하도록 유도했다. 그 후, 연방대법원은 '크레이그 대 보렌 사건' 판결을 통해서 '중간 단계'의 기준을 처음으로 공표했다. 1976년의 이 사건에서도 긴즈버그와 ACLU가 조력자 의견서를 제출했으며, 브레넌 대법관이 작성한 법정의견을 통해서 연방대법원은 아래와 같이 결정했다.

수정헌법 제14조의 평등보호 조항에 따라 위헌 소지를 해소하기 위해서, 성에 의한 분류는 반드시 압도적인 국가적 차원의 이익에 부합하여야 하며 실제로도 그와 같은 목적의 달성과 현저히 연관된 경우에만 허용할 수 한다.

법률적으로 성 구분에 적용될 이 새로운 기준은 인종차별 철폐에 적용됐던 "그 어떤 경우에도 적용된다"라는 역사적인 접근법과는 상당히 거리가 있다. 하지만, 극도로 엄격한 심사는 아니더라도, 국가가 성 분류의 기준을 제시해야 하는 요건의 범주를 매우 좁게 가져가서 결국에는 "압도적인 국가적 차원의 이익"이라는 까다로운 단서조항을 얻어낸 것이다. 이것이 나중에는 남녀라는 두 성 사이에 '명확한 선을 그었던' 연방정부와 주 정부들의 여러 법령을 무효로 만들 수 있는 잠재력을 지녔다는 것이 결과로 입증되었다. 성별화된 법률에 대해 올바른 접근 방법을 놓고 치열하게 싸우던 전쟁에서 긴즈버그가 절정에 이른 모습은 1996년 'VMI 사건' 판결에서 확인할 수 있다. 긴즈버그 대법관이 그에 대해 다수의견으로 발표한 내용이 여기 다섯 번째로 실린 판결문에 나와 있다.

4장

남녀평등수정헌법의 필요성

1972년 3월 22일, 미 상원은 5개월 전에 하원이 그랬듯이 남녀평등에 관한 수정헌법 즉, ERA*Equal Rights Amendment*를 통과시켰다. 그리고 상정된 수정안이 비준을 위해 연방정부에 전달됐다. 이 수정안의 기본 전제는 여성에게 투표권을 부여한 수정헌법 제19조를 모델로 해서 만든 것으로 간략하게 "법적으로, 권리의 평등은 성을 구실로 미국 정부나 그 어떤 주에서도 부정되거나 약화될 수 없다"고 규정하고 있다.

'프론티에로 사건'에 대한 재판 결과가 1973년 봄에 나왔다. 몇 달이 지난 후에 ERA를 옹호하는 긴즈버그의 글이 기사화되었다. 이 문제에 대해서 최초로, 또는 마지막으로 거론한 것은 아니지만 이 글은 수정헌법의 역사와 비준해야 할 사유를 유효 적절하게 설명해주고 있으며 반대론자들이 제시하는 주요 논거에 대해서도 포괄적으로 반론을 제기하고 있다. 성 구분을 '의심스러운' 기준에 해당하는 것으로 인식하자는 브레넌 대법관의 의견을 묵살한 대법관 가운데 세 명이 ERA의 정당성에 문제를 지적하고 나왔기 때문에 당시로서는 ERA를 옹호하는 측에서 공개적으로 의견을 밝히는 것이 무엇보다 시급했던 것으로 보인다. 파월 대법관이 세 명을 대표해서 다음과 같은 내용으로 발표했다.

이 엄밀한 질문의 본질을 해소할 헌법수정안이 이미 의회를 통과하였고 이에 국가적 차원의 비준을 위해 연방정부에 제출된 상태이다. 만약 수정안이 적절한 절차에 따라 채택된다면 그것은 바로 헌법이 규정하고 있는 방식에 따라 국민의 의지를 확인한 것이기 때문이다. 다만 유감스럽게도 내가 보기에 우리 연방대법원은, 미숙하고도 불필요한 처신으로 인해 전통적인 민주적 운영 과정에 따라 작동하고 있는 주 입법기구들이 제시된 수정안(ERA)을 놓고 논쟁을 벌이고 있는 바로 이 시점에 결정적인 책임을 지게 되었다.

ERA를 통과시킨 상원은 비준 시한을 1979년 3월 22일로 설정했다. 1973년까지 보수파 행동주의자인 필리스 슐래플리 Phyllis Schlafly

와 그가 속한 '스톱 ERA'라는 단체가 반대 운동을 주도하며 여러 주에서 적극적으로 활동을 펼쳤다. '스톱 ERA'와 유관 단체들이 마침내 성공적으로 비준을 저지시키자 미 의회는 그 시한을 1982년 중반까지 연장했으나 결국 그마저도 무산되고 말았다. 1982년 6월 21일, ERA는 끝내 수명을 다했다. 안타깝게도 헌법상 비준에 필요한 38개 주에서 단 세 개 주가 부족했던 것이다.

1970년대에 긴즈버그가 벌인 필생의 작업과 수많은 사람들이 30년이 넘는 긴 세월 동안 벌여온 노력에도 불구하고 이제는 더 이상 미국 사회에서 남녀평등에 관한 수정헌법의 필요성이 1973년만큼 절박한 것으로 받아들여지지 않는다. 그러나 긴즈버그는 아직도 성평등의 원칙이 미국의 헌법에 명시되길 바라고 있다. 2014년, 워싱턴 소재 내셔널프레스클럽에서 행한 연설에서 그 이유를 다음과 같이 밝혔다. "제 손녀가 법전을 펼쳐보며 여성과 남성 모두가 평등한 지위를 지닌 인격체라는 개념을 찾아볼 수 있기를 바랍니다. 그것이 바로 우리 사회를 지탱하고 있는 기본 원리임을 남녀 모두가 함께 인식하기를 간절히 바랍니다."[1]

남녀평등수정헌법의 필요성
《미국 변호사협회 저널》, 1973년 9월*

---

* 이글은 원래 1973년 9월에 《미국 변호사협회 저널》 제59호에 실린 것으로 분량과 특정 맥락을 고려해 내용을 편집했다.

남성과 여성이 법 앞에 평등하다는 개념은 특별히 독창적인 해석도 아니며 남북전쟁이 끝나고 수정헌법의 골격을 잡았던 미 의회가 합의를 통해 도출한 것도 아니다. 그와 같은 평등 개념에 대해, 토머스 제퍼슨은 다음과 같이 설명했다.

만약 우리나라가 순결한 민주주의 국가라는 것을 인정한다면 여성들은 수정헌법의 검토 대상에 포함시킬 수가 없다. 도덕적 타락과 사안의 모호함을 예방하기 위해서는 여자가 남자들의 모임에 난잡하게 뒤섞여선 안 되기 때문이다.

19세기 중반, 노예제 폐지의 대의에 열성적으로 함께한 페미니스트들 대다수는 남북전쟁 이후 의회가 남성과 여성의 평등한 권리를 명시적으로 보장해줄 것으로 기대했다. 그러나 수정헌법 제14조의 관련 조항은 성평등을 옹호하는 사람들의 간담을 서늘케 했다. 당시, 그들의 관심은 헌법상 최초로 '남성male'이라는 단어가 사용된 수정헌법 제14조 2항에 집중돼 있었다. '시민'이라는 용어와 연계하여 사용되는 이 단어가 지닌 3중의 용도[수정헌법 제14조 2항의 투표권과 관련하여 반역이나 그 어떤 범죄에도 가담하지 아니한 자로, 21세 이상이며, 미합중국의 시민인 남성]로 말미암아 이번에는 기껏해야 수정헌법 제14조 1항의 그 위대한 문구인 '적법한 절차와 법률상 평등한 보호'가 여자들에게 적용되는 것을 인정하는 수준에 머물고 말 것이라는 우려를 자아냈다.

근 한 세기에 걸친 투쟁이 있은 후에나 여성 시민들의 투표권이 공식 의제로 등장했고, 드디어 참정권에 관한 헌법상 수정안이 의회에서 비준됐다. 그 과정에 가장 적극적으로 가담했던 남녀평등 옹호론자들은 그러한 헌법수정이 종착점이 아닌 시작에 불과하다고 여겼다. 여성의 참정권을 인정한 수정헌법 제19조가 비준되고 3년이 지난 1923년 이후로 매번 되풀이해서 상정되던 남녀평등에 관한 수정헌법안을 드디어 '전국여성당 National Woman's Party'이 미 의회 앞에 불러세우는 데 성공했다. 수정안의 최초 도입과 관련해서 전국여성당의 사무총장은 다음과 같이 그 의의를 설명했다.

> 연방국가 차원의 참정권 수정안 채택을 위해 매진하는 과정에서, … 단시일 내에 여성들의 완전한 평등을 얻어내는 것은 불가능할 뿐이며, 단지 그 목표를 향해 … 한걸음씩 더디게 나아가고 있다는 점을 특별히 강조한다.

수정헌법의 역사에 익숙하지 않은 사람들은 ERA의 내용이 매우 포괄적이고 파급 효과 또한 그간에 조사조차 제대로 이뤄진 적이 없다며 매우 안타까워한다. 그러나 남북전쟁 직후 '적법한 절차'와 '평등보호 조항'을 수정헌법에 도입하는 과정에서 동원된 모델들을 살펴보면, 수정헌법의 어구 선택이야말로 헌법의 근본 원리를 구체화하는 과정에서 결정적인 역할을 한다는 것이 분명해 보인다. 수정안을 상정하기에 앞서 전국여성당은 변호인단과 전문가 그룹의 협조를 받아 여성의 지위에 관한 주 정부와 연방정부의 법률 및 법원의 판결 내용을 도표로 일목요연하게 정리했다. 다양한 여성 경제 단체와 전문가 그룹으로 구성된 자문위원회도 출범시켰으며 그 과정에서 산업계 근로자, 가정주부, 교사와 학생들은 물론 연방 기구 인사들도 대거 참여했다. 각 위원회는 평등권의 바람직한 모습과 더불어 남성과 여성의 책임 문제에 관해서도 연구를 실시했다. 특히, 1920년대에 나온 여러 법학저널에서 ERA와 관련하여 논쟁이 될 만한 기사들을 찾아내서 읽는 것이 사안을 깨우치는 데 매우 효과적이었다. 그 결과, 1973년까지도 계속된 ERA에 대한 반대의 목소리에 단호하게 대처할 수 있었다.

한편, ERA에 반대하는 사람들이 대체 법안을 제안하기도 했다. 그들은 미 의회와 주 정부들의 통상적인 법률 제정 과정을 거치는 동시에 ERA가 수정헌법 제14조상으로 부합하는지 여부에 대한 소송도 함께 제기하며 대체 법안을 구체화시켜 나갔다. 그러나, 과거의 교훈에서 배우는 데 실패한 부류의 사람들만 거기에 집착했기에 결국은 무위로 끝나고 말았다.

연방정부의 유일한 입법기관임에도 불구하고, 미 의회는 이 문제와 관련해서 자신들이 동일임금법을 통과시킨 1963년까지 손을 놓고 있었으며 그런 법령에서조차도 혁신적인 구석을 찾아보기가 사실상 불가능했다. 남녀 간 동일임금 지급 요건은 제2차 세계대전 중에 이미 발효가 된 사안으로 전쟁이 끝나서 여성들을 노동시장에 끌어들일 필요가 없어지자 조용히 이 사회에서 사라져버리고 말았다. 동일임금은 1951년에 국제노동기구(ILO)가 개최한 국제회의에서 핵심 의제로 다뤄졌으며 1958년에 유럽경제공동체(EEC)를 출범시킨 로마조약[프랑스, 서독, 벨기에, 이탈리아, 네덜란드, 룩셈부르크 간에 1957년 로마에서 체결된 조약으로 유럽연합 출범의 계기가 되었다]에 의해 의무화되었다. 여기서 중요한 것은 동일임금법에 대한 갖가지 혼재된 동기들이 미 의회의 행동을 촉발시켰다는 점이다. 일부 의원들은 황당한 논쟁에 이끌려 법안에 설득을 당하기도 했다. 즉 동일임금법이 남성들의 실업을 막아줄 것이며, 여성 노동자들을 아주 저렴하게 고용할 수 없다면 고용주들은 남성들을 선호하게 될 거라는 주장 말이다.

동일임금법이 통과된 그다음 해인 1964년에는 '성sex'이 인종, 종교 및 출신 국가와 함께 시민의 권리에 관한 법률인 시민권법 제7조에 포함되었다. 이는 실로 엄청난 진전으로, 이제 시민권법 제7조가 여성들에 대한 고용 차별에 대항할 수 있는 가장 강력한 무기가 된 것이다. 그러나 '성'은 또한 떳떳하지 못한 방법으로 시민권법 제7조에 추가된 것이기도 했다. 이 법에 대해 반대의견을 굽히지 않던 남부의 한 의원이 차별금지 목록에 '성'을 추가하는 수정안을 제시한 것이다. 목록 전체의 통과를 저지하려는 불순한 의도에서 나온 것이지만 오히려 '성'도 함께 통과가 됐으니 그의 엉뚱한 전술이 결국에는 수정안 반대론자들에게 엄청난 화를 자초하고 만 셈이다.

1972년, 의회는 그 해에 있었던 교육개정법 제9조를 통해서 '성'에 근거하여 차별하는 교육기관들에 대한 연방정부의 지원금을 끊어버렸다. 교육개정법 제9조는 모든 사립학교와 일부 공립학교의 입학을 포함해 여러 예외 조항을 담고 있었으며 그로 인해 집행 기반이 약화될 수밖에 없었다.

근래에 연방의회가 법률적으로 크게 기여한 것은 이상의 세 가지 법률 즉, 동일임금법, 시민권법 제7조, 그리고 교육개정법 제9조를 제정했다는 것이다. 그러나 미비한 부분이 제법 남아있다는 점에서 그리 인상적인 결과를 가져오진 못했다. 법무장관이 이번 회기에 연방대법원에서 진술한 바와 같이 최근에 정부가 전산망으로 조사한 바에 따르면, 법률상 876개의 조항이 여전히 '성별'에 기초한 내용을 담고 있는 것으로 밝혀졌다. 일부 주 정부에서 실시한 조사에서도 개정이 필요한 관련 법령이 수백 개에 달하는 것으로 나타났다.

만약 ERA라는 자극제가 없다면 향후에 과연 중요한 법 개정이 제대로 이루어질 수 있을까? 과거 경험에 비춰볼 때 그럴 가능성은 거의 없다고 봐도 무방하다. 이미 1920년대에 전국여성당이 차별적 법조항들을 밝혀냈지만 이에 대해 주 차원이나 연방 차원의 입법기구가 기울인 관심은 극히 미미했기 때문이다. 미 의회가 ERA를 통과시킨 후에도, 일부 대학들은 학부 과정의 입학 단계에서 성차별을 금지하려는 의지를 여전히 보이지 않았다. 1971년 뉴먼보고서가 "소수자 집단과는 극명하게 대비가 될 정도로 여성에 대한 차별은 지금도 공공연하게 자행되고 있으며 특히, 학계는 이를 마치 당연한 것처럼 받아들인다"라고 밝혔음에도 말이다. 1969년 유명 주립대학의 신입생을 위한 수업 안내서에는 "여학생은 특별한 인정을 받는 경우에만 입학을 허가한다"라는 문구가 버젓이 눈길을 끌었다. 올해에는 특히 공군사관학교에서 적나라한 반응이 나왔다. 이 학교 입시감독관은 ERA가 비준이 된다면 1975년에는 여성을 뽑겠다고 했다. 이는 역으로 비준이 안 되면 여성들은 입학하기까지 참으로 오랜 세월을 속절없이 기다려야 한다는 뜻이다.

일부 주에서 실시한 입법안 분석을 통해, 수정안이 촉발할 수 있는 일련의 법 개정에 대한 검토 내용이 미완의 상태로 공개되었다. ERA의 통과를 목전에 두고 감내할 수 없는 수준의 변화를 두려워하던 사람들은 그 내용을 보고 안심했을 것이다. 보고서는 바람직한 평등권이 남성과 여성 모두에게 확대될 것이라고 결론을 내렸다. 일례로, 남성들에게도 주 정부의 최저임금법을 적용하는 방안이 검토되고 있었다. 즉, 어떤 경우에도 어느 한쪽 성이 현재 누리고 있는 혜택을 빼앗기는 일은 있을 수 없다는 것이다.

한편 수정안이 비준만 된다면, 다음의 법령들은 궁극적으로 폐기될 것이다. 애리조나주에서는 아직도 주지사, 주 정부 국무장관 및 재무장관은 반드시 남성이어야 한다. 오하이오주에서는 자치주의 법원 소송에서 남성만이 유일하게 중재인의 역할을 맡을 수 있다. 위스콘신주에서는 남성 '이발사'는 남녀 모두의 모발을 관리할 자격이 있지만 여성 '미용사'는 오직 여성들에게만 봉사할 수가 있다. 조지아주의 법은 블랙스톤 경(Sir William Blackstone, 1723~1780)[영국법 전반을 체계화한 대표적인 보수주의 판사이자 법학자]의 생각을 충실히 따라서인지 아직도 다음과 같은 내용의 법령을 존치하고 있다.

> 남편은 집안의 가장이니 아내는 남편에게 순종해야 한다. 즉, 아내의 시민적 존재는 이미 남편의 것에 합쳐져 있다. 다만, 사적인 보호를 위해서나 이익을 위해서, 아니면 공공질서를 보호하기 위해서 관련 법이 특정 여성을 별도로 인식하는 경우에 한해서는 예외로 한다.

또한, 조지아주에서는 다음과 같은 황당한 법령이 아직까지도 남아있다. "유색인종과 성관계를 맺었다고 백인 여성을 비난하거나 협박하는 행위는 특별한 피해의 증거가 없어도 비방에 해당한다." 입법부의 무기력 때문에 이런 종류의 법이 버젓이 살아있는 것이다. 그러나 토머스 에머슨 교수는 이와 같은 일련의 상황을 오히려 다음과 같이 긍정적으로 받아들이고 있다. "이미 오래 전에 변해야만 했던 것들에 대한 즉각적인 관심을 촉발시키는 것은 언젠가 ERA의 약점이 아니라 강점으로 작용할 것이다."

수정헌법 제14조와 관련하여 사법부와 소송이 기여한 바는 1873년부터 1961년에 걸쳐 연방대법원이 내린 일련의 판결들을 통해서 확인할 수 있다. 1920년 수정헌법 제19조가 탄생하기 전까지 여성에게는 투표권이 주어지지 않았다. 수정헌법 제14조가 성인 여성도 엄연한 '인격체'임을 천명했지만 1874년, 연방대법원에 따르면 그건 어린이들도 마찬가지였다. 더욱이, 당시에는 판사로 근무할 권리가 남자들에게만 주어졌다. 윌리엄 더글러스 대법관이 이 문제에 대해서 사법부 차원의 심의를 촉구했음에도 불구하고 연방대법원은 한 가지 사유를 근거로 그의 요구를 받아들이지 않았다. 개별적으로 재능을 갖추고 있는지 여부를 떠나서, 여성은 남성에게 더 적합하다고 여겨지는 직업에서 배제될 수 있다며, 그 예로 변호사와 바텐더 업무를 적시한 것이다.

20세기 내내 미국 사회에 만연했던 여성에 대한 차별적 관행은 위대한 법학자로 연방대법원장을 역임한 할런 스톤(Harlan F. Stone, 1872~1946)의 대응에서도 감지된다. 그는 그토록 유명한 '캐럴린 프로덕트 컴퍼니 사건'에 대한 판결문의 주석 사항[주석 사항 제4항를 통해서 헌법에 위배되는 법률에 대해서는 더 엄격한 심사 기준을 적용해야 한다고 주장했다]을 작성하여 '피의자 분류의 원칙'을 세우는 데 단초를 제공한 인물이다. 1922년, 할런 스톤이 컬럼비아대학교에서 로스쿨 학장으로 있을 때, 법학을 공부하고 싶어하는 버나드대학교 출신 학생이 "컬럼비아는 왜 여학생의 입학을 허용하지 않나요?"라는 질문을 던졌다고 한다. 그러자 덕망이 높다고 알려진 데다 엄격한 심사 기준을 그리도 강조하던 할런 스톤은 "그럴 만하니까 그런 겁니다"라는 너무도 두루뭉술한 답을 내놓았다.

한편, ERA에 반대하는 과정에서 그로 인해 발생할 수 있는 '끔찍한 사태'에 관한 논쟁이 벌어졌다. 반대론자들이 공식적으로 제기한 문제는 대체로 다음 네 가지로 정리할 수 있다.

첫 번째 끔찍한 일은 ERA가 비준되고 나면, 여성들은 기존에 노동법이 보장해주던 혜택마저 받지 못하게 될 것이라는 주장이다. 오늘날 관련 법조문에 대한 이의 제기는 여성 노동자를 가혹하게 부리려는 남성 고용주들에게서 나오지 않는다. 시민권법 제7조가 통과된 후, 이러한 이의 제기는 주로 블루칼라 여성노동자들에 의해 이루어졌다. 그들은 이러한 법률을 더 높은 연봉과 승진 기회를 얻을 수 있는 일자리를 가로막는 시스템으로 간주해 그것을 넘어서고자 했다. 해당 법원에 따르면, 시민권법 제7조와 관련해서 대부분의 채용 차별 사례가 그와 유사한 문제점을 내포하고 있다고 한다. 이에, 여성들에 대한 부당한 보호를 없애고 더 나아가 남녀 노동자 모두가 대등하게 보호받을 수 있도록 관련 법령들이 폭넓게 정비되기 시작했다. 대표적 사례로, 노르웨이에서는 '여성만을 위한 특별 보호'에 반대하는 목소리가 주로 여성단체에서 나왔으며 그 결과, 1956년에 이 나라에서 제정된 근로자보호법은 이제 성별을 불문하고 모든 근로자에게 안전하고 건강에 유익한 근로 조건을 보장해주고 있다. 미 연방대법원이 최근에 현지 방문을 통해 확인한 바에 따르면, 이 나라에서는 한쪽의 이익을 주로 대변하던 기존의 법령을 전면적으로 무력화시키기보다는 양쪽으로 확대해서 적용하는 것이 하나의 대안으로 자리를 잡아가고 있다. 미국에서는 '프론티에로 사건' 판결에 따라 군대에서 결혼한 남성에게만 주어지던 부가적인 혜택이 이제 여성에게까지 확대됐다. 이와 관련해서, 전국여성당이 수십년 전인 1926년에 이미 다음과 같이 정리한 바 있다.

> 바람직한 보호 입법은 대체로 모든 노동자를 대상으로 해야 한다. 여성은 포함시키되 남성을 배제하는 법률의 제정은 오히려 여성들로부터 경제적 기회를 앗아가 궁극적으로는 당사자들의 활동 공간을 위축시킬 수 있다. 즉 법률적 제약으로 인해, 돈벌이가 남성만의 영역이라는 결코 이롭지 못한 인식이 오히려 암묵적으로 공고히 자

리잡을 수가 있다는 것이다.

두 번째 끔찍한 일은 ERA가 비준되고 나면 가정주부들이 지원받을 권리를 잃고 말 거라는 주장이다. 우리의 입법기관이나 법원들이 공공복지를 무시한 채 변덕스럽고도 악의적으로 행동하고 헌법 개정 지지자들의 의도를 노골적으로 무시한다면 그럴 수도 있을 것이다. 그러나, 점점 더 많은 주에서 ERA은 현재의 지원 체계에 어떠한 변화도 야기하지 않을 것이다. 결국은 모든 주에서 개정안에 따라 남편과 아내는 두 사람을 둘러싼 환경에 의거하여 지원을 받게 될 것이기 때문이다. 특정 가정에서 누구를 보상하느냐 하는 문제는 그 가족 단위 안에서 책임 소재가 어떻게 나뉘는가에 달려 있다. 만약 한 배우자가 그 집의 경제를 책임지는 가장이고 그의 상대가 아무런 보상도 받지 못한 채 가정을 돌보는 일을 한다면 남녀를 불문하고 가장인 배우자가 가정일을 하는 배우자에게 금전적으로 지원을 해야 할 것이다.

ERA의 근저에는 집에서 일하는 사람은 달리 선택권이 없다는 막연한 믿음에서가 아니라 남자든, 여자든 그들이 원해서 그 일을 하는 것이라는 전제가 깔려 있다. 안타깝게도, 이 수정안을 폄하하려는 사람들이 간과하고 있는 결정적인 사실 하나가 있다. 즉, 집안일을 하면서 누구든 행복해한다면 ERA는 결코 어느 일방에게 그런 역할을 포기하도록 강요하지 않는다는 것이다. 반대로,

ERA는 여성들이 선호하는 것을 전적으로 무시하고 일방적으로 가정사를 떠넘기는 것이 아니라 그저 선택의 문제라는 것을 명확히 해줌으로써 그에 관한 역량을 향상시킬 수 있게 해줄 것이다.

세 번째 끔찍한 일은 ERA가 비준이 되고 나면, 여성들에게 군 복무를 강요하게 될 것이라는 주장이다. 남성들도 그처럼 강제 복무를 해야 하고 임무가 성별보다는 각자의 능력에 기초하여 수행되는 경우라면 그 같은 추정이 가능할 수 있다. 징병제가 종료되었으므로, 동전의 또 다른 측면을 고려해야 한다. 현재로서는 본인이 원해서 입대한 여성들은 남성들이 느끼는 강도보다 훨씬 더 높은 기준을 충족시켜야 한다. 더욱이, 현재 복무 중인 여성 군인들은 남성 군인들에게 주어지는 부가적 혜택을 누릴 수도 없으며 평등한 직업훈련의 기회도 제대로 제공받지 못하고 있는 실정이다. 여성 군인에게 더 높은 기준이 요구되는 이유를 1972년 12월에 이뤄진 한 증언에서 공군 대령이 설명했다. 그에 의하면 "지금껏 그랬듯이 현재도 계속해서 우리 공군은 여력에 비해 여성 군인을 대략 두 배나 많이 뽑고 있습니다. 남성 군인은 뽑을 수 있는 만큼만 뽑지 그처럼 초과 선발은 전혀 하지 않고 있습니다."

젊은 여성들이 주축이 된 단체들은 ERA에 관한 의회청문회에서 자신들이 군복무 의무로부터 제외되는 것을 원치 않는다고 한 목소리로 증언했다. 그중 가장 눈에 띄는 단체로는 전국여대생

연맹이 있는데 이 모임은 대략 20만 명의 회원을 보유하고 있으며 대부분이 미국의 대표적인 중산층 가정 출신이다.

ERA와 관련해서 여성단체와 군대가 감정적으로 격하게 부딪치기 훨씬 이전인 1948년에 미국의 제34대 대통령을 지낸 아이젠하워 장군이 이미 다음과 같이 언급한 바 있다.

군대에서 오랫동안 복무한 대다수 군인들이 그러했듯 나도 그간 여군을 선발하는 것에 대해서 강력히 반대했었다. 그로 인해 숱한 문제가 발생할 것으로 생각했기 때문이다. 단지 행정 차원의 문제는 물론이고 개인적인 차원에서 발생하는 문제마저도 우리 군을 곤혹스럽게 만들 거라고 보았다. 그러나 내가 우려했던 것들은 모두 기우에 불과했다. 훈련장에서 여군들은 오히려 우리 군의 모범이 됐다. 더욱더 놀라운 것은 군의 모든 지휘 체계상에서 그들이 대단히 훌륭한 영향력을 발휘했다는 사실이다. 나는 앞으로 또 전쟁이 일어난다면 여성들도 남성들과 마찬가지로 군인으로 선발해야 한다고 확신을 갖게 됐다.

마지막으로 끔찍한 일은 ERA가 비준되고 나면, 법적으로 성별 구분이 금지되어 공공 화장실을 성별에 따라 분리할 수가 없다는 주장이다. 이 '화장실 문제'에 기꺼이 집중해온 의회 내 수정안 찬성론자들에 따르면 절대로 그럴 일은 없다. 그들은 현재 미국인들이 헌법적 측면에서 그같이 개인의 사생활에 해당하는 사안을 언급하는 것보다는 오히려 ERA에 대해서 비준이 거부될 수 있는 마지노선인 4분의 1에 해당하는 주들이 과연 어디가 될지에 대해서 보다 더 궁금해한다고 했다. 우려의 목소리를 냈던 사람들은 기껏해야 남자들이 여자화장실을 원한다거나 여자들이 남자화장실을 원한다고 생각했던 것은 아닐 것이다. 어쨌든, 기내에서 제공되는 화장실 서비스 정도라면 이 문제는 간단히 해결될 것이다.

일부 사람들은 ERA가 '소송의 홍수'를 초래하지 않을까 하는 두려움을 갖고 있다. 그러나 과거에 수정헌법 제5조와 제14조로 성차별에 관한 소송이 일시적으로 급증하긴 했지만 해당 수정안이 최종적으로 비준되고 나자 소송이 급격히 줄어든 바 있다.

광범위한 법 개정을 위해 미 의회나 주 정부가 아직도 본격적으로 나서고 있지는 않지만 결국은 ERA가 그와 같은 개정 활동을 촉발하게 될 것이다. 훨씬 전에 이미 통과되었어야 할 법 개정안이 아직도 그대로 방치되고 있어, 미국 전역에서 수백 건에 달하는 소송이 잇따르고 있다. 입법기관인 의회는 법률적인 문제가 계속해서 쌓여만 가고 있는데도 그저 지켜보고만 있다. 연방대법원이 '프론티에로 사건' 판결을 통해 의회에 추진 동력을 마련해줬는 데도 말이다. 의회에서 비준이 되고 나서 발효일까지 무려 2년이란 기간이 주어졌는데도 불구하고 필요한 보완 작업이 전혀 이뤄지지 않은 것을 보면 입법부는 ERA 비준에 있어서 무책임한 자세를 취하고 있는 게 분명하다.

현재까지, 5분의 3에 달하는 주 정부들이 수정안 비준을 완료했다. 30개에 이르는 주들은 미국의 인구통계학상으로 명백히 과반 이상의 다수를 대표한다. 다만 이번에는 네브라스카주가 유일하게 비준 철회를 시도했다. 과거에 수정헌법 제14조의 비준 과정에서 뉴저지주와 오하이오주가 그와 같은 행태를 보인 적이 있다. 뉴욕은 수정헌법 제15조의 비준 과정에서 수정안을 승인했다가 나중에 철회한 바 있다. 당시, 연방의회는 주 정부 차원에서 비준이 한 차례 이뤄지고 나면 다시는 무효로 만들 수 없다고 명확히 결론지었다. 이에, 뉴저지주와 오하이오주는 수정헌법 제14조의 공표를 위해서 필요한 4분의 3에 포함된 것으로 간주되었으며, 뉴욕 역시 수정헌법 제15조를 당초에 비준했던 주정부 명단에 결국 포함됐다.

정리하면, ERA를 통해 국가는 여성과 남성의 권리와 책임을 바라보는 새로운 시각에 충실히 부응하게 될 것이다. 이 수정안은 여성과 남성 사이를 명확히 가르는 법률적 경계선이 마치 헌법상으로 감내할 수 있는 것인 양 바라보는 시각을 거부한다. 개인적인 필요나 능력과는 아무런 관련이 없고 본인 스스로 바꿀 수도 없는 태생적 특성에 근거하는 것이 아니라 남녀 모두가 개개의 인격체가 지닌 우수성에 근거해 판단받는 그런 법률 시스템을 지향하고 있는 것이다. 뉴욕변호사협회의 연방법제위원회가 아래와 같이 설명한 것처럼 말이다.

ERA는 사회적으로 여성들의 적절한 '역할'이라는 고지식한 고정관념을 근거로 여성들이 나서서 정치경제적 능력을 최대한 활용하려는 것을 금하거나 좌절하게 만드는 법률을 포함해서 모든 부류의 명백한 차별을 제거해줄 것이다. 자신의 신체 상태나 가정에서의 역할로 인해 일부 여성들에게 요구되는 특별한 예외나 다른 우대 조치는, 단순히 '성'이 아닌 그와 같은 고유의 요소들을 특수성의 근거로 활용할 수 있도록 해주는 법령을 통해서 보호받게 될 것이다.

5장

'VMI 사건' 법정 발표문

연방대법원의 회기가 진행되는 동안, 대법관들은 오전이 되면 판결문을 낭독하기 위해서 화려하게 꾸며진 법정의 판사석에 올라 대부분의 날들을 보낸다. 법정 의견 전체를 읽으려면 엄청난 시간(아마도 방청객들을 깊은 잠에 빠져들게 할 수 있을 정도)이 소요될 수 있으니 법원은 보다 실용적인 방법을 택하게 된다. 우선, 다수의견을 작성한 대법관이 결정문의 핵심 사안들을 중심으로 축약하고 판결 취지와 배경에 대해서 더할 나위 없이 간결하고도 이해하기 쉬운 문체로 정리한 후에 법정에서 발표한다. 여기서 소개하는 글은 긴즈버그 대법관이 낭독한 'VMI 사건' 판결에 관한 발표문으로 그간 그가 연방대법원 법정에서 낭독한 것 중에서 개인적으로 가장 만족스럽게 생각하는 의견서이기도 하다.

한 가지 주목할 것은 이날 발표문에서 긴즈버그가 인용한 유일한 판례는 1982년 '미시시피여대 대 호건 사건' 결정문으로 그 내용은 미 연방대법원 역사상 처음으로 여성대법관이 된 오코너가 작성한 것이다. 첫 회기를 마치자마자 오코너 대법관은 이 대학 간호학부에서 여성들만 입학을 허용하고 남성을 배제하는 것은 위헌이라는 내용으로 다수의견(5 대 4)을 작성했다.

긴즈버그 대법관과 오코너 대법관을 포함한 여섯 명의 대법관이 가세했던 'VMI 사건'에 대한 결정문 전문은 '사건번호518 U.S. 515(1996)'로 이미 언론에 보도된 바 있다. 그 당시 연방대법원장을 맡고 있던 렌퀴스트가 판결과 관련해서 보충의견을 내놓았는데 이는 다수의견의 일부 내용에 대해서는 보충 설명이 필요하지만 결론에는 동의한다는 의미로 의견서에 서명하기로 했다는 뜻이다. 토머스 대법관은 당시 아들이 VMI에 재학 중이라 이해관계의 충돌을 우려하여 사건 심리나 재판 과정에 참여하지 않았다. 유일하게 반대의견을 낸 스칼리아 대법관은 VMI라는 존재 자체가 오히려 교육상 선택의 다양성을 보여주는 대표적 사례라며 문제가 된 사관학교처럼 하나의 성별로만 구성된 교육을 열성적으로 옹호했다. 동시에, 다수의견이 제시한 성별에 기초한 분류 방식에 대해서 "엄격한 심사와 구별이 되지 않을 정도로 강도 높은 수준의 '중간 단계' 심사를 단순히 재정

의하는 정도"에 불과하다며 강도 높게 비난했다. 그는 또한 이 결정이 VMI를 파멸로 이끌 것이라며 연방대법원을 향해서도 비난의 화살을 퍼부었다. 하지만, 그의 예상은 끝내 빗나가고 말았다. 여성의 입교가 허용된 이후 VMI와 남녀 사관생도들은 긴즈버그가 당초에 기대했던 것처럼 각자의 역할을 잘 수행해오고 있기 때문이다. 긴즈버그 대법관은 그간 이러한 사실을 누누이 언급해왔다(그가 반대의견을 낸 스칼리아 대법관에 대해 보인 반응은 이 책 1부 6장의 "스칼리아 연방대법관을 추모하며"를 참조하기 바란다).

법정 발표문

1996년 6월 26일

정부 대 버지니아 사건, 사건번호 94-1941

버지니아 대 정부 사건, 사건번호 94-2107

이 사건은 미국의 최고 군사전문대학인 버지니아사관학교와 관련된 것으로 이 대학은 버지니아주에 있는 고등교육기관 중에서 유일하게 남성들만으로 구성된 곳입니다. 1839년에 설립된 이래로 VMI는 커먼웰스[Commonwealth, 켄터키, 매사추세츠, 펜실베이니아, 버지니아의 4개 주는 자체 헌법상 공식명칭을 'state' 대신 'commonwealth'로 하고 있다]와 미국에 봉사하는 시민 및 군사 지도자를 배출해왔습니다. 이 대학은 고유의 교육 프로그램과 리더십 훈련기지로서 그간 누구도 넘보지 못할 정도로 훌륭한 업적을 쌓았으며 이제는 드디어 일부 여성들이 입교를 모색하는 수준에까지 이른 것입니다. 이에, VMI가 필요로 하는 모든 영역에서 남성들과 대등하게 능력을 발휘할 수 있는 여성들을 대신해서, 미국 정부가 1990년에 버지니아주를 상대로 소송을 제기했습니다. 이 소송에서 미국 정부는 수정헌법 제14조의 평등보호 조항에 따라 버지니아주가 VMI에서는 누릴 수 있으나 여타의 모든 버지니아 소재 대학들에서는 누릴 수 없는 교육 기회를 남성들에게만 배타적으로 부여할 수는 없다고 주장했습니다.

이 사건은 법정에서 오랫동안 공방을 벌여왔던 사안으로 제1심 재판에서는 지방법원이 미국 정부의 소 제기에 반하는 결정을 내렸으며 그 근거로 모두 남성들로 구성된 VMI도 그 자체로 미국 정부가 추진하고 있는 다양성 프로그램의 일환이 될 수 있다고 주장했습니다. 그러나, "단일 젠더만을 선호"하는 다양성 정책은 평등보호의 구성 요건을 성립하지 못한다는 결론 아래, 제4순회 항소법원이 제2심 재판에서 지방법원의 제1심 판결은 무효라고 선언했습니다.

여타의 하급법원들은 제2심 재판에서 버지니아주가 제안한 대체 방안을 심의하고 나서 흡족하다는 결론에 이르렀습니다. 즉, 여성들의 VMI 입교를 허가하지 않는 대신, 사립 여자대학인 메리볼드윈칼리지에 '리더십 육성을 위한 버지니아 여자사관학교VWIL'

라 불리는 교육 프로그램을 개설한다는 것이었습니다. 그러나, 제4순회항소법원에 따르면 이 교육 프로그램을 이수해도 VMI 학위 이수를 통해 누릴 수 있는 혜택과 특권을 보장받을 수는 없습니다. 아울러, 두 프로그램 간에는 교육 방법상 현격한 차이가 존재했습니다. 즉, VMI의 남성들을 상대로 한 군사 교육 과정은 철저히 '전투적인' 데 반해 VWIL의 여성들을 상대로 한 프로그램은 '상생을 추구하는' 온건한 내용으로 구성되어 있었습니다. 그러나 하급법원들은 두 학교 모두 전반적으로 평등보호의 요건에 부합할 만큼 "충분히 유사하다"고 결론지었습니다.

오늘, 저희 연방대법원은 그 같은 하급법원의 결정을 번복하기로 했습니다. 저희들은 미국 정부가 고소한 내용의 핵심 사항과 반론의 여지가 없는 사실 관계 심리에 집중했습니다. 적어도 일부 여성들은 VMI가 남성들에게 요구하는 신체 조건을 충족시킬 수 있고, VMI 생도에게 요구되는 모든 활동을 해낼 수 있으며, VWIL보다 VMI에 부과된 교육 방법을 선호할 수도 있고, VMI 교육 방법을 사용하여 교육받을 수 있는 능력도 갖추고 있으며, 기회만 주어진다면 VMI에 입교하고 싶어할 수도 있습니다.

제1심 재판에서 지방법원은 VMI가 선발 과정에서 "저어도 10퍼센트 수준에서 여성들을 받아들일 수 있다"는 것을 확인했습니다. 그에 따르면 10퍼센트만 해도 "긍정적인 교육 경험을 여성생도들에게 제공하기에 충분하다"고 합니다. 만약, 대다수의 여성들이

VMI의 교육 방식을 선택하지 않는다면 대부분의 남성들도 그러한 환경에서 교육받기를 원하지 않을 것입니다. 그러나, 저희 연방대법원이 마주하고 있는 문제는 여성이나 남성이 VMI에 입교하도록 강제해야 하느냐 여부에 달려 있지 않습니다. 그보다는 헌법상, 버지니아주가 합당한 의지와 능력을 갖추고 있는 여성들에게 VWIL에는 없고 VMI에서만 누릴 수 있는 교육과 그에 따른 기회를 제공하는 것을 과연 거부할 수 있느냐 하는 것입니다.

이 문제에 답하려면 저희 연방대법원도 법정대리인이 주장하는 것처럼 기준 즉, 잣대가 필요합니다. 말하자면 우리의 선조들이 구축해놓은 기준에 따라, 성별에 기초한 주 정부의 조치에 대해서 피고 측은 "지극히 설득력을 갖춘 정당성"을 제시해야 한다는 것입니다. 즉, 법률적으로 성별 구분선genderline을 위해 변론하는 피고 측이 "적어도, (문제가 된) 분류 방식이 정부의 중대한 목적에 부합하고 동원된 (그 어떤) 차별적 수단이 그러한 목적의 달성과 깊이 연관되어 있다는 것"을 제대로 규명할 수 있어야 합니다. 성별 분류에 적용되는 강화된 심리 기준이 분류 행위 자체를 금지시키는 것은 아닙니다. 다만, 그 기준선은 평등보호의 원칙에 반하여 단지 여성이라는 이유만으로 배제시키는 그런 법이나 공식적인 정책은 효력이 없다고 판단할 수 있는 근거가 됩니다. 여성들도 기회의 균등을 간절히 바라고 실현하려 들며 그 과정에도 적극적으로 참여하려는 사람들입니다. 이는 남성들과 마찬가지로 여성들도 본인의 능력을 바탕으로 사회에 기여하려는 욕구를 지니고 있기 때문입니다.

남성 또는 여성들의 어떤 '성향'을 과도하게 일반화하여 대부분의 여성(또는 남성)은 통상적으로 어떠하다는 식으로 평가를 하거나 평가를 받게 됩니다. 그러나 더욱더 까다로워진 기준 아래서는 본인의 재능과 역량이 평균 이상의 위치에 있는 여성들에게 그런 식으로 기회를 박탈하기가 쉽지 않을 것입니다. 이미 약 14년 전에 저희 연방대법원이 '미시시피여대 대 호건 사건'에서 판결한 바와 같이 국가기관이 이제는 더 이상 "남녀의 역할과 능력에 관해서 고정관념을 바탕으로" 미리 기준을 정해놓고 출입문을 닫아버릴 수가 없게 된 것입니다.

저희 연방대법원의 그 같은 개선 명령에 따라 헌법을 위배한 사항들은 반드시 치유되어야 합니다. 이 사건에서, 남성들에게 주어진 보기 드문 교육 및 리더십 개발 기회에서 여성들을 배제하는 것은 헌법을 위반한 것과 다를 바 없습니다. 이런 위헌의 문제를 해소하고 헌법상 평등한 보호를 온전히 제공하기 위해서 VMI 수준의 교육 과정을 찾고 있으면서 수준에 걸맞는 자격도 갖춘 여성들에게 그보다 낮은 수준의 교육을 제공해서는 안 됩니다. 이에, 저희 연방대법원은 제4순회항소법원의 판결을 번복하고 오늘의 결정문에 따라 본 소송사건을 재심하도록 주문하는 바입니다.

6장

성차별 철폐를 옹호함*
평등 원칙에 대한 1970년대의 새로운 시각

되살아난 페미니즘 운동이 1970년대에 이르러 드디어 미국에서 꽃을 활짝 피웠습니다. 저는 당시 법학 교수로 ACLU의 법률자문위원이자 여성 인권 프로그램의 창립자이기도 했습니다. 저는 제때에 제대로 된 곳에서 제대로 일할 수 있었던 멋진 행운 덕분에 여성의 권리를 인권이라는 의제 중 하나로 영속화시키자는 운동에 동참할 수 있었습니다. 이제부터, 지나간 날들을 회상하면서

---

* 긴즈버그 판사가 2008년 7월 이탈리아 베니스의 웨이크포레스트 로스쿨 여름 프로그램에서 행한 연설이다. 분량과 맥락을 고려해 연설문을 편집했다.

저만의 시각과 경험 차원에서 1970년대의 여성운동이 불러온 사회변화에 대해 여러분에게 설명을 드리겠습니다.

전 세계 여러 나라가 1970년대 이후에 헌법 일부를 개정한 결과, 각국 정부가 주로 다루고 있는 법률 문서들은 대체적으로 포괄적인 내용의 평등 조항을 담고 있습니다. 관련 조항은 인종, 성별, 출신, 성적 취향, 종교 및 여타의 집단적 특성에 바탕을 둔 차별을 명시적으로 금하고 있습니다. 수많은 사례 중에서 몇 가지만 예로 들자면, 1982년에 채택된 캐나다의 '권리와 자유헌장'이 그와 관련한 금지 목록을 담고 있으며 남아공의 인종분리주의 시대 이후에 만들어진 헌법과 '유럽인권보호조약'도 역시 그와 마찬가지입니다. 20세기 후반에 와서 작성된 여러 인권선언과는 대조적으로 미국 헌법은 이미 220년이 넘는 역사적 전통을 갖고 있으며, 현존하는 여러 나라의 헌법 중 사실상 가장 오래된 성문헌법입니다. 1920년에 여성에게 투표권을 부여한 수정헌법 제19조를 제외하고, 미 헌법은 성별을 근간으로 한 차별과 관련해서 어떠한 명시적인 조항도 담고 있지 않았습니다. 사실상, 미 헌법은 남북전쟁이 끝나고도 상당 기간 여성의 평등한 권리를 제대로 반영하지 않고 있었던 것입니다. 미국에서 평등보호에 관한 법리는 1868년 수정헌법 제14조상 예비명령의 해석과 주로 연관되어 있습니다. 이 명령에 따르면 정부기관들은 그 어떤 인격체에 대해서도 헌법상 '평등보호 조항'을 적용하는 것에 대해서 거부할 수가 없습니다. 그 해에 헌법에 삽입된 그와 관련한 문구들이 한때는 너무 좁게 해석된 적도 있었습니다. 그러나 시간이 흐르자 헌법도 성장 잠재력을 지니고 있다는 것이 입증되기 시작했습니다. 1890년대에 연방대법원은 주 정부 법령으로 선포된 인종 분리가 헌법의 평등보호 원칙에 부합한다고 판결했습니다. 그러나 20세기 중반에 이르러서 연방대법원은 그 같은 판결이 얼마나 심각하게 잘못된 것인지를 새삼 깨닫게 됩니다. 그리고 마침내 1954년의 '브라운 사건' 판결을 통해 적어도 공공 교육시설에서 국가가 인종을 강제로 분리하는 것은 헌법상 평등권에 반하는 조치에 해당한다고 인정하기에 이르렀습니다. 반면 1971년까지만 해도 주 정부나 연방법에 의해 자신들의 평등권이 거부되어왔다는 여성들의 호소는 애써 외면당했습니다.

그러다 1971년에 와서 연방대법원이 드디어 방향을 선회했습니다. 대법관들이 평등 원칙을 좀더 폭넓게 해석할 것을 요구하는 평등권 옹호론자들의 주장에 호의적으로 반응하기 시작한 것입니다. 옹호론자들은 18세기 후반에 미국이 건국된 이래로 평등에 관한 원칙도 진화해왔으므로 그와 같은 해석은 미국 사회에 보다 더 유익한 방향으로 작용할 것이라고 주장했습니다.

1972년 초에 출범한 ACLU의 여성 권익 프로젝트, 뉴저지 주립대학의 럿거스 로스쿨 세미나, 그리고 그 이후에 개최된 컬럼비아대학 로스쿨 세미나에서 제가 최초로 진행한 작업들은 세 가지

전선을 축으로 전개됐습니다. 즉, 시민들의 이해 증대, 법과 제도상의 개혁, 그리고 법리상의 변화를 동시에 추진한 것입니다. 이번 강의는 당시에 벌어졌던 소송에서 특히 공들였던 부분들에 초점을 맞추겠습니다. 어떤 의미에서 우리들이 맡았던 1970년대의 임무는 그리 어려운 것이 아니었습니다. 목표는 잘 정리되어 있었고, 그리 복잡한 문제도 발생하지 않았습니다. 연방정부와 주 정부가 보유하고 있던 법령집들은 우리가 당시 '성별에 기반한 차별'이라 불렀던 문제와 관련해서 구멍이 숭숭 뚫려 있었습니다. 참고로, 관련 사례들은 1971년 여름에 연방대법원에 제출한 ACLU의 준비서면에 첨부되어 있습니다. 이 준비서면은 '리드 사건'의 상고인을 위해 작성한 것으로, 그 덕분에 1970년대에 처음으로 성차별 및 평등보호와 관련한 사건이 연방대법원까지 올라가게 됩니다. '리드 사건' 준비서면 첨부자료에는 수많은 항목들 중에서 미국이 영국으로부터 물려받은 가정 내 규범도 포함되어 있습니다. 이 규범은 미국에서 주 정부 관습법은 물론이고 민법의 영역에서도 흔하게 발견됐으며 이후 전 세계로 광범위하게 퍼져나갔습니다. 그 내용을 성문화한다면 대체로 다음과 같이 정리할 수 있습니다.

남편은 집안의 가장이다. 남편은 그 어떤 유형의 합당한 장소 또는 생활양식이라도 취사선택할 수 있으며, 아내는 남편의 그런 결정에 순종해야 한다.

개정이 필요한 연방법과 법령들의 목록을 작성하는 데는 연방 정부 법무장관(연방대법원의 입장에서 법무장관은 법에 관한 한 미 행정부를 대표하는 관료입니다)이 중요한 도움을 줬습니다만 우연이라는 힘도 작용했습니다. 당시 법무장관은 전직 하버드대학교 로스쿨 학장이었던 어윈 그리스월드였습니다. 그는 1973년 3월, ACLU가 승소한 '모리츠 사건'의 항소법원 판결 내용을 심의해달라고 연방대법원에 요청했습니다.

한편, 모리츠 씨는 내국세법의 모든 곳에 적나라하게 드러난 성차별 조항들을 우연히 발견하게 됩니다. 우선, 그는 독신 여성과는 달리 자신과 같은 독신 남성은 늙고 병든 어머니를 부양하는 데 들어가는 비용을 공제받지 못하는 것에 대해 이의를 제기했습니다. 미 의회는 그같은 성차별을 없애기 위해 이미 긴 안목을 갖고 관련 법률을 개정한 바 있습니다. 이에, 한때 부모님을 극진히 모시던 딸들이 누리던 혜택을 오늘날은 물론 미래에도 꾸준히 등장할 효심이 지극한 아들들에게도 부여할 수 있게 되었음에도 고등법원은 당시로선 급박하게 심의할 필요성을 느끼지 못했던 것 같습니다. 그런 와중에, 법무장관은 항소법원의 결정이 당시의 "별첨자료 E에 나열된 것과 같이 수많은 연방법령에 위헌의 먹구름을 드리우고 있다"며 연방대법원에 심의를 요청해온 것입니다. 도대체 '별첨자료 E'는 무슨 내용을 담고 있었을까요? 그것은 국방부 컴퓨터에서 출력한 인쇄물(개인용 컴퓨터가 보급되기 이전 시대의 일반인들은 전혀 예상할 수 없었던 종류의 문서입니다)로, "성별을 근거로 차별하는 내용을 담고 있는" 모든 법령을 제목별로 일목요연하게 나열하고 있었습니다. 마치 앞으로 펼쳐질 여성들의 변혁 운동을 위해 제시된 로드맵처럼요. 이는 누군가가 교정 차원의 법제화를 위해 즉각적으로 언론에 활용하는 동시에, 대중의 이목을 집중시키고 변화의 속도를 급격히 끌어올리기 위한 법정 다툼으로 당장 연결시켜도 무방할 정도로 대단한 호재였습니다.

그러나 우리가 목표로 하는 것이 당시의 법률서적에 모두 나와 있다면 오히려 그로 인해 극렬한 저항에 직면하게 될 수도 있었습니다. 우리가 처한 현실은 1960년대에 인종차별 철폐를 주장하며 법원의 도움을 요청했던 흑인들의 그것과는 출발부터 달랐습니다. 1960년대, 그리고 적어도 1970년 초까지 판사와 연방의회 의원들은 성차별을 강제하고 있는 법령들이 악의적인 것이 아니라 오히려 여성들을 위해 좋은 목적에서 출발했다고 간주하고 있을 정도였습니다. 그들은 대부분 백인이자 풍족한 집안의 남성들이었습니다. 선출직이나 지명직을 독차지한 남자들은 대개 본인 스스로를 좋은 남편이자 아버지라고 여겼습니다. 그들이 보기에 여성들은 이 세상에서 가장 좋은 것을 누리고 있었습니다. 여성들은 그들이 원하면 일을 할 수 있었고, 그들이 선택하면 집에 머물 수 있었습니다. 그러나, 높은 수입을 올리는 남편이 있는 아내가 아니라면 절대 그런 호사를 누릴 수가 없었습니다. 그런 여자들은 내키면 배심원의 의무를 피할 수도 있었고, 그 의무를 이행할 수도 있었습니다. 국방의 의무를 회피하거나 군대에 지원해서 갈 수도 있었습니다. 그러니 남자들이 볼 때 그런 여자들에게 무슨 불평이나 불만이 있을 수 있겠습니까?

그 당시 우리에게 부여된 사명은 시민과 더불어 입법기관과 법원의 의사결정권자들을 제대로 교육시키는 것이었습니다. 우리는 그들이 현실을 얼마나 잘못 인식하고 있는지를 그들에게 깨우쳐 주려고 부단히 노력했습니다. '프론티에로 사건'은 연방대법원이 재판을 시작한 지 불과 일 년 반 만에 결론이 났습니다. 브레넌 대법관은 1973년에 내려진 사건 판결에서 다수의견 속에 본인의 생각을 다음과 같이 피력했습니다. "전통적으로 (성별에 따른 차등 대우는) 여성을 잘 대우해주는 것이 아니라 새장 속에 가둬버리는 '낭만적인 가부장주의'를 통해서 합리화된 것이다."

저와 함께 ACLU에서 일했던 분들은 대중을 제대로 이해한다는 것이 얼마나 중요한지를 가슴 깊이 새겼습니다. 홈구장의 관중에게 연설하는 경우라 할지도 때론 그것이 역효과를 낳을 수도 있습니다. 더욱이, 그 관중이 당시처럼 대부분 남성들로 구성되어 있다면 말입니다. 이에, 판사와 의원 본인들의 딸과 손녀가 성차별로 인해 불이익을 받을 수 있다는 점을 단박에 깨우치도록 하기 위해 최선을 다했습니다. 우리는 우리 사건의 기본을 이루는 현실에 비추어 볼 때, 우리 자신을 초등학교 3학년 수준을 넘어서지 못한 청중 앞에 선 교사로 생각했습니다.

여성들이 언제, 왜, 그리고 어떻게 헌법과 관련한 재판에 뛰어들기 시작했는지를 살펴보기 위해, 지난 1957년에 플로리다주의 힐스버러 카운티에서 발생한 기소 사건으로 이야기를 시작해보겠습니다. 그웬돌린 호이트 씨가 남편을 살해한 혐의로 법정에 섰는데 살해 도구는 야구방망이였습니다. 호이트 씨는 요즘 말로 '매맞는 아내'였습니다. 바람둥이 남편은 아내가 정신을 잃을 때까지 학대하고 모멸감까지 주었습니다. 그리고 분노와 좌절로 순간 이성의 끈을 놓은 아내는 남편의 목숨을 야구방망이로 한방에 날려버렸습니다. 부부싸움은 이로써 끝이 났고, 그로 인해 아내인 호이트 씨가 살인혐의로 기소가 됐습니다.

당시 플로리다주 법원은 여성들을 배심원 명부에 올리지 않았습니다. 여성들이 "가정과 가정생활의 중심"에 자리를 잡을 수 있다고 생각하는 남성들의 가부장적 우려 때문이었습니다. 호이트 씨는 모두 남성으로 구성된 배심원단에 의해 2급 살인으로 유죄 판결을 받았습니다. 피고는 여성들이 배심원이 된다면 자신의 심리 상태를 더욱더 잘 이해하고 표결에 임해 무죄가 아니더라도, 적어도 과실치사보다 더 낮은 형량을 받을 수 있을 거라 생각했습니다.

연방대법원은 1961년(해당 재판은 얼 워런Earl Warren 대법원장이 주심을 맡았으며 그는 당시 매우 '리버럴'한 견해를 지닌 인물로 평가되었습니다)에 피고의 심리청원을 기각합니다. 연방대법원이 그런 결정을 내린 것은 판례라는 참으로 질긴 동아줄을 부여잡고 있었기 때문입니다. 이 판례는 '분리된 영역'이라는, 오랫동안 널리 받아들여져온 관념을 반영하고 있었습니다. 즉, 자연의 섭리에 따라, 생계를 책임지는 사람이자 가장이 되고 집밖에서는 가족의 대표자가 되는 것은 남자의 운명이고, 자식을 낳고 홀로 키우며 집안을 제대로 유지하는 것은 응당 여자의 운명이란 관념 말입니다. 그런 사고방식을 대표하는 사례가 바로 1948년의 '고에사에르트 대 클리어리 사건'에 대한 판결로, 연방대법원은 여성들이 남편이나 아버지가 소유한 시설이 아닌 다른 곳에서는 바텐더로 일할 수 없도록 결정한 미시건주 정부의 손을 들어주었습니다. 그로 인해, 본인이 운영하던 선술집에서 바텐더로 일하는 딸아이와 함께 살던 어머니가 단지 여성이란 이유 하나만으로 결국 가게 문을 닫게 됩니다.

'그웬돌린 호이트 사건'에 대한 판결이 내려지고 10년이 흐른 1971년에 와서야 연방대법원은 해당 판결 내용을 번복했으며 모든 하급법원도 그 결정에 따랐습니다. 여기에 극적인 전기를 마련해준 것은 비극적으로 목숨을 잃은 한 아이와 관련된 사건이었습니다. 아이다호주 보이즈에 살았던 리처드 린 리드라는 십대 소년이 그 유명한 '리드 사건'의 주인공이랍니다. 아이의 부모는 오랫동안 별거하다 결국은 이혼을 했습니다. 어머니 샐리 리드는 아이를 아버지에게서 벗어나게 하기 위해 백방으로 노력했으나 결국 실패하고 맙니다. 아이가 아버지 집에 머무르는 사이, 아버지가 소유하고 있던 총기 중 하나에서 발사된 실탄에 맞아 즉사한 것입니다. 당시에는 사고가 일견 자살로도 보였습니다. 유일한 자식인 리처드를 잃은 어머니는 아들의 몇 안 되는 소유물을 인계받고자 합니다. 이에 유언법원에 자식의 유품 및 유산의 관리인으로 본인을 지정해줄 것을 요청합니다. 그런데, 아버지 세실 리드도 나중에 어머니와 같은 방식으로 지정명령을 신청합니다.

아이다호주 유언법원은 주 정부 법령에 근거하여 먼저, 그리고 제때에 제출한 어머니의 신청은 거부하고 오히려 뒤늦게 신청한 아버지를 관리인으로 지정합니다. 관련 법령에 따르면, 두 사람이 사망한 사람의 재산을 관리할 수 있는 자격을 동일하게 갖추고 있는 경우에는 그중에서 "여성보다 남성에게 우선권을 부여해야 한다"는 것입니다. 중간 단계의 항소법원이 어머니 샐리의 손을 들어주었으나 아이다호주 대법원은 패소 판결을 내렸습니다.

샐리 리드는 그리 복잡한 성격을 지닌 여성이 아니었습니다. 한때 화이트칼라 사무직으로 근무했으며 나중에는 자택에서 노인과 장애인들을 돌보며 생계를 꾸려 나갔습니다. 당시만 해도 자신을 페미니스트라고 생각하지는 않았을 겁니다. 다만 본인이 속한 주 정부의 법령이 너무나도 부당하다고 느꼈으며 이에, 판사들이 자신의 고충을 충분히 납득할거라고 믿었던 것 같습니다. 결국에 가서는 샐리 리드의 믿음이 옳았다는 것이 입증됩니다. 연방대법원이 전원일치 의견으로 남성에게 우선권을 부여하는 아이다호 주의 법조항이 위헌이라고 판결한 것입니다. 즉, 샐리 리드에 대해서 내려진 아이다호주 대법원의 결정으로 인해 그 주의 법령이 미 연방헌법의 평등보호 의무를 명백히 부정하고 있는 것으로 해석된 것입니다.

이 판결이 나오고 나서 17개월이 지난 후에 '프론티에로 사건' 판결에서 연방대법원은 결혼한 남성 장교의 가족과는 달리, 결혼한 여성 장교의 가족에게는 주택수당과 의료 혜택을 부여하지 않는 것은 위헌이라고 결정했습니다. 여성 공군 중위 샤론 프론티에로는 성공적인 도전자였습니다. 프론티에로 중위의 생각은 명확했습니다. 문제가 된 법령이 동일임금 지급을 부정하고 있다고 본 것입니다.

샤론(현재는 코헨으로 개명)은 선뜻 어떤 분야의 선구자라고 부르기엔 좀 어색한 사람입니다. 샐리 리드도 마찬가지입니다. 샤론도 샐리가 그랬던 것처럼 남들 앞에 나서는 것을 꺼려하는 지극히 평범한 여성입니다. 그러나 두 사람은 자신이 부당한 대우를 받아왔다는 것을 잘 알고 있었으며 과감히 소송까지 제기할 수 있는 용기도 지니고 있었습니다. 또한 미국의 사법체계가 자신들의 공소 사실을 입증해줄 것이라 확신하고 있었습니다.

샤론 중위가 승리하고 2년이 지나, 연방대법원은 딸의 경우 열여덟 살이 되면 부모가 지원을 중단할 수 있지만 아들에 대해서는 그 기한을 스물한 살까지로 정한 아이오와주 법령이 헌법에 위배된다고 판시했습니다. 같은 해인 1975년에는 저에게 너무도 의미 깊었던 '와인버그 대 비젠펠트 사건'에 대해서도 연방대법원의 판결이 내려졌습니다. 이는 뉴저지주 소재 공립학교 교사인 파울라 비젠펠트가 1972년에 출산 중 사망한 비극적인 사건에서 비롯됐습니다. 남편인 스티븐 비젠펠트가 홀로 아이를 키우기로 마음먹었지만 정작 양육과 관련한 사회보장 혜택은 전혀 받을 수가 없었습니다. 그러한 혜택은 홀어머니로 제한되어 홀아버지인 그에게는 해당이 되지 않는다는 이유에서였습니다. 그러나, 연방대법원에서 스티븐은 전원일치 판결로 승소를 합니다.

성별에 근거한 조치를 변호하기 위해서 주 정부는 같은 사정이라면 아버지보다 어머니가 좀 더 많은 도움이 필요하기 때문에 그 같은 성별 분류가 전적으로 정당하다고 주장했습니다. 연방대법원도 그러한 주장이 일반적으로는 일리가 있지만, '평균적인' 여성과 '평균적인' 남성이 처한 상황을 반영하는 법률들은 주 정부 차원에서도 더 이상 충분치 않다고 판단한 것입니다. 연방대법원은 미국에서 이미 다수의 남편을 잃은 여성들이 남편의 소득에 의지해오고 있지 않다는 점을 지적했습니다. 또한, 아직은 소수지만 아이를 돌볼 준비가 되어 있고, 그럴 의지도 있으며, 그럴 능력도 갖춘 스티븐 비젠펠트 씨 같은 아버지가 늘어나고 있다는 점도 언급했습니다. 금전적 필요나 아기를 키우려는 의지를 드러내기 위해서 성별을 손쉽게 이용하는 것은 헌법상 평등보호의 원칙에도 맞지 않는다고 판단한 것입니다. 마침내, 연방대법원이 평등보호의 원칙을 제대로 이해할 수 있을 정도로 성숙해졌습니다.(이 판결로 아버지인 스티븐 비젠펠트에게 보육 수당이 지급됐으며 이제는 본인도 놀랄 만큼 헌신적인 아버지로 훌륭히 살아가고 있습니다. 한때는 남편을 잃은 여성에게만 돌아가던 혜택이 이젠 같은 처지에 놓인 남편에게도 돌아가게 된 것입니다.)

다음으로, 1976년 대법관 다수가 인종차별에 적용되던 한결 '강화된 심사 기준'을 공공연히 행해지는 성차별에도 적용해달라는 청원에 대해 찬성했습니다. 3.2퍼센트 정도의 알코올을 함유한 낮은 도수의 맥주 비슷한 음료수를 구매할 경우, 여성은 열여덟 살이 넘어야 하고, 남성은 스물한 살이 넘어야 한다고 규정한 오클라호마주 법령을 연방대법원이 폐기하도록 한 것입니다(크레이그 대 보렌 사건). 황당하게도, 주 정부는 청년들이 소녀들보다 운전을 더 많이 하고, 술도 더 많이 마시며, 음주와 관련한 범죄도 더 많이 저지른다는 것을 근거로 주 법령을 정당화했습니다. 누군가는 연방대법원이 '강화된 심사 기준'을 발표하기 위해 그래도 좀 덜 황당한 사례를 선별하길 바랐을 수도 있었을 겁니다. 그렇지만 이 판결은 당시로선 법리상 매우 중요한 진전을 보여준 사례이기도 했습니다.

마침내 연방대법원이 깨닫기 시작했습니다. 사법부의 최고 기관이 이제야 성장기에 접어든 배경은 무엇일까요? 판사들은 자신이 읽은 신문기사에 영향을 받곤 합니다. 저명한 헌법학 교수인 폴 프로인드Paul Freund가 말했듯이 재판 결과는 그날의 날씨와는 무관하지만 기후[시대적 분위기]에는 영향을 받는다는 겁니다.

이처럼 동시대의 변화된 여건으로 인해, 1961년의 '그웬돌린 호이트 사건', 그리고 1970년대의 '리드 사건', '프론티에로 사건', '스티븐 비젠펠트 사건', '커티스 크레이그 사건'을 포함하여 여러 가지 사건 재판에서 다른 결과가 나왔습니다. 1961년부터 1971년에 이르기까지 약 10년에 걸쳐 가사노동에서 벗어나서 직장에서 일하게 된 여성들의 규모가 급격히 늘어났습니다. 그와 함께 부활한 페미니즘 운동도 더욱더 활기를 띠기 시작했습니다. 이 운동은 1960년대의 인종적 정의를 위한 흑인들의 민권운동에서 적지 않은 영향을 받았습니다만, 시몬 드 보부아르가 1949년에 출간하여 유명해진 《제2의 성》이라는 저서를 통해서 전 세계로 퍼져나간 '신사고'의 영향도 컸습니다. 결혼 양식의 변화, 더 안전해진 산아제한 접근법, 늘어난 수명, 그리고 특히 인플레이션도 총체적으로 작용하여 사회적 역동성을 불러옴으로써 새로운 세계를 맞이할 수 있게 된 것입니다. 1970년대는 미국 역사상 처음으로 '평균적인' 여성이 성년기의 대부분을 육아에 매몰된 채로 살아가던 삶에서 벗어난 시대입니다(컬럼비아대학의 저명한 경제학 교수인 엘리 긴즈버그가 1977년에 말했듯이, 그와 같은 진전은 20세기 후반에 벌어진 "가장 획기적인 현상"이라 할 수 있습니다).

그리고 마침내 미 의회가 움직입니다. 사법부의 도움과 ACLU 여성 권익 프로젝트가 초안을 만든 민권위원회 보고서가 큰 역할을 했지요. 그 보고서는 내가 컬럼비아대학에서 한 해 동안 개설한 세미나에 참가했던 학생들과 함께 만든 것이었습니다. 입법부는 '성과 연관된 기준에 근거한 차별'의 내용을 담고 있는 법령들 대부분(다는 아닙니다)을 제거했습니다. 그리스월드 법무장관이 1973년 법원에 제출했던 목록상에 있던 바로 그 법령들 말이지요.

전반적으로 볼 때, 1970년대에 연방대법원은 성차별 사건과 관련해서 행정부의 정무 부서들과 효과적으로 소통을 했다고 생각합니다. 연방대법원은 판결문을 최대한 예의를 갖춰 작성하되 심오한 철학을 설파하지는 않았습니다. 오히려 성에 근거한 분류에 대해서 실행부서의 재점검을 독려하고 법과 제도를 강화하는 방식으로 입법부와 행정부가 "변화된 세계에 부응할 수" 있도록 이끌었습니다.

성평등에 관해 법리적 초석이 되어줄 사례들을 선도적으로 만들어낸 남성 변호사들도 있었습니다. 그들도 여성들에 대한 편견에 바탕해 깊이 뿌리 내린 차별에 불만을 토로했습니다. 그 당시, 대다수 여성은 어린이와 마찬가지로 부양가족이나 남성 가장에 종속된 사람으로 취급받았습니다. 절대적으로 남성 일색이었던 판사 세계도 스티븐 비젠펠트 사례와 같은 사건들을 통해 젠더 구분이 문제라는 점을 광범위하게 이해하게 되었습니다. 성역할이 고착화되면 남성 역시 불이익을 받을 수도 있습니다. 또한, 스티븐 비젠펠트 사건이 보여주듯이 남성과 여성의 역할을 지나치게 일반화할 경우 아이들에게도 불행한 결과를 초래할 수 있습니다.

1970년대 후반에 이르러서 미 의회는 드디어 이 문제와 관련한 대화에서 핵심적인 역할을 해냈습니다. 입법부는 육군의 '웨스트포인트', 해군의 '아나폴리스', 공군의 '아카데미'와 같은 사관학교들이 여성의 입교를 배제하는 것에 대해 적극적으로 자신들의 의견을 제시해, 마침내 여성들에게도 국립사관학교의 문을 열어준 것입니다. 그러나 연방대법원이 1996년에 소위 'VMI 사건'에 대해서 판결을 내리기 전까지 입법부인 의회가 가져온 변화는 대부분 불완전한 상태로 남아있었습니다. 'VMI 사건'에 관해 말하자면, 남자 일색이던 이 학교는 오랫동안 군사 분야의 유력 인사들을 키워낸 훈련 요람이었습니다. 그러나 버지니아주 정부는 그와 견줄 만한 기회를 여성들에게는 제공하지 않았습니다. 'VMI 사건' 재판이 본격적으로 시작될 무렵, 여성들은 이미 10여년에 걸쳐 다른 여러 사관학교에 입학해서 졸업까지 했습니다. 미해병대도 직업 군인인 여성 장교를 3성 장군으로 승진시켰습니다. 그것도 더욱이 인사 및 작전 기획을 총괄하는 핵심 보직으로 말입니다. 당시 여군들은 이미 무명용사의 묘를 지키고 항공기를 조종하는 등, 한때 남성들의 전유물이었던 수많은 일을 해내고 있었습니다. 연방대법원의 'VMI 사건' 판결을 통해 버지니아주 정부에 선택권이 주어졌습니다. VMI에 여성의 입교를 허용하거나 그렇지 않으면 VMI의 문을 닫는 것이었습니다.

일반 대중의 이해의 폭도 넓어져 이제 'VMI 사건'이 단순히 군대만의 문제가 아니라는 사실을 깨닫게 됐습니다. 그렇다고 연방대법원이 단일한 젠더로 이루어진 학교의 가치나 생존 능력에 대해 의문을 제기한 것은 아닙니다. 즉, 'VMI 사건'은 본질적으로 기업과 시민사회의 리더를 배출하기 위해 설립된 대학에 엄청난 투자를 해온 주 정부에 관한 문제였던 것입니다. VMI는 수세대에 걸쳐 경이로운 결실을 맺어왔으나 그와 같은 수월한 교육 기회를 오직 남성들에게만 국한해서 부여한 것이 문제가 됐습니다. 개인적으로 저는 이 사건을 계기로 1970년대에 벌어진 여성들의 문호개방 운동이 절정에 달했다고 봅니다. 여성들은 이제 아무런 인위적 제약 없이 어떤 것을 간절히 바랄 수도 있고, 또 이뤄낼 수도 있다고 생각하게 되었습니다.

마지막으로, 1970년에 베트남에서 간호장교로 근무하던 중에 임신을 한 수전 스트러크 공군 대위 사건을 이야기해보려 합니다. 스트러크에게는 선택권이 주어졌습니다. 영내에서 유산을 하든지, 아니면 군대를 떠나라는 것입니다(참고로, 이 사건은 1973년에 연방대법원이 여성에게 헌법상 자신의 생식 능력을 통제할 권한이 있다고 판시한 '로 대 웨이드 사건'에 앞서 발생했습니다. 당시, 몇몇 공군

기지는 여성 군인이나 군인 가족으로 하여금 유산을 강제하고 있었습니다.) 스트러크 대위는 정통 가톨릭 신자로 유산을 원하지 않았습니다. 이에, 누적된 휴가를 활용해서 출산을 하고 아기가 나오자마자 즉각 입양을 보낼 준비를 했습니다. 그런 다음 공군 규정상 전역 조치에 대항해 소송을 제기하지만 제1심 재판은 물론 항소심에서도 연이어 패소를 당합니다. 그러다 워싱턴주에서 ACLU 소속 변호사를 만나 제대로 변호를 받을 수 있었고, 결국 전역하지 않고 매달 버틸 수 있게 되었습니다.

마침내 연방대법원은 스트러크 대위의 청원을 받아들여 심리를 진행하기로 결정합니다. 이 사건은 임신 및 출산에 관한 법률과 규제에 대해 성평등 차원에서 변론하기에 참으로 이상적인 사례였습니다(후에 연방대법원은 임신에 따른 차별은 성에 근거한 차별이 아니라는 입장을 취하는데, 만일 연방대법원이 전체 브리핑과 구두변론을 한 뒤 이 사건을 심리했다면 그런 결론을 내리지 않았을 겁니다). 당시에 법무장관이었던 그리스월드는 재판 결과에 따라 정부에 돌아올 막대한 잠재적 손실을 인지하고 있었습니다. 이에, 미 공군으로 하여금 스트러크에 대한 전역 조치를 중단하고 임신한 여성을 자동으로 전역을 시키는 정책도 없애버리도록 지시했습니다. 공군은 순순히 응했고, 법무장관이 그에 따라 논란이 되고 있던 이 사건에 대해 소 취하를 요청했습니다.

이 사건을 계속 진행시키고 싶었던 저는 스트러크 대위에게 전화를 걸어 소 취하에 맞설 만한 또 다른 거부당한 경험이 있는지를 물었습니다. 스트러크는 자신이 급여나 수당을 받지 못했다는 것을 확인해주었습니다. 내가 "단지 여성이란 이유만으로 원하는 혜택을 받지 못한 부분도 있지 않느냐"고 물었더니 대위는 즉각적으로 "그렇다"고 수긍했습니다. 그때가 1972년 12월이었습니다. 스트러크 대위는 "공군 조종사가 너무도 되고 싶었지만 당시에는 여군들에게 비행훈련을 받을 기회조차 주어지지 않았다"고 말했습니다. 우리는 웃으며 당시 그러한 직업적 배제를 공격하는 것은 가능성이 없다는 데 동의했습니다. 오늘날이라면 비행 훈련을 남자들에게만 받게 하려는 시도야말로 가능성이 없는 일이라 생각할 겁니다. 이는 1970년대 미국에서 진행된 소송과 입법과 공교육 분야에서의 노력이 어떤 결실을 거두었는지를 보여주는 한 가지 지표입니다.

4부

연방대법관이 되다

서문

1993년 이른 1월, 빌 클린턴이 미국의 제42대 대통령에 취임했다. 민주당 출신으로는 1980년의 지미 카터 이래 처음으로 대통령이 된 것이다. 모든 전임 대통령들과 마찬가지로 클린턴도 연방대법관 한두 명 정도는 본인이 지명하기를 바랐다. 특히, 민주당 출신 대통령이 대법관을 지명한 지도 수십 년이 흘렀기 때문에 이는 더더욱 절실했다. 그해 3월에, 바이런 화이트Byron White 대법관이 연방대법원 회기 말인 6월에 퇴임할 것이라고 발표했다. 신임 대통령은 드디어 소망을 이루게 되었다. 대통령은 최적의 자격을 갖춘 후보자를 물색하기 시작했다. 카터 대통령은 그의 임기가 끝나갈 무렵, 루스 베이더 긴즈버그를 워싱턴 D.C. 순회항소법원의 판사로 임명했다. 그리고 긴즈버그는 클린턴 행정부에 이르러 연방대법관 후보자 명단에 이름을 올리게 된다.

약 3개월에 걸쳐 진행된 선정 과정은 두서도 없고 요란하기 짝이 없었다. 그 와중에 연방대법관 물망에 오른 후보자가 한둘이 아니었다. 그중에는 뉴욕시장 마리오 쿠오모, 내무장관 브루스 배빗, 그리고 연방판사 스티븐 브레이어도 있었다. 긴즈버그 판사의 이름도 첫 리스트에 올랐으나 선발 과정이 막바지에 이르기 전까지 최종후보자 명단에 들지 못했다. 한 백악관 직원의 표현에 의하면 "긴즈버그 앞에 있던 모든 도미노 게임의 패들이 다 떨어져 나가는 바람에 긴즈버그만이 유일한 선택지로 남았다"[1]고 한다. 몇 년이 지난 후, 긴즈버그 연방대법관은 이에 대해 "제가 맨 마지막에 서 있던 바로 그 사람입니다"[2]라며 조용히 웃어넘겼다.

클린턴 대통령과 긴즈버그 판사가 백악관에서 중요한 회동을 하고 난 뒤 일요일인 6월 13일까지도 대통령의 최종 판단이 내려지지 않았다. 그 전 주 금요일에는 긴즈버그가 메릴랜드주의 '타이드워터 인'에서 개최된 워싱턴 D.C. 순회항소법원 대회의에 참석했다. 그날 늦게 워싱턴 D.C.로 돌아와서 저녁에는 결혼식에 참석하기 위해 다시 버몬트로 날아갈 예정이었다. 당시에 대단히 존경을 받던 변호사로 연방대법관 지명 절차와 관련해서 백악관과 함께 긴밀히 작업을 해오던 조엘 클레인이 전화를 걸어왔을 때, 긴즈버그는 그때까지도 법원회의에 참석하고 있었다. 클레인은 조금 뒤 전화가 올 것이니 준비를 해두는 것이 좋을 거라고 조언했다. 이는 대통령과 면담을 할 수 있도록 버몬트 방문 계획을 취소해달라는 요청일 수도 있었다. 긴즈버그가 워싱턴 D.C.로 돌아오는 길에 클레인으로부터 또 다시 전화가 걸려왔다. 그는 "이제 버몬트에 가셔도 좋습니다"라고 말했다. 금요일 밤에 급히 버몬트로 날아가서 호텔에 겨우 체크인 하려는 순간, 백악관 법률자문인 버나드 누스바움이 전화를 걸어왔다. 최대한 신속히 워싱턴 D.C.로 복귀해 대통령을 만나라는 것이었다. 이에, 루스와 남편 마티는 토요일까지 버몬트에 머물다 일요일 아침에 워싱턴 D.C.로 향하는 비행기에 올랐다.

긴즈버그에게는 늦잠을 자는 버릇이 있다. 특히 주말에는 더욱 그랬지만, 바로 그 일요일 아침에는 워싱턴 D.C.로 가는 첫 비행기를 타기 위해 아침 일찍 일어났는데 신기하게도 전혀 피곤하지가 않았다. 부부가 워터게이트사우스에 있는 집에 도착했을 때, 그곳의 날씨는 더할 나위 없이 맑고 아름다웠다. 연이어, 백악관 소속 신원조회팀이 찾아왔고 긴즈버그 판사가 백악관에서 클린턴 대통령과 갖게 될 면담을 위한 준비 작업에 돌입했다.

누스바움과 신원조회팀은 도착하자마자 긴즈버그 판사에 대한 조사에 착수할 준비를 했다. 그러나 그에 앞서 최고의 요리사인 남편 마티가 점심을 차려주었다. 마티는 "그날 점심엔 카넬리니콩, 다랑어 살코기 캔과 레몬주스를 넣은 토스카나식 요리를 했죠. 유명하지만 간단해요. 단지 그날은 맛을 좀 더 내기 위해 평소와는 약간 다른 방식으로 조리를 했어요. 다행히도 봄양파가 집에 있어서 다른 재료들은 그다지 필요치 않았어요. 파슬리와 양파를 넣고, 캔 몇 개를 딴 게 전부였습니다. 그런데도 모두가 탄성을 질렀죠"[3]라며 즐거워했다.

신원조회팀 요원들은 마티의 음식 만드는 속도에 경탄한 것만큼이나 신원조회 처리 과정을 손쉽게 만든 긴즈버그에게도 감탄했다. 그 당시, 백악관 법률 자문 그룹 부단장이었던 론 클레인은 이렇게 말했다. "백여 명의 판사들을 조회해보았습니다만, 루스와 마티만큼 준비가 잘된 사람들은 처음입니다. 마티는 이미 하나도 빠짐없이 필요한 자료들을 모조리 구비해놓고 있었습니다. 여기 한참 지난 루스의 1946년도 세금 환급 내역들을 살펴보시겠어요? 그들의 집에서 한 번이라도 일했다거나 가사활동에 도움을 줬던 사람들의 명단, 사회보장번호와 이민 서류들이 모두 다 들어 있어요. 제가 감히 연방대법원 판사가 되고 싶다면 일단 마티와 같은 남편을 만나야 할 겁니다."[4](긴즈버그 부부는 이 대목에서 특히 즐거워했는데, 모두들 빈틈없이 서류를 관리해온 건 남편 마티였을 거라 생각하지만 사실은 긴즈버그 본인이 직접 관리해왔기 때문이다.)

신원조회팀이 긴즈버그의 꼼꼼하게 보관한 기록물들을 면밀하게 살펴보며 마티의 고급 요리를 즐기는 동안, 버니 누스바움과 긴즈버그는 대통령을 만나기 위해 백악관으로 향했다. 언론의 주목을 피하기 위해, 대통령은 누스바움에게 자신의 집무실로 오는 대신 후문을 통해 백악관으로 들어와 자신이 기다리고 있는 2층의 대통령 가족 숙소로 안내하라고 지시했다. 누스바움은 클린턴 대통령이 "선정 과정과 후보자들에 대한 정보가 밖으로 새어나가고 있다는 것을 알고 있었죠"라며 "그래서 그분을 일요일에 누구도 모르게 후문을 통해 모시라고 특별히 지시한 겁니다. 내가 믿는 사람들이 정보를 유출시키고 있었어요. 그들은 일요일엔 여기서 일을 하지 않죠. 그러니 후문으로 오라 한 겁니다"라고 회상했다.(20여 년이 지난 후에도 클린턴 대통령은 첩보영화에나 나올 법한 방식으로 백악관에 입성한 긴즈버그가 어떻게 반응했는지 생생히 기억하고 있었다. "밀반입하듯이 백악관으로 안내하니 그분은 오히려 무척 재밌어 했습니다. 그런 상황을 즐기고 있었던 거죠. 제겐 그분에게 유머감각이 있다는 사실이 참 좋았습니다. 유머감각이 없다면, 재판과 관련하여 본인의 의견서를 작성하는 차원을 넘어서, 종신직인 연방대법관 생활을 오랫동안 견디기 어렵겠죠. 연방대법원에 긍정적인 영향을 미치기도 쉽지 않을 겁니다"[5]라고 그는 회고했다.)

결혼식에 입고 간 하의와 상의, 그리고 재킷을 그대로 걸친 채 버몬트에서 돌아온 긴즈버그 판사는 백악관으로 향하기 전에 옷을 갈아입기를 원했지만 누스바움이 그럴 필요 없다고 확인해줬다. 대통령 역시 골프장에서 곧장 백악관으로 돌아올 테니 평상복을 입어도 무방하다는 것이었다. 그러나, 당혹스럽게도 대통령은 정장과 넥타이를 제대로 갖춘 채 걸어들어왔다. 그날 아침엔 골프를 즐기는 대신 교회를 나가기로 마음먹고 "일요일에 갖춰 입을 수 있는 최고의 옷차림"을 한 것이다. 긴즈버그가 벽에 기대고 서 있다가 낮은 목소리로 속삭였다. "버니, 내게 무슨 짓을 한 거죠?" 누스바움이 "저도 정말로 뭐가 뭔지 모르겠네요. 계획이 일부 변경된 모양이에요. 하지만 걱정 마세요! 지금 옷차림도 너무나 멋져요!"[6]라며 받아넘겼다.

클린턴 대통령과 긴즈버그 판사는 그곳에서 대략 한 시간쯤 대화를 나누었고, 긴즈버그는 짧은 시간 속에서도 클린턴 대통령에게 강한 친밀감을 느꼈다. 긴즈버그는 "대통령에게 개인적으로 무슨 문제가 있는지는 잘 모르지만 아무튼 여성을 참 편하게 대해 주셨어요"7라고 말했다. 그들은 서로 성평등과 교회 및 국가와 관련한 사건들에 대해서 이야기를 나눴다. 긴즈버그는 연방대법원 판례들에 대한 대통령의 식견과 헌법상 원칙을 완벽히 파악하고 있는 모습에 깊은 감동을 받았다. 긴즈버그는 자신의 어린시절과 여성의 권리 문제를 다루는 소송 변호사로 일했던 경험을 중심으로 이야기했다. 두 사람은 1957년 리틀록 중부 고등학교가 통합되고 나서도 이 학교에 입학한 흑인 학생 일곱 명이 아이젠하워가 주방위군을 소집해 학생들과 동행하도록 조치를 취하기 전까지 등교조차 수 없었던 일에 대해서도 의견을 나눴다. 긴즈버그는 1990년 리틀록에 있는 아칸소대학 로스쿨을 강연 차 방문한 김에 그 고등학교를 둘러보았으며 그때 얼마나 많은 감동을 받았는지에 대해 대통령에게 설명해줬다. 또한, 아주 우연한 기회에 서로를 만났던 기억도 되짚어줬다. 당시 아칸소주의 주지사였던 클린턴과 전미변호사협회 여성분과 위원장이었던 부인 힐러리가 뒤늦게 아칸소대학 행사에 참석했고 나중에는 셋이서 짧게 담소를 나누기도 했다고 말이다.(긴즈버그는 나중에 그날 저녁, 자신이 남편 마티에게 전화를 걸었다는 사실을 떠올렸다. 클린턴 주지사와 힐러리 여사가 연설을 들으러 올 거라 말해주니 마티는 늘 그렇듯 코미디언처럼 "음, 그럼 오늘밤 리틀록에서 또 다시 무슨 일이 벌어지는 거 아닌가?"8라고 답했다고 한다.)

긴즈버그는 빌 클린턴 대통령과의 면담에서 좋은 느낌을 받고 백악관을 떠났다. 차 안에서 "참 좋은 사람이야. 그분도 나에 대해 같은 느낌을 받았겠지?"[9]라며 혼잣말을 했다. 클린턴 대통령도 정말로 긴즈버그 판사를 좋아했다. 클린턴 대통령은 우리들과 인터뷰하던 도중, 그날을 다음과 같이 회상했다. "백악관은 그날 정말 멋진 방문객을 맞았습니다. 저는 그분의 방문으로 어느 정도 협의가 이루어졌다고 생각했죠. 그날 느꼈던 것만으로도 그분에 대해 확신을 갖기에 너무도 충분했습니다. 정말로, 그만하면 됐다 싶을 정도였습니다." 그리고 이런 말을 덧붙였다. "모든 판사들은 엄청나게 다양하고 복잡한 사안을 다룰 수 있는 고도의 지적 능력은 물론이고, 판결 과정에서 사람들이 무엇을 암시하는지 본능적으로 즉각 파악할 수 있는 판단 능력도 함께 지녀야 합니다. 저는 그분과 대화를 나누며 그분의 삶과 경험, 가족과 일, 그리고 판단 과정을 알기를 바랐습니다. 진정으로 내정자에 대해 알고 싶었던 것이 바로 그런 것들이었기 때문이죠. 그건 그분이 그간 써내려온 것들과는 달라요. 그분이 가진 지적인 관심사 그 이상이죠. 그분은 그러한 결정을 통해 실제로 이 세상에 영향을 미쳤어요."[10]

누스바움은 대통령이 즉시 긴즈버그 판사에게 전화를 걸기를 바랐다. 하지만, 대통령은 시카고불스와 피닉스선스의 NBA 결승 3차전 경기를 보기 위해 몇몇 지인들과 자리를 같이하고 있었다. 누스바움은 긴즈버그에게 전화를 해서 "주무시지 마세요. 불쑥 전화가 올 수도 있습니다"[11]라고 말해줬다. 그날의 농구경기는 NBA 역사상 가장 오랫동안 벌어진 경기 중 하나로 기록된다. 무려 3시간 20분이 걸렸으며 피닉스선스는 세 번의 연장전을 치른 끝에 시카고불스를 '129 대 121'로 이겼다. 농구광이 아니었던 루스는 마냥 전화가 오기만을 기다리며 남편과 함께 집에서 저녁시간을 보냈다.

농구경기가 11시 30분경에 끝나자 클린턴 대통령은 초대한 인사들과 작별인사를 하고 긴즈버그 판사에게 전화를 걸기 위해 백악관으로 돌아왔다. 백악관 교환을 통해 통화를 시도했지만 연결이 되지 않았다. 그가 첫 번째 통화에서 "여보세요, 여보세요"라고 말했지만 긴즈버그는 그 소리를 들을 수가 없었다. 곧장 두 번째로 전화를 걸어 "주무시는데 전화를 드렸군요?" 하고 물었다. 그러나 같은 문제가 반복됐다. 대통령이 "수화기를 놓으세요. 제가 곧 다시 전화를 드리겠습니다"라고 말했다. 이번에는 대통령이 교환대를 통하지 않고 직접 다이얼을 돌렸고 마침내 제대로 연결이 됐다. 그가 "이제 막 제안을 드리려고 마음먹었는데 마침 전화도 이제야 제대로 연결이 되네요"라며 농담을 던졌다. 그러고 나서 "저는 내일 판사님께 미국의 연방대법관 자리를 수락해달라고 공식적으로 요청할 생각입니다. 판사님께 그런 요청을 드리게 되어 매우 기분이 좋습니다"[12]라고 말했다.

클린턴 대통령은 왜 긴즈버그를 선택했는지에 대해 설명을 이어갔다. 여성의 권리를 위해서 긴즈버그가 해온 일들과 판사로서 뛰어난 기록을 남긴 사실들을 언급하며, 어느 일방에 치우침이 없이 독립적이면서도 주류에 속하는 진보적 법률 전문가인 그라면 연방대법원에서 진정한 리더가 될 것이라는 본인의 믿음에 대해서도 얘기했다. 대통령은 또한 선정 과정이 마치 방금 본 마라톤만큼이나 오랜 시간 치러진 농구 시합처럼 긴장감이 흘러넘쳤다는 농담도 건넸다. 대통령은 후보자에게 수락연설문을 가지고 내일 아침 일찍 백악관 로즈가든으로 와달라고 요청했다. 그리고 "판사님은 참 다양한 성격을 가지고 있어요"라며 "내일, 그저 판사님의 가슴과 마음에서 우러나오는 대로 연설해주세요"[13]라는 말을 끝으로 전화를 끊었다. 긴즈버그는 "엄청난 소식에 한참 고무되어 있던 찰나에 대통령의 말씀을 듣고 그제서야 정신이 들었죠. 다음 날 발표할 연설문을 써야 한다는 사실을 퍼뜩 깨닫게 됐답니다"[14]라고 회고했다. 그러나 대통령과 전화를 하고 나서 그에게 주어진 첫 번째 과업은 축하의 의미로 남편 마티가 선사하는 포옹과 키스 세례를 받아주는 것이었다.

1장

로즈가든 수락 연설

　1993년 6월 14일, 워싱턴 D.C.의 날씨는 햇볕이 유난히도 내리쬐며 아름답고 화사하기 그지없었다. 오후 2시가 넘어가는 바로 그 순간, 클린턴 대통령과 루스 베이더 긴즈버그 판사가 함께 백악관에서 걸어나와 로즈가든으로 향했다. 두 사람은 정치인, 언론인, 그리고 긴즈버그의 가족과 지인들 앞에 나란히 섰다.

　클린턴 대통령이 약 10분에 걸쳐 연설을 했다. 우선, 후보자 지명을 정식으로 발표하기에 앞서, 이번에 퇴임하는 바이런 화이트 대법관에게 찬사를 보냈다. 이어, 대통령은 연방대법관 최종후보자로 긴즈버그 판사를 선택했다고 선언하며 그 이유를 세 가지로 설명했다.

"첫째, 판사로 재직하는 동안, 이분은 미국에서 가장 우수한 판사 중 한 사람으로 진보적인 견해를 견지하고, 판결함에 있어서 현명하기 그지없었으며, 본인의 의견서들을 통해서 균형감각과 공정함을 몸소 보여줌으로써 명성을 한껏 드높였습니다. 둘째, 이 나라 여성들을 위해서 줄곧 선구자적 과업을 수행해왔으며 이를 통해 법률과 민권이라는 미국의 가장 멋진 전통 속에서 실로 위대한 역사적 기록들을 남겼습니다. 그리고 마지막으로, 항소법원에서 그랬듯이 앞으로도 오랫동안 미 연방대법원이 합의를 이루는 데 큰 힘을 보탤 수 있을 것이라고 저는 굳게 믿고 있습니다. 그리하여, 이 나라의 판사들이 스스로 나서서, 그리고 헌법에 대한 충성심의 발로로 미국이라는 공동체의 도구가 되어줄 것입니다."[1]

루스 긴즈버그의 법률적 배경, 그간 극복해낸 장애물들과 업적을 설명한 후에 클린턴 대통령은 "단언하건대, 긴즈버그 판사가 남긴 기록이야말로 본인의 가슴 속에 담긴 것이 무엇인지에 대해 많은 것을 말해주고 있습니다. 일생에 걸쳐, 내정자는 가난한 사람들과 사회에서 소외된 사람들 곁을 끊임없이 지켜왔습니다. 그들에게 우리나라 사법체계 안에 어딘가 의지할 곳이 반드시 있다는 것을 전해주었고, 그리고 그들이 미국의 헌법과 법률이 힘 있는 자들만이 아니라 모든 미국인들을 보호해줄 거라 믿게 함으로써 누구보다도 위대한 희망을 안겨준 것입니다"[2]라며 긴즈버그에 대한 소개를 마쳤다.

클린턴 대통령은 긴즈버그가 양당의 승인을 좀 더 순조롭게 받기를 바랐다. 그 때문인지 긴즈버그를 줄곧 온건한 인물로 묘사하며 "중도주의자", "합의를 도출해내는 사람", "치유자", "단순히 진보나 보수로 불릴 수 없는 판사"라는 수식어를 반복했다. 대통령은 또한 구체적으로 이름을 거명하며 브루스 배빗과 스티븐 브레이어가 이번에는 지명을 받지 못했지만 연방대법관 후보자 중에 가장 눈에 띄는 인물들이라며 그간의 소모적인 검증 과정에서 있었던 이야기로 연설을 이어갔다. 그리고 마침내, 대통령이 "새로운 길을 개척해나가는 변호사이자 인권에 관한 옹호자이며 현직 판사인 루스 베이더 긴즈버그를 미국 연방대법원의 제107대 대법관으로 지명하게 된 것이 매우 자랑스럽습니다"[3]라고 말했다.

긴즈버그 판사가 마이크로 다가가자 참석자들이 일어서서 박수를 치며 환호했다. 긴즈버그는 연단에서 한 여름의 미풍으로도 날아갈까 봐 조심스럽게 자신의 두 손을 원고지 위에 얹으며 연설문을 펼쳤다. 백악관 연설문 담당자들이 작성한 초안도 없었고, 행정 관료들의 편집 과정도 없었다. 몇 년 후에, 긴즈버그는 "시간이 촉박해서 좋았던 것 중 하나가 백악관 관계자들과 사전에 연설 연습을 해보지 않아도 된다는 점이었어요. 연습할 시간마저 없었으니까요"[4]라고 회상했다. 연설문도 로즈가든으로 걸어들어가기 15분 전쯤 대통령에게 겨우 전달되었다.

클린턴 대통령은 자그마한 내정자의 목소리가 잘 들리도록 본인이 직접 나서서 마이크의 키를 낮췄다. 긴즈버그 판사는 자신의 평소

습관대로 느린 속도로 또박또박 수락 연설을 시작했다.

후보 지명 수락 연설

백악관 로즈가든

워싱턴 D.C.

1993년 6월 14일

대통령님,

우선 대통령님이 제게 보여주신 확신에 크나큰 감사를 드립니다. 제가 가진 모든 것을 바쳐 저를 지명한 대통령님의 기대에 부응할 수 있도록 노력할 것입니다. 또한, 대니얼 패트릭 모이니헌 상원의원님의 특별한 배려에도 깊이 감사를 드립니다. 저는 현재 의원님이 대표하는 뉴욕시에서 태어났고 그곳에서 자랐습니다. 1980년 카터 대통령이 저를 컬럼비아특구 순회항소법원 판사로 임명했을 때에도, 의원님은 제게 가장 먼저 전화해 당신의 멋진 소망을 전하셨습니다. 그리고 이번에도 그때처럼 제게 가슴 벅찬 격려의 말씀을 남겨주셨죠.

이 행복한 순간을 맞이하여, 제게 너무나도 각별한 세 명의 가족, 남편 마틴 긴즈버그, 사위 조지 스페라, 그리고 아들 제임스 스티븐 긴즈버그를 여러분께 소개합니다.

무엇보다도, 대통령께서 방금 전에 발표하신 내용이 저에게 매우 의미심장하게 다가옵니다. 여성들이 우리 사회 인재 풀의 절반을 차지하고 있음에도 고위직에는 이따금 한 번씩 등장하고 마는 현실을 종식시킬 방안이 거기 있다고 믿기 때문입니다. 단적으로 1977년 카터 대통령이 정식으로 취임했을 때, 연방대법원에는 여성이 전무했으며 그 아래 단계라고 할 수 있는 항소법원에서도 캘리포니아 출신의 셜리 헙스테들러 판사님만이 여성 판사로는 유일했습니다. 그러나 오늘날에는 놀랍게도 샌드라 데이 오코너 대법관이 연방대법원의 재판석을 굳건히 빛내고 있고 스물세 명의 여성이 연방항소법원 수준의 여러 법원에서 근무하고 있으며 그중 두 분은 법원장급의 직책을 맡고 있습니다. 이제 곧 더 많은 여성들이 저희와 같은 고위직에 오를 수 있을 거라고 저는 확신합니다.

로스쿨 등록생의 변화를 보면 이제 그런 추세가 더 이상 피할 수 없는 현상으로 자리를 잡은 듯합니다. 1950년대 후반에는 제가 다니던 로스쿨의 학생수가 5백 명이 넘었는데 그중 여학생은 채 열 명도 되지 않았습니다. 대통령님이 언급하신 것처럼, 제가 로스쿨을 졸업했을 당시에 저와 같은 여성을 변호사로 받아주려는 로펌은 뉴욕이라는 큰 도시에서조차 찾아볼 수가 없었습니다. 오늘날에는 그와 반대로 여성들의 등록률이 40퍼센트 이하인 로스쿨을 오히려 찾아보기 힘들 정도이며 일부 대학은 50퍼센트에 육박하거나 그 이상에 이릅니다. 그리고 시민권법 제7조 덕택에, 로스쿨에 여성의 입학을 막는 상황은 더 이상 벌어지지 않고 있습니다.

저의 딸 제인이 몇 시간 전, 호주에서 전화로 축하 인사를 건넸습니다. 그러면서 우리가 겪어온 변화의 조짐들이 얼마나 큰 행운인지를 재차 상기시켜 주었습니다. 1973년 제인은 고등학교 졸업 앨범 '장래희망'란에 "엄마가 연방대법관이 되는 걸 보고 싶어요"라고 썼습니다. 그리고 이어서 "필요하다면 저라도 지명할 거예요"라고 적었죠. 대통령님! 제 딸 제인은 대통령님이 본인 대신 저를 지명해주신 것에 너무도 기뻐하고 있답니다. 그 아이의 오빠인 제임스도 한마음이고요!

오늘, 저는 개인적으로 고등법원 판사직을 훌륭히 수행할 방법을 구체적으로 묻는 질문이 나올 거라고 예상하고 있습니다. 오후에는 그와 관련해서 연설을 이어갈 수 있는 상황이 아니어서 지금 이 자리를 빌려 길잡이가 될 만한 핵심 내용을 한두 가지만 먼저 말씀을 드리도록 하겠습니다. 우선, 저는 렌퀴스트 연방대법원장님의 말씀을 항상 염두에 두고 있습니다. 판사라면 모름지기 홈 관중들이 원하는 방향이 아닐지라도 관련 사실과 준거법에 따라 모든 사건에 대해 공명정대하게 판결해야 한다는 것입니다. 이와 관련하여, 오코너 대법관이 최근에 저에게 전해준 뉴욕대학교 법학과 버트 뉴본 교수의 논문 요약본에서 발췌한 아래의 글보다 더 적절한 표현을 저는 아직까지 찾지 못했습니다.

이 시대의 헌법재판관이 '판단하기 어려운' 사건과 마주치자, 홈스

[Oliver Wendell Holmes, 미국 역사상 가장 널리 인용되고 영향력 있는 대법관 중 한 사람으로 시민의 자유와 미국의 민주주의를 적극적으로 옹호한 진보적 법률가로 추앙을 받았다]가 세 개의 기억 환기용 문구를 들고 그 옆에 나타난다. 첫 번째, 활용이 가능한 정책을 선택하고자 하는 지적 정직성[다른 사람에게 요구하는 기준을 자신에게도 동일하게 적용하는 것 또는 개인의 믿음이나 정치적 성향이 진실을 추구하는 데 방해가 되지 않는 상태] 두 번째, 다수결에 의한 정책 선택을 존중하되 그 속에서 지켜야 할 엄정한 자기절제, 그리고 마지막으로, 다수결에 따른 조치임에도 불구하고 개인의 자율성을 지켜내려는 확고한 원칙이 바로 그것이다.

저는 이 원칙에 전적으로 공감하기에 그저 '아멘'이란 말만 되뇔 뿐입니다.

제가 이 자리에 오기까지 저에게 주어진 대단한 기회와 도전들에 많은 빚을 졌습니다. 1970년대에 불씨가 되살아나 저와 같은 사람들에게 문을 열어준 여성운동, 그 운동에 영감을 불어넣어준 1960년대의 흑인 민권운동, 럿거스대학과 컬럼비아대학의 동료 교수님들, 그리고 제가 근 13년간 재직했던 워싱턴 D.C. 순회항소법원의 동료분들께 특별히 감사의 뜻을 전합니다. 이분들은 제가 귀하게 여기는 '동료 간 협력 관계'의 가치를 가다듬고 드높여 주셨습니다. 또한, 가장 가깝게는 제 평생 동지인 남편 마틴 긴즈버그에게도 끊임없이 도움을 받았습니다. 그이는 이미 십 대 시절부터 저에게는 그야말로 가장 살가운 친구이자 가장 막강한 후원자였습니다. 저의 시어머니 에블린 긴즈버그는 이 세상 그 누구보다도 아낌없이 며느리를 지원해주셨습니다. 제 딸과 아들은 일찍이 아빠가 엄마보다 음식솜씨가 훨씬 뛰어나다는 것을 알아챌 정도로 천부적인 미식가들이어서 제가 비교적 젊은 나이에 일찍이 주방에서 해방될 수 있도록 해주었습니다.

한편, 힐러리 클린턴 여사는 전 국민의 기량과 재능이 제대로 발휘될 수 있도록 대통령님을 격려하고 지원해오셨다고 알고 있습니다. 개인적으로 저는 오늘에 와서야 여사님을 제대로 만나 뵈었습니다. 그러나 저희 가족 중에서 제가 최초로 여사님 옆에 선 인물은 아닙니다. 저보다 한발 앞서 이미 여사님과 오랜 친구 사이가 되어버린 제 식구가 한 명 있습니다. 저에겐 너무도 사랑스럽고 소중한 손녀딸 클라라가 바로 그 주인공입니다. 오늘의 소중한 자리를 빌려 그에 관한 증거를 다음과 같이 여러분께 제시하고자 합니다. 지난 10월 힐러리 여사님이 뉴욕시의 한 보육원을 방문해 양치질 노래를 선창하고 아이들이 그 노래를 따라 불렀을 때 사진을 찍으신 적이 있지요? 그때 자연스럽게 찍힌 여기 이 사진 속에서 앞줄 맨 오른편에 서 있는 아이가 바로 제 손녀딸이랍니다.

마지막으로, 저의 어머니 셀리아 암스터 베이더에게도 특별히 감사의 뜻을 전하고자 합니다. 어머니는 제가 아는 한, 이 세상 그 누구보다도 용감하고 강인한 분이셨습니다. 그러나 애석하게도 너무나도 빨리 제 곁을 떠나셨죠. 이 자리를 빌려, 저는 어머니가 살아계셨다면 이루셨을 모든 것들을 제가 대신 이룰 수 있게 되기를 간절히 바랍니다. 여성들도 남성들처럼 소망할 수 있고 성취할 수 있는 시대, 우리의 딸들이 아들들처럼 동등하게 축복받는 그런 시대에 살고 계셨다면 이루셨을 그런 소중한 꿈들을 말입니다!

인준 절차를 밟게 될 올 여름 몇 주간 제가 성장할 수 있기를 기대해봅니다. 그리고 이웃한 연방대법원에 근무하는 것이 최종적으로 확정된다면 저는 사회에 봉사한다는 일념으로 법의 발전을 위해 매진할 것입니다.

감사합니다.

긴즈버그 판사가 연설을 마치자 로즈가든에서는 눈물을 흘리지 않는 사람을 찾아보기 어려울 정도였다. 참석자들은 내정자 수락 연설이 끝나자마자 일어나서 큰 박수로 호응하며 서로를 쳐다보며 연방대법관 인준을 기정사실로 받아들이는 듯 연신 고개를 끄덕였다. 대통령마저 연설 말미에 담긴 감사의 말에 너무나도 감동을 받아 흐르는 눈물을 닦아내느라 여념이 없었다. 그러곤 목 메인 소리로 본인이 지명한 긴즈버그에게 이렇게 말했다. "대단히 훌륭한 연설이었습니다."[6]

2014년 우리가 인터뷰 차 찾았을 때, 클린턴 대통령은 내내 너무도 자랑스러운 표정으로 당시의 로즈가든 행사장을 떠올렸다. "정말로 행복한 날이었습니다. 오! 참으로 환상적인 날이었어요. 그날, 그분은 가족과 함께 백악관에 와서 매우 즐거워했어요. 여러분도 잘 아시겠지만, 평소에는 입을 꽉 다물고 엄청나게 절제된 모습을 보이던 분이지만 그날은 기쁨을 주체할 수가 없었던 모양입니다. 본인 스스로 그토록 행복해하니 저도 기뻤고 그렇게 드러내놓고 좋아하는 모습에도 전혀 걱정이 안 되더군요. 오히려 그토록 진솔한 모습이 제게는 무언가 대단히 각별하게 다가왔습니다. 그때 저는 그런 각별함이 바로 지적 능력이 아닌 개인적인 매력으로 연방대법원에 어떤 방식으로든 기여를 할 것 같다는 생각이 들었습니다."[7]

긴즈버그 판사가 본인의 어머니에 대해서 한 이야기에 클린턴 대통령은 큰 감동을 받았다며 다음과 같이 덧붙였다. "그분의 이야기에 커다란 동질감을 느꼈어요, 왜냐하면 저도 저희 어머니께 적지 않은 영향을 받았거든요. 그리고 또……, 그분과 어머니와의 관계, 어머니가 그분을 위해 해주신 것들, 그리고 두 분이 당시에 처했던 환경 등이 같은 처지의 소녀와 여성들에게 기회를 제공해주고자 했던 본인의 열정과 상당히 맞닿아 있다고 저는 생각합니다."[8]

루스 베이더 긴즈버그를 연방대법관에 지명했을 때 느낌이 어떠했는지 묻자 클린턴 대통령은 크게 웃으며 다음과 같이 말했다. "제가 그분을 지명했던 그날보다 오히려 오늘이 훨씬 기분 좋습니다. 이제 연방대법관들은 물론이고 모든 주에 속한 대법관들 중에서도 최고로 인정받는 법조인이 되셨으니까요. 긴즈버그 대법관님은 여성들에게 훌륭한 롤 모델이자 내가 이 나라에서 가장 중요하다고 믿는 것의 수호자입니다. 대법관님은 헌법 전문을 연구하면서 그 조문을 당신의 정치적 관점에 맞춰 다시 쓰려는 시도 따위는 하지 않습니다. 그저 그것을 이해하지요. 여러분도 알다시피 대법관님의 직업은 우리의 선조들이 부여한 과업을 수행하는 것입니다. 좀 더 완벽한 연맹을 만들어내는 과업 말이지요."[9]

2장

상원 인준청문회 모두진술

　루스 베이더 긴즈버그가 항소법원 판사에서 연방대법관이 되는 과정은 대통령의 지명을 본인이 수락하는 것으로 끝나지 않았다. 미국의 헌법 체계상, 대통령이 연방대법관 후보자를 지명할 수는 있지만 종신직 연방대법관으로 부임하기 전에 미 의회의 상원이 대통령의 결정에 동의를 해줘야 한다. 상원의 법사위원회는 1993년 7월 말, 내정자에 관한 청문회를 나흘에 걸쳐 열었다.

　그 당시 법사위원장을 맡고 있던 조셉 바이든 상원의원이 "이 자리에 참석한 긴즈버그 판사님을 환영합니다. 오늘 아침, 여기 모인 모두가 판사님을 진심으로 환영한다는 제 말을 편하게 받아들이셔도 됩니다"라며 청문회 개회를 선언했다. 바이든은 델라웨어에서 청문회장에 오는 길에 통근 기차를 탔는데, 기차 안에서 《뉴욕타임즈》를 뒤적여가며 청문회 기사를 찾아 읽었다며 다음과 같이 말했다. "관련 기사가 8페이진가, 10페이진가, 12페이지에 실린 것을 확인하고 제 심장이 떨렸습니다. 제가 이 위원회의 위원장이 된 이후로 일어난 가장 멋진 일이었습니다. 이처럼 주요한 청문회가 8페이진가, 9페이진가, 10페이지에 실렸다는 건 그만큼 지금까지 거의 어떠한 논란도 없었다는 뜻이니까요."[1]

청문회장에서 치열한 논쟁을 벌이거나 전투적인 모습은 찾아보기 어려웠고 그보다 청문회는 졸업식이나 가족 상봉처럼 편하고 우호적인 분위기 속에서 진행됐다. 긴즈버그가 6월 14일에 후보로 지명된 이후로 대부분의 워싱턴 언론, 전문가와 정치인들은 계속해서 청문회의 "순항"과 미 상원의 "신속한 승인"을 예상했다. 적대적이고도 곤혹스러웠던 로버트 복과 클래런스 토머스의 사례가 재연되는 것을 피하기 위해서라도 양당의 상원의원들이 청문회가 생긴 이래 가장 모범적으로 처신한 것이 아닌가 싶다. 호웰 헤플린 상원의원은 개회 발언에서 "근래에 들어 분위기가 너무나도 많이 바꿨습니다. 갈등을 넘어 우호적인 분위기가 청문회를 지배하고 있으며 상대방에 대한 험담보다는 등을 두드려주는 모습까지 보이고 있네요. 심문은 상처를 주기보다는 오히려 격려로 이어집니다"[2]라고 말했다.

바이든 위원장과 오린 해치 소수당 의원이 모두발언을 하고 나서 긴즈버그 판사가 본인의 '지원군들'을 통해 소개됐다. 뉴욕주의 대니얼 패트릭 모이니헌과 알폰스 다마토 상원의원, 그리고 여성으로 컬럼비아특구를 대표하는 상원의원인 엘리나 홈스 노턴이 후원인으로 나섰다. 이어서 나머지 상임위원들이 발언을 했으며 모두 긍정적인 언급 일색이었다. 특정한 일부 사안에 대해서 긴즈버그 판사와 의견을 달리하긴 했으나 심지어 가장 보수적이라는 공화당 상원의원들마저도 그의 지성과 능력과 사고방식은 연방대법원의 대법관으로 임명되는 데 전혀 손색이 없다며 존경의 뜻을 표했다.

"모두가 사실이며 사실만을 말하겠다"라는 선서를 한 후, 긴즈버그가 가족과 친구들을 차례로 소개했다. 그 와중에도 내내 활짝 웃으며 마음 편하게, 그리고 다소 그답지 않게(적어도 그를 잘 모르는 사람들에게는) 활력에 넘쳐서 다음과 같이 진술했다. "저에게 이리도 큰 가족이 있었군요. 오늘 소개해드릴 제 바로 뒤에 앉아 계신 분들과 함께 친구들, 재판연구원들, 비서들까지 모두 합류하니 가족이 엄청나게 불어났습니다. 제가 이 자리에 올 수 있도록 이끌어주신 분들과 이 자리를 함께하니 벅찬 마음을 주체할 수 없습니다." [3]

루스는 뒤에서 자랑스러움에 터질 듯한 미소를 감추지 못하고 있는 남편 마티를 가리키며 "지난 39년을 같이 한 인생의 동반자"라고 소개했고, 이어서 자녀와 손주들을 소개했다. 세 살이 된 손녀인 클라라를 소개할 때에는 아이의 엄마인 딸에 대해서도 수차례 언급을 했다. 백악관 사진기사들이 "너무 진지한 모습의 판사"에게 클라라를 생각하며 미소를 지어보라 했다는 이야기도 곁들였다. 그리고 나서 클라라의 일곱 살 난 오빠 폴에 대해서도 다음과 같이 소개했다. "이 청문회를 준비하면서 여러 브리핑 자료, 참고서적, 법률 논문집 등을 읽었습니다만, 이 정도로 개인적으로 뜻깊은 책은 찾을 수가 없었습니다. 제 손자인 폴의 책이 바로 그것입니다." 그 책에는 "우리 할머니는 너무너무 특별하셔"라는 구절이 나온다. 긴즈버그가 몇 장을 상원의원들과 카메라 기자들에게 펼쳐 보여줬는데 마지막 페이지로 넘어가자 미국을 색연필로 그린 그림이 나왔다. 폴이 엄마와 호주 멜버른에 머물고 있을 때 대통령이 할머니를 연방대법관으로 지명했다는 발표 소식에 크게 놀란 순간을 묘사한 글을 보여주자 청문회장이 웃음바다로 변했다. "나는 호주에서 돌아오며 내내 할머니 소식을 라디오로 듣고 또 들었다."[4]

그 후, 본인이 준비한 연설문을 천천히, 그리고 또박또박 읽고, 잠시 생각할 시간도 가지면서, 때때로 상원의원들을 올려다보며 모두진술을 이어나갔다.

모두진술

법사위원회 청문회

미국 상원

1993년 7월 20일

이 자리를 빌려 무엇보다도 대통령님이 저를 지명하고 불과 몇 주도 되지 않아 저를 위해 청문회 겸 환영의 자리를 마련해주신 상임위원들에게 귀중한 시간을 내어주어 감사하다는 인사를 정중히 드립니다. 이번 회기에는 여러분 모두 예산안 처리 문제로 특별히 바쁘셨던 것으로 알고 있습니다. 하여, 여러분의 후의에 심심한 감사의 뜻을 거듭 전합니다.

모든 과정에서 물심양면으로 응원을 해주신 모이니헌 상원의원님께는 너무도 감사하여 어떤 표현으로도 제 마음을 온전히 전할 수가 없습니다. 의원님은 이번 회기에 시간상 엄청난 압박감 속에서 진행된 예산 조정으로 몹시 고된 나날을 보내시면서도 저와 함께 청문회 소속 의원님들을 일일이 찾아다니셨고 당신이 사용하던 테이블도 제게 내어주며 제가 낙담하여 위로가 필요할 때마다 정신적으로 큰 활력을 불어넣어 주셨습니다. 지난 밤에는 세상에서 가장 아름다운 장미꽃들도 보내주셨죠. 한마디로 당신은 연방대법관 후보자의 자격으로 만날 수 있는 분들 중에서 최고로 친절하고 최고로 현명한 조력자이십니다.

저의 멋진 고향, 뉴욕주 출신의 다마토 상원의원님은 국회의사당을 안내해주셨고, 모이니헌 의원님과 뜻을 함께해 저를 후원하셨습니다. 이 자리를 빌려, 의원님께 다시 한 번 감사의 말씀을 드립니다. 제가 지명된 6월 14일 이후, 미 상원 의사당에서 여러분들과 수많은 대화를 나눴으며 그 가운데 참으로 많은 깨우침을 얻었습니다. 또한, 다마토 의원님과 함께 의원실을 방문하는 일은 정말로 유쾌하기 이를 데가 없었습니다. 참고로, 제 아이들이 어렸을 때 내린 결론은 엄마의 유머감각엔 개선이 필요하다는 것이었습니다. 아이들은 제 유머감각을 향상시키기 위해 무던히도 노력했으며 어쩌다 한번 성공한 경우에는 기록으로 남겼는데 그 노트의 제목이 "엄마가 웃었다"였습니다. 다마토 의원님과의 미 상원 방문으로 그곳엔 적어도 세 개 이상의 에피소드가 새롭게 등재됐을 겁니다.

노턴[Eleanor Holmes Norton, 미국 컬럼비아특구를 대표하는 민주당 하원의원이자 변호사] 대표님과는 젊었을 때부터 같은 직업을 가진 동료이자 친구로 지내왔습니다. 모든 사람들에게 인권과 평등한 기회를 부여하기 위해 노력하는 노턴은 실력도 워낙 출중하지만 그에 못지 않게 치밀하고 용감하기도 합니다. 오늘 여러분께 그분을 소개하게 되어 기쁘기 그지없으며 아울러, 제가 그분이 주도하는 '엘리너Eleanor 모임'의 일원이 된 것에 대해서도 매우 자랑스럽게 생각합니다.

무엇보다도, 제가 연방대법관으로 봉사할 수 있는 능력을 갖추고 있다는 대통령님의 믿음에는 이제 곧 참여하게 될 재판에 막중한 책임감을 갖고 임하는 것으로 응답하겠습니다. 막상 지금 이 순간에는 제 마음속에 있는 것들을 대통령님께 전해드릴 수 있는 표현이 잘 떠오르지 않습니다만 그나마 감히 말씀드리자면 의회가 저의 임명을 인준한다면 대통령님의 저에 대한 믿음이 옳았다는 것을 증명하기 위해 모든 방면에서 최선의 노력을 경주하겠다는 것뿐입니다.

여러 의원님들께서 질의하신 내용에 대해서는 이미 서면으로 답변을 드렸습니다. 저는 브루클린에서 태어났고 줄곧 그곳에서 자랐으며 아버지 쪽으로는 이민 1세대이지만 어머니 쪽으로는 이민 2세대에 가깝습니다. 두 분 모두 젊은 시절 대학 입학은 꿈도 꿀 수 없을 정도로 궁핍한 상황에서도 끊임없이 저를 배움의 길로 인도해주셨고, 타인에 대한 배려심을 키워주셨으며, 제가 원하고 믿는 것이면 무엇이든 최선을 다하도록 가르쳐주셨습니다. 저의 조부모님은 유대인의 전통과 믿음이 집단학살과 인간적 가치의 훼손으로 심각한 국면에 처하게 되자 그처럼 노쇠해진 나라를 과감히 떠났을 정도로 대단한 통찰력을 갖춘 분들이셨습니다. 이 세상에서, 오늘날의 저를 존재하게 만든 나라는 미국이 유일합니다. 수많은 이민자들에게 그러하듯이, 자유롭게 숨쉬기를 갈망하는 사람들을 받아주는 이 나라에 저도 과분한 신세를 졌습니다.

저는 동시대 남성으로는 비범하기 이를 데 없는 동반자와 제 인생을 같이 할 수 있는 멋진 행운도 얻었습니다. 남편은 제가 열여덟 살에 처음으로 만났을 때도 그랬듯이 지금도 여전히 집에서는 물론이고 직장에서도 여성에게 남성만큼이나 일할 기회가 주어져야 한다고 생각하는 매우 보기 드문 사람입니다. 저는 법조계의 대다수가 여성을 원하지 않던 시기에 로스쿨에 진학했습니다. 그리고 남편과 시부모님이 저의 결정을 전폭적으로 지지해주셨기에 여자라는 악조건에도 불구하고 끝내 변호사가 될 수 있었습니다.

저는 가족과 이웃들, 캠핑 친구들, 대학 동기, 럿거스대학과 컬럼비아대학의 학생들과 동료 교수님들, 동료 변호사님, 전국의 판사님들은 물론이고 심지어 저를 잘 모르는 여성과 남성들이 지난 몇 주 동안 제게 베푼 지극한 호의에 너무나도 큰 감동을 받았습니다. 이처럼 거대한, 영혼을 고양시키는 반응들은 이제 대다수 사람들에게 여성이냐 남성이냐는 중요한 문제가 아니며, 연방대법원에서 일하는 데 여성인지 남성인지를 고려하는 건 심지어 이상한 일이 되어버렸다는 사실을 보여줍니다.

남은 일생 동안, 저는 셋, 넷 아마도 심지어 그보다 훨씬 더 많은 여성들이 고등법원 판사석에 앉아 있는 모습을 볼 수 있기를 간절히 바랍니다. 또한, 그 여성들이 같은 주형물鑄型物에서 나올 법한 획일적인 존재가 아니라 각자 다양한 특성을 지닌 인격체이기를 소망합니다. 그렇습니다. 우리에게는 아직도 갈 길이 많이 남아있습니다. 토머스 제퍼슨 대통령이 국무장관에게 다음과 같은 말을 던진 바로 그날 이후로 저희들은 참으로 멀고도 힘난한 여정을 헤쳐왔습니다. "여성을 공직에 임명한다는 것은 받아들일 준비가 되어 있지 않은 대중들에겐 혁명과도 같은 일이다." 그리고 토머스 제퍼슨은 "나도 아직 준비가 되지 않았다"라고 덧붙였지요.

이 나라 모든 국민의 재능을 꾸준히, 그리고 온전히 활용하는 것이야말로 미래의 엄청난 잠재력을 사전에 확보하는 위대한 과업이라고 할 수 있습니다. 귀 기울여주는 사람이 거의 없던 시대에도 평등한 시민권을 향한 갈망이 살아남을 수 있도록 결연히 노력한 이 땅의 여성과 남성들 덕분에 지금의 우리가 있게 되었습니다. 그들이 없었다면, 저 또한 이 자리에 결코 설 수 없었을 것입니다. 바로 이 순간, 저에게는 수전 앤서니[Susan Anthony, 1800년대 사회개혁가로 여성 참정권 운동과 노예제도 폐지 운동에 헌신한 인물], 엘리자베스 캐디 스탠턴[Elizabeth Cady Stanton, 1800년대 미국의 여성 운동가로 미국 최초로 여성의 권리 쟁취를 위한 집회를 주도하여 여성의 지위 향상에 관한 결의안을 채택하게 했다], 그리고 해리엇 터브만[Harriet Tubman, 1800년대 흑인 해방 운동가]과 같은 분들의 모습이 떠오릅니다. 제가 이 자리에 올 수 있었던 건 이처럼 용감한 분들의 위대한 업적이 든든한 배경으로 존재했기 때문입니다.

연방대법관은 200년 이상 미국 정부의 기본 도구로 작동해온 대헌장의 수호자입니다. 전 세계적으로 지금까지도 효력을 지닌 것들 중에서 가장 오래된 성문헌법이 바로 미국의 대헌장입니다. 그렇다고 연방대법원이 헌법적 권리를 홀로 지키는 것은 아닙니다. 연방대법원은 그런 막중한 책임을 의회, 대통령, 주 정부 그리고 국민들과 함께 공유하고 있습니다. 헌법의 염원인 보다 완벽한 연방체제를 구축하기 위해서, 주 정부 및 연방정부의 정책과 연관된 사안에 대해서 연방대법원이 좀 더 폭넓고 심도 있게 참여할 필요가 있습니다.

모셀리 브라운 상원의원님이 상기시켜 주신 바와 같이, 세계적으로 가장 위대한 법률가 중 한 분인 러니드 핸드Learned Hand 판사도 헌법에 스며들어 있는 자유의 정신이 모든 우리나라 남성과 여성들의 가슴속에서 최고의 가치로 자리잡아야 한다고 말씀하셨습니다. 그런 사람들이야말로 위대한 나라를 구성하고 있는 진정한 미국 시민이라는 것입니다. 아울러, 핸드 판사는 자유의 정신에 대해서 제가 전적으로 공감하는 방식으로 정의해주셨습니다. 그것은 자유가 무조건 옳다고 너무 과신하지 말고 다른 여성들과 남성들의 마음을 이해하려고 애쓰며, 아무런 편견 없이 다른 사람들의 관심사에 대해서도 함께 헤아려주려는 정신입니다. 그것은 또한 가장 작은 목소리도 가장 위대한 목소리처럼 들어주고 배려해주는 공동체를 만들어나가기 위해 노력하는 정신이기도 합니다. 저는 제가 법조계에 종사하는 내내 핸드 판사의 지혜를 각별히 염두에 둘 것입니다.

사전에 인사를 드리는 과정에서 여기 모인 분들 가운데 몇 분이 제게 왜 연방대법관이 되려 하느냐는 질문을 던지셨습니다. 감히 말씀드리자면, 연방대법원은 우리 사회에 봉사하기 위해 제가 받은 교육의 일부를 구현할 수 있는 가장 멋진 기회의 장이기 때문입니다. 사법체계상 마지막 보루인 연방대법원에 올라오는 쟁점들은 국가와 국민의 건강 및 복리 문제와 직결되어 있습니다. 그런 이슈들은 제 자신은 물론이고 우리 자손들의 자유를 수호하는 일에도 적지 않은 영향을 미칩니다. 따라서, 연방대법원에서 근무한다는 것은 판사의 직분으로 주어질 수 있는 가장 영광된 자리를 얻는 일임과 동시에 이 세상에서 가장 막중한 믿음도 함께 짊어지는 일입니다. 이것은 우리 사회가 질서 있고 자유롭게 작동할 수 있도록 제 능력이 닿는 데까지 법과 함께, 그리고 법을 위해 최선을 다해 나아가야 한다는 뜻이기도 합니다.

이제, 판결에 대한 제 생각을 간략하게 말씀드리겠습니다. 무엇보다도 저의 접근 방식은 진보나 보수 중 어느 일방으로 단정지을 수 없습니다. 제 생각은 미국과 같은 민주 사회에서 작동하는 사법부와 판사라는 본원적인 직분에 깊숙이 자리잡고 있습니다. 미국의 헌법 전문은 처음에 "우리 국민들"로 시작하고 이어서 그들이 뽑는 대표자들이 나옵니다. 여기에서 사법부는 세 번째로 등장하는데 이는 사법부를 정치적 분쟁의 장에서 분리해놓음으로써 그 일원들이 해당 법률에 따라 어떠한 압력단체의 적대감이나 위협에도 두려워하거나 굴하지 않고 공정하게 판결할 수 있도록 하기 위한 것입니다.

알렉산더 해밀턴의 말을 빌리자면, 판사들의 임무는 "법이 한결 같고, 반듯하며, 엄정하게 관리되도록 보장해주는 것"입니다.

제가 감히 한 말씀 더 보탠다면 판사는 모름지기 그런 역할을 요란스럽지 않게, 묵묵히, 그러나 적절한 주의를 기울여 수행해나가야 합니다. 판사는 판례를 접할 수 없는 상태에서도 자신 앞에 놓인 사건을 판결해야 합니다. 판사로 시작해 연방대법관이 된 벤저민 카르도조는 "연방대법관은 모름지기 세상에 그 어떤 폭풍우가 몰려와도 결코 휩쓸려서는 안 된다. 연방대법관은 느리지만 점진적인 발전을 추구해야 한다"고 말씀하셨습니다. 판사라면 당연히 그분의 말씀을 항상 유념해야 합니다.

법사위원회와 저는 장시간의 대화를 이제 막 시작하려고 합니다. 여러분은 중요한 임무를 수행하는 데 도움을 얻고, 여러분의 동료 의원들이 나의 지명에 대해 충분히 고려할 수 있도록 이 자리를 마련했습니다.

1787년 5월, 필라델피아에서 개최된 미국의 헌법제정회의 기록에 따르면, 당초에 각 주 정부의 대표자들은 연방 판사나 사법체계상 가장 중요한 연방대법관의 지명권을 대통령이 아닌 미 상원과 여러분들에게 전적으로 위임했다고 합니다. 다만, 헌법제정회의가 본연의 기능이 약화되는 시기에 이르자 헌법 입안자들이 대통령이 지명하도록 하고 그에 대해 조언과 동의를 해주는 역할은 상원에 맡겼습니다. 최종적으로는 헌법 전문이 연방대법원의 대법관 선임에 대해서 장관과 같은 행정부의 고위직 공무원이 밟는 절차와 차이를 두지 않기로 했습니다. 그리고 역사가 말해주듯이, 여러분과 과거의 상원 의원들께서는 그간 연방대법관에 지명된 사람의 직무와 임명에 대한 동의 여부에 대해 줄곧 현명하게 판단을 해오셨습니다.

연방 판사들은 본인을 지명한 대통령보다 훨씬 더 오래동안 현직에 머물 수도 있습니다. 더욱이, 그들은 본인이 할 수만 있다면 평생토록 근무할 수도 있습니다. 우리의 헌법이 "선량한 행위를 하는 동안"은 그들이 현직에 계속해서 머물 수 있도록 보장해주고 있기 때문입니다. 연방대법원의 대법관은 특히 헌법에 따르는 의사결정의 근간이 되는 영구적인 본체를 만드는 과정에도 참여하고 있습니다. 하여, 연방대법관은 헌법의 기초를 닦은 이들이 구체적 언급 없이 미결 또는 불확실한 상태로 남겨놓은 문제들을 붙잡고 씨름해야 합니다. 따라서 미 상원이 연방대법관 후보자를 심의할 때, 지명을 받은 사람이 나라를 위해서 지금 당장은 물론이고 앞으로도 긴 안목에서 근무할 수 있는 능력을 갖추고 있는지에 대해서 집중적으로 살펴보는 것은 지극히 당연하다고 생각합니다.

대통령이 지명하고 나서 5주 동안, 여러분은 수백 장에 달하는 저에 관한 방대한 자료와 수천 장에 이르는 제가 작성한 문서들(소송과 관련해서 제가 학생들을 가르치는 기간에 주로 작성한 것)을 제출받으신 것으로 알고 있습니다. 그 속에는, 주로 민사소송에 관해 학생들을 가르치며 작성한 글들과 법정 대리인으로 법 앞에 남녀 모두가 평등한 권리를 지니고 있다고 주장하며 근 10년에 걸쳐 작성해온 준비서면, 양성평등에 관한 공식적인 연설문과 기고문, 그리고 근 13년에 걸쳐 컬럼비아특구 순회항소법원에서 근무하는 동안에 작성한 의견서(공식과 비공식 문건을 모두 합치면 700건은 족히 넘습니다)와 결정문 그리고 미국의 사법체계상 판사와 변호사의 역할에 관해서 제시했던 의견들이 담겨 있습니다.

자료의 본체에 대해서는 이미 위원회에서 관심을 갖고 심의해 오신 것으로 알고 있습니다. 그것이야말로 제가 지닌 자세, 인생관, 접근 방식 및 스타일에 관한 가장 현실적이고도 믿을 만한 지표라고 할 수 있습니다. 여러분은 주로 제가 근 34년에 걸쳐 작성한 서면 기록에 근거해 제 적격성 여부를 판단하게 될 것입니다. 이에, 제가 열심히 일해온 것은 물론이고 관련 정보를 제대로 갖춘 상태에서 독립적인 판결을 해나갈 준비가 되어 있다는 것을 여러분이 확신할 수 있기를 기대해 봅니다.

저는 개인적으로 항소법원에서 서면 기록과 준비서면, 그리고 구두변론으로 각각 분리해서 별도로 심리하는 것에 대해 많은 생각을 갖고 있습니다. 그와 마찬가지로, 이 청문회의 절차에 대해서도 많은 생각을 하게 됩니다. 즉, 서면 기록은 항소법원의 결정에서 훨씬 더 중요한 요소로 작용합니다만 구두변론도 종종 실체를 명확히 하는데 도움이 되며 판사로 하여금 본인이 내려야 할 판결의 성격에 대해서 마음속으로 보다 더 집중할 수 있도록 해줍니다.

다만, 여기에는 다음과 같은 중요한 차이도 존재합니다. 주지하시는 바와 같이, 저는 특정한 사상을 옹호하는 사람으로서가 아니라 판사로서 연방대법관의 적격 여부에 대한 판단을 받기 위해 이 자리에 섰습니다. 이에, 저는 현직 판사이며 앞으로도 판사로 계속 근무하길 바라기 때문에, 미 상원 의회당에서 연방대법원의 결정을 필요로 하는 현안에 대해 개인적으로 어떻게 표결에 임할 것인지를 말씀드린다거나 그 결과를 예단하는 것은 잘못된 행위일 것입니다. 즉, 이 청문회를 위해 그런 유형의 질문을 염두에 두고 발언과 추론을 준비했다면 그것은 부적절한 행위에 해당할 것입니다.

판사들은 추상적인 문제가 아닌 구체적인 사안을 놓고 결정해야 합니다. 법원에 올라오는 사건은 매 사건마다 특정 사실에 근거하고 있는데 그에 대한 판결은 구체적인 변론 사항을 고려해서, 당사자나 변호인이 진술하고 설명한 사실과 준거법에 입각해서 이뤄져야 합니다. 엄정하게 판결하겠다고 선서한 판사로서는 연방대법원의 결정에 대해서 어떤 예단이나 힌트조차 줄 수가 없습니다. 이는 특정 사건의 구체적인 내용에 대해 담당 판사가 대수롭지 않게 여긴다는 의미가 될 수 있을 뿐만 아니라 미국의 전체 사법 프로세스에 대한 모독일 수도 있기 때문입니다.

마찬가지로, 여러분이 고려하고 있는 것은 독립적으로 판결을 내릴 제 능력에 관한 것이므로, 만약 제가 여러분의 상황이라면,

즉 만약 제가 입법을 담당하고 있다면 공개적으로 진행되고 있는 논쟁적 사안에 대해 어느 쪽에 표를 던졌을지와 같은 후보자의 개인적인 견해에 대해서는 굳이 캐묻지 않을 것입니다. 올리버 홈스 대법관님이 조언해주신 것처럼 "판사에게 부여된 가장 신성한 의무는 본인의 개인적 신념을 헌법 해석에 과도하게 끌어들이지 않는 것"이라고 생각합니다. 저는 그분이 연방대법관이라는 신성한 의무를 받들기 위해 세워놓은 모델을 따르고자 지금까지 노력해 왔고 앞으로도 그럴 것입니다.

여러분과 마찬가지로, 이번 청문회에서 정중함, 공손함과 상호 존중이 서로의 대화에 기조가 되어야 한다는 것을 다시 한 번 확인할 수 있기 바랍니다. 저는 판사들은 투표를 통해 선출되는 의원들과 행정부의 수반인 대통령에게 빚을 지고 있다는 생각을 가지고 있습니다. 이에, 법원의 의견이 제가 존경하는 입법부와 행정부의 책무에 미칠 영향에 대해서도 항상 깊이 헤아리게 됩니다. 또한 저는 입법부가 지닌 호혜의 감각에 깊은 감동을 받았습니다. 여러분의 동료 가운데 한 분이 미국 연방판사연합이 2개월 전에 주최한 회의에 참석해 다음과 같은 말씀을 남겼습니다. "미 의회의 의원들은 판사가 본연의 업무를 보다 효율적으로 수행할 수 있도록 좀 더 사려 깊고 신중하게 행동해야 합니다."

몸가짐, 또는 헌법적 표현인 "선량한 행위"와 관련해서 저의 소중한 친구이자 최근 아일랜드 대법원의 대법관 자리에서 물러난

프랭크 그리핀Frank Griffin 판사님은 금번 지명에 즈음해서 제게 다음과 같은 말씀을 남겨주셨습니다. "누군가의 동료, 법조인, 그리고 일반 대중을 향한 정중하고도 사려 깊은 행동은 판사가 취할 수 있는 가장 위대한 특성 중에 하나입니다." 저는 그분의 조언을 소중하게 받아들이고 있습니다.

연방대법원에서 31년 이상을 훌륭히 재직해오신 저의 전임자 바이런 화이트 대법관님께 마음속 깊이 존경과 감사의 뜻을 표하는 것으로 제 모두발언을 마치도록 하겠습니다. 화이트 대법관님은 퇴임에 즈음해서 동료들이 보낸 호의에 답하며 앞으로도 항소법원에 이따금 입회를 하겠다는 글을 남기셨습니다. 이제는 더이상 연방대법원 의견서의 작성 주체가 아닌 소비자의 신분으로서 말입니다. 그분은 다른 연방대법관들은 물론이고 모든 하급법원 소속 판사들이 공유하고 있는 바람을 표현하셨습니다. 또한, 대법관님은 "연방대법원의 강령은 명확하고도 산뜻하다. 그러니 강령이 의미하는 바에 관해서 이견의 여지를 최대한 남기지 말아야 한다"고 말씀하셨습니다. 여러분이 화이트 대법관님의 고견에 동의한다면, 저는 대법관님의 말씀을 가슴 속 깊이 아로새기며 헌법이 "제대로 작동하도록 하는" 동시에 헌법을 "제대로 수호하기 위해서" 앞으로도 최선을 다해 재판에 임할 것입니다.

경청해주셔서 감사합니다.

긴즈버그 판사가 본인이 재직하는 동안 "셋, 넷, 또는 그 이상"의 여성들을 고등법원 판사석에서 볼 수 있기를 바란다고 했을 때, 바이든 상원의원 바로 뒤에 앉아 있던 젊은 변호사가 연설을 주의 깊게 들으며 내용을 상세히 메모하고 있었다. 그가 바로 당시 서른세 살에 실무 변호사로 배석했던 엘레나 케이건으로 긴즈버그의 인준청문회와 관련하여 바이든 상원의원의 특별자문역을 맡고 있었다. 이 젊은 여성 변호사는 본인이 그로부터 17년 후에 미국 역사상 네 번째 여성 대법관 후보로 지명되는 것은 물론이고 긴즈버그 대법관과 고등법원에서 자리를 함께할 줄은 전혀 상상도 못했을 것이다.

청문회는 개최 당일과 그다음 이틀 동안에 소속 의원들이 각자 돌아가며 30분간 질의하고 응답하는 방식으로 진행됐다. 질의 과정은 대체로 편안하고 우호적이었으며 설사 도중에 분위기가 심각해지거나 논쟁이 벌어져도 의원들은 모두 존경받을 만한 처신으로 일관했다. 민주당은 물론이고 공화당의 일부 소속 의원들마저도 당신들의 딸을 언급하며 자신을 대신해 성평등에 헌신해온 긴즈버그 판사에게 깊은 감사의 뜻을 전했다. 긴즈버그는 질문을 끝까지 듣고 답했으며 몸소 체험한 성차별 사례에 대해서도 언급했다. 아울러, 성차별을 폐지하기 위해 활동했던 특정 사례, 직접 관여했던 현안 문건과 판사로 재직하며 쓴 판결문에 관해서도 진술했다. 다만, 모두발언에서 언급한 바와 같이, 연방대법관이 되어 본인에게 주어질 수도 있는 사안들에 대해서는 답변을 거부했다.

긴즈버그 판사와 의원들 사이에 몇 가지 재미있는 대화도 오고 갔다. 그중 하나는 누군가 성차별을 표현할 때 왜 '섹스'가 아닌 '젠더'라는 단어를 사용했느냐고 물었을 때, 그가 답변하자 모두가 함박웃음을 터트린 것이다. 1970년대에 컬럼비아대학 교수로 재직할 때, 매우 총명한 비서였던 밀리센트가 성차별에 관한 준비서면, 신문기사와 연설문을 타이핑 하며 그에게 한마디를 던졌다고 한다. "그간 '섹스'라는 단어를 한두 번도 아니고 숱하게 타이핑했는데요. 감히 말씀을 드리면, 청중들 특히, 남성들 앞에서 연설하실 때 '섹스'라는 단어가 튀어나오면 그 사람들은 듣자마자 교수님이 생각하시는 것과는 다른 의미로 받아드릴 거예요. 그러니 문법책에서 볼 수 있는 단어를 사용하는 게 어떨까요? 제가 보기엔 '젠더'라는 단어가 적절할 것 같은데요. 이 단어로는 남성들이 그처럼 심란한 상상을 하진 못할 테니까요."[5]

청문회가 사흘째 접어들던 7월 22일 밤, 해치 상원의원과 바이든 상원의원의 대단히 우호적인 마무리 발언과 함께 마침내 모든 질의 순서가 종료됐다. 저녁 8시가 되기도 전에 위원회가 산회를 선언하자 그 자리에 있던 모든 사람들이 돌아가며 포옹을 했다. 긴즈버그도 지쳤으나 의기양양하고 해맑은 모습은 여전했다. 《시카고트리뷴》의 린다 캠프벨 기자가 당시 상황을 다음과 같이 재치 있게 묘사했다. "긴즈버그가 답했다. 자세히 설명하기도 했다. 꾸짖기도 했다. 이의도 제기했다. 심지어 웃기까지 했다. 드디어 그가 청문회장을 완전히 압도한 것이다."[6]

긴즈버그 판사의 증언이 성공적으로 마무리되자, 상임위 최종 투표를 위해 청문회가 하루 더 개최됐다. 이 마지막 날에는 후보자와 상원의원들 간의 비공개 회의에 이어 후보자에 대한 지지나 반대를 위해 증언할 패널들도 함께 참석하는 공개 회의가 열렸다.(이는 논란을 야기했던 클래런스 토머스 대법관 청문회 이후에 미 상원의 법사위원회가 지도력을 발휘한 결과였다. 즉, 연방대법관으로 지명을 받은 사람에 대해서는 예외 없이 비공개 회의를 통해 FBI 수사기록과 범죄 혐의 여부를 확인해보기로 한 것이다. 이번에는 아무런 전과 기록이나 혐의점도 발견되지 않아서 비공개 회의는 채 두 시간도 걸리지 않고 종료됐다.)

참석자들이 비공개 회의를 마치고 공개 회의장에 배석하자 여섯 패널이 세 시간에 걸쳐 증언에 나섰다. 극히 일부를 제외하고, 전반적으로 긴즈버그에 대한 연방대법관 인준을 진심으로 성원하는 증언들이 청문회장을 압도했다. 지지 의견을 피력한 다섯 패널들 중에는 전미변호사협회 대표(더할 나위 없는 최고의 찬사와 함께 추천 의견서를 전달했다), 변호사 업계와 법학계의 거물급 인사(미국 법조계의 전설로 통하는 체스터필드 스미스Chesterfield Smith, 셜리 헙스테들러Shirley Hufstedler, 제럴드 군터Gerald Gunther, 허르마 힐 케이Herma Hill Kay 등), 그의 동료, 재판연구원과 교수들이 포함되어 있었다. 특히, 과거에 의뢰인으로 만났던 스티븐 비젠펠트는 긴즈버그가 차별적 법률 조항에 맞서 성공적으로 맞서 싸워온 일련의 과정을 설명해주었다. 그는 아내가 출산하다 숨을 거둔 뒤 긴즈버그 변호사 덕분에 사회안전보장 혜택을 받게 되어 본인이 집에 머물며 갓 태어난 사내아이를 돌볼 수 있었다고 증언했다. 그는 거듭해서 내정자에게 감사의 뜻을 전하며 "만약 긴즈버그 판사가 유대교가 아닌 가톨릭과 같은 다른 종교를 갖고 계셨더라면 성인으로 널리 추앙을 받으셨을 겁니다"라며 극찬을 했다.[7]

한편, 불리한 증언은 오직 유일하게 임신중절 합법화를 반대하는 단체에서 나왔는데 그들은 임신중절을 지지하는 그에게 거부감을 갖고 있었다. 반대 측 패널 중 한 사람이 "우선, 여성이자 변호사로서 긴즈버그 판사가 그간 이룩한 다양한 업적과 그동안 보여주신 출중한 능력에 대해서 진심으로 경의를 표합니다. 후보자께서는 평등보호와 성차별에 관한 법률을 획기적으로 발전시키신 선구자로 칭송을 받고 계신데 이는 지극히 온당한 평가라고 생각합니다. 다만, 유감스럽게도, 판사님의 그 같은 노력이 필연적으로 낙태에 대해 무제한의 권리가 여성에게 주어져야 한다는 시각과 연결된 듯합니다"[8]라고 증언했다. 미국의 극단적 보수 세력을 대표하는 이글포럼 Egle Forum과 미국가정연구협의회가 지명자에 대해서 '지나치게 적대적이고도 급진적인 여성 편향적 시각'을 지닌 '과격하고도 교조주의적인 페미니스트'[9]라고 비난하기도 했다.

청문회 마지막날인 금요일 오후 2시 43분에 종료를 선언하는 의사봉 소리가 막 울려퍼지려는 바로 그 순간이었다. 특별히 해치 의원이 이번 지명은 클린턴 대통령의 탁월한 선택이었다며 찬사를 표하자, 바이든 의원이 해치 상원의원을 향해 참으로 멋진 신사이자 학자라며 감사의 뜻을 피력했다. 그러고 나서, "다음주 목요일에는 후보자를 정식으로 연방대법관으로서 미 상원에 추천할 수 있기를 바랍니다"라는 바이든 위원장의 말과 함께 마침내 인준 청문회가 공식적으로 종료됐다.[10]

후보자 지명 과정 및 인준 청문회 준비 과정에서 백악관과 함께 긴밀히 협의해온 조엘 클레인은 일찌감치 긴즈버그에 대한 인준이 순조롭게 진행될 것이라고 확신하고 있었다고 한다. 그는 "후보자야말로, 법학자로서 주목을 받고 존경도 받아온 인물입니다. 법률 논쟁의 장에서도 어느 한쪽만 일방적으로 두둔하며 반대편에 대해서는 단지 수수방관만 하는 그런 분이 아니었습니다. 그분은 보수와 진보 양측 모두로부터 존경을 받아온 인물입니다. 모든 것을 종합해 판단할 때, 청문 위원 표결에서 총 열 명 중 무려 아홉 명으로부터 찬성표를 얻어내는 원동력이 된 것은, 다름 아닌 그분이 쌓아온 이야기와 그분이 온몸을 바쳐 이뤄낸 값진 업적일 것입니다. 그렇지 않았다면 전임자들의 사례에서 보듯이 청문회에서 매우 볼썽사나운 광경이 연출될 수도 있었습니다"[11]라고 말했다.

예상대로 청문회는 순조롭게 종료되어 채 한 주도 지나지 않아 법사위원회가 '18 대 0'의 만장일치로 루스 베이더 긴즈버그의 연방대법관 지명에 동의하고 추천서를 미 상원에 송부했다. 상원에 전달된 보고서에서 법사위원회는 "루스 베이더 긴즈버그 판사의 연방대법관 지명은 우리 위원회가 상원의 인준을 적극적으로 권고해도 전혀 손색이 없을 정도로 완벽한 판단이었다. 본 위원회는 그가 지닌 기질, 성품, 법률 기록 및 법철학에 기초해서, 그리고 그에 대한 전폭적인 신뢰를 바탕으로 이 추천서를 작성하였다"[12] 고 기술했다.

그해 8월 3일, 미 상원은 '96 대 3'이라는 압도적인 찬성으로 루스 베이더 긴즈버그의 연방대법관 임명을 인준했다. 8월 10일, 긴즈버그는 먼저 연방대법원의 행사에서 렌퀴스트 대법원장 앞에서 미국의 107번째 연방대법관의 자격으로 취임 선서를 했고, 이어 백악관에서도 선서를 했다. 10월 1일에는 대법관들이 참석한 전통적인 방식의 연방대법원 행사에서 다시 한번 서약을 했다. 연방대법원의 '1993회기'가 시작되는 10월 첫 번째 월요일에 드디어, 새로 선임된 연방대법관 긴즈버그가 여성으로서는 미국에서 최초로 연방대법관에 오른 오코너를 포함하여 총 여덟 명의 동료 대법관들과 함께 재판석에서 어깨를 나란히 했다.

5부

판결과 정의

서문

이 장에는 연방대법원의 본원적 성격을 다루고 있는 그의 연설문, 강연록 및 기사들을 선별해서 실었다. 여기에는 대법관이 충직하게 헌법을 적용하고 의회가 통과시킨 법안을 해석하는 본연의 임무를 수행해나가는 과정에서 겪게 되는 일들이 담겨 있다. 또한, 모든 대법관이 현재 준수하고 있거나 그의 관점에서 반드시 준수해야 한다고 생각하는 기준들도 담겨 있다. 그가 연설을 하고 나서 그 내용을 다른 사안들에도 적용하고, 연설문의 요지를 각기 다른 맥락에서 다양한 의미로 활용하며, 한 번 또는 그 이상으로 반복해서 사용하고, 각주를 달아가며 마침내 인쇄본으로 완성하는 과정은 경이롭기 그지없다. 그 같은 다채로운 반복 덕분에 우리는 그가 오랫동안 대법관으로 재직해오면서 주목해온 주제들에 대해서 단기간에 폭넓게 접근하여 정리할 수 있는 여지를 제공받았다.(1970년대에 변호사로서 긴즈버그가 작성해서 연방대법원에 제출했던 성평등에 관한 준비서면에서도 그와 같은 전개 과정이 잘 드러난다. 즉, 그의 준비서면은 수많은 세월을 지나는 동안 유기적으로 성장하거나 축소되기도 하고, 강조하기 위해 수정이 가해지거나 미세한 부분에서 조정이 이뤄지기도 했다. 남편 마티는 그에 대해서 "옛날에는 단지 '준비서면' 수준이었으나 이제 '연설문'으로 진화하다 보니 아내의 면모가 더욱더 잘 드러나게 되었죠"[1]라고 말했다.)

긴즈버그에게는 단지 요약하거나 구성하는, 또는 극적으로 연출하는 능력만 있는 것이 아니다. 대중 앞에서나 언론기사로 느낄 수 있는 목소리는 온건하고 침착해 보이지만, 스타일은 매우 직관적이다. 따라서, 그의 인상 깊은 인용문이나 강렬하고 간결한 유머 속에서 우리는 종종 그가 전하려는 핵심 요지를 포착하게 된다. 또한 그의 법률 분석은 현실 세계에 깊이 뿌리 박혀 그간의 역사와 일상의 세밀한 부분까지 담고 있으며 그 속에서는 정부기관들 간이나 크고 작은 단체들 간에, 또는 공적으로나 사적으로 이뤄지는 교류 방식은 물론이고 그런 다양한 부류의 집단들이 민주주의 사회의 시민들과 소통하는 방식 역시 폭넓게 다뤄지고 있다. 그는 미국의 사법체계를 구축하고 이끌어온 규범의 역사와 목적, 그리고 그 공정성과 실효성에 대해서도 매우 세심한 주의를 기울인다. 중간중간에 '비교를 위한 살펴보기' 코너도 마련해 미국의 사법체계를 보다 객관적으로 조명해볼 수 있게 했다. 또한, 법을 통해서 세계를 발전시켜온 새로운 길의 개척자들과 그곳에 이정표를 세운 사람들에게 깊은 존경의 뜻을 표하기도 한다. 여기서 소개하는 글들을 통해 독자들에게 진정으로 전달하고자 하는 바는, 모든 인간의 존엄과 평등을 존중하는 긴즈버그의 간절한 마음이다.

일하는 방식

5부는 긴즈버그 대법관이 일할 때 기본으로 여기는 지침에서부터 시작된다. 이것은 그가 소위 '업무 절차'라고 부르는 것을 이해하는 데 있어 더할 나위 없이 값진 자료이다. 여기에는 심의할 사건의 선정 방식에서부터 법정에서 벌어지는 구두변론의 본질과 목적, 대법관들이 최종판단에 이르기까지의 과정은 물론이고 그들이 작성하는 의견서의 구성과 방청객들에게 발표하는 방식들도 모두 담겨 있다. 첫 해를 보내는 로스쿨 신입생들은 물론이고 연방대법원에 대해 알고 싶어하는 사람들이라면 비전문가를 포함해서 그 누구에게도 이만큼 유익한 지침서는 없을 것이다.

(사실, 긴즈버그 대법관은 다소 특이한 루틴의 근무 방식을 즐긴다. 밤낮없이 일할 수 있는 능력으로는 그가 연방대법원에서 전설로 통한다. 즉, 퇴근 후 다음날 새벽 네 시까지 집에서 일을 하고 집무실에 늦은 아침에—그러나 재판이 있는 날에는 그보다 훨씬 일찍 출석해서 구두변론을 위해 기다린다—나오는 것은 이제 모든 재판연구원과 실무자 사이에서 널리 알려진 사실이다. 그토록 짧은 수면은 고등학교 때부터 시작해서 대학에 다닐 때까지 지속되어 일종의 습관처럼 굳어진 것이다. 특히, 대학생 시절에는 룸메이트가 잠이 들면 그제서야 방에서 슬며시 빠져나와 틈틈이 공부할 수 있는 조용한 공간을 찾아다니곤 했다고 한다.)

두 번째로 소개하는 글은 긴즈버그 대법관이 연방대법원 업무의 요체인 판사의 독립성에 대해서 어떻게 생각하는지를 잘 보여주고 있다. 과거에는 물론, 최근의 사례에서도 드러나듯이 그는 "법치주의의 요체는 재판의 독립성이다. 즉, 판사는 그 어떤 부서(특히, 입법부와 행정부)의 손아귀에도 놀아나서는 결코 안 되며 그래야만 법을 공정하게 관리할 수 있는 판사 본연의 모습을 제대로 갖출 수 있다. 법이 봉사하기 위해 존재하는 사회마저 판사의 독립성을 보호해주지 못한다면 그런 나라의 사법체계는 완전히 와해될 것이다"고 특별히 강조하고 있다.

3부작 중 마지막 부분은 재직 중 2005년 9월에 암으로 사망한 렌퀴스트 대법원장에게 바치는 추모사다. 이 글은 연방대법원에서 위엄威嚴의 대명사로 불리며 근 20년을 대법원장으로 재직했던 그에게 긴즈버그가 느꼈던 인간적인 면모와 개인적인 소회를 전하고 있으며, 이 글을 통해 독자들은 연방대법원의 역대 대법원장들 가운데 업무 방식에서 가장 독보적인 위상을 구축했던 그에게 더욱더 가까이 다가갈 수 있다. 아울러 그가 보여준 출중한 관리 능력과 독립적인 재판에 대한 열정에 대해서도 집중적으로 언급하고 있다. 긴즈버그 대법관은 렌퀴스트 대법원장을 자신이 만났던 상사 중에서 가장 공평무사하고 효율적인 인물로 기억하고 있다.

판결

1993년 여름, 클린턴 대통령이 긴즈버그 판사를 연방대법관에 지명했다. 그런데 그에 앞서 불과 몇 달 전에 긴즈버그의 강의록이 《법률 리뷰》에 기사 형태로 공개된 적이 있다. 적합한 판결 스타일과 판결의 본질이 무엇인지에 관한 기사로, "법관의 목소리로 말하기"라는 제목을 달고 나왔으며, 도입부에서는 긴즈버그의 법에 관한 철학이 드러나 있다. 즉, 미 헌법의 기초를 세운 선조들이 처음에 생각한 것을 그 자체로 받아들여야 한다고 주장하는 원본주의자(originalists, 原本主義者)들과 그에 반해, 선조들이 당시로선 상상조차 할 수 없었던 현재의 변화하는 상황에 맞춰 헌법의 본원적 원리를 재해석해야 한다며 '살아있는 헌법living Constitute'을 옹호하는 사람들 사이에서 긴즈버그가 과연 어디쯤 자리잡고 있는지 가늠해볼 수 있다.

이 글에서 긴즈버그는 제임스 매디슨과 알렉산더 해밀턴을 거론하며 '살아있는 헌법'을 옹호한다. 아울러, 평등에 관한 미국의 이상에 대해서 간략한 역사와 함께 본인 고유의 전망도 제시한다. 그것은 미국이라는 나라가 일찍이 시민들이 "인간의 평등과 존엄이라는 이상에 맞춰 충분히 생각하고 실천할 수 있도록 하는" 하나의 일관된 문화를 바탕으로 작동해왔다는 개념이지만 긴즈버그는 여기서도 헌법이 지닌 '성장 잠재력'에 주목한다. 다시 말해, 수정헌법의 역사는 한때 헌법상의 권리와 보호 대상에서 제외됐던 집단 즉, 오랫동안 노예로 살았던 사람에서 시작하여 가난한 남성, 아메리카 원주민, 그리고 마침내는 여성에 이르기까지 확장적으로 진화해온 과정을 담고 있다고 주장하는 것이다.(이처럼 중요한 주제에 관해 좀 더 알고 싶다면 이 책의 1부 7장에 실린 오페라 〈스칼리아/긴즈버그〉에 나오는 구절들을 참고하기 바란다. 오페라에서는 '살아있는 헌법'을 옹호하는 긴즈버그 대법관이 소프라노를 맡고 연방대법원에서 가장 강경한 '원본주의자'를 자처하는 스칼리아 대법관이 테너를 맡아 헌법 해석의 문제를 놓고 일전을 벌인다.)

이에 기초하여 다음 단계로 재판 스타일과 재판의 본질에 관해서 본격적으로 논하기 시작한다. 우선 스타일에 대해, 그는 판사들 사이에서 동료 간 협력 관계를 옹호하고, 재판을 진행하거나 의견서를 작성할 때 특별히 품격을 갖춰야 한다고 강조한다. 그가 동료 간 협력 관계를 무엇보다 중요시 여기는 이유는 단지 한 개인의 예의 차원이 아니라(물론 긴즈버그도 다른 사람들과 마찬가지로 매너가 좋다면 그 자체로도 좋은 것이라고 생각하지만), 협력을 통해 연방대법원 차원에서 좀 더 바람직한 의견을 도출할 수 있고 미국인들의 사법부에 대한 존중과 신뢰가 한층 강화되기 때문이다(의견서에서 무절제한 언어를 사용한 충격적인 사례들도 보여주고 있는데 비록 주석 사항이긴 하지만 심지어 일부 실명까지도 거론된다).

판결의 본질에 관해서, 그는 "관습법에 따른 판결은 물론, 헌법에 의거한 판결도 대체로 '신중한 움직임'이 필요하다. 경험상, 너무도 재빨리 모양새를 갖춘 교조적 줄기들은 끝내 불안한 형상으로 드러나서 결국은 사법기관에 부담을 안겨주는 것으로 귀결된다"고 주장한다. 매디슨에서 행한 강연(이 책의 5부 4장 참조)에서는, 너무 성급하게 결정을 내린 졸속 재판의 전형적인 사례로 '로 대 웨이드 사건' 판결을 제시한다. 당시에 너무 과도하게 포괄적으로 판결해서 그간 지속해온 정치적 논란에 새로운 불씨를 지폈으며 그로 인해 연방대법원이 사안의 핵심에 이르는 데 결국은 실패하게 됐다는 것이다. 여기서 '사안의 핵심'이란 여성들 스스로 출산을 통제할 수 있는 능력으로, 이것이야말로 그들의 구체적인 삶과 법의 평등을 확보하는 데 매우 결정적인 요소라는 것이다. 한편, 판사들은 "단지, 헌법의 고매한 수호자들"이 아니라 민주주의 국가에서 상호 의존적인 역할을 수행하고 있는 것이며, 그 과정을 통해서 "정부의 다른 조직과는 물론이고 국민과의 대화에도 참여하고 있는 것"과 다름없다고 그는 주장한다. 이와 관련해서, 연방대법원이 판결을 의도적으로 지연시킨다거나 현실 세계의 정치과정보다 너무 앞서 나가지 말 것을 주문하고 있다. 그 대신, 연방대법원에 계류 중인 사건이 요구하는 본질이 무엇인지에 대해서 담담한 마음으로 판단하고 또 다른 진전은 차후에 진행될 다른 재판에 맡겨두어야 한다는 입장을 견지하고 있다. 즉, 연방대법원은 점진적인 재판 진행을 통해 절제된 형태의 의사결정에 집중해야 한다는 것을 역사가 가르쳐주고 있다는 것이다.

비교를 위한 살펴보기와 평등 이념

최근 수년간 연방대법원이 '외국법'—미국 이외의 나라나 다국적 또는 국제적인 재판소의 판결 기록—을 인용한 것을 놓고 의회 차원에 벌어지고 있는 논쟁에 대해서도 긴즈버그 대법관은 소상히 파악하고 있다. 그는 "인류의 목소리에 대한 온당한 존중"이라는 글에서 미국이라는 울타리를 넘어서서 바라보는 것이 미국의 변호사와 판사들의 위상에 걸맞기도 하고 또한 온당한 행위라고 주장한다. 더욱이, 미국의 대법관들은 연방대법원 설립 초기부터 21세기에 이르기까지 다른 나라 법원이나 국제기구가 판결한 사례를 지속적으로 인용해왔다고 말한다(그에 대해 가장 강경한 반대의 목소리를 내오던 스칼리아 대법관마저도 종종 연방대법원의 판결문에 인용된 외국 판례에 깊은 관심을 보이곤 했다고 한다).

사실상, 미국 연안을 넘어서 다른 나라 법률기관이 내린 판결 내용을 비교해볼 요량으로 참고하는 것은 긴즈버그가 변호사, 법학 교수 그리고 판사를 거쳐 연방대법관으로 지내오면서 일관되게 견지해온 일종의 관행이라고 할 수 있다. 이러한 특성은 긴즈버그에 관한 언론기사와 그가 행한 연설문에서 반복적으로 나타난다. "국제적 맥락에서 본 '브라운 대 교육위원회 사건' 판결"이라는 글에서는 이 판결이 국제적으로 인권을 신장시키고 조기에 정착시키는 데 어떤 영향과 도움을 주었는지에 대해서 살펴보고 있다. 제2차 세계대전 기간에 벌어진 악취가 진동하는 나치의 인종주의에 대한 국제적인 반응은 미국에도 커다란 딜레마로 작용했다. 즉, 히틀러와의 전쟁에서 전사한 아프리카계 미군들에게 자행되고 있던 인종 분리 정책에도 불구하고 미국이 과연 국제적인 위상과 도덕적 리더십을 유지할 수 있을지 국내외적으로 의문이 확산되고 있었던 것이다. 긴즈버그에 의하면, 세계 만방에 보도된 미 연방대법원의 1954년 '브라운 사건' 판결은 "당시만 해도 미완의 형태이긴 했으나 전 세계 사람들이 인간의 존엄성을 법률상으로, 그리고 관행상으로 존중할 수 있도록 해준 마중물이 됐다"고 한다. 또한, '브라운 사건' 판결이 본인으로 하여금 여성의 권리 증진에 매진할 수 있도록 하는 자극제가 됐다고 평가한다.

한편, 긴즈버그는 "'러빙 대 버지니아주 사건'에 관한 연설문"에서 촌철살인의 면모를 보여주고 있는데, 이 연설은 사건의 원고인 밀드레드 러빙이 2008년 사망하고 한 해가 지난 후에 이루어졌으며, 여기서 긴즈버그는 해당 사건을 연방대법원 역사상 가장 중요한 결정이었다고 설명한다. 1967년에 발생한 이 사건과 관련해서, 연방대법원은 상이한 인종 간의 출산을 금지한 버지니아주의 법령은 위헌이라고 판시했다. 얼 워런 대법원장은 전원합의로 확정된 의견서에서 "결혼할 수 있는 자유가 오직 특정 인종에게만 부여된다는 것은 헌법상의 평등보호 조항을 현저히 위배하는 것"이라는 별도의견을 남겼다.

"비교를 위한 살펴보기"를 통해 얻은 정보와 지식을 바탕으로 작성한 "다양성의 가치"에 관한 연설에서는 소수자 우대 정책에 관한 법률과 관행들에 대해서 살펴보고 있다. 긴즈버그는 소수자 우대 정책을 "열정적" 차원을 넘어 평등을 이상적인 것으로 만들려는 한 단계 진전된 노력의 일환으로 규정하고 있다. 그리고 본인이 여성으로서 최초로 컬럼비아대학 로스쿨의 종신 교수가 된 것 역시 단과대학과 종합대학들이 여성교수를 채용하도록 닉슨 행정부가 적극적으로 독려했기에 가능했다고 말한다(긴즈버그가 1972년에 "여성들의 해"라는 이름을 붙인 것은 사실상 그해에, 모두 또는 대부분이 남성들로 구성된 교육기관에 다수의 여성들이 임용되었기 때문이었다). 그는 이 강연을 통해서 소수자 우대 정책의 합법성을 추적해나간다. 미국에서는 그와 같은 조치가 1960대에 시작되어 1978년의 '배키 사건[연방대법원이 의과대학 입학과 관련하여 소수자 우대 정책의 취지를 인정하여 신입생 선발 시 인종을 하나의 고려 요소로 삼을 수 있다고 판결했다]', 그리고 2003년의 '그라츠 사건[연방대법원은 미시건대학이 실시한 소수자 우대 정책이 엄격한 기준을 통과하지 못해 승인을 거부하기로 결정했다]'과 '그루터 사건[연방대법원은 '그라츠 사건' 판결과는 달리 미시건대 로스쿨이 엄격한 잣대에 맞춰 소수자 우대 정책을 실시하여 적법하다고 판결했다]'을 거치면서 크고 작은 부침을 겪었다.(이 강연이 끝나자마자 연방대법원은 또 다른 부류의 소수자 우대 정책 사례를 확정했다. 그것은 '피셔 사건' 판결로 이 책 5부 6장에 실린 긴즈버그의 반대의견에 그 자세한 내용이 담겨 있다.) 여기서 긴즈버그는 자신이 2007년에 작성한 의견서에서 제시했던 "세간의 관심을 불러일으키는 기준선"에 주목했다. '피셔 사건' 판결에서는 특정 학교에 아이들을 배정할 때 인종을 고려하여 초등학교와 고등학교를 통합 형태로 운영할 수 있도록 해주려는 워싱턴주(시애틀)의 계획이 위헌이라고 본 것이다. 그러나 긴즈버그는 "인종차별을 중단시키는 최고의 방법은 인종을 근거로 차별을 가하려는 행위 자체를 중지시키는 것이다"라고 적시한 다수의견에 반대하는 대열에 합류했다. 반대의견에 따르면, "인종끼리 갈라놓기 위해서 인종을 의식한 기준과 인종들을 통합하기 위해서 설정한 기준은 법적으로는 물론이고 실제로도 엄연한 다르다"는 것이다. 그는 강연에서 청중들에게 "좀 더 다양하고 포용력이 있는 사회에서 서로를 이해하고 수용하며 심지어는 서로 간의 차이마저도 축복해주면서 공동의 선을 향해 함께 나아간다면 결국은 그로 인해 맺어진 값진 결과물을 우리 모두 함께 나눌 수 있습니다"라고 힘주어 말한다.

"나는 반대합니다"

긴즈버그 대법관이 작성한 다수의견 또는 보충의견이나 반대의견들은 그 대표적인 사례 하나만으로도 이 장을 채우고도 남을 정도로 방대하기에 원문 자체는 이 책에 포함시키지 않기로 했다. 여기에 등장하는 공식 판결문이나 의견서들은 연방대법원의 웹사이트(supremecourt.gov)에서 확인할 수 있고, 정부의 공식 보고서는 모든 미국의 법률도서관이 인쇄물 형태로 소장하고 있어서 누구든 언제라도 열람이 가능하다. 이에, 가장 주목을 받은 의견서 중에서 기술적인 부분을 최대한 줄이고 법정에서 축약해서 발표한 내용을 중심으로 편집했다. 새로운 법정의견이 나오면 요약해서 구두로 기자단과 방청객들에게 발표하는데 통상, 다수의견이 대부분이며 반대의견은 극히 드물게 나온다. 'VMI 사건'은 긴즈버그가 미국의 사법 역사상 새로운 이정표를 세운 세기의 판결로 다수의견 발표문이 이 책의 3부 5장에 실려 있다. 또한, 본인이 법정에서 직접 발표해야 할 정도로 중요하다고 여긴 반대의견들도 여기에 일부 포함되었다.

2013년, 파리에서 반대의견의 역할을 주제로 강연을 했을 때 언급했던 법정 발표문을 맛보기로 독자들에게 우선 소개한다. 이 강연에서는 반대의견을 작성하게 되는 경위와 그 장단점을 살펴보고 있다. 이것은 긴즈버그 대법관이 특히나 최근 회기 동안에 자주 떠올려야 했던 주제이기도 하다. 긴즈버그 대법관이 반대의견에 부쩍 관심을 갖게 된 이유는 그리 먼 곳에서 찾을 필요도 없다. 최근 몇 년 사이에 연방대법원 구성원들과 대법관 본인의 위상에 적지 않은 변화가 있었던 것이다. 로버츠 연방대법원장과 알리토 대법관이 새로 부임한 이후로, 아홉 명의 대법관 의견이 종종 '5 대 4'로 갈리곤 했다. 그중 다섯 명은 대체로 보수적인 입장을 취하고 있으며 주로 반대의견을 내는 나머지 네 명은 상대적으로 진보적인 입장을 견지하고 있다. 두 사람이 취임한 이후로 장장 11년에 걸쳐 연방대법관 구성원에 단 한 번도 변화가 없었다. 이 경우는 연방대법원 역사상 전례를 찾아보기가 어려울 정도이다. 해당 기간 동안에 긴즈버그 대법관과 브레이어 대법관은 연공서열상 전체 대법관 아홉 명 중 각각 여덟 번째와 아홉 번째로 아주 낮은 위치에 있었다. 이후, 2009년에 사우터 대법관과 2010년에 스티븐 대법관이 퇴임했으며 그 후임으로 소토마요르 대법관과 케이건 대법관이 각각 부임하여 드디어 긴즈버그가 진보 그룹의 최고 연장자이자 연방대법원의 최고령 대법관이 됐다. 이는 보수와 진보가 '5 대 4'로 갈리는 상황이 오면, 긴즈버그가 누가 반대의견을 작성할 것인지에 대해 결정해야 한다는 뜻이다. 드디어 긴즈버그가 진가를 발휘할 때가 온 것이다.

　이 강연에서는 반대의견을 성격상, 대법관들 사이에서 이뤄지는 대화의 일부로 간주한다. 의견서 초안이 대법관들에게 회람이 되고 나면 다수의견과 반대의견 작성자들 사이에서 끝없는 논쟁이 벌어지는데, 이는 오히려 연방대법원 차원에서 최종 작품을 더욱더 튼실하게 가다듬을 기회라고 한다. 앞서 언급한 것처럼, 반대의견은 일반인들과 의회는 물론이고 미래의 연방대법원에 구두로 전달되기도 한다. 그는 여기서 반대의견을 두 가지로 분류하는데, 하나는 연방법의 해석에 관한 것으로 "미 의회의 코트로 공을 되돌려주는 것"이며, 또 다른 하나는 헌법과 관련하여 "미래의 지성에게 호소하는 것"이다. 편집자들이 가장 의미심장하다고 판단되는 그의 법정 발표문과 반대의견에 관한 연설문 몇 편을 고르고 나니 이미 이 책의 분량이 차고도 넘쳤다.

연방대법원에서 한 해 동안 있었던 주요 사건

이 장은 연방대법원의 업무 방식에 대한 설명으로 시작해서 단일 회기의 심리 과정을 소개하는 것으로 끝을 맺는다. 매년 5월 말이나 6월 초에는 긴즈버그 대법관이 제2순회항소법원의 연례대회의에 참석하여 최근 회기에 발생한 주요 현안들에 관해 설명하는 자리를 갖는다. 회기가 종료되면 그는 심리한 결과를 최종적으로 업데이트한다. 이 책이 인쇄 준비에 들어가자 "2015~2016 회기 주요 사항 보고서"가 완성되어 언론의 주목을 받았으며 긴즈버그가 그 내용을 설명하는 것으로 이 책의 대미를 장식했다.

1장

연방대법원의 일상*

이번 강연에서는 제 일터에서의 절차에 대해 이야기해보려 합니다. 하필이면 왜 절차일까요? 이는 제가 법학 교수로 재직하던 17년 동안 줄곧 다루었던 영역입니다. 그러나 그보다 더 중요한 것은 연방대법원 판결의 근간이 되는 규정, 관행 및 전통에 대한 기본적인 이해 없이는 판결의 본질을 제대로 파악할 수가 없기 때문

---

* 긴즈버그 대법관은 수년에 걸쳐 다양한 청중들을 대상으로, 다양한 버전으로 이 주제에 관한 발언을 해왔다. 일례로, 2016년 7월에는 이탈리아의 베니스에 소재한 웨이크포레스트대학 로스쿨의 하기 프로그램에 참가하고 있던 학생들에게도 같은 취지의 강연을 했다. 분량을 감안하고 원래 전달했던 특정 맥락을 명확히 하기 위해 강연 내용을 편집했다.

입니다. 이제부터 미 헌법과 연방법이 연방대법원에 부과한 막중한 과제에 관해서 말씀을 드리겠습니다. 연방대법원은 주로 연방법 아래서 발생하는 문제에 대해서 최종적인 의사결정자의 역할을 수행합니다.

저희가 판결을 내리는 근거가 되는 연방법은 헌법 그 자체가 될 수도 있습니다. 하지만 저희들은 헌법에 관한 문제와 함께 매우 광범위한 영역에 적용되는 일반 법률도 종종 다룹니다. 파산, 연방조세, 지적재산권, 환경보호, 연금 및 의료보험에 관한 준거법 등이 이에 해당합니다. 또한 미 의회나 지방정부의 입법기관들이 통과시킨 법안과 대통령이 내린 조치를 포함한 갖가지 행정조치가 합법적인지 여부에 대해서도 판단을 합니다. 다만 연방대법원은 과거에 판사들이 소위 '교정 작업矯正作業'이라고 부르던 그런 단순한 업무는 더 이상 처리하지 않습니다. 즉, 오늘날의 연방대법원은 하급법원이 논란의 여지가 있거나 명백히 잘못된 판결을 내린 사건에 대해서 단순히 심의만 하는 곳이 아니라는 뜻입니다.

특정 사건의 오류를 교정하는 작업의 경우 연방항소법원과 지방정부의 사법체계에 소속된 항소법원들(주 소속 대법원을 포함해서)에 상당 부분을 의지하고 있습니다. (전 세계 대부분의 나라가 일정한 형태의 사법체계를 유지하고 있습니다. 미국은 전역에 걸쳐 무려 52개에 이르는 사법체계를 갖추고 있는데, 연방 차원의 사법체계 외에도 각 주와 컬럼비아특구는 자체적으로 2중 또는 3중의 사법체계를 거느립니다.) 대체로, 연방대법원은 다른 법원들(연방법원과 주 법원 또는 두 성격이 혼재된 형태의 법원)이 강력히 반대하는 연방법에 관한 문제들처럼 소위 '심각한 분열'로 분류되는 사안이 올라올 때에는 심리 검토에 착수합니다. 저희가 심리하는 사건의 약 70퍼센트가 그런 부류에 속합니다.

이제부터 제가 말씀드릴 내용은 크게 세 가지로 구분할 수 있습니다. 우선, 연방대법원의 까다로운 심리 승인 절차, 다음으로는 연방대법원에서 벌어지는 구두변론, 그리고 마지막으로 과연 어떤 방식으로 최종 결론에 이르게 되고 의견서가 작성되며 발표되는지에 대해서 설명을 드리겠습니다.

① 심리 승인 절차

연방대법원의 회기는 매년 10월 첫 번째 월요일에 시작됩니다. 대법관들은 그보다 한 주 앞서 장시간 회의를 갖는 것으로 회기를 시작합니다. 즉, 회기가 개시되기 전인 9월말에 개최되는 대법관 평의에서 그해 6월부터 9월 초까지 연방대법원에 접수된 심리청원서들을 처리합니다. 연방대법원의 모든 회의가 밀폐된 곳에서 열리듯이 회기 개시 전 평의도 엄격히 비공개로 진행되며 오직 아홉 명의 대법관만 참석할 수 있습니다. 비서나 재판연구원도 입장이 허용되지 않는 것은 물론, 인편으로도 메시지를 전달받을 수 없고 회의 내용도 기록으로 남기지 않으며 노트북도 지참할 수 없습니다. 가장 나이 어린 판사가 누군가 노크를 하거나 전화벨이 울리면 답을 해주는 잡무를 맡는데, 지금은 케이건 판사가 그 일을 하고 있습니다. 그리고 회의가 끝나면 공보담당관에게 결정 사항을 전달하는 것도 나이 어린 판사의 몫입니다. 공보담당관은 결정 사항을 대중에게 알리는 일을 하지요.

매년 10월부터 그 다음해 6월까지 회기가 지속되는 동안에 저희들은 대략 1~2주 간격으로 올라오는 청원서들에 대해 서로 의견을 교환합니다. 정상적으로 개최되는 평의를 기준으로 볼 때, 매회 약 100건에서 300건 가량의 청원서가 올라옵니다. 현재는 연간 총 6,000건에서 7,000건에 이르는 심리청원서를 접수하고 있습니다.

아홉 명만으로 어떻게 그리도 많은 청원서들을 처리할 수 있을까요? 일반적으로, 접수한 것들 중에서 15퍼센트 미만만 표결에 부쳐집니다. 그토록 두툼한 사건 목록을 어떻게 얇게 줄여 회의에 부치는지 그 비결은 나중에 말씀드리지요. 지금은 우리가 투표하는 방식에 대해 설명드리겠습니다.

대부분의 경우 투표는 단순히 재심을 할 것이냐 말 것이냐는 결정하기 위해 이루어집니다(재심에 들어가기 위해서는 과반보다 한 표가 더 적은 네 표가 필요합니다). 재심이 받아들여지면 전원 브리핑과 구두변론을 위해 해당 사건에 관한 심리 기일을 지정합니다.

하지만 다른 선택지도 있습니다. 청원에 대한 조치를 일시적으로 연기하고 해당 사건을 보류하는 것입니다. 주로 이미 청원이 받아들여진 사건 가운데 해당 청원과 동일하거나 연관이 있는 의제를 가진 사건에 대한 결정을 기다리는 동안 보류 결정을 내립니다.

혹은 어떤 사건은 다음에 열릴 회의 안건으로 재목록화되기도 합니다. 이것은 주로 한 명이나 그 이상의 대법관들이 투표를 하기에 앞서 좀 더 신중을 기하거나 심리를 거부하기로 한 대법원의 결정에 대해 반대의견을 준비하는데 시간이 좀 더 필요한 경우에 주로 동원하는 방식입니다.(때로 심리 기각에 대한 반대의견은 결코 공개되지 않는 경우도 있습니다. 반대의견 초안이 내부에서 회람되어 그 초안을 작성한 이가 원하는 효과를 즉각 발휘하는 경우가 있기 때문입니다. 이는 성공의 징표이기도 합니다. 한 명이나 그 이상의 대법관이 사안을 재고하고 심리 허가에 필요한 표결을 하도록 유도했다는 뜻이니까요. 제가 가장 좋아하는 의견서 중 일부가 이 범주에 속합니다. 하지만 여러분은 이 의견서들을 읽을 수 없습니다. 그러한 사안이 공개적으로 발표될 때는 이미 심리 기각에서 심리 허가로 전환하는 데 성공했기 때문이지요.)

각 회기마다 연방대법원은 사유를 특정해서 하급법원의 판결을 파기 환송합니다. 이는 연방대법원이 최근에 내린 판결을 근간으로 하여 재심을 해보라는 취지이며 대법원의 판결은 파기 환송한 사건에 대해서 구속력을 갖게 됩니다. 전형적인 사례로는 몇 회기 전에 18세 이하의 청소년에게 사형을 선고하는 것은 위헌이라고 판시한 사건을 들 수 있습니다. 저희 연방대법원은 동일한 문제의 다른 여러 사건도 모두 함께 파기 환송하여 그와 같은 결정에 따르도록 조치했습니다. 이후, 저희는 촉법소년(10세~14세)에 대해서 심지어 살인이 사실로 드러난 경우에도 가석방이 배제된 상태로 무기징역에 처할 수 없다는 취지의 판결을 내렸습니다.

때로는 대법관들이 심리 여부를 놓고 표결에 들어가기 전에 법무장관에게 의견을 구하기도 합니다. 저희 입장에서 법무장관은 연방정부를 법적으로 대표하는 최고위직 관료입니다. 그 경우, 정부가 비록 소송 당사자가 아닐지라도 진정한 우의를 바탕으로 충실히 답변에 응해줍니다. 즉, 법무장관은 연방정부 소속 행정관청과 유관 정보 및 전문성을 갖춘 관료들의 자문을 받아 의견을 제시합니다. 이는 기본적으로 연방법의 건전한 발전을 도모하기 위함인데 때론 법무장관의 의견이 심리 여부를 결정짓기도 합니다. 그렇다고 일부 법률가들처럼 '열 번째 연방대법관'이라고 부르지는 않습니다. 법무장관은 저희 회의에 참석하지도 않으며 우리는 오로지 공개적인 방식을 통해서만 그와 대화할 수 있기 때문입니다.

연방대법원은 한 해에도 십여 차례에 걸쳐 중대한 사건들을 마주합니다만, 어떤 것들은 그 내용이 너무나 명쾌해서 전원 브리핑이나 구두변론 없이 접수한 청원서와 상대방이 제출한 변론 자료에 근거해서 약식으로 결정을 내려도 무방할 정도입니다. 1970년대 중반에 저와 동료들은 유타주 대법원의 판결에 대한 재심을 연방대법원에 청원하면서 그와 같은 짜릿한 경험을 했습니다. 우리의 의뢰인은 인력 감축으로 직장에서 해고된 유급 여성 노동자들이었습니다. 그들은 다른 직장을 구해보았지만 결국 실패하고 말았습니다. 해고 후 다른 직장을 구할 당시, 그들은 임신 중이었습니다.

유타주 법령에 따르면, 임신한 여성이 구직을 위해 보낸 기간에 대해서는 실업급여 지급을 전면적으로 거부할 수 있었습니다. 유타주 대법원은 관련 법령을 옹호하며 헌법상의 적법 절차와 평등보호 조항도 임신한 근로자에게 실업급여를 지급하지 않는 상황을 배제하지 않는다고 주장했습니다. 임신한 여성은 진정한 의미의 노동 인력으로 간주할 수 없다고 판단한 것입니다. 그들은 지금이 아니라도 곧, 더 이상 일을 하러 나갈 수 없게 될 것이고, 일을 하겠다는 의지도, 일을 할 수 있다는 가능성도 사라질 거라는 뜻이죠.

그러나 연방대법원은 이 사건의 경우, 정식 절차를 밟을 필요도 없다고 판단했습니다. 임신했지만 여전히 일을 할 수 있는 여성들에게 유타주가 실업수당 지급을 거부한 것은 명백한 위헌이라는 판단 아래, 유타주 대법원이 내린 결정을 전원일치 의견으로 뒤집은 것입니다. 그것도 약식 재판으로 결정이 났습니다. 이처럼 상세한 준비서면이나 구두변론 없이도 승소하는 것은 변호사들에게는 꿈만 같은 일입니다(마치, 골퍼가 전반 나인 홀에서 홀인원을 한 것과 같은 일이지요).

이제, 다양한 부류의 청원서들을 처리하는 과정으로 다시 돌아가 보겠습니다. 대법관 회의가 열리기 며칠 전에 대법원장은 각기 수십 장에 이르는 청원서 중에서 협의할 가치가 있다고 판단되는 것들을 '심의 목록'에 올려 대법관들에게 회람을 시킵니다. 다음날에는 대법관이라면 누구든 목록에 오르지 않은 다른 사건들도 추가할 수 있습니다. 목록에 오르지 못하거나 아무도 심의를 요청하지 않은 청원서는 자동으로 폐기가 됩니다. 전체 청원서의 약 85퍼센트가 그런 부류에 속합니다. 앞서 말씀드린 바와 같이, 적어도 네 명의 대법관이 승인해야 회부된 사건이 본격적으로 심리를 받을 수 있습니다.

재판연구원들은 아무리 사소한 청원이라 할지라도 모든 심리 청원서의 내용을 보고서에 요약하고 설명해둡니다. 알리토 대법관을 제외하고 모든 현직 대법관들은 청원서를 심의할 때 필요한 자원을 공유합니다. 알리토 대법관과 그의 재판연구원들은 모든 청원을 대법관의 집무실에서 독립적으로 검토하지요. 대법관들이 본인 휘하의 재판연구원들(대법관당 네 명)을 모두 한곳에 소집해 놓으면 대법원장실 소속 담당관이 와서 청원서들을 여덟 명의 대법관에게 똑같이 배분해줍니다. 저와 함께 일하고 있는 재판연구원들에 따르면, 할당받은 청원서들을 검토하기 위해 보통 전체 업무 시간의 3분의 1 정도를 쓴다고 합니다. 다만, 초보 재판연구원 시절에는 많은 시간을 들이지만 하급법원의 결정문과 청원서에 어느 정도 익숙해지고 나면 그 시간이 점차 단축된다고 합니다.

대법관들의 경우엔 무엇을 결정해야 할지 결정하느라 많은 시간을 보냅니다. 우리는 관련 법률은 물론 그간의 경험과 합의체 방식 등 모든 것을 동원해서 재판연구원들이 작성한 보고서를 소화해냅니다. 대법관은 필요하다고 판단할 경우 심리청원서와 변론취지서를 직접 검토하고 해당 사항이 연방대법원이 심리할 만한 사안인지 여부를 결정하기 위해 적절하다고 판단되는 모든 조사를 실시합니다.

1988년 이후, 연방대법원은 사건 목록에 대해서 거의 완벽한 수준의 통제권을 행사해왔습니다. 과거에는 특정한 부류에 속하는 사건들은 무조건 의무적으로 받아들여야 했던 적도 있었지요. 전원 브리핑과 구두변론을 진행하기로 사전에 이미 확정된 사건들에 대해서는 선택의 여지가 더더욱 없었으며 그런 경우가 무려 전체 심리청원의 20퍼센트에 달했습니다. 연방대법원의 적극적인 지원 아래 의회는 '1988년 회기'부터 '반드시 결정해야 할' 사건 목록을 대폭 축소시켜주었습니다.

저희가 법정에서 심리해야 할 사건들은 이후로도 또다시 대폭 줄었습니다. 현재는 투표권법과 관련한 사건들과 연방대법원이 처음부터 끝까지 재판소 역할을 수행해야 하는 제1심 관할권에 관한 사건들이 주로 연방대법원의 심리 대상이 됩니다.(제1심 관할권에 관한 사건은 일반적으로 두 개의 주 정부 간 또는 주 정부와 연방정부 간에 벌어지는 분쟁과 관련이 있습니다. 종종 국경이나 경계선, 토지 소유권 또는 물 소유권을 놓고 벌어지는 분쟁이 이에 해당합니다. 일례로, 수년 전에 뉴저지와 뉴욕이 엘리스아일랜드의 매립지에 대한 소유권을 놓고 서로 충돌한 적이 있습니다. 유럽에서 건너온 이주민들이 한때 입국 허가소로 활용한 적이 있는 땅이었죠. 법정 싸움에서 결국 뉴저지주가 승소했습니다.)

1988년 이래 의무적으로 판결을 내려야 했던 사건들 대부분이 목록에서 삭제되고, 대법원이 오류를 수정하는 교정 작업에 골몰해서는 안 된다는 인식이 명확해짐에 따라 변론기일이 정해진 분쟁 사건이 회기당 140건에서 70~80건으로 대폭 줄었습니다. 우리에게 더 많은 시간이 주어져 더 나은 의견서를 (적어도 더 이해하기 쉽고 바라건대 더 짧은 의견서를) 쓸 수 있기를 바랄 뿐입니다(의견서를 간결하게 쓰려면 오히려 더 많은 시간이 걸리는 게 사실이랍니다).

많은 시간이 주어질수록 대법관들 사이에서 발생하는 분열도 줄어듭니다. 최근 회기에 연방대법원은 국가적인 핵심 사안에 대해서는 주로 만장일치로 판결을 내렸으며 사회적으로 논란의 대상이 됐던 사건들에 대해서도 약 40퍼센트가 그와 같이 처리됐습니다. 안타깝게도 그런 결과에 대해서 언론이 주목하고 있지 않을 뿐입니다. 그에 비해, '5 대 4'로 첨예하게 의견이 갈리는 사건들은 전체의 25퍼센트에도 미치지 못합니다.

언론은 때로 연방대법원이 심리를 거부하기로 한 결정에 대해 마치 대단한 사건이라도 벌어진 것처럼 과장해서 보도하기도 합니다. 심지어, 대법관 회의에 회부조차 되지도 않았는데 마치 연방대법원이 특정 사건에 대해서 하급법원의 결정을 인정한다거나 지지하는 것처럼 보도하는 기사들도 이따금 나옵니다. 만약 연방대법원이 심리를 속행하기로 결정한다면 심리 거부는 어떤 결과가 나올지에 대해서는 아무런 정보도 제공하지 않는다는 것을 이해하는 것이 중요합니다.

저희는 일반적으로 하급법원에서 심각할 정도의 '분열'을 초래해 대법원의 개입 없이는 회복될 가능성이 없는 사건들이 올라오기를 바랍니다. 단순히 사건 수를 줄이기 위한 것이 아닙니다. 여러 하급법원의 재판 결과를 지켜보는 것은 사안의 중대성을 사전에 파악하는 데 도움이 됩니다. 그 과정에서, 각기 다른 사실적 맥락에서 사건이 발생하게 된 경위와 하급법원이 어느 정도까지 적절히 판단했는지에 대해 저희가 나름대로 감을 잡을 수가 있기 때문입니다.

'분열'이 없는 사안에 대해 심리를 거부하는 주된 이유는 저희가 연방 사법부에 속한 지방법원과 항소법원 재판부, 그리고 각 주에 속한 지방법원에 근무하는 유능한 판사들이 내린 결정을 진정으로 존중하기 때문입니다. 다만, 판사도 인간인지라 실수할 수 있습니다. 그러나, 그들은 '제대로 판결하려고' 진지하게 노력하고 있고, 실제로도 대부분 올바르게 판결합니다. 더욱이 연방대법관이 다른 연방판사들보다 특별히 대단한 지혜를 갖고 있는 것도 아닙니다. 이 나라에서 최고로 우수한 판사들 가운데 고등법원 판사로 지명조차 받지 못하는 사람들도 있습니다. 특정한 시간에, 특정한 아홉 명의 대법관이, 같은 법정에 나란히 자리한 것은 운이 크게 작용한 덕분이지, 다른 이유가 없습니다. 미국의 사법체계상, 연방대법원의 위상에 관해서 로버트 잭슨 대법관(Robert H. Jackson, 1941년부터 돌아가신 해인 1954년까지 연방대법관으로 재직했으며 제2차 세계대전이 끝나자 뉘른베르크 전범재판소의 주임 검사로 근무하셨습니다)은 "우리가 완벽한 사람들이기 때문에 마지막 보루가 된 것이 아니라, 우리가 유일한 마지막 보루이기 때문에 완벽을 기할 수밖에 없다"라는 말씀을 남기기도 했지요. 저희들의 입장을 가장 적절히 표현한 말입니다.

이제부터, 심리할 사건들을 선별하는 과정에서 일상적으로 벌어지는 일들로 화제를 돌려보겠습니다.

② 법원의 일상

앞서 말씀드린 것처럼, 연방대법원은 사건을 선별하는 데 꽤나 많은 시간을 할애합니다. 그러나 소송 당사자가 정당한 권리를 주장하기 위해 직접 찾아오는 항소법원과는 달리, 연방대법원의 구두변론 기일은 매우 신속하게 결정됩니다(많아야 십여 건 정도를 제외한 나머지 사건들은 청원서와 상대 측 변론 취지서를 근거로 약식으로 결정이 납니다). 다만, 변론 시간을 놓고 다투는 경우는 없습니다. 사안의 복잡성 여부와 상관없이, 변론기일이 정해진 사건은 통상 양측에 변론을 위해 각각 30분씩 주어지기 때문입니다. 변론 시간이 끝나갈 즈음엔 5분짜리 흰색 사전 경고등이 켜지고 그 이후 경고등이 적색으로 변하면 변론 시간이 종료된 것입니다. 그 순간, 변호인과 대법관은 동시에 모든 대화를 멈춰야 합니다.

연방대법원을 예리하게 관찰해온 《뉴욕타임스》 소속 저널리스 앤서니 루이스는 오늘날의 연방대법원 풍경을 다음과 같이 묘사한 적 있습니다.

이제 구두변론은 예전과는 달리 연방대법원의 판결 과정에서 큰 역할을 하지 못한다. 그것은 한때, 대니얼 웹스터[Danial Webster, 미국의 정치가이자 변호사로 14대와 19대 미국 국무장관을 역임했다. 당대에 가장 유명했던 변호사로 연방대법원에서 200여 건에 달하는 사건을 변론한 기록을 세웠다]와 다른 법률 전문가들이 하나의 사건을 놓고 며칠에 걸쳐 구두변론을 했던 19세기에나 통하던 얘기다. 오늘날의 연방대법원은 구두변론을 위해 양측에 각각 30분만을 배정하는 방식으로 변론 시간을 극도로 제한한다. 그러나 구두변론은 여전히 중요한 기능을 한다. 판사들이 충돌하는 이해관계를 대변하는 변호인들과 직접 씨름할 수 있는 단 한 번의 기회이기 때문이다. 그것은 또한 방청객들이 실제로 판결을 내리는 사람들의 마음을 헤아려볼 수 있는 기회이기도 하다. 대법관은 겨우 몇 명 안 되는 젊은 재판연구원들을 데리고 아직도 워싱턴 D.C.의 그 어떤 공직자보다도 훨씬 더 강도 높게 본연의 임무를 수행하고 있다. 대법관이 법정에서 변호인단을 심문하는 모습을 직접 관찰한다는 것은 미국의 사법체계상 특별히 개방된 프로세스를 몸소 체험해보는 것이며, 아주 인간적인 모습을 지켜보는 것이기도 하다. 관료주의와 대민 업무로 숨이 막힐 지경인 미국의 수도에 위치한 연방대법원은 고풍스럽고, 아담하고, 심지어 사사로워 보이기까지 한다. 한편, 변호인에게 구두변론은 아홉 명의 대법관과 직접 대화할 수 있는 기회의 장이기도 하다. 그것도 아이디어와 문구와 사실만을 가지고 말이다. 구두변론만으로 승소하는 경우는 그리 흔치 않지만 설사 그렇다 하더라도 변호인이 대법관의 질문에 정직하고 설득력 있게 답변하지 못하거나 그렇게 답변할 의사가 없다고 판단되면 오히려 재판에서 질 수도 있는 것이다.

앤서니 루이스의 관찰에 전적으로 동의합니다. 특히 구두변론의 역할을 설명한 부분은 더할 나위 없이 완벽합니다.

연방대법원에서의 구두변론은 연방이나 주 차원의 다른 미 항소법원에서도 그렇듯, 가장 필수적으로 채택하는 방식입니다. 구두변론은 거창한 웅변이 필요한 것이 아니라 사건에 관해서 비교적 잘 알고 있는 변호인단과 충분한 조사를 마친 판사 간에 오가는 대화나 토론 즉, 일종의 담화라고 할 수 있습니다. 여기서 항소심 변호사들이 '핫 벤치'라 부르는 판사는 심리에 적극적으로 가담해서 철저히 준비하는 사람이며 또한 판결문, 문제의 법령, 해당 기록에서 관련된 부분과 해당 사건에 대한 여타의 판결문들을 가장 먼저 읽어보는 사람입니다. 그러고 나면 사건 당사자가 제출한 것으로, 거의 예외 없이 장문으로 작성된 변론 취지서로 넘어갑니다. 여기서는 변론 취지서의 질이 문제가 되는데 소위 법정 조언자로 불리는 사람들의 지원이 매우 중요한 역할을 합니다.

일부 변호사들은 자신이 강연이나 연설문처럼 아주 세심하게 준비한 구두변론을 진행하고 있는 도중에 판사가 끼어들면 내심 불쾌하더라는 이야기를 들은 적이 있습니다. 반대로, 질문을 거의 하지 않는 판사들도 있습니다. 1994년에 퇴임해 1999년에 세상을 뜬 해리 블랙먼Harry Blackmun 대법관은 자신이 1970년에 부임했을 때, 고참이던 휴고 블랙Hugo Black 대법관이 전한 당부의 말을 종종 회상하곤 했습니다. "해리, 법정에서 너무 많이 질문하지 마세요. 질문을 많이 던지다 보면 바보 같은 질문도 늘어날 수밖에 없답니다."

하지만 변호인이 구두변론 시간을 브리핑을 요약하는 것 이상으로 활용할 수 없다면, 그것은 소중한 기회를 놓치는 꼴입니다. 변호인이 민첩하게 대응한다면, 즉 의사결정권자의 의중을 담고 있을지 모를 질문에 기꺼이 답을 하면서 동시에 그 질문을 발판 삼아 핵심 논점을 진전시킬 기회로 잡는다면, 변호인은 자신의 의뢰인에게 더 나은 결과를 가져다줄 수도 있다고 생각합니다. 그래서 저는 블랙 판사의 조언을 따르지 않습니다. 그리고 그런 조언을 하는 사람이 저 혼자만은 아닙니다.

법정에서 대법관이 질문을 한다는 것은 적어도 본인이 중요하다고 여기고 있거나 변호인의 도움이 없이는 연방대법원 차원에서 만족스러운 결론에 이르지 못할 수도 있는 사안에 대해서 대법원을 만족시킬 수 있는 모종의 기회를 변호인에게 마련해주는 것과 같습니다. 어떤 대법관은 동료를 조용히 설득하기 위해, 아니면 동료의 생각을 자극하기 위해서 가끔씩 의외의 질문을 툭툭 던지기도 합니다. 그 경우, 상대측 변호인은 대법관이 구태여 돌려서 말한다고 느낄 수도 있을 것입니다. 때로 판사의 질문은 열정적으로 변호에 임하고 있는 변호사에게 그렇게 변호할 경우 실패할 수 있으니 변론을 바꾸거나 변론 방향을 수정하라는 신호를 주는 것일 수도 있습니다. 자신이 준비한 원고나 줄거리에 과도하게 몰입하는 변호인은 그처럼 중요한 시그널을 놓칠 수도 있습니다.

아홉 명의 대법관으로 구성된 연방대법원 재판부와 세 명의 판사로 구성된 항소법원 재판부는 역동성 측면에서 차이가 있을 수밖에 없습니다. 해명이 이어지고, 감탄사가 오가며, 종종 끼어드는 상황마저도 용인해주는 항소심 재판에서 오가는 대화는 순조롭게 관리가 될 수 있습니다. 그러나, 아홉 명의 대법관과 대규모 변호인단이 참여하는 대화는 조율하는 데 적지 않은 어려움이 따릅니다.(잘 아시겠지만, 연방대법원의 심리는 중간에 대법관의 사퇴만 없다면 어떤 사건이든 대법관 모두가 참석해서 진행하는 전원합의체 방식이어서 원칙적으로 어떤 대법관도 심리를 기피할 수가 없습니다. 따라서, 연방대법관들은 어떤 목적으로도 사안별로 쪼개질 수가 없습니다.)

독일이나 이탈리아처럼 민법을 기반으로 포럼 형태로 항소재판을 진행하는 여러 나라들과는 달리, 미국의 항소법원은 판결을 준비하는 과정에서 보고를 담당하는 판사에게 힘든 일을 전적으로 떠맡기지 않습니다. 다시 말해, 각자가 맡은 업무는 전적으로 본인 스스로 해내야지 남에게 의지할 수 없습니다. 구두변론에서 누가 발언할지, 또는 언제 질문을 던질지에 대해서도 대법원장이 일방적으로 정해주지 않습니다. 어떤 대법관이든 필요하다고 판단되면 배정된 변론 시간에 맞춰 언제라도 질문을 던질 수 있습니다. 비록, 우리의 재판 진행 방식이 완벽하다고 볼 수는 없겠지만(일례로, 어떤 사람들은 각 측에 현재의 30분보다 더 많은 변론 시간을 배정해주고, 대신 대법관들의 심문 시간은 줄이기를 바랄 수도 있을 것입니다), 현재 연방대법원에서 진행되는 구두변론은 소기의 임무를 성공적으로 달성하는 데 크게 기여하고 있습니다. 즉, 혼선을 줄이는 것은 물론이고 갈등의 대상이 되는 현안들을 조금씩 좁혀나가거나 핵심적인 의제들을 확연하게 부각시켜 주기도 합니다. 또한, 변호인은 구두변론을 최종 결정권자인 대법관들과 대화할 수 있는 기회로도 활용할 수 있습니다. 판결의 근거로 제시하는 핵심 요지를 대법관들이 납득할 수 있도록, 변호인이 마지막으로 시도해볼 수 있는 투명한 기회가 바로 구두변론인 것입니다.(그와는 대조적으로, 유럽의 민법재판소에서는 일반적으로 항소 담당 변호인이 거의 아무런 제지도 받지 않고 발언을 이어갑니다. 같은 판사로서 저는 변호인의 발언에 그처럼 수동적으로 경청하는 모습을 선뜻 수긍하기가 어렵습니다.) 일반적으로 미국의 연방대법원은 법정에 입장할 때 아무도 카메라를 소지할 수 없습니다. 그 대신, 변론 내용의 서면 녹취록과 오디오테이프는 즉시 제공해드릴 수 있습니다.

마지막으로 의사결정 과정으로 넘어가겠습니다.

③ 결론 도출

통상 2주가 주어지는 개정 기간에 연방대법원은 결론을 도출하기 위해서 매주 수요일 오후에 평의를 열어서 직전 주 월요일에 심리한 사건들을 협의합니다. 매주 금요일에는 그동안 쌓여 있던 청원서들을 처리하고 직전 주 화요일과 수요일에 심리한 사건들을 협의합니다. 개정 기간 중 두 번째 수요일 오후에 대법원장은 본인이 다수의견에 속해 있는 경우, 직접 만든 의견서 작성 과제 목록을 대법관들에게 배부합니다. 그렇지 않은 경우라면, 대법원장은 다수의견에 속한 대법관 중에서 연공서열상 최연장자가 작성한 과제 목록을 전체에 배부합니다.

회의 때마다 대법원장이 가장 먼저 발언하고 가장 먼저 투표를 하며, 가장 늦게 부임한 대법관이 맨 마지막으로 발언하고 투표를 합니다. 우리의 전 상사였던 렌퀴스트 대법원장은 젊은 대법관 시절에 느꼈던 실망감을 다음과 같이 피력한 적이 있습니다. 본인이 똑똑한 말을 하고 나면 모두 넋을 잃고 경청해줄 줄 알았는데 아무도 그러지 않더라는 겁니다. "고참 대법관들은 이미 자신이 던질 표를 결정한 상태였던 거죠." 하지만 렌퀴스트 대법관은 "연공서열에 따라 아홉 번째에서 일곱 번째 자리에 오르고, 그리고 첫 번째 자리에 오르는 과정에서" 본인이 "새로운 차원의 명료성"을 발견하게 되었다고 합니다. '원탁 형식의 평의'가 아카데믹하고 "그럴듯해 보일지"는 몰라도 "고참 대법관들이 자연스럽게 고수하는 연공서열 방식으로 운명이 결정되는 상황에서는 기여할 여지가 별로 없다"는 것입니다.

소토마요르 대법관이 언급한 바 있듯, 투표가 진행될 때, 때론 일련의 조바심 혹은 덧없는 기대감을 아예 버릴 순 없습니다. 이미 이쪽 아니면 저쪽이 다수의견으로 정해진 상황에서도 말이죠. 그러나, 케이건 대법관이 운 좋게 경험한 것처럼 회의 말미에 가끔씩 흥미진진한 경우도 발생합니다. 아홉 명이 참석했는데도 표결이 놀랍게도 4 대 4 동수로 나오는 것입니다. 이는 나중에 발언하는 대법관에게 주어지는 특별한 기회 때문에 발생합니다. 즉, 앞서 다른 대법관들이 발언한 의견을 고려하여 본인의 진술서를 최종적으로 조정할 수 있는 기회가 주어져서 본인의 표는 뒤늦게 합산되는 것이지요. 모처럼 주어진 기회를 제대로 살리려면 스스로도 특별히 준비를 잘 해야 할 뿐만 아니라 각별히 경청하는 자세도 필요합니다.

연방대법원 회의에서 토론은 종종 활기차게 진행되지만, 길게 늘어지는 경우는 거의 없습니다. 모든 대법관이 발언을 마치고 나면 대법원장은 "최종 결과는 서면으로 나올 겁니다"와 같은 말을 하는데, 실제로도 결과는 그렇게 나옵니다. 이 경우, 회의장에서 이뤄지는 투표는 잠정적일 수밖에 없습니다. 의견서 작성자는 때로 회의에서의 입장이 전체적으로든 일부든, "기록되지 않을 것"이라는 것을 알게 되는데, 이 경우 결국 의견서는 다른 경로를 통해 정리가 됩니다.

또한, 처음엔 소수의견으로 출발하였으나 끝내 다수의견으로 거듭날 수도 있습니다(제가 몇 회기 전에 직접 겪었던 사건이라 지금도 기억이 생생합니다만, 두 명으로 출발한 소수의견이 나중에 여섯 명의 다수의견으로 끝난 적도 있습니다). 해리 블랙먼 대법관과 서굿 마셜 대법관이 작성한 문서(이 문서는 의회도서관에 소장되어 있으며 일반인들도 열람할 수 있습니다)에 따르면, 1970년대 중반 제가 담당 변호인으로 연방대법원에서 구두변론을 진행했던 사건의 초기 회의 투표 결과는 저에게 불리한 5 대 4였습니다. 그러나 재판이 끝나고 대법관들이 수차례 서로 의사를 교환하고 난 뒤, 그중 일부가 입장을 변경하여 마침내 제가 변론했던 내용이 끝내 '8 대 1'로 압도적인 지지를 받게 된 것입니다.

이제부터 의견서 작성에 관해서 구체적으로 말씀을 드리겠습니다. 우선 저는 동료 대법관들과 마찬가지로 '공식의견'이라는 명칭이 붙은 문건을 진정으로 존중합니다. 이러한 존중의 마음은 내가 "친애하는 루스에게"라고 부르는 편지에서 잘 드러납니다. 그 편지란 회람 중인 의견에 대한 답변을 말하는 것이지요(모든 연방대법원 내부 서신에서는 성이 아닌 각자의 이름만을 사용합니다). 그러한 유형의 서신들은 대법관들 사이에서 숱하게 오고 갑니다. 내용인 즉슨, "귀하께서 이런저런 주장을 하시려면, (특정 부분을) 첨가하고 삭제하고 누락시키고 수정하는 것을 진지하게 고려해주시기 바랍니다"라거나 제 개인적으로 좀더 기대하는 내용으로는 "귀하께서 (특정 부분을) 들어내고, 삽입하고, 변경하고, 조정해주신다면 제가 기꺼이 귀하의 의견에 동의하겠습니다" 같은 것도 있습니다. 그럴 때는, 1930년부터 1941년까지 연방대법원에 몸을 담았던 찰스 휴즈 대법원장의 일화가 제게 큰 위안이 됩니다. 휴즈 대법관은 연방대법원에서 오랜 세월 일하는 동안 의견서를 논리적이고 명확하게 쓰기 위해 노력했다고 말합니다. 그러나 다수의견을 형성하는 데 필요한 표를 가지고 있는 동료 대법관이 특정 표현을 꼭 집어넣어야 한다고 주장하면 그 표현을 집어넣은 뒤, 그에 대한 해석은 로스쿨에 맡겼다고 하지요.

사실 동료 대법관들의 코멘트는 제 의견서의 내용을 질적으로 업그레이드 시키는데 자주 큰 도움을 줍니다. 그리고 연방대법원에서 본인의 입장을 선명하게 보여주는 데는 매력적인 내용으로 완성된 반대의견만큼 더 좋은 것은 없습니다.(이와는 대조적으로, 프랑스나 독일처럼 대륙법 체제로 운영되는 항소법원들은 대부분 반대의견이나 보충의견 또는 별도의견을 공개하는 것을 허용하지 않습니다. 거기서는 대부분 무기명으로 작성된 대법원 명의의 법정의견만 획일적으로 공개합니다.)

저는 저와 다른 의견을 가진 동료들의 생각을 과도하게 왜곡하거나 곡해하거나 산만하게 비난하지 않고, 올바르면서도 간결하게 의견서를 쓰는 것이 좋습니다. 그리고 이는 계속 제 목표가 될 것입니다(그렇지만 각주를 사용하고픈 유혹을 억누를 때 브레이어 대법관만큼의 엄격함과 자제심을 발휘할 수 있을지는 의문입니다). 아울러, 대법관들은 서로 간의 협력 관계를 매우 소중히 여기고 있다는 점을 거듭 강조하고자 합니다. 최근 회기에서 논의된 사건의 20~25 퍼센트 정도가 '5 대 4'로 의견이 갈린 것은 사실입니다. 하지만 앞서 말씀드린 것처럼 만장일치가 40퍼센트에 달했다는 것에도 주목해야 합니다.

가장 인상 깊은 점은 특정 사안에 대한 극명한 견해 차에도 불구하고 저희 대법관들이 서로 사이좋게 지내고, 서로를 존중하며, 함께하는 걸 진심으로 즐긴다는 것입니다. 선거자금, 고용 차별, 소수자 우대 정책, 낙태와 피임, 관타나모베이의 수감자들에 대한 처우 문제, 수정헌법 제2조의 의미 해석과 관련한 사건 등에 관한 의견 차에도 불구하고 말이지요. 법률의 본질적인 문제로 인해 간혹 이견이 표출되기도 하지만 그런 상호 존중의 정신을 훼손하는 경우는 거의 없으며 있더라도 지극히 순간적일 뿐입니다. 저희가 봉사하고 있는 연방대법원의 존립 그 자체가 특정한 기간에 대법원 조직을 구성하고 있는 개개인들보다 언제나 훨씬 더 중요하기 때문입니다. 또한, 제가 보기에 연방법원에서 판결을 담당한다는 것은 미국의 변호사라면 누구나 최고로 선망하는 자리입니다. 저희들은 개별 고객을 위해 봉사하지 않습니다. 저희에게 주어진 임무는 옳은 것 즉, 법률이 요구하는 것과 정의로운 것을 제대로 수행해내는 것입니다. 미국을 건국한 선조들이 사법권 독립을 헌법상 보장한 것은 너무나도 현명한 처사였으며, 그 덕분에 연방대법관들은 자신들의 임무를 수행할 수 있는 무기를 얻었습니다.(다른 나라에서는 주로 헌법재판소라는 미국과는 다른 형태의 독립성 보장 장치가 마련되어 있습니다. 다만, 종신직인 미국의 연방대법관들과는 달리, 그곳에서는 임기가 길어야 9년, 12년 또는 15년으로 연장은 불가능합니다.)

또한, 정기적으로 선거를 치러야 하는 지방법원 판사의 불안정한 위치와 연방법원 판사가 누리는 직업상 안정감을 한번 대비해보십시오. 미국을 구성하고 있는 50개 주 중 39개 주에서 조직위계상 일정 위치에 있는 판사들은 선거를 통해 선출됩니다. 그 같은 관행은 13개 주가 영국의 식민지였던 시기에 영국의 왕에게 일방적으로 봉사하던 판사들에 대한 불신에서 비롯됐습니다. 그러나 제가 보기에는 판사를 선거로 뽑고 유지한다는 것은 위험하기 짝이 없습니다. 영국 대법원 최초로, 그리고 여전히 유일한 여성 대법관으로 재직 중인 브렌다 헤일Brenda Hale 대법관은 이에 대해 2003년에 열린 어느 행사에서 다음과 같은 의견을 피력했습니다.

사법부의 가장 중요한 역할 중에 하나는 국가 권력으로부터 개개인을 보호하는 것입니다. 소수자 집단, 특히 종종 사회로부터 반감을 사는 소수자 집단을 다수의 분노로부터 보호해주는 일도 그에 해당합니다. 만약 판사가 정기적으로 선거를 치러내야 한다면, 그런 일들을 감당해내기 훨씬 더 힘들어질 수 있습니다.

저는 헤일 대법관의 의견에 전적으로 동의합니다.

2장

사법부 독립*

　어느 나라에서든 법치의 핵심은 사법부의 독립입니다. 법관은 정부의 어느 부서의 손아귀에서도 놀아나서는 안 되며, 그럴 때라야 법을 불편부당하게 다룰 수 있을 것입니다. 하지만, 미국과 세계 여러 나라에서 현재 사법부 독립이 상당 부분 공격에 노출되어 있습니다. 법은 사회에 봉사하기 위해서 존재하는데 만약 그 사회

---

* 긴즈버그 대법관은 2016년 7월 이탈리아 베니스 소재 웨이크포레스트대학 로스쿨 하기 프로그램에서 행했던 것을 포함해서 지난 수년간 다양한 부류의 대중들을 대상으로 여러 버전으로 해당 강연을 해왔다. 분량을 감안하고 당초 전달했던 특정 맥락을 명확히 하기 위해 연설문 내용을 편집했다.

가 사법부의 독립성을 소홀히 한다면 그런 사회에서 법은 결국 무너지고 말 것입니다.

오늘 저는 제가 가장 잘 아는 시스템, 미 정부의 제3의 부서인 연방법원의 사법적 독립성과 그 독립성을 약화시키려는 정치권의 시도에 관해 이야기하려 합니다.

1.

미 헌법상, 연방판사들은 정해진 시한 없이 평생에 걸쳐 본인의 직을 유지할 수 있으며 미 의회마저 그들의 임금을 삭감할 수 없습니다. 이것은 미국을 건국한 선조들이 사법부를 행정부 수반인 대통령과 입법기구인 의회로부터 조속히 독립시켜 법관들이 공정하게 재판을 진행할 수 있도록 하기 위해 마련한 일종의 보호장치입니다. 하지만 대통령과 의회의 비위를 맞춰 사법부를 좌지우지하려는 시도를 탐탁치 않게 여기는 문화가 미국 사회에 엄존하지 않았다면 헌법상 사법부의 분리만으로 연방판사들이 지금처럼 보호받을 수 있을지는 의문입니다.

그에 관한 대표적인 사례가 있습니다. 지금으로부터 70여 년 전, 루스벨트 대통령이 연방대법원을 원천적으로 봉쇄할 것임을 공개적으로 천명한 적이 있습니다. 바로 그날, 연방대법원은 연방정부가 13개월에 걸쳐 마련한 16개에 이르는 사회 및 경제에 관한 법안들이 명백히 헌법에 위배된다고 판시하며 루스벨트 대통령의 '뉴딜 정책'에 정면으로 반기를 들었습니다.

그 당시 대법관에 재임 중이던 (그분의 표현을 빌자면) "아홉 명의 늙은이들"을 물리적으로 교체할 수 없다는 현실에 직면하자 루스벨트 대통령은 연방대법원을 제압하려는 목적으로 특별히 마련한 안건을 미 상원에 제출했습니다. 10년 이상 근무하고 70세가 넘어서도 6개월 이내에 그만두지 않는 대법관들에 대해서는 그에 해당하는 인원만큼 추가로 대법관을 선임하자는 것입니다. 그 경우 대법관의 수는 당시 기준으로 아홉 명에서 열다섯 명으로 늘어나게 되며 현재 기준으로는 열세 명에 이르게 됩니다. 그러나 1937년 루스벨트 대통령은 끝내 그 싸움에서 패배했는데, 여기에는 급속도로 진행된 두 가지 상황이 작용했습니다. 하나는 연방대법원을 본인의 휘하에 잡아놓으려는 대통령의 시도에 국민들이 거세게 저항하기 시작한 것이며, 다른 하나는 당시 문제가 된 사회 및 경제 현안에 대해서 갈수록 더 많은 판사들이 사법적 판단을 늦추는 것이 온당하다는 국민 여론에 동조하기 시작한 것입니다. 이후로는 그러한 제안이 단 한 번도 공개적으로 거론된 적이 없습니다. 우리 국가체계의 건강과 안녕을 걱정하는 사람들은 정치 영역에 있는 의회와 대통령이 연방대법원의 운명을 좌우하게 된다면, 그것이야말로 사법부를 정부 산하의 일개 부처 수준으로 전락시켜 결국은 본연의 헌법적 지위를 심각하게 훼손할 수 있다는 것을 너무나도 잘 알고 있습니다.

2.

최근에 '홈 관중'이 원하는 것과는 다른 판결을 내린 판사들이 안전에 위협을 느꼈던 일련의 사건들에 대해 이야기해보려고 합니다.

이들은 모두 언론의 헤드라인을 장식했을 정도로 사회적으로 큰 파장을 일으켰습니다. 2005년 초, 플로리다주에 소재한 복수의 연방법원이 '유명한 쟁점cause cé·lèbre'을 놓고 고심을 거듭하고 있었습니다. 그곳의 지방법원 명령에 따라 담당 병원이 뇌를 심하게 다친 테리 시아보[Terri Schiavo, 1990년 심장발작으로 넘어져 산소 결핍으로 식물인간이 되었으며 15년간 수분과 영양공급하는 튜브로 연명해오다 2005년에 사망했다. 테리 시아보 사건은 미국에서 존엄사 논쟁에 불을 지폈다]에게 부착된 영양 공급용 튜브를 제거해버린 것입니다. 당시에 환자가 처한 엄혹한 상황으로 인해 연명 치료 거부권을 둘러싸고 사회적으로 격렬한 논쟁이 벌어졌습니다. 의회는 환자의 부모가 제출한 청원을 심리할 권한을 연방법원에 부여하는 매우 이례적인 법률을 통과시키며 이 논쟁에 뛰어들었지만 실체법은 그대로 유지했습니다. 그 결과 연방법원은 법을 있는 그대로 해석해 플로리다 법원이 내린 결정을 파기하지도, 영양 공급용 튜브의 원상 복구 명령을 내리지도 않았습니다. 그러나 그 같은 결정은 상당수 의원들의 기대에 반하는 것이었습니다. 이에, 하원의 다수당 대표가 격분해서 사법부가 의회와 행정부의 수장인 대통령에게 "모욕을 줬다"며, 그런 결정을 내린 연방판사들을 격하게 비난하며 "이번 사태와 관련해서, 플로리다 주 연방법원 판사들이 본인들의 결정에 응분의 책임을 지는 날이 올 것"이라고 경고까지 했습니다. 아울러, "미 의회는 사법부에 대해서 책임을 묻는 본연의 임무를 오랫동안 방기해왔지만 이젠 더 이상 물러설 수 없다"고 선언했습니다.

이와 유사하게 사법부에 공포감을 조성한 사례로, 2005년에 판사에게 직접적으로 폭력을 행사하여 미국 전역을 충격에 빠뜨렸던 사건이 있습니다. 그 해에 두 차례나 유사한 사건이 발생했습니다. 하나는 지방법원 판사가 애틀랜타에서 재판 도중 살해를 당한 사건이고 다른 하나는 연방판사의 어머니와 남편이 시카고의 판사 자택에서 살해당한 사건입니다. 그 직후, 유력 상원의원이 의회에서 연설을 했으며 언론도 그 내용을 대대적으로 보도했습니다. 그는 사법 적극주의 법학자들을 맹렬히 비난하면서 법조계의 사법 적극주의와 "미국에서 최근에 발생한 판사나 그 가족에 대한 폭력 사태"는 서로 "인과관계"가 있을 것이라는 암시까지 했습니다.

의회의 사법부에 대한 공격은 그처럼 구두로만 이뤄지지 않습니다. 2005년 5월에 미 하원 법사위원회는 "연방법원 판사들을 감시하기 위해 별도의 감찰관 조직"을 연방사법부 내에 신설하는 안을 본격적으로 심의까지 했습니다. 공식 조직에 소속된 감찰관이 판사의 비위 혐의를 조사하고 결과를 의회에 보고하도록 하자는 것입니다. 당시 법사위원장은 제안을 발표하면서 판사들이 "탄핵에 이르지 않더라도 그보다 덜 심각한 비위 행위에 대해서도 마땅히 처벌을 받아야 한다"고 말했습니다. 만약 그가 취한 후속 조치가 당초 제안한 감찰관의 구체적인 역할을 포함하는 것이었다면 판사들은 우려할 만한 이유가 충분했습니다. 2005년 6월에 미 의회 법사위원장은 법원이 마약사범에 대해서 형평성에 어긋날 정도로 너무 낮은 형량을 주문했다며 불만을 제기하는 내용의 서신을 직접 항소법원에 보냈습니다. 정부가 공식적으로 이의를 제기하지 않았는데도 법사위원장이 나서서 항소법원에 즉각적으로 조치를 취하도록 요구한 것입니다. 미국의 연방법이 형량을 높일지 말지를 결정할 수 있는 권한을 사법부의 판사가 아닌, 그리고 의회는 더욱 아닌, 행정부의 법무부 고위관료에게 위임했다는 사실은 중요치 않았습니다.

 의회가 주도해서 문제가 생긴 또 다른 사례로는 연방법원이 외국법에 의존해서 판결을 내리는 것을 금지하자고 제안한 사건입니다. 우선, 외국법 인용 자체를 반대하는 주장에는 모종의 오해가 깔려 있는 것 같습니다. 스티븐 브레이어 대법관이 최근 인터뷰에서 이미 설명한 바와 같이, 외국법과 외국 법원의 판결 내용을 인용하는 것은 논란의 여지가 있을 수 없는 사안에 해당합니다. 브레이어 대법관은 "판사가 그 어떤 외국의 판례를 언급해도 전혀 구속될 것이 없습니다"라고 강조했습니다. 우리는 오로지 미국의 헌법과 법률을 중심으로 해석하고 적용할 뿐입니다. 다만, 브레이어 대법관이 설명했듯, 그 같은 인용은 "미국처럼 민주주의를 신봉하는 나라의 사람들이 어떤 방식으로 우리가 겪고 있는 것과 유사한 문제를 풀어나가는지 알아보기 위한 하나의 방편"일 뿐입니다. 이는 우리가 보유하고 있는 지식이란 곳간에 새로운 양식을 채워넣는 일이나 마찬가지인 것입니다. 브레이어 대법관은 다른 나라 법원과 국제재판소의 판결을 참고하는 것은 일반 논문이나 대학 교수들이 발표한 학술자료를 참고하는 것과 비슷한 일이라고도 지적했습니다.

분위기가 너무 침울하게 가라앉았나요? 이제부터는 자신의 신념에 따라 분열을 초래하지 않는 선에서 지혜로운 목소리를 내는 사법부의 강력한 수호자들에게도 초점을 맞춰보겠습니다. 일부에서 진보적인 언론이라고 평가하고 있는《뉴욕타임즈》가 최근에 다음과 같은 내용의 사설을 실었습니다. "법원이 사건을 처리할 때마다 매번 대중적 인기를 누릴 수 있는 것은 아니다. 법원의 판단이 항상 옳다고만 할 수 없기 때문이다. 그렇다고 해서 만에 하나 미 의회가 국가의 또 다른 부서인 입법부와 행정부를 견제하는 역할만 하도록 사법부의 기능을 제한하는 데 성공한다면 우리나라에서 개인의 자유는 급격히 위축되고 말 것이다." 대체로 보수적이라고 평가를 받는 테드 올슨 전 법무장관도 그와 유사한 의견을 표명한 바 있습니다. "미국인들은 그 어떤 시스템도 완벽할 수 없으며, 그 어떤 판사도 실수로부터 자유로울 수 없다는 것을 안다. 그러나 우리가 사법 절차와 그 절차를 작동하게 하는 판사들을 존중하지 않는다면 미국이라는 사회체제가 무너질 수 있다는 점도 분명히 인식하고 있다." 저 역시 올슨 전 법무장관의 판단을 믿습니다.

역사가 말해주듯이, 미 의회가 '홈 관중'이 원하지 않는 방향으로 판결을 내리는 판사들을 향해 탄핵이란 핵폭탄을 투하할 것 같지는 않습니다. 헌법이 비준되고 220년이 넘도록 미 하원이 탄핵을 의결한 연방법원 판사 수는 고작 열세 명에 불과합니다. 그중에 단 일곱 건만이 미 상원의 동의를 받아 탄핵이 확정됐습니다. 일곱 명의 판사는 법을 잘못 해석해서가 아니라 부당 취득, 위증, 그리고 국가를 상대로 한 전쟁에 가담했다는 반역의 명목으로 제명이 된 것입니다.

비록 연방판사를 정치적으로 탄핵하는 것이 당장의 긴급한 현안이 될 수는 없을지라도 사법부 독립에 대한 또 다른 위협이라는 측면에서 보면 쉽게 지나쳐도 될 만한 사안은 결코 아닙니다. 클린턴 대통령 2기 행정부에서 연방판사 내정자들에 대한 정치적 괴롭힘이 수그러들 줄 몰랐다는 사실을 새삼 되새겨 보아야 할 것입니다. 그 시기에 벌어진 인준 과정은 후보자들의 자격을 심사하는 수준에서 벗어나 그들이 과거에 잠시 관심을 보였던 일부 감춰진 '진보적' 의제들을 악착같이 들춰내려는 이전투구의 장으로 변질되고 말았습니다. 조지 허버트 워커 부시에 이어 집안에서 두 번째로 대통령이 된 조지 워커 부시가 재임할 당시에는 다수의 민주당 의원이 연방판사 후보자 인준 과정에서 이념을 내세워 승인을 보류하거나 거부하며 보복 행위를 서슴지 않았습니다.

지명이나 인준 과정에서 정치적 색채를 강하게 드러낸다는 것은 결국 사법부의 공백이 그만큼 길어진다는 것을 뜻합니다. 나날이 업무 부담이 가중되고 있는 상황에서 벌어지는 고의적인 인준 지연은 연방 재판부가 제공할 수 있는 정의와 품격을 현저히 떨어뜨릴 수 있을 정도로 사법부에는 심각한 위협 요인으로 작용합니다. 장기간 공백 사태로 인해 재판부의 에너지는 고갈될 수밖에 없고 일손 부족으로 누적된 사건들이 빼곡히 들어 차 있는 청원서 일람표를 어쩔 수 없이 감당해내야 하는 판사들로서는 사기가 떨어질 수밖에 없는 것입니다.

최근 몇 년 동안, 사법권을 약화시키려는 온갖 수단들이 미 의회의 법안 상자를 가득 채웠다는 것 또한 언급하지 않을 수가 없습니다. 상정된 일부 법안들 중에는 연방법원의 인신보호에 관한 영장심사 범위를 극도로 제한하는 내용들도 담겨 있습니다. 그중에는 '십계명'과 '국기에 대한 맹세'는 물론이고 미국의 국시인 "우리는 신을 믿는다"와 관련된 사건에 대해서는 판결할 수 있는 권한마저 박탈하자는 제안도 있습니다. 심지어, 종교의 자유나 종교와 프라이버시에 관한 권리의 확립("성적 관행이나 취향 또는 재생산에 관한 제반 문제"로 발생하는 사건들을 포함해서)과 "성별 및 성적 취향과는 무관하게 결혼할 수 있는 권리"에 기초하여 법률상의 평등보호를 주장하는 사건에 대해서는 연방법원이 재판을 맡을 수 없도록 하자는 내용도 포함되어 있습니다.

역사적으로 그랬듯이, 제안의 내용이나 취지가 그와 비슷한 다른 법안들도 입법화 과정에서 결국은 모두 실패로 끝나고 말았습니다. 그러나, 불쾌한 판결이 나오면 마치 사법부를 발가벗겨 모욕이라도 주려는 듯한 행태가 아직도 우리 사회에서 연례행사처럼 벌어지고 있습니다. 1950년대에는 인종차별 폐지 및 국내 안보와 관련한 사건이 일부 입법가들의 스트립 쇼 목록에 올랐습니다. 1960년대에는 특정 형법 문제에 대한 연방법원의 심사가, 1970년대에는 학교에서 급진적인 인종 통합의 일환으로 버스로 통학하는 것을 강제하는 제도가, 그리고 1980년대에는 낙태와 학교에서의 예배 문제가 각각 리스트에 올랐습니다. 그러나, 그런 시도는 모두 수포로 돌아가고 말았습니다. 가장 최근의 사례로는 연방법원이 담당하는 재판을 고의로 방해하려는 시도를 들 수 있는데 이 또한 더 이상 진전이 이뤄지지 못하고 있습니다. 언제나 통하는 평범한 진리 하나가 그런 식의 맹렬한 공격으로부터 연방 재판부를 구하고 있습니다. 즉, "법은 통과시키는 것보다 막는 것이 더 쉽다"는 것입니다.

마지막으로, 2004년에 발생해 2005년에 본격화된 의회와 연방대법원 간의 대결 양상에 대해서 말씀드리겠습니다. 좀 더 최근에 벌어진 사례로는 2005년의 "사법 적극주의에 관한 법률Judicial Activism Act과 의회의 책임"을 규정한 법안을 들 수 있습니다. 하원과 상원의 3분의 2가 찬성하면 연방법에 대하여 위헌이라고 선언한 연방대법원의 판결을 번복할 수 있다는 내용입니다.(캐나다의 '권리와 자유 헌장'은 헌장이 보호하고 있는 권리에 부합되지 않는 판결을 내리면 의회가 그것을 번복할 수 있도록 허용해주고 있습니다. 그러나 캐나다 의회는 그런 특별한 권한을 아직까지 단 한 번도 행사한 적이 없습니다.)

작가이자 저널리스트인 앤서니 루이스는 헌법상의 문제를 해소하기 위해서 연방대법원이 내린 판결을 입법부가 번복할 수 있도록 용인해주는 그런 성격의 헌법을 가리키며 "다수결 원칙에 대한 제약을 제거할 수 있다면 그것이 더 민주적이라고 할 수도 있겠다"고 했습니다. 그러나 동시에 그는 이스라엘 대법원 수장이었던 아론 바라크의 말을 빌려 우리가 문제를 제대로 소환할 수 있게 합니다. "민주주의에는 다수결 원칙만 있는 것이 아니다. 민주주의에는 기본 가치에 관한 원칙도 있다. 민주주의란 전체 구조물이 그 기반 위에 지어진 것이며, 그것은 심지어 그 어떤 다수결로도 절대 건드릴 수 없는 불가침의 영역이다." 미국을 건국한 선조들은 순수한 다수결주의에 입각해서 법치주의를 구상하지 않았습니다. 그리고 저는 입법부의 횡포에 문을 열어줄 어떤 대의도 찾지 못하겠습니다.

미국의 주 법원과 관련해서 간략하게 한 가지만 말씀을 드리겠습니다. 대부분의 주에서 판사 중 일정 수준의 직급에 있는 사람들은 주기적으로 치러지는 선거를 통해 선출됩니다. 해외에 나갈 때 제가 종종 받는 질문 중 하나는 "선출된 판사들로 구성되는 재판부는 사법부의 독립성과 완전히 상충하는 것 아닙니까?"였습니다. 즉, 선거로 뽑힌 판사가 "지역 주민들이 원하는 것"을 어찌 감히 외면할 수 있겠느냐는 것입니다. 솔직히, 그 같은 질문에 대해서 아직도 만족할 만한 답을 드릴 자신이 없습니다.

처음의 출발선으로 돌아가, 렌퀴스트 대법원장이 사법부 독립을 가리켜 미국의 품질 보증 마크이자 자부심임을 천명하는 건, 우리가 하나의 국가가 된 이래로 계속해서 불러온 주제곡을 반복하고 있는 것입니다.

이제, 정치적 스펙트럼상 지향점이 서로 다른 미국의 법학자 두 사람의 말을 끝으로 강연을 마치겠습니다. 한 명은 브루스 파인Bruce Fein 변호사로 '보수적 시각'을 지닌 것으로 알려져 있으며 다른 한 명은 버트 뉴본Burt Neuborne 교수로 '진보적 시각'을 지닌 것으로 알려져 있습니다. 논쟁을 벌일 때에는 두 사람이 서로 자주 대척점에 서기는 하나, 사법부 독립의 가치에 대해서만은 한 목소리를 내기 위해 지금도 자리를 함께 하곤 합니다. 두 사람이 공동으로 집필한 논문의 결론은 다음과 같습니다.

미국에서 사법부의 독립은 질서 있는 자유와 국내의 평화를 가져다줄 뿐만 아니라 법치주의와 민주주의적 이상을 더 튼실하게 해준다. 무지몽매한 정치적 당파주의자들이 내는 요란한 목소리를 잠재우기 위해서 헌법이 베풀어준 그처럼 너무나도 소중한 선물을 함부로 써버리는 것이야말로 실로 멍청하기 그지없는 짓이다.

3장

렌퀴스트 연방대법원장 추도사

재판연구원으로 저와 함께 일한 적 있는 어맨더 타일러가 윌리엄 렌퀴스트 대법원장님에게 경의를 표하는 자리에서 저에게 연설을 부탁해왔습니다. 그 제안을 받으며 저는 연방대법원에 33년을 봉직하고 그중 19년 동안 대법원장 자리를 빛낸 렌퀴스트 대법원장님이 우리 모두의 축하를 받으며 행사장에 입장하는 모습을 볼 수 있기를 간절히 바랐습니다. 대법원장님은 병마에 맞서 용감히 싸우셨지만 애통하게도 우리 모두가 연방대법원의 조타수로 함께하기를 소망했던 20년이라는 상징적인 햇수를 채우지 못하고 끝내 저희 곁을 영원히 떠나셨습니다. 대법원장님이 영면하신 9월

4일 아침, 우리 대법관들은 대법원 공보실을 통해서 각자 준비한 성명서를 발표했습니다. 고인은 제가 변호사와 법학자, 그리고 판사로 지내오면서 그동안 만난 모든 상사 가운데 공평성과 효율성에 관한 한 타의 추종을 불허할 정도로 저에게 너무나 큰 영향력을 미친 분이었습니다. 특히, 여섯 명의 (남성) 프라임돈prime dons과 두 명의 (여성) 프리마돈나prima donnas가 참여하는 평의를 주재하면서, 시간과 규칙을 엄수하도록 우리를 몸소 이끌어주셨습니다. 오코너 대법관은 간결한 진술서 작성의 대가로 고인을 회상하면서 "확고한 원칙을 바탕으로 연방대법원을 이끌면서 동시에 그에 못지않게 어려운 시기마다 쾌도난마의 행정 능력도 보여주셨다"고 말씀하셨습니다. 저희 모두는 고인을 세상에서 가장 훌륭하고 남달리 애정이 깊었던 분으로 감히 평가합니다. 고인이 연방대법원을 성공적으로 이끌어오셨듯, 앞으로 저희들 역시 연방대법원의 조화로운 운영을 위해 온 힘을 다할 것입니다.

2주간의 개회 기간이 끝나갈 무렵이면, 고인은 대법원장으로 재직하는 동안 책임져야 할 숱한 과제 중에서 일부를 매번 저희에게 나눠주셨습니다. 본인이 다수의견의 편에 설 때마다(매우 자주 그러셨습니다) 직접 의견서 작성자를 지정해주셨죠. 때로 그 선정 결과에 불만을 표했던 것도 사실입니다. 예를 들어 "근로자 퇴직소득 보장법"의 의견서 작성을 부탁받았을 때처럼 말이지요. 그러나, 매 회기가 끝날 무렵에는 사건이 대체로 공평하게 배분되었다는 점에 모두가 수긍할 수밖에 없었습니다. 한편, 대법원장님이 모든 다수의견은 6월 1일까지, 그리고 반대의견은 6월 15일까지 전체 대법관들에게 회람되어야 한다고 선언하시면, 제가 지금껏 연방대법원에 재직한 12회기 동안, 단 한 분도 그 기한을 어긴 적이 없었던 것으로 기억합니다.

구두변론은 물론이고 연방대법원 대회의장, 사법부 대회의장, 스미스소니언협회가 주관하는 회의장과 다른 여러 모임에서도 그 모임에 참석하는 사람들이 규칙과 시간을 엄수하도록 탁월한 관리 능력을 유감없이 발휘하셨습니다. 대법원장님의 성공 비결은 유머와는 전혀 상관이 없어 보이는 데도 의외로 웃음을 자아내는 특별한 센스를 지니셨다는 데 있습니다. 대법원장님은 특유의 익살스러운 주름을 너무도 태연하게 지어내 보이며 상대방이 미소를 짓거나 심지어는 박장대소까지 하게 만드셨습니다.

한편, 고인은 결코 웅변가는 아니었습니다. 평이한 말투의 소유자였죠. 거드름도 피우지 않고 감정을 애써 꾸며내지도 않았습니다. 단적인 예로, 레이건 대통령이 1986년 6월 17일에 고인을 연방대법원장으로 지명한다고 발표하자 어느 기자가 언론 브리핑 시간에 후보자께 다음과 같이 질문을 던졌다고 합니다. "대법관님은 금번 연방대법원장 지명으로 드디어 인생에서 가장 큰 꿈을 이룬 것 아닌가요?" 곧 대법원장에 오를 고인은 기자에게 "저는 이번 지명에 대해서 그런 식으로 표현하고 싶지는 않군요. 61세라는 나이가 제 인생의 다는 아니며 더욱이 새로운 일을 해볼 수 있는 기회가 한 번 찾아왔다고 해서 그게 제 인생의 전부라고도 생각하지 않습니다"라고 답변하셨습니다.

대법원장님은 1952년부터 1953년까지 연방대법원에서 로버트 잭슨 대법관의 재판연구원으로 근무하신 적이 있습니다. 출발부터 심상치 않았던 대법원장님은 개인 로펌, 행정부 서비스직무, 연방대법원 판사, 심지어 제1심 재판소 판사에 이르기까지 법조계에서 해볼 수 있는 일이란 일들은 거의 다 해보신 것으로 정평이 났습니다. 저는 수년 전에 한 연방대법원 행사장에서 강연을 하며 대법원장님에 관한 에피소드를 언급한 적이 있습니다. 그러자, 그곳에 계셨던 고인이 제게 살짝 미소를 지어주셨죠. 하여, 그때 그 이야기를 여기서 다시 꺼내도 제 마음이 불편하지 않을 것 같습니다.

대법원장님이 연방대법관으로 재직하던 1984년 6월 어느 날, 리치먼드에서 열린 시민 배심원단 재판을 당신이 직접 주재하겠다며 과감하게 자원을 한 적이 있답니다.(이 추도식에 참여한 분들은 대부분 아시겠지만, 매년 6월이 연방대법원에 근무하는 사람들에게는 가장 바쁜 시기입니다. 대법관들이 휴가를 떠나기 전에 제출해야 할 모든 의견서를 세밀하게 수정하고 완성하느라 몇 주를 정신없이 보내곤 한답니다.) 당시의 언론보도에 따르면, 대법원장님은 마치 함장처럼 법정을 빠르게 휘어잡았다고 합니다. 그러나 애석하게도, 그로부터 꽤 많은 시간이 흐르고 나서, 배심원 평결에 근거해 내린 그분의 판결이 제4순회항소법원에서 재판부 전원합의로 번복되고 말았습니다.

대법원장님은 그렇게 제1심 판결을 직접 경험하고는 고향과도 같은 연방대법원으로 돌아와 끝내 안착하셨습니다. 대법원장님은 그처럼 뼈아픈 과거를 반추하며 조지 산타야나[George Santayana, 스페인 태생으로 미국의 철학자이자 시인이자 인문주의자로 "과거를 기억하지 못하는 사람은 과거를 반복한다"는 말을 남겼다]의 명언을 따라 다시는 그런 과오를 되풀이하지 않으셨다고 합니다. 그 사건을 계기로, 로버트 잭슨 대법관님이 남긴 유명한 말씀 속 진실도 가슴 속 깊이 새기게 되셨다고 합니다. 즉, 연방대법관들은 "완벽한 사람들이기 때문에 마지막 보루가 된 것이 아니라, 그들이 유일한 마지막 보루이기 때문에 완벽할 수밖에 없다"는 것입니다.

고인은 개인적으로 조용한 생활을 즐겼고, 당신이 꿈꾸는 이야기들로 기자나 동료들과 대화를 나눈다거나 하는 일은 없었습니다(만일 그분에게 행복한 꿈이 있다면, 그건 아마도 손수 구워낸 평범하기 이를 데 없는 햄버거를 맛보거나 아들 짐이 아버지를 위해 간간히 만드는 막대 초콜릿의 부스러기를 맛 보는 일 같은 것이었을 겁니다). 그러나 대법원장님의 위시리스트에는 분명 이런 목록들이 있었을 거예요. 내셔널갤러리에서 터너와 컨스터블의 작품 사이에 걸려 있는 본인의 초상화를 감상하는 일, 로버트 쇼의 후임으로 거룩한

찬송가 합창단의 지휘자가 되어보는 일, 차이콥스키의 "피크 데임(PiqueDame, 원곡은 푸시킨의 "스페이드의 여왕")"에 나오는 할머니가 카드놀이에서 항상 이기는 마법 같은 비결을 끝내 알아내는 일, 내내 긴장감 넘치고 거대한 활극으로 가득한 레이먼드 챈들러의 작품에 버금가는 추리소설을 한 권쯤 내는 것들 말이죠.

1986년 7월 30일에 개최된 인준 청문회에서 폴 락살트 상원의원이 당신에게 연방대법원장에 올라도 되는 이유를 묻자 대법원장님은 다음과 같이 답하셨습니다.

저는 미 연방의 사법체계와 사법부에서 실제로 벌어지고 있는 상황에 많은 관심을 갖고 있습니다. 연방대법원과 하급 연방법원들이 발전해나가는 모습을 지켜보고 싶을 뿐만 아니라 주 법원들에 그 어떤 것도 강제하지 않으면서 재정적 지원을 하고 있는 '국립주법원센터[National Centerfor State Courts, 1971년에 미국과 국제사회의 법치주의를 촉진시키고 사법 행정을 개선한다는 취지로 버지니아주에 설립된 비영리단체]'가 과연 어떠한 일들을 할 수 있을지 지켜보고 싶습니다.

지난 몇 년 사이 연방대법원을 방문하셨던 분들이라면 대법원장님이 입고 있던 가운에 적어도 한 번은 눈길이 갔을 겁니다. 그 가운은 윌리엄 길버트와 아서 설리번 경의 오페라 〈이올란타〉를 무대에 올린 한 지방 극단이 여름 공연에 사용했던 영국 대법원장의 의상을 모방해 만든 것이지요. 가운은 영국 대법원장이 입는 옷답게 반짝이는 금색 줄무늬로 장식되어 있긴 합니다만 그렇다고 그만큼 화려하지는 않습니다. 영국 귀족의 의상이라기보다는 미국 육군상사의 군복에 달린 줄무늬에 훨씬 더 가깝다고 해야 할까요? 그 같은 화려함이 어울리지 않는 남자가 왜 그런 의상을 입기로 한 것일까요? 여담이지만 고인의 말에 따르면 여자들에게 뒤지고 싶지 않았다고 합니다.(오코너 대법관님의 경우 영국 가운에서 떼어온 칼라나 주름이 많은 프랑스 비단 스카프 풀라르처럼 매력적인 목 장식을 몇 장 가지고 있지요. 저 역시 영국과 프랑스식 레이스 풀라르를 두르기도 하고 가끔씩 프랑스계 캐나다 사람이 디자인한 칼라를 걸치곤 합니다.)

대법원장님과 저는 그간 중요한 사안에 대해서 의견을 달리한 적이 종종 있었습니다. 그러다 꼭 한 번씩 저를 깜짝 놀라게 만들곤 하셨죠. 그런 경우가 크게 두 번 있었는데 그중 하나는 제가 대학 교수로 재직하면서 여성의 권리를 옹호하는 일에 참여하고 있던 시절의 일이고 다른 하나는 연방대법원에서 근무할 때 일어난 일입니다.

확고한 보수주의자였던 고인이 연방대법관으로 재직하던 초기 4년 5개월간의 행적을 연구한 데이비드 샤피로 교수는 1976년 12월 《하버드 법률 리뷰》에 실은 글에서 다음과 같이 밝혔습니다.

"그간 정부의 행정 조치를 폐기하려는 시도에 대해 렌퀴스트 대법관은 그러한 조치를 폐기해야 할 합리적 근거가 있는지를 면밀히 살피고 시험해야 한다는 조건을 달며 매번 부정적인 입장을 견지해왔다." 그러나 천하의 원숭이도 나무에서 떨어질 때가 있나 봅니다. 그 논평이 나오기에 앞서 1975년 3월에 연방대법원은 아내의 출산 중 사망으로 젊어서 홀아비가 된 비젠펠트 씨 사건에 대해 판결을 내립니다. 아내는 교사였고, 학교에서 사회보장세를 정기적으로 대신 내주고 있었습니다. 만일 남성 근로소득자가 자식을 아내에게 남겨둔 채 세상을 떠난 경우라면 미국의 사회보장법에 따라 아내에게 육아에 따른 혜택이 매월 제공되었을 것입니다. 그러나 반대로 사망한 사람이 여성인 경우에는 유족이 된 남편에게는 법적으로 그런 혜택이 주어지지 않았던 것입니다.

연방대법원은 그런 식의 성별 구분이 헌법의 평등보호 원칙을 위배한다고 전원일치로 판결을 내렸습니다. 그러나 대법관들 사이에서 판단 근거를 놓고 의견이 갈렸습니다. 다수는 해당 법령이 사망한 여성 근로소득자에 대해 납득할 수 없을 정도로 차별적이라고 보았습니다. 이유는 사망한 남성 근로소득자의 유족보다는 사망한 여성 근로소득자의 유족에게 훨씬 더 낮은 수준의 혜택을 제공하고 있었기 때문입니다. 반면, 변호인 측은 해당 법령이 홀아비가 된 아이의 아버지를 법적으로 차별하고 있다는 것에 주목했습니다. 즉, 아버지에게도 어머니처럼 아이를 개인적으로 돌볼 수 있는 동등한 기회가 주어져야 한다는 것입니다. 그러나 고인은 이번엔 두 가지 주장 모두에 대해 거부감을 보이셨죠. 다만, 이 사건에서 아기가 부당한 대우를 받았다는 것만은 인정하셨습니다. 그리고 "사망한 생계 기여 노동자의 아기가 남은 유일한 부모로부터 풀타임으로 보살핌을 받을 기회를 가질 수 있는지 여부가 유일한 문제일 때, 어머니의 역할과 아버지의 역할을 나누는 것은 온당하지 못하다.[이는 육아에 있어서 남녀를 구분할 필요가 없다는 주장으로, 그간 보수적 입장을 강력히 견지해온 렌퀴스트 대법관으로서는 가히 파격적이라고 할 만한 주장이다. 이에, 긴즈버그는 렌퀴스트 대법관에게 실수를 한 게 아니냐며 재치 있는 농담을 건넸다고 한다.]"

그 당시만 해도 데이비드 샤피로 교수는 '비젠펠트 사건'을 생생하게 기억하고 있었습니다. 제게 보내온 편지에 썼듯, 샤피로 교수는 고인이 보인 그토록 이례적인 의견에 색인카드로 특별한 표시까지 해두었던 것입니다. 그러나 이런 이야기는 모두 개인용 컴퓨터가 나오기 이전의 일이죠. 마침내 본인의 연구 결과를 보고해야 할 시점에 와서 샤피로 교수는 정작 색인카드를 어디에 끼워두었는지 잊어버렸거나 무심결에 그 사건을 지나쳤던 것 같습니다.

저를 놀라게 한 또 다른 사건은 다음과 같습니다. 1996년에 저는 'VMI 사건'과 관련해서 연방대법원의 공식의견을 발표했습니다. 당시에, 공식의견과 구두변론에 대비해서 작성한 준비서면을 읽으면서 저는 혹여 대법원장님이 제 의견에 공감하지 않으실까 봐 몹시 걱정하고 있었습니다. 하지만 기쁘게도 대법원장님은 버지니아주가 남성에게만 값진 교육 기회를 제공하고 여성은 소외시켰다는 제 주장을 인정하고 다수의견의 취지에 동의해주셨습니다. 유일하게 반대의견을 내놓은 스칼리아 대법관은 당시 고인이 연방대법원장의 자격으로 피력한 의견을 향해서 수많은 비난의 화살을 쏟아내셨죠. 아마도 고인이 다수의견에 합류하지 않았다면 그 모든 화살은 저에게 집중됐을 겁니다.

당신은 독립된 사법부를 미국의 품질 보증 마크이자 자부심으로 여겼습니다. 제3의 부서인 사법부를 약화시키려는 온갖 시도에 맞서 연방사법제도의 현황에 대한 연례보고서를 쓰고 대중 연설을 하며 의회를 향해 사법부의 독립을 지켜줄 것을 강력히 촉구하셨습니다.

개인적인 소회 하나를 말씀드리겠습니다. 집안 내력에 걸맞게, 고인은 때로 침착하기가 이를 데 없는 북유럽 사람들의 전형적인 모습을 보일 때가 있었습니다. 그러나 저는 그분의 또 다른 인간적 면모도 곁에서 지켜볼 수 있었습니다. 6년 전에 결장암으로 일 년 내내 고통을 겪고 있을 때, 대법원장님은 제가 스스로 안정을 찾을 수 있도록 큰 도움을 주셨습니다. 가장 힘든 시기에는 상대적으로 가벼운 과제를 배정해주시고 다루기 어려운 사건들의 경우 처리 시기를 제가 직접 선택할 수 있도록 배려해주셨습니다. 대법원장님 본인이 지난 회기에 암과 싸우면서 몸소 보여주신 용기와 투지는 질병과 싸우는 다른 이들에게도 귀감이 되어 그들이 최선을 다해 자신들의 삶과 일을 함께 지켜나갈 힘이 되어주었습니다. 그토록 모진 병마와 사력을 다해 싸우시는 모습은 존경을 넘어 경외감을 불러일으켰습니다. 그 와중에도 지난 회기에는 당신 몫의 의견서들을 꾸준히 완성했으며 연방대법원의 회의와 운영에 관한 사안들 모두 한치도 흔들림 없이 확고한 통솔력으로 완벽히 관리하셨습니다.

고인은 제16대 연방대법원장으로 재직하셨으며 대법원 판사에서 중앙석 자리까지 영전한 인물로는 역대 세 번째입니다. 2002년 4월, 어느 연설에서 고인은 본인의 업무와 열네 명의 전임 대법원장의 업적을 설명한 뒤 다음과 같은 말씀을 남기셨습니다.

미국의 대통령과는 달리 연방대법원장은 집무실에 본인 외에 그 누구도 들일 수가 없습니다. 또한 대법원장은 미리 자리를 차지하고 있는, 그리고 그 누구도 자신에게 신세를 진 적이 없는 다른 여덟 명의 대법관과 함께 대법정 의자에 앉습니다. 관례상, 그는 연방대법원 개회식과 평의를 주재합니다. 만약 그가 다수의견에 표를 던졌다면 재판에 회부될 현안에 대한 의견서 준비 과제를 대법관들에게 배정해줍니다. 또한 연방 사법부를 대신해서 사법부와 관련이 있는 사안에 대해서 발언을 합니다. 그의 업무실에 대해서는, 적절한 표현이 될지는 모르겠지만, 다음과 같이 말씀을 드리겠습니다. 연방대법원장은 본인의 양손에 늘 도구들을 올려놓고 있는 사람입니다. 그 도구들 덕분에 그는 동료들 가운데 일인자가 될 수 있지만 그의 진정한 위상은 그런 도구들을 어떻게 활용하는지에 달려 있습니다.

미국 사법부가 주관하는 평의를 이끄신 리더십과 연방대법원에서 발휘하신 그분의 강력한 관리자로서의 모습을 통해 보건대, 고인께서는 의회와 전통이 자신에게 위임한 도구들을 대단히 훌륭하게 활용하고 하늘나라로 떠나셨습니다. 제3의 부서인 사법부를 관리하시면서 만난 모든 연방법원 판사는 물론이고 연방제 국가인 미국의 보건과 복지에 관여하는 모든 이들 역시 감사하는 마음으로 고인을 영원히 기릴 것입니다.

4장

매디슨 강연

사법의 목소리로 말하기*

들어가는 글

매디슨 강연은 그간 인권과 미 연방법원에서의 사법 행정이라는 두 가지 주제를 통해 발전해왔습니다. 오늘 제 강연도 위 두 가지 주제를 다룰 것입니다. 우선, 스타일의 측면에서 동료 간 협력

---

* 이 강연 원고는 제67호 《뉴욕대 법률 리뷰》(1992년)에 처음 실렸으며, 강연은 1993년 3월 9일 뉴욕대학교 로스쿨에서 행한 "헌법학에 관한 제임스 매디슨 강연"에서 이루어졌다. 긴즈버그 대법관은 1992년에서 1993년 사이 회기 동안, 본인의 재판연구원으로 일했던 데이비드 앨런과 말라 폴록에게 강연과 기사를 준비하는 과정에서 도움을 받았다고 밝히며 감사를 표했다.

관계에 대해서 말씀드리고 다음으로는 항소법원이 내리는 판결의 요체라고 할 수 있는 절제에 대해 설명을 할 것입니다. 이에 대한 저의 시각은 30년이라는 긴 세월에 걸쳐 몸소 경험해오면서 형성된 것입니다. 즉, 1960년대 초에 로스쿨 교수로 시작해서, ACLU 여성 권익 프로젝트를 출범시킨 1970년대를 거쳐, 행운처럼 다가온 미국 컬럼비아특구 항소법원 판사로 약 13년을 근무해오면서 구체화된 것입니다. 오늘 전하려는 법원 이야기가 미 헌법의 기틀을 마련한 제임스 매디슨 대통령과 초대 재무장관 알렉산더 해밀턴의 기대에 부응할 수 있기를 바랄 뿐입니다.

매디슨 대통령이 당시에 제시한 미국의 미래에 대한 비전은 아직까지도 저희 연방판사들의 정신 세계를 환히 밝혀주고 있습니다. 제임스 매디슨은 1789년 6월, 권리장전을 이끌어낸 수정헌법을 의회에 소개하며 다음과 같이 천명했습니다.

만약 권리장전이 미 헌법에 포함된다면 독립적인 사법 재판소들은 독자적인 방식으로 권리장전의 수호자를 자처하고 나설 것입니다. 즉, 그들은 권리장전의 철옹성이 되어서, 헌법상 인권선언이 규정한 권리에 반하는 그 어떤 종류의 침해 시도에 대해서도 마땅히 저항할 것입니다.

오늘날 독립적으로 기능하는 사법 재판소들은 매디슨 대통령의 기대에 부응해온 그간의 사법적 전통을 고수하는 것만이 '본원적 이해'를 충실히 따르는 길이라 할 수 있습니다.

《연방주의자들 The Federalists》 논문집 제78호에서 알렉산더 해밀턴은 미국민의 권리와 특전을 보호하기 위해서는 합헌성 보호 차원에서 행정부와 입법부를 견제할 수 있는 권한이 연방판사들에게 반드시 주어져야 한다고 강조했습니다. 다만, 그는 그처럼 막강한 권한이 주어지는 것에 대해서 한 가지 단서를 달았지요. 즉, 기능의 본원적인 성격상, 사법부는 항상 "가장 덜 위험한" 부서로 남아있어야 한다는 것입니다. 판사는 본인이 속한 커뮤니티에서 칼자루를 쥐지도 않고, 그곳의 곳간도 함부로 주무르지 못합니다. 궁극적으로, 판사가 본인이 판결한 내용이 집행되는 것을 보려면 정치 부서들에 기댈 수밖에 없습니다. 이러한 현실을 염두에 둔다면, 유능한 판사가 거창한 주장을 하기보다 설득에 힘을 쓰는 이유를 알 수 있을 거라 믿습니다. 유능한 판사는 '온건하고 절제된' 어조로, 동등한 정부 부처와 주 정부 당국, 그리고 다른 판사 동료들과도 비난이 아닌 대화를 나눕니다.

강연을 시작하면서 헌법을 기초한 선조들의 '본원적 이해'에 대해 우선 말씀드렸는데, 이는 강연 첫머리에 주제의 성격을 보다 명확히 하기 위해서입니다. 매디슨 강연의 두 번째 모음집인《진화하는 헌법 The Evolving Constitution》서문에서, 노먼 도슨 교수는 1819년에 존 마셜 연방대법원장의 말씀처럼 국가의 기본 도구인 헌법은 진화하는 문서로, "영속할 수 있도록 앞으로도 계속해서 가다듬어 나가야 할 도구"라고 지적한 바 있습니다. 이는 1934년, "헌법에 담긴 위대한 조항들에 대한 해석은 헌법을 기초한 이들이 당대의 여건과 전망에 맞춰 기록한 내용으로 제한되어야 한다"는 찰스 휴즈 연방대법원장의 주장을 부정하기 위해 한 말이라고 서문에 특별히 언급되어 있습니다. 도슨 교수는 존 마셜 대법원장과 찰스 휴즈 대법원장이 각각 밝힌 헌법에 관한 이해가 미국 사회에서 공동의 원리로 작동해왔으며 앞으로도 그러한 전통은 반드시 계승되어야 한다고 말합니다.

200년 하고 10년도 더 뛰어넘은 역사(2025년 현재 기준, 240년 이상)를 지닌 우리 헌법의 제정을 기념하는 자리에서 서굿 마셜 대법관은 그 같은 영속성이야말로 진정으로 기려야 할 실로 대단한 성과라고 평가했습니다. 반면, 헌법의 기틀을 잡은 선조들이 당시 헌법이 수호해야 할 영역을 설정할 때, '위 더 피플We the People'을 명백히 제한된 부류의 사람들로만 한정했다는 점을 지적한 바 있습니다. 국가가 갓 탄생했을 당시 자격을 갖춘 유권자들은 단지 헌법을 기초한 이들과 그저 닮기만 한 것이 아니었습니다. 유권자들은 재산을 소유한 백인 성인 남성으로 타인에 의지할 필요가 없으며 따라서 신뢰할 만한 시민으로 간주될 수 있는 사람들로만 한정되었습니다. 그들은 주인이나 지주 또는 감독관의 영향력이나 통제를 받지 않는 사람들이었습니다.

미 헌법이 제정된 1787년에는 13개 주 가운데 단지 다섯 개 주만이 노예제를 폐지했고 여성은 어느 주에서도 정치적으로 활동적인 공동체의 일원으로 간주되지 않았으며, 부에 따르는 자격 요건 때문에 백인 남성조차도 유권자 자격이 크게 제한되었습니다. 열렬한 애국주의자이자 미국의 제2대 대통령인 존 애덤스는 지인에게 보낸 편지에서 고향인 매사추세츠주에 부여된 투표권과 관련해 다음과 같이 언급한 바 있습니다.

투표를 할 수 있는 요건을 바꾸자고 제안하는 것은 엄청난 논쟁과 공방을 야기할 것이며 매우 위험한 발상입니다. 논쟁은 꼬리에 꼬리를 물고 끝없이 되풀이될 것입니다. 그리하여 마침내 여성들마저 투표권을 요구하고 나설 것이며 열두 살에서 스물한 살 사이의 어린이들과 젊은이들까지 자신들의 정당한 권리를 제대로 보장받지 못하고 있다고 생각하게 될 것입니다. 또한 파싱[페니의 4분의 1에 해당하는 가치를 지닌 영국의 옛 화폐]조차 한 푼 없는 성인 남성들도 자신이 속한 주 정부의 모든 행정 조치에 대해서 대등한 목소리를 낼 수 있게 해달라고 요구할 것입니다. 이는 모든 구분을 혼란 속에 빠뜨리고 해체해버려 결국엔 상하귀천 없이 모두가 하나로 통일된 평범한 수준의 계급에 굴복하는 결과를 낳을 것입니다.

우리의 두 번째 대통령의 우려에도 불구하고 평등한 목소리를 내고 계급을 철폐하는 일은 우리 세대의 압도적인 관심사가 되었습니다. 아마도 짐작하셨겠지만 이 강연도 평등한 목소리와 계급 철폐에 초점이 맞춰져 있습니다. 개인의 권리와 관련해서 '평등한 equal' 또는 '평등성equality'이라는 단어는 최초로 헌법이 제정될 당시는 물론이고 이후로 권리장전이 채택되고 열 번째로 헌법이 개정될 때까지도 등장하지 않습니다. 그러나 개인의 이상이라고 할 수 있는 '평등한 존엄성'은 미국의 헌법적 전통의 일부이며 또한 남북전쟁이 발발하기 전에 선조들이 간직해온 필수적 인식인 '본원적 이해'의 일부라고 할 수 있습니다.

한편, 헌법을 제정한 선조들은 제왕적 권위는 물론, 정치적 권위가 출생 성분에 달려 있다는 사상에도 반기를 들었습니다. 이는 그 같은 권위주의 문화가 인간의 평등성과 존엄성의 가치를 우리 스스로 충분히 자각하거나 그러한 이상에 따라 행동하는 것에 방해가 되기 때문입니다. 토머스 제퍼슨은 미국의 제3대 대통령으로 재직할 당시 국무장관에게 다음과 같이 말했습니다. "여성을 공직에 임명한다는 것은 받아들일 준비가 되어 있지 않은 대중들에겐 혁명과도 같은 일입니다." 그러나 우리의 선조들은 1776년 독립선언문에서는 평등에 대한 약속을, 그리고 1789년 권리선언과 1791년 권리장전에서는 개인의 자유에 대한 약속을 명문화 했습니다. 그러한 약속은 성장 잠재력 또한 함께 지니고 있습니다. 역사가인 리처드 모리스가 본인의 책에 썼듯, 헌법을 중심으로 한 미국의 역사는 노예였던 사람, 재산이 없던 남성, 아메리카 원주민, 그리고 여성들과 같이 한때 '위 더 피플'에서 소외됐던 사람들에 대해 헌법상 권리와 보호를 (수정헌법이나 사법적 해석, 또는 관행을 통해) 지속적으로 확대해온 과정입니다.

① 항소법원의 의사결정 과정과 동료 간 협력 관계

지금부터 이번 강연의 두 가지 핵심 주제 중 하나인 항소법원 판사의 적합한 판결 스타일에 대해서 설명을 드리겠습니다. 앞서 소개한 해밀턴 장관의 말을 빌리자면 판사에게 주어진 임무는 "한결 같고 똑바르며 치우침이 없이 법을 관리하는 것"입니다. 해밀턴에 따르면, 판사는 정직성과 지적 능력은 물론 필수적 요건인 판단력도 두루 갖춰야 합니다. 필수 자질인 판단력은 항소법원 판사가 작성하는 의견서에 어떤 식으로 반영이 될까요? 불편부당한 자세와 절제력, 그리고 동료 간의 협력 관계가 판결문 작성 과정에서 도대체 어떤 역할을 하는 것일까요? 이를 설명하기 위해 먼저 항소법원 판결의 세 가지 특징적 유형인 '개별형individual', '기관중심형institutional' 그리고 이 두 가지가 혼재된 '절충형in-between'에 대해 이야기해보겠습니다.

'개별형'은 대영제국의 대법원에서나 볼 수 있는 판결 유형이라 할 수 있습니다. 다섯 명의 재판관이 재판부에 자리를 잡고 전통적인 방식에 따라 각자의 의견서를 개별적으로 전달하고 나면 재판부에서는 각자가 판단한 근거와 내용을 발표합니다. 판사가 개별적으로 의견서를 작성하는 영국의 전통과는 대조적으로, 프랑스와 독일을 통해 외국으로 전파되고 정형화된 대륙법 또는 민법 전통을 따르는 국가들은 '기관 중심형'에 속한다고 볼 수 있습니다. 그곳에서는 사안상 합의가 이뤄지지 않은 것에 대해서는 비공개가 원칙입니다. 반대의견이나 보충의견도 마찬가지로 공개하지 않습니다. 일반적으로 전원합의체 방식에 따라 만장일치의 단일 의견으로 판결이 내려지며 재판에 참여한 판사들의 이름조차 익명으로 처리합니다.

미국의 연방대법원은 존 마셜이 대법원장에 오른 뒤로 판결 방식을 제도화하는 쪽으로 나아가기 시작했습니다. 마셜 대법원장은 연방대법원이 전원일치 판결을 안착시킬 수 있도록 그 기틀을 마련한 분으로 널리 알려져 있습니다. 마셜 대법원장 시절 연방대법원의 모든 대법관들은 만장일치 판결로 '기관 중심형' 결정을 확실히 뒷받침해야 한다고 강하게 믿었습니다. 그로 인해 연방대법원의 역사가 일천했던 시기에 마셜 대법원장은 직접 나서서 그와 같은 만장일치를 불가능하게 하는 사람들을 탄압하기도 해 비난을 받았습니다. 한때 토머스 제퍼슨은 그런 방식에 대해 다음과 같이 불만을 표출하기도 했지요. "판결문은 다수의견이 마치 전원합의로 결론이 난 것처럼 꾸며진 채, 게으르거나 소심한 동료들의 묵인 속에서, 자신의 생각에 맞춰 법을 교묘하게 다듬거나 자기 마음대로 추론하는 교활한 재판장에 의해 작성된다."

그러나 그런 마셜 대법원장마저도 연방대법원의 수장으로 오랜 기간 일하며 결국에는 몇몇 사건에 대해서 반대의견을 내기도 했으며, 한 번은 전원일치가 이뤄지지 않자 별도의견을 내기도 했습니다. 앞서 말씀드린 두 가지 형식 사이에 놓여 있는 '절충형'은 요약하면 다음과 같습니다. 미국의 항소법원은 영국과는 달리 일반적으로 개별 판사가 아닌 그가 속한 법원을 위해 판결문이나 의견서를 작성합니다. 발표하는 판결문 대부분을 자기가 작성한 것이라고 주장할 수도 있습니다만, 우리는 여전히 대단히 사법기관 중심적인 생각을 지닌 유럽 본토의 민사 담당 판사들과 일정 부분 닮아 있습니다. 다만, 저희들은 영국의 법률이나 관습법적 전통을 적극적으로 수용하여 판사가 개별적인 별도의견을 공개적으로 발언할 수 있는 권리를 행사하는 것에 대해서 특별히 제약을 가하지는 않습니다.

1989년에 어느 시민 법학자가 제게 보내주신 편지 속에 '개별형'과 '기관 중심형'의 차이가 잘 드러나 있습니다. 편지를 쓴 분은 나폴레옹 시대에 만들어진 조직으로 여전히 프랑스의 최고행정법원으로 운영되고 있는 콩세이 데타[Conseil d'Deta, 정부의 행정 및 입법 자문기관과 최고행정재판소의 역할을 겸한다]에서 근무하고 있었는데, 다른 동료들과 함께 컬럼비아특구 순회항소법원을 방문해 당시 진행되던 변론을 유심히 살펴보았다고 합니다. 해당 상고 사건은 일종의 형사 사건으로, 그날은 특히 수정헌법 제5조의 일사부재리 원칙에 이목이 집중되었습니다. 그 사건의 판결이 내려졌을 때, 저는 프랑스에서 온 참관인들에게 다량의 복사물에 중간중간 간지를 끼워서 관련 자료를 보내드렸습니다. 거기에 들어 있던 재판부의 판결문과 개별 판사의 의견서를 하나로 묶은 총 세 개의 문서를 읽고 그 프랑스인이 보인 반응을 우리말로 옮기자면 다음과 같습니다.

제 기준에 비추어 볼 때, 판결이 내려지는 방식은 그저 놀랍기만 합니다. 그중 추론과 판례의 의미를 놓고 벌이는 격론이 특히 눈길을 끕니다. 그러나 서로 의견이 분열되어 있어 제가 이해하고 있는 판결문이 갖춰야 할 형식과는 확연히 다른 것으로 보이며 형사 사건에서는 더더욱 그런 것 같습니다. 저는 법원의 판결문은 명확하고 간결해야 한다고 생각합니다. 즉, 교수들 사이에 오가는 담론 수준이 아니라 해당 법률에 근거하여 발표하도록 위임을 받은 사람들의 주문이기에 간단한 설명을 곁들여서 명료하게 작성해야 한다고 봅니다. 너무 장황한 내용은 판결 근거에 대해서 확신하지 못하고 있다는 방증처럼 느껴집니다. 하지만 그와 동시에 판사가 소송인과 그 내용을 읽어볼 사람들에게 본인이 고민했던 것과 의심이 가는 사항들을 거침없이 공개하는데도 불구하고 미국인들의 재판부에 대한 신뢰가 결코 약화되지 않는다는 점 또한 매우 인상 깊었습니다.

그분은 법률적인 판단(헌법에 관한 판결을 포함하여)이 매번 명쾌할 수도 없으며 완벽하게 진실에 부합할 수 없다는 것을 기꺼이 인정하려는 미국인들의 태도에 대해서 처음엔 실망을 넘어 매우 놀라기까지 했던 모양입니다. 그러나 곰곰이 생각을 한 뒤에는 판사들 사이에 법률적으로 표출된 이견을 공개하는 것마저도 감내할 수 있다는 건, 미국 사회에서 공정성에 대한 신뢰가 상당히 견고하다는 뜻 아니겠냐며 일종의 질투 또는 경외심과 함께 크게 감동을 받으신 듯합니다.

그러나 별도의견을 작성할 때 나타나는 지나친 방임 행위는 판결에 관한 사법부의 명성은 물론 법원의 처분을 존중하는 태도에 심각한 결함을 초래할 수도 있습니다. 법원이 일상적인 합의체로 작동하지 못한다면 일관성consistency, 예측 가능성predictability, 명확성clarity과 안정성stability이라는 법치주의의 기본 덕목마저 무시당할 수 있기 때문입니다. 그처럼 사법체계에 위험을 초래하는 또 다른 요소로는 별도의견에 너무 빈번히 의존하는 것과 법원의 다수의견에서 파생되는 거친 톤을 들 수 있습니다.

첫 번째 위험과 관련해서, 올리버 홈스 대법관은 '위대한 반대자'로 알려지긴 했지만 사실 동료들만큼이나 자주 반대의견을 내지는 않았다는 점을 되새겨볼 필요가 있습니다. 할런 스톤 대법원장은 자신과 마찬가지로 반대할 권리를 공개적으로 옹호했던 법학자 칼 르웰린에게 다음과 같은 내용의 편지를 보낸 적이 있습니다. "귀하도 아시겠지만, 제가 의견서에 담긴 극히 일부의 내용에 대해 동의할 수 없다며 사사건건 이견을 제시한다면, 귀하는 물론이고 다른 동료들까지 그토록 수많은 별도의견을 읽어내리다가 녹초가 되고 말 겁니다." 법적인 해석의 문제에 대해서, 루이스 브랜다이스 대법관도 거듭 주의을 준 바 있습니다. "적용이 가능한 법치주의를 확립하는 것이 법을 제대로 정착시키는 것보다 중요하며 이는 결국에 가서 대부분 맞는 것으로 판명이 된다. 혹여, 법의 해석상 문제가 발생하여 사회적으로 커다란 논란이 야기되면 입법부인 의회를 통해서 교정하면 된다." 브랜다이스 대법관의 재판 연구원을 지낸 바 있으며 존경받는 헌법학자이기도 한 폴 프로인드는 벤저민 카르도조 대법관을 언급하며 민사사건에서 그가 단일 의견을 이끌어내기 위해 자신의 반대의견을 억누를 준비가 언제나 되어 있었다는 이야기를 하기도 했습니다. 하긴, 이리 전쟁 [Erie War, 19세기에 미국에서 이리 철도회사 주식과 경영권을 둘러싸고 벌어진 분쟁] 이전의 연방대법원에서는 그런 강압적인 사례가 훨씬 더 많이 발생했습니다.

다수의견과는 별도로 보충의견과 반대의견을 낼 수 있는 미국의 연방대법원 재판은 3인으로 구성된 항소법원 재판부에 비해 훨씬 더 방대한 작업을 거쳐야만 합니다. 일례로, 컬럼비아특구 순회항소법원은 1992년 기준으로 약식재판을 제외하고 총 405건의 판결을 내렸으며 그중 82퍼센트가 전원일치 방식이었습니다. 같은 기간에 연방대법원에서는 전체의견이 담긴 총 114개의 판결문이 나왔으며 그중에서 만장일치로 결정된 사건은 겨우 21.9퍼센트에 불과했습니다. 언론들은 특성상, 카터 행정부가 지명한 사람들과 레이건과 부시 행정부가 지명한 사람들을 분리해서 비교하기를 좋아합니다. 하지만 그러한 언론이 제대로 조명하지 않는 현실을 통해서 우리는 이러한 차이를 더 잘 이해할 수 있습니다. 항소법원에서 심리되는 사건의 특성은 우리의 운영 방식과 결합하여 우리를 중도나 온건한 입장으로, 지나치게 창의적이거나 과도하게 엄격한 입장에서 멀어지도록 강력하게 끌어당깁니다.(그러나, 그런 식으로 이끄는 예인선은 제가 최근에 주도했던 제안마저 흔쾌히 받아들이게 할 정도로 그렇게 강력하지는 않았습니다. 저는 1993년 2월에 개최된 미국 항소법원 판사회의에서 재판에 참석한 판사들이 모두 동일한 의견per curiam을 보일 때에는 판결 내용을 공개하되 판결문 작성자는 비공개로 하는 것을 관행으로 삼자고 제안한 바 있습니다. 그렇게만 된다면 절차상 판결문 작성이 간결하게 이뤄져서 법원으로 하여금 보다 신속히 처분을 내릴 수 있도록 해줄 것으로 생각했습니다. 그런데 놀랍게도 회의에 참석한 판사 중에서 그런 저의 제안에 호응하는 사람은 거의 없었습니다.)

연방 사건의 특성상 연방대법원과 달리 항소법원은 중대한 헌법적 문제보다는 법률 해석이나 행정기관 또는 지방법원 판결의 합리성과 같은 덜 중요한 문제를 훨씬 더 자주 다룹니다. 브랜다이스 대법관은 그같이 다양하지만 상대적으로 덜 복잡한 사건을 다룰 때에는 재판에서 단일의견으로 명확히 정리해주는 것이 적절하다고 보았습니다. 하급법원 판사가 고등법원보다 연방대법원의 판례에 더욱 엄격하게 구속되는 상황이라면 더욱 그럴 필요가 있습니다.

재판의 운영 방식과 관련해서, 항소법원에서 3인의 판사로 구성된 재판부는 그에 앞서서 다른 재판부가 이미 발표한 판결문으로부터 자유로울 수가 없습니다. 항소법원에 관한 법령의 변경은 소속 판사 전원이 합의하는 방식에 의해서만 가능합니다. 법원들로 하여금 다른 법원 재판부가 무엇을 하는지 알 수 있도록 하기 위해서 컬럼비아특구 순회항소법원과 연방순회항소법원들은 판결문을 사법부 전체에 공지합니다. 다만, 의견서를 발부하는 재판부가 적어도 일주일 전까지 승인을 해줘야 공개가 가능합니다.

한편, 실질적인 힘을 보유하고 있는 지방법원 판사는 중세시대에 존재했던 봉토의 영주처럼 소송 단계에서부터 제1심 최종판결에 이르기까지 모든 것을 단독으로 처리합니다. 반면에, 항소법원 판사는 연방법원이라는 체제 아래서 운영되기 때문에 지방법원 판사처럼 당일치기로 사건을 처리할 수가 없습니다. 왜냐하면 항소법원 판사는 세 명으로 구성된 재판부에서 본인 이외에 적어도 다른 한 사람의 동의를 얻어내야 공식의견으로 채택되기 때문입니다. 여기에다, 항소법원 판사는 자신이 속한 순회법원을 위해서 내구성이 있는 튼실한 법체계를 수립한다는 차원에서 본인의 입장을 좀 더 부드럽게 만들 필요가 있다고 판단할 수도 있습니다. 그 경우, 평소와는 달리 과감하게 처신하지 못하거나 명확하게 자신의 입장을 표명하지 못하게 될 가능성이 높습니다. 다만, 3인으로 이뤄진 소규모 재판부에서는 연방대법원처럼 더 큰 규모의 재판부에 비해 좀더 효과적으로 의견을 교환하고 상대방을 설득할 수가 있습니다.

극히 드문 경우이긴 하지만, 매년 컬럼비아특구 순회항소법원에 모든 판사(전원이 참석하면 12명)가 모일 때가 있는데 저는 그곳에서 연방대법원 판결이 전원일치를 이루기가 몹시 어려운 이유를 새삼 깨닫곤 합니다. 연방대법관이 항소법원 판사에 비해 훨씬 더 자주 헌법상의 문제와 씨름하게 되는데, 거기에는 오직 이미 내려진 판결을 번복하거나 헌법 수정을 통해서만 실수를 바로잡을 수 있는 사건들이 제법 있습니다. 또한, 연방대법원에서는 첫 번째 투표를 위해 테이블을 돌고 나면 누구나 지쳐버리고 맙니다. 보다 분명한 것은 9명이나 12명보다 3명 사이에서 대화를 하고 의견서에 대한 시각을 교환하는 것이 언제나 훨씬 더 용이하다는 것입니다.

자신이 속한 법원을 위해 판결문을 작성할 때, 동료 판사들의 감수성과 정신 세계에 대한 세심한 접근이 필요합니다. 이는 특정 논쟁거리나 특정 관계자 심지어는 특정 단어는 피하라는 의미가 될 수도 있습니다. 판사가 개별의견을 작성하기로 마음먹었을 때, 제도적인 고려가 그러한 개별의견의 톤을 결정하는 데 영향을 미칠 필요가 있을까요?

우선, 모든 반대의견과 보충의견이 철저히 피해야 할 정도로 심각한 내용을 담고 있는 것은 아니라는 점을 강조하고 싶습니다. 윌리엄 브레넌 대법관은 반대의견을 보호하려는 사려 깊은 차원에서 "변호사나 비전문가는 물론, 교사나 학생들 등 우리 사회 어느 누구라도 정직하고 진지하게 자신의 의견을 표현하는 것이 마치 불문율과도 같은 매너나 예의범절에 반하는 것이라고 생각해서는 안 된다"고 강조한 바 있습니다. 그러나 그와 같이 별도로 작성한 의견서에서 실체적 진실보다는 부차적인 것들만 부각이 된다면 과연 소기의 목적을 달성할 수 있을지 의구심이 듭니다. 여기, 1991년 4월에 나온 컬럼비아특구 순회항소법원 판결문이 그 단적인 사례로, 반대의견을 지닌 판사가 다음과 같이 본인의 의견을 피력하기 시작합니다. "동료 판사들은 앞서 이미 소명이 됐고 변론마저 이뤄진 사안에 대해서 아직도 소설만큼이나 미심쩍은 추론 속에서 도피처를 찾고 있습니다. 판례로 입증되지도 않고, 법원에서 충분히 의견이 개진되지도 않았으며, 심지어 사실에 부합하지도 않는 추론이 오늘 발표되어 결국 불길한 전조를 탄생시키고 말았습니다." 본인을 제외한 나머지 판사들의 의견이 모두 일치했음에도 불구하고 그저 반대할 요량으로 이처럼 자극적인 표현을 동원한 것으로 보입니다.

  법과 법원에 대한 국민들의 존중과 사법부 관리라는 측면에서 볼 때 그러한 행위를 결코 가볍게 여겨서는 안 될 것입니다. 로스코 파운드 교수가 이미 수십 년 전에 주목했듯, 항소법원 판사들의 의견에 부담을 주는 표현으로는 "[작성자인] 동료에 대한 무절제한 비난, 거친 욕설, 법원의 다수의견에 나쁜 동기가 있다고 탓하는 것을 포함하여 동료의 무능, 태만, 편견이나 둔감함을 은연중에 내비치는 것들"을 들 수 있습니다. 아직까지도 다수의 법원과 동료들의 의견이나 주장에서 적지 않은 비난 투의 표현들이 발견되곤 합니다. 최근에 간행된 연방대법원 판례집과 연방항소법원 판례집 2편은 상당 부분 황급히 훑고 지나가야 할 정도로 민망하기 짝이 없습니다. 그 사례로, "판단력 부족", "터무니없는", "언어도단의", "진지하게 고려할 수조차 없는", "도저히 이해할 수 없는", "불평등의 전형", "국민을 상대로 한 폭력 행위", "까발려진 분석적 부트스트래핑[bootstrapping, 전체 관측 값 중 일부를 뽑아 통계치를 측정하는 과정으로 수차례 반복해서 이루어진다]", "셔먼의 조지아 행군을 연상시키는", "조지 오웰식 전체주의 모습을 한" 등의 표현을 들 수 있습니다.

  제3순회항소법원의 콜린 수석판사는 최근에 "동료들의 의도를 비난하는 언어"는 별도의견 작성자에게 순간적으로는 만족감을 줄 수는 있겠지만 법정에서 인간적인 신뢰 관계를 구축하는 데는 아무런 도움이 되지 못한다고 지적한 바 있습니다. 이에, 자이츠 판사는 "상대방을 힐난하는 답변서를 작성했다면 보내기 전에 단 하루만(개인적으론 심지어 1~2주 정도까지도 생각해 봅니다)이라도 자신을 되돌아보는 시간을 갖는 것"이 좋다고 조언했습니다.

가장 효과적인 반대의견은 자체적으로 나름의 튼실한 법리를 기반을 바탕으로 작성된 것이어야 합니다. 그럴 때라야 동료 간 협력 관계는 물론이고 사법부에 대한 국민의 존중과 신뢰에 손상을 가하지 않고도 다수의견과의 차이를 좀 더 명확하게 드러낼 수 있기 때문입니다. 저는 연방대법원에서도 변호사로 일하던 시기에 항소법원에 제출하기 위해서 원고 측 변호인의 입장에서 준비서면을 작성했을 때의 마음자세로 돌아가 해마다 몇 건의 별도의견을 작성해보곤 합니다. 당시 제출한 준비서면은 법원의 판단을 받아보기 위해 사유를 긍정적으로 기술했으며 법원의 다수의견에 부응하고자 여러 차례 보완하고 수정해서 완성한 것입니다. 이 방면의 대표적인 모범 사례로는 '드레드 스콧 사건'에 대한 판결에서 조지 커티스 대법관이 작성한 고전적인 스타일의 반대의견이 있고, 좀 더 최근 사례로는 할아버지에 이어 집안에서 두 번째로 연방대법관이 된 마셜 할런(Marshall Harlan, 1899~1971) 대법관의 별도의견을 들 수 있습니다.

'비교를 위한 살펴보기'로 '법무장관 대 X 사건'에서 아일랜드

대법원이 작성한 판결문에 대해 이야기해보겠습니다. 이 사건은 당시 열네 살 소녀가 학교 친구의 아버지에게 성폭행을 당해서 임신한 것으로 추정되는 상황에서 발생했습니다. 부모는 딸에게 낙태를 시키기 위해 가톨릭 전통에 따라 낙태를 금지해온 아일랜드를 떠나 영국으로 갔으나 결국은 아일랜드 법무장관의 통보를 받고 긴급히 귀국을 결정했습니다. 아일랜드 고등법원(이 사건의 제1심 법원)이 그 같은 목적의 영국 방문을 중단하라는 취지의 주문을 내렸던 것입니다. 여기서 문제가 된 것은 아일랜드 헌법상 한 조항이었는데 그 내용은 다음과 같습니다. "아일랜드는 태어나지 않은 아이의 생명권을 인정하되 동시에 임신부의 생명권도 동등하게 존중하는 것을 법적으로 보장하며 실질적으로도 법률에 의거하여 그러한 권리를 보호하고 옹호할 것임을 보증하는 바이다."

이 조항을 집행할 수 있는 법안이 그간 단 한 번도 아일랜드 의회를 통과한 적이 없었기 때문에 대법원이 직접 유권해석을 해달라는 청원을 받게 된 것입니다. 다섯 명의 대법관으로 구성된 아일랜드 대법원은 '4 대 1'로 아일랜드 고등법원이 1992년 2월 17일에 내린 결정을 취하했습니다. 대법관들이 각자 돌아가면서 의견을 발표했지만 다수가 문서에서 나타난 "실질적이고도 심각한 위험" 즉, 어린 임신부의 목숨마저 위태롭게 할 수 있다는 점에서 임신중절을 심지어 가톨릭 계통인 자국에서 해도 된다고 결정한 것입니다. 재판 과정에서, 아일랜드 대법원장은 대법관들이 최종적으로 결론을 내릴 때 헌법 서문에 나오는 지침을 고려하라고 요구했던 기존의 판례를 참조했습니다. 서문에 따르면, 국가의 기본이 되는 법률문서인 헌법은 "신중한 자세를 견지하며 정의와 관용을 바탕으로 공익을 증진시켜 개인의 존엄과 자유가 보장될 수 있도록 하기 위해서 국민들의 선택을 통해서 제정된 것"입니다. 아일랜드 대법원장은 그 같은 개념과 그에 따른 사법적 해석도 "사회가 변하고 발전하면서 점차 변해간다. 즉, 헌법의 적용 방식이나 내용도 그에 따라 같이 변해가고 발전해나갈 수 있다"고 했습니다.

반대했던 대법관은 동료 대법관들의 의견을 마치 "사법 적극주의자"나 "전횡적 행태"라고 낙인을 찍는 데 에너지를 소모하지 않았습니다. 그 대신, 다수의견이 제시한 근거가 이전 판결의 주문을 번복해야 할 정도로 정당성을 충분히 입증하지는 못하고 있다며 간결하나 단호하게 본인의 의견을 단정적으로 기술했을 뿐입니다. 즉, 그는 이 사건에서 "자살 위협"은 "제어될 수 있다"며 그 근거로 "그 같은 극단적 선택이 태어나지 않은 생명의 소멸과 임신부가 처한 중대한 위험에 대한 두려움 사이에 놓여 있다. 그러나 자기 파괴적인 방식으로 태어나지 않은 생명을 품은 임신부가 스스로 죽음에 이를 수도 있겠지만 그 확실성에 대해서는 누구도 가늠할 수가 없다"고 주장했습니다. 그는 또한 아일랜드 헌법의 '평등권' 조항은 사법부가 특정 죽음을 방지하도록 요구하고 있으나 이 사건이 사전에 죽음을 막을 수 있는 정도의 사안이라면 거기에 해당하지 않는다고 결론지었습니다.

낙태에 관한 헌법적 처방과 법체계에 관해 우리나라와 해외 사례를 비교의 발판으로 삼으려고 여기서 굳이 의도적으로 이와 같은 사례를 소개하는 것은 결코 아닙니다. 그저 여러분들에게 이 사건을 통해서 감정이 최고조에 달하는 경우나 정치적으로 민감한 사안일지라도 이견을 지닌 동료들이 너무 긍정적이라거나 부정적이라고 질책하는 식으로 의견서를 작성하는 것은 효과적인 방식이 아니라는 것을 보여주고 싶었을 뿐입니다.

1989년 가을, 법조계의 품위 손상 문제와 관련해서 제7순회 항소법원이 "소송 관행상 변호사들 사이, 판사들 사이 그리고 변호사와 판사들 사이에 수반되는 상호관계"에 대해서 연구 조사를 실시한 바 있습니다. 최종보고서는 1992년 6월에 나왔으며 그에 따라 담당위원회는 특히 품격을 중시하는 판사들이 좋은 모범을 보일 것을 촉구했습니다. 구체적으로는 "비방조의 극히 사적인 언급이나 비판 또는 다른 판사에게 빈정거리거나 모욕적인 언사를 가하는 것"을 최대한 자제해줄 것을 주문했습니다. 그 대신, "상대방에 대한 존경심을 바탕으로 서로에게 정중하고 공손하게 표현해줄 것"을 권고하고 있습니다. 또한 다른 판사가 낸 입장문도 해당 법률과 사실관계를 정확히 해석하려는 당사자의 진지한 노력 끝에 나온 산물이라는 점을 인정하고 상대방에게 의견을 제시할 때도 그 점을 항상 유념해야 한다고 지적했습니다. 저는 그 조언에 전적으로 공감합니다.

② 제3의 부서인 사법부의 신중한 의사결정

이제 스타일이라는 측면에서 볼 때, 제3의 부서인 사법부가 내리는 판결의 본질은 과연 무엇인가에 대해서 말씀드리겠습니다. 참고로, 판사들은 미국이라는 민주주의 국가에서 서로 독립적인 역할을 한다는 점을 이 강연이 끝날 때까지 계속해서 강조할 것입니다. 그렇다고 판사가 본인 스스로 법률적 원칙을 만들 수 있는 것은 아닙니다. 줄곧 지적해왔듯, 판사는 재판을 통해 국가의 다른 기관들은 물론이고 시민들과도 소통하고 있는 것입니다. 홈스 대법관은 "판사는 주저함이 없이 즉각적으로 사건의 본질을 파악하고 적용할 법을 정해야만 한다. 그러나 판사는 오직 미세한 틈 사이로만 그렇게 할 수 있다. 즉, 판사의 결정은 몰질량(molar, 분자의 개수가 1mol일 때 그 질량을 가리키는 단위)에서 분자molecular 운동까지로 제한된다"며 신중할 것을 주문했습니다. 헌법상의 문제도 관습법상의 판결과 마찬가지로 신중하게 접근하여 결론을 내리는 것이 대체로 맞는 것 같습니다. 그간의 제 경험에 비춰보면, 너무 빠르게 모양을 갖춘 교조적인 날개들은 끝내 그 불안정성을 드러내기 마련이기 때문입니다. 이와 관련해서, 최근 수십년 동안에 내려진 성급한 판결 사례 중 가장 대표적인 것으로는 '로 대 웨이드 사건'[수정헌법 14조의 적법절차에 근거하여 임신부의 낙태권을 인정한 획기적인 판결이다. 그러나 '3.3.3 원칙'에 따라 초기 3개월은 임신부의 독자적인 판단으로 낙태가 가능하고, 중기 3개월은 임신부의 건강에 해를 끼치는 경우에만 가능하며, 마지막 3개월에는 태아가 인간적인 모습을 갖추기에 독자적 생존능력을 존중하여 낙태를 사실상 금지시키는 내용을 채택함으로써 의학적인 논쟁을 야기시켰다. 또한, 판결 내용이 타인의 자유를 해치지 않는다면 개인은 무제한의 자유를 누릴 수 있다는 프라이버시 논쟁으로 발전하였으며 그 결과, 동성애, 마약, 성매매, 안락사 등의 문제까지 대두되어 미국 사회에 큰 파장을 일으켰다. 한편, 여성들을 중심으로 한 진보진영과 종교단체들을 중심으로 한 보수진영 간에 수십년간 격렬한 논쟁이 벌어졌으며 마침내 긴즈버그 대법관이 세상을 떠나고 2년 후인 2022년에 열린 연방대법원의 또 다른 재판에서 39년만에 로 사건 판결 내용이 번복되어, 낙태권에 대한 연방 차원의 헌법적 보호가 폐지되고 주별로 주법에 따라 자율적으로 결정하게 됐다]을 들 수 있습니다. 그간의 강연을 통해서 그토록 가슴 졸이게 했던 1973년의 '로 대 웨이드 사건' 판결을 연방대법원이 보다 신중하게 내린 다른 처분들과 비교해왔습니다. 예시된 사례들은 이 사건과 같은 시대에 발생한 것으로 모두 성별을 기반으로 한 분류와 명백히 연관되어 있습니다. 이후의 강연에서도 그와 같은 비교 작업은 계속될 것입니다.

'로 사건' 재판에서 연방대법원은 '7 대 2'로 텍사스주의 '낙태처벌법'이 수정헌법 제14조의 정당한 법절차를 위반했다고 판결했습니다. 즉, 낙태처벌법이 여성의 자율성을 과도하게 제한한다는 것입니다. 당시 텍사스주 법령은 임신부의 인명 구조 차원에서 행해지는 낙태만을 예외로 간주했습니다. 만약 연방대법원이 낙태처벌법에 대하여 미국에서 법률상 가장 극단적 낙인인 '위헌'을 제대로 선언하고 사건이 종결될 수 있도록 결정했다고 가정해봅시다. 그렇게만 했다면, 가장 최근에 내려진 '미 가족계획연맹 대 케이시 사건' 판결에서 재현되고 있는 것처럼 그토록 극심한 국론 분열과 격렬한 논쟁이 20년이나 지속되지는 않았을 겁니다. 저는 '로 사건'에서 연방대법원이 극단적인 텍사스주의 법령을 폐기하는 수준에서 끝냈다면 판결을 둘러싼 논쟁이 그렇게 격해지지는 않았을 거라 생각합니다. 오히려 논쟁의 열기를 식혔을 겁니다. 그렇게 생각하는 이유에 대해서는 차차 설명하겠습니다.

1992년의 '케이시 사건' 판결에서, 재판을 주도하던 세 명의 대법관은 '로 사건' 판결 내용을 엄격히 고수할 수 없게 만들 수도 있는 몇 가지 제약을 낙태 문제에 부과하는 것은 헌법에 위배되지 않는다고 주장했습니다. 그러나, 그런 제약을 극복할 수단마저 없는 여성들이 겪게 될 고통은 제대로 반영되지 않았습니다. 그 세 명의 대법관은 결국 낙태에 관해 연방대법원이 이전에 내린 결정에 중대한 족쇄를 채운 것입니다. 종전의 결정에 따르면, 여성이 본인의 출산을 통제할 수 있는 능력과 국가 경제 및 사회 활동에 남성과 대등하게 참여할 수 있는 능력 사이에는 밀접한 관계가 있습니다. 그러나 '로 사건'의 판결문에는 본인의 운명과 사회적 지위를 스스로 통제할 수 있는 온전한 여성의 권리가 특별히 부각되지 않았습니다. 이는 당시에 낙태 여부를 선택할 수 있는 임신부의 권리를 의사들의 의료적 판단과 결부시켰기 때문입니다. 연방대법원이 핵심 사안인 여성의 평등권이란 차원에 정확히 중심을 잡고 1970년대에 내려진 여타의 '성 구분' 사건들의 판결 내용을 벗어나지 않는 선에서 용감하게 대처했더라면 '로 사건' 판결은 현재 직면한 험난한 풍랑의 중심부에서 어느 정도 벗어날 수 있었을 것입니다.

사실, 판결이 난 바로 그 회기에 또 다른 놀랄 만한 사건이 연방대법원의 심리 일정표에 올라왔습니다. 출산 선택권이 여성에게 일방적으로 불리하게 주어진 사례들 사이에서 가교 역할을 톡톡히 해낼 수 있는 그런 성격의 사안이었습니다. 바로 여성 공군대위가 연루된 '스트러크 대위 대 국방장관 사건'으로, 여기서 문제의 핵심은 베트남전쟁 기간 중에 임신을 했다는 이유로 공군이 스트러크 대위를 강제로 전역을 시키려고 했다는 것입니다. 너무 낙관하는 것일 수 있지만, 저는 '스트러크 사건'이 법원에 엄청난 교훈을 안겨주었고 대중의 이해를 증진시킬 잠재력 역시 가지고 있다고 믿었습니다.

한편, 직속 상관에 따르면 스트러크 대위는 전문직에 종사하는 관리책임자이자 간호장교로 모범적인 군인이었습니다. 원고는 1960대와 1970년대에 미군들 사이에서 만연했던 약물복용과 음주도 멀리했다고 합니다. 그러다 베트남전쟁 중에 임신을 했고, 그동안 모아놓은 휴가를 사용해 출산을 하기로 마음먹었고 실제로도 그랬을 정도로 군대의 규율을 철저히 준수했습니다. 아이가 태어나면 즉시 입양을 보낼 예정이었으며, 훗날 그 약속도 지켰습니다. 다만, 본인의 종교적 신념 때문에 차마 낙태를 할 수가 없었던 것입니다.

'스트러크 대위 사건'에는 주목할 만한 두 가지 특징이 있습니다. 우선, 이의를 제기한 공군의 관련 규정이 당시로는 문제의 소지가 명백했음에도 종종 집행되고 있었다는 것입니다. 규정에 따르면, "의무장교가 임신했다고 진단을 내리면 해당 여성 장교는 현실적으로 가장 조속한 시일 내에 면직 처리한다"는 것입니다. 이 규정이 간과한 것을 보완하기 위해 공군은 다음과 같은 예비조항도 마련해놓았습니다. "여군이 장교로 있는 동안에 출산을 했다는 사실이 밝혀지면 현실적으로 가장 조속한 시일 내에 장교 직위를 박탈한다." 또 다른 특징은 당시에 활용할 수 있는 탈출 루트가 엄연히 존재하고 있었지만 원고가 결국 그 길을 택하지 않았다는 것입니다. 1970년대부터 적용하기 시작한 복무 규정에 따르면, "공군의 의료 서비스는 운영상, 주 정부의 법령에 구속되지 아니한다. 의학적으로 임신한 것으로 판명되거나 건강상 필요한 경우, 공군병원에서 임신이 종료될 수 있으며 … 이는 가능하다면 20주라는 주어진 기간 이내에서 이뤄져야 한다"고 합니다.

스트러크 대위는 본인이 원하지도 않는데 해임을 당하는 것은 개인의 자율성과 존엄성을 부당하게 제한하는 것이라고 주장했습니다. 그의 해임을 명문화한 공군 규정이 수정헌법 제5조의 정당한 법절차 조항이 보장하고 있는 법률상 평등보호의 원칙을 위배했다는 것입니다. 그는 공군이 제도상으로 아버지가 된 남성은 군에 남을 수 있게 해주면서 어머니가 되거나 될 여성에게는 전역을 강요하고 더욱이, 낙태 수술을 한 여성에게는 군생활을 계속할 수 있게 해주면서 출산한 여성에게는 전역을 의무화하여 부당하게 차별하고 있다고 강력히 항의했습니다. 원고는 하급심에서 패소를 거듭했지만 '로 사건' 판결이 내려진 지 3개월이 채 안 된 1972년 10월 24일에 연방대법원이 마침내 그의 심리청원을 받아들이기로 했습니다. 바로 그 시점에 공군은 원고와 법적으로 다투기보다는 대응 전략을 아예 바꾸기로 합니다. 1972년 11월 말에 공군은 한때는 변경이 불가능해 보였던 관련 규정을 이 사건에 적용하지 않기로 하고 스트러크 대위가 공군장교로 계속 복무할 수 있게 해준 것입니다. 더욱이 법무장관은 사건을 일시에 성공적으로 덮어버릴 수 있는 제안(소 취하)도 내놨습니다.

당시만 해도 연방대법원에는 처리할 사건들이 잔뜩 쌓여 있었고, 그럼에도 대법관들이 유독 '스트러크 대위 사건'의 향방에 특별한 관심을 보이는 것을 좀 이상하다고 생각했습니다. 이 사건에 좀 더 많은 시간과 공간이 배정되고 난 뒤, 마침내 청원서를 제출한 주인공이 법정에 들어서자 그들은 적어도 두 가지 정황을 간파했던 것 같습니다. 우선, 전위적인 정책을 적용할 리 없는 공군마저 낙태 시설을 제공하고 있다면, 로 사건의 판결 요지를 강화해야 한다는 결정은 불필요해지는 것이 아닐까요? 다음으로, 스트러크 대위가 원치 않던 해임을 당하게 된다면 임신과 출산에 관한 선택을 구실로 여성에게 차별대우를 하는 것이며, 이는 성별에 근거한 차별의 전형적인 사례라는 저희 변호인단의 주장을 연방대법원이 그제서야 제대로 이해하게 된 것은 아닐까요? 혹여, 둘 다 아니라면 적어도 달라진 현실세계를 잠깐이나마 제대로 경험한 게 아닐까요? 비록, 나중에는 변화를 거부했지만 말입니다. 스트러크 대위가 겪었던 차별대우의 실체는 과연 무엇이었을까요? 그가 당한 직위 해제는 공군 규정을 근거로 사실상 아주 대놓고 강제한 사안입니다. 더욱이, 여성은 출산과 양육 외에 다른 일을 할 수 없지만 남성은 양육에 아무런 책임이 없다고 사실상 선언하고 있습니다. 생물학적 이유가 아니라 사회가 그러한 방식으로 질서를 강요했기 때문입니다.

　스트러크 대위는 이 사건에 대해 연방대법원에 가장 높은 수준의 심사 기준을 우선적으로 적용해줄 것을 요구했습니다. 즉,

그가 겪은 성별을 기반으로 한 차별이 사법 및 행정적 조치를 요하는 수준인 '[차별이] 의심스러운' 범주에 속한다고 주장한 것입니다. 다만, 예기치 못한 불리한 상황에 대비해서 '중급 단계'의 심사 기준도 함께 요구했습니다. 여성이 겪는 불리함에 적용되는 최고 수준의 처방은 아니지만 적어도 종전보다 훨씬 강화된 심사 기준을 최소한 확보해놓기 위한 전략의 일환이었습니다. 1970년대를 거치면서, 연방대법원은 성에 기반한 것으로 인식되는 문제의 경우 자체적으로 분류할 때 한층 강화된 '중급 단계'의 판단 기준을 적용하고 있다고 명백히 인정한 바 있습니다.

작년에 열렸던 매디슨 강연에서, 오코너 대법관은 이 사건의 진척 과정을 매우 세밀하게 추적한 바 있습니다. 제가 진행하는 이 강연은 그에 비하면 단지 줄거리를 중심으로 회상하는 정도에 지나지 않습니다. 1971년 이전까지만 해도 여성들은 연방대법원에서 성차별이 위헌이라고 주장하는 소송 사건에서 단 한 번도 승소해본 적이 없었습니다. 그러나, 1971년부터 1982년까지 연방대법원은 성을 근거로 대놓고 차별하던 일련의 주 정부 법령과 연방법에 대해서 수정헌법상 정당한 법절차를 위반하거나 평등보호 조항에 제약을 가한다며 위헌이라고 판결했습니다.

일례로, 1973년에 연방대법원은 결혼한 남성 군인에게만 제공해주던 주택수당과 가족 의료 혜택을 같은 경우의 여군에게도 동일하게 부여하도록 판결했습니다. 2년 뒤에, 아들에게는 스물한 살까지 부모의 지원을 허용하지만 딸에게는 열여덟 살이 되면 지원을 중단하도록 규정한 주 정부의 법령도 위헌이라고 판결했습니다. 1975년과 1979년에는 주 정부의 배심원 선정 시스템에서 여성을 아예 통째로 들어내거나 면제해준다는 명분으로 제외시키는 것은 위헌이라고 판결했습니다. 1975년에서 1980년까지는 명백하게 성을 기반으로 사회보험과 근로자에 대한 보상 방식을 달리하는 내용이 발견되면 즉시 삭제하도록 주문했습니다. 1981년에는 남편을 "집안의 가장이자 주인"으로 명시한 주 정부의 법령이 더 이상 효력이 없다고 선언했습니다. 마침내, 1982년에는 오코너 대법관의 의견서를 통해 주 정부가 간호대학의 입학 자격을 여성만으로 제한해서는 안 된다고 판결하기에 이르렀습니다.

그와 같은 판결 배경으로는 가정에 얽매이지 않고 직장을 다니는 여성의 급증, 그리고 1960년대의 흑인 민권운동과 그 투쟁 과정에서 얻게 된 선례들을 들 수 있습니다. 아울러, 1949년에 출간된 시몬느 드 보부아르의 《제2의 성》이라는 역사적 저작물이 미국과 해외에서 촉발한 국제적인 페미니즘 운동도 빼놓을 수 없습니다. 연방대법원은 대체로 더 이상 쓸모가 없게 됐으나 단지 극히 일부 주에서만 1970년대까지 연명해오던 법령들도 무력화시켰습니다. 다만, 그 와중에도 근로자의 배우자나 가족을 위해 마련한 핵심적인 사회보장 혜택과 관련한 법안들에 대해서는 입법부가 이끌어낸 산물임을 고려하여 의회의 반발을 살 만큼 자극적인 내용의 판결은 내리지 않았습니다. 그 대신, 국가의 정치적 부서들과 실질적인 대화의 문을 열어놓았으며 관련 문제에 대한 고루한 입장을 근본적으로 재고해달라는 내용의 메시지를 의회와 행정부는 물론 주 정부 입법기관들에도 보냈습니다. 그들이 보낸 메시지는 이런 것이었습니다. 여성에 대한 특별 대우가 필요하다고 판단한다면, 즉 여성에 대한 뿌리 깊은 사회경제적 편견이나 여성이 직면하는 불이익에 대해 보상하는 입법이 필요하다고 판단한다면, 우리가 당신에게 움직일 통로를 남겨두겠습니다. 그러나 여러분의 분류는 개선되어야 하고 오로지 시정하기 위한 목적에서만 채택되어야 하며 "여성(또는 남성)은 그렇다"는 식의 편견에 뿌리를 두어서는 안 됩니다. 그간 연방대법원의 판결들은 기존의 어떤 혜택도 폐기하지 않았습니다. 오히려 그러한 혜택을 여성 노동자의 남편과 홀아비로 확대하거나 의회가 남성 노동자의 가족 구성원에게만 부여하던 가족 혜택의 대상을 여성 노동자의 가족으로 확대했습니다.

판사가 던진 공이 정치세력이 활동하는 입법부의 코트로 넘어갔다고도 볼 수 있습니다. 연방대법원은 거대한 철학에 기대지 않고 소박한 방식으로 메시지를 전했지만 한때 관행으로 존재하던 성에 기반한 구분을 재고할 것을 입법부에 요구함으로써 법과 규정이 "변화된 세상을 따라잡을" 수 있게 했습니다.

그와는 대조적으로, '로 사건'을 판결할 때 사법부는 의회와 대화조차 시도하지 않았습니다. 오히려, 그때는 의회가 활동하는 코트에서 연방대법원이 공을 빼앗아버린 형국이었습니다. 1973년에 '로 사건' 판결이 나왔을 때는 낙태에 관한 법령들이 미국 전역에서 변화를 거듭하고 있는 상황이었습니다. 당시에 연방대법원이 자체적으로 파악한 바에 의하면, "낙태법을 자유화"하자는 주 의회 차원의 움직임이 뚜렷한 추세를 형성하고 있었습니다. 더욱이, 입법부를 향해 변화를 요구하는 운동은 또 다른 법률 개정 노력과 병행해서 진행되고 있었습니다. 과실이혼에서 무과실이혼[혼인 당사자의 청원에 따라 피고가 혼인계약을 위반했다는 증거를 제시하지 않아도 이혼이 성립된다]으로 기존의 제도를 변경하려는 흐름이 1980년대 중반까지만 해도 다수의 주 정부 입법기관을 한바탕 휩쓸고 장악하고 있었지요.

연방대법원이 '로 사건' 판결 과정에서 신중하지 못한 결과, 어떠한 조치도 취해지지 않았습니다. 연방대법원의 판결 취지와 완전히 일치하는 법령을 유지하는 주는 사실상 단 한 곳도 남아있지 않습니다. 논란의 여지를 남긴 판결을 둘러싸고 조직적으로 임신중절 반대운동이 전개됐고 상당한 성공도 거뒀습니다. 그 결과, 입법부의 조류가 이전과는 완전히 다른 방향으로 끝내 선회하게 된 것입니다.

연방대법원이 헌법을 심리하는 제도는 미국이라는 나라의 품질 보증 마크이자 자부심으로 약 2세기에 걸쳐 유지되어 왔습니다. 하지만, 사회가 변화하는 과정에 법원이 과도하게 개입한 두 가지 극단적인 방식 때문에 오히려 그처럼 오랜 역사적 전통을 지닌 제도가 부담을 떠안게 되었습니다. 한쪽 극단에서는 연방대법원이 로 사건에서 그랬던 것처럼 정치 과정에 대담하게 개입했습니다. 반대 극단에서 연방대법원은 20세기 초반에 스스로 변화를 거부한 채 후미에 머무르기도 했습니다. 당시, 연방대법원은 19세기 자유방임주의에 반하는 경제 규제를 통해 뉴딜정책이라는 새로운 철학을 구현하기 위해 마련된 법안들을 모조리 위헌이라며 일거에 폐기시켜 버렸습니다. 이와 같이 두 극단에서 내린 결정으로 인해 사법부에 대한 비난이 들끓게 됩니다. 특히 연방대법원에는 '활동가 집단' '제국주의 집단'이라는 꼬리표가 붙으며 헌법 문제의 최종 중재자로서의 입지가 위태로워지기에 이릅니다.

그렇다고 연방대법원이 헌법적 자각을 추구하는 과정에서 정치적 부서들보다 절대로 앞서가서는 안 된다는 것은 아닙니다. 흑인 민권운동을 촉발시킨 '브라운 사건' 판결은 연방대법원이 오히려 제대로 앞서나간 대표적인 사례라고 할 수 있습니다. 1954년, 이 사건에 대해서 연방대법원은 공립학교에서의 인종 분리가 헌법상 평등보호 조항에 위배된다고 판결했습니다. 20세기가 절반이나 경과하던 시점에서도 인종분리주의자들은 연방대법원이 훨씬 전에 내린 기이한 헌법 해석[1896년의 '플래시 대 퍼거슨 사건' 판결에서 연방대법원은 그 유명한 '분리 평등의 원칙'을 지지했다]을 보호막 삼아 여전히 남부의 여러 주에서 인종 분리 시스템을 유지시키고 있었던 것입니다.

1973년에 '로 사건' 판결이 내려지자 주 정부들이 나서서 낙태 허용의 범위를 넓혀가며 입법상의 개혁 운동을 활발히 펼쳐나갔습니다. 그에 반해, '브라운 사건' 판결이 내려진 1954년에는 주 정부 차원에서 인종 분리 학교를 해체하는 입법 활동이 이루어지리라 전망하기 어려웠습니다. 인종차별 폐지 운동과 성차별 폐지 운동 사이에는 간극이 존재했다고 저는 생각합니다. 대부분의 여성이 남성들에게는 인생의 동반자이고 딸과 아들 모두를 낳아 키웁니다. 여성들이 단지 여자라는 이유만으로 기회와 책임 배분상 불공정한 대우를 받는다는 사실을 깨닫게 되면 아버지, 남편, 딸은 물론이고 아들에게도 그에 관한 교육을 가정에서부터 시작하거나 그들의 성평등 의식을 고양시킬 수가 있습니다. 그러나, 흑인들은 법에 의해 별도로 구획된 곳에 분리되어 있었기 때문에 여성운동이 해냈던 것처럼 대다수 백인들을 교육시킬 수 있으리라는 전망을 품기 어려웠습니다.

'브라운 사건' 판결은 전격적으로 이루어진 대담한 유형의 결정은 아니었습니다. 서굿 마셜 대법관과 함께 인종적 불공정에 대항하는 운동에 나섰던 이들은 우선 기념비적 판결을 이끌어내기 위해서 처음부터 주춧돌을 하나씩 신중하게 쌓아나갔습니다. 그러나, 흑인 민권운동만큼이나 역사적인 사건인 여성운동은 연방대법원이 '로 사건'에 대해 판결을 내리기 전까지는 민권운동이 보여줬던 그런 동력을 전혀 확보하지 못한 상태였습니다.

또한, '브라운 사건' 판결은 짐 크로 체제[1876년부터 1965년까지 미국 남부에서 시행된 법으로 공공장소에서 흑인과 백인을 분리하고 흑인에 대한 차별을 규정해놓은 법]와 연관된 모든 제도를 전면적으로 공격하지 않았습니다. 연방대법원은 분리된 학교의 문제에만 집중했고, 후속 조치는 다음의 재판, 미래의 소송에 맡겼습니다. 갓 피어나기 시작해서 1954년 '브라운 사건' 판결로 가속화된 흑인 민권운동은 1964년에 제정된 시민권법(인종, 민족, 출신 국가, 종교 및 여성의 차별을 금지시킨 미국의 헌법 역사상 기념비적인 법안)으로 절정에 이르게 됩니다. 그리고 연방대법원은 '짐 크로 법'을 궁극적으로 완전히 철폐할 발판을 얻습니다.

'브라운 사건'의 판결이 이루어진 지 13년이 지난 1967년에 드디어 '짐 크로 시대'가 종언을 고하게 됩니다. 이를 촉발한 것은 1967년의 '러빙 대 버지니아' 사건으로, 앞서 말씀드렸던 여성과 남성이 함께 사는 일과 연관된 사건이었다는 것이 중요합니다. 당시, 서로 다른 인종 간의 결혼을 금지시킨 버지니아주 법령이 집중적인 공격을 받았습니다. 이에 연방대법원은 결국 해당 법령이 위헌이라고 판결했습니다. 같은 해에 인종 분리와 관련해서 '분리 평등'의 원칙이 미국의 손길이 닿는 모든 곳들은 물론이고 그 이외의 지역에서조차도 더이상 유효하지 않다고 선언했습니다.

미 헌법을 제정한 이들은 헌법상의 의미를 결정하는 막강한 권한을 연방대법원의 손에 편안하게 쥐어주었습니다. 그러나 이 강연을 시작하며 언급했듯이, 그분들이 작성한 선언문의 내용을 수행하는 과정에서 저희에게 칼자루까지 쥐어주지는 않았습니다. 종종 회자되는 전설 같은 이야기에 따르면, 앤드루 잭슨 대통령은 1832년 연방대법원이 내린 결정[1830년에 잭슨 대통령의 주도하에 제정된 '인디언 강제 이주법'에 편승하여 조지아주가 '다섯 개의 문명화된 인디언 부족' 중 하나인 체로키족의 존재를 원천적으로 지우기에 나서자 1931년, 체로키족이 조지아주를 연방대법원에 제소했다('체로키족 대 조지아주 사건'). 또한, 1832년에는 양심적인 백인 지식인이었던 우스터 선교사가 적극적으로 나서서 법적으로 체로키족을 지원했다('우스터 선교사 대 조지아주 사건'). 존 마샬 체제하의 연방대법원은 첫 번째 재판에서 체로키족은 연방정부 소속의 개별적인 주들에 종속된 것이 아니라 병렬적으로 존재하는 준독립보호령이라는 의미로 해석할 수 있는 판결을 내렸으며 두 번째 재판에서는 조지아주 법령은 체로키족 영토에서 효력을 발휘할 수 없다고 선언했다. 이에, 체로키족은 백인들의 온갖 폭력과 협박 속에서도 다섯 개 인디언 부족 중 유일하게 강제 이주 정책에 끝까지 저항할 수 있었다]에 몹시 불쾌감을 토로했다고 합니다. 당시 대통령은 "연방대법원장이 알아서 결정했으니 이제부터 법 집행도 그가 알아서 하도록 하라"고 했을 정도로 꽤 화가 났던 모양입니다. 설득할 수 있는 권위는 있지만 강제할 수 있는 물리적 힘은 없고, 자기 보전 의지와 더불어 자신들은 결코 "플라톤식 수호자 무리"가 아니라는 사실을 잘 알고 있는 대법관들은 일반적으로 사회에서 일어나는 변화를 따를 뿐, 그러한 변화를 이끌지는 않습니다. 그 결과, 마침내 거대한 역사적 발전을 이뤄낸 것입니다. 다시 말해, 연방대법원은 홀로 감내하기엔 너무도 벅찬 저항에 직면하는 위험에 빠져들지 않으면서도, 헌법에 관한 판결을 통해서 사회변화를 강화하거나 그 변화에 청신호를 보낼 수 있었던 것입니다. '로 사건' 판결과는 달리, 1970년대에 진행된 대부분의 '성 구분' 사건에서 연방대법원은 바로 그런 방식으로 작동했습니다. 저희 대법관들은 서로 분열하지도 않고 또한 결코 현란하지도 않은 절제된 형태의 의사결정을 통해서 변화의 방향을 승인했습니다. 반면에, '로 사건' 판결은 커다란 개혁의 방향으로 흘러가던 정치과정을 끝내 중단시켜버리고 말았으며 그로 인해 사회적 불화가 지속됐고 관련한 문제의 안정적인 해결마저 지체되고 말았다고 저는 생각합니다. 최근에 나온 '곤잘레스 대 미 가족계획연맹 사건' 판결은 문제가 된 '로 사건' 판결에서 오히려 한 발 더 후퇴한 결과라고 생각합니다. 그로 인해, 부담을 주는 규제를 이겨낼 수 있는 수단은 물론 의학적 전문성도 갖추지 못한 여성들이 고등법원의 보호 대상에서 일방적으로 배제당하게 되었습니다. 그러나 1970년대 초에 진행됐던 정치적 움직임이 그와 같은 판결로 인해 1980년대와 1990년대에 와서 다시 활력을 되찾게 되어 역설적이지만 결과적으로는 의외로 긍정적인 영향도 끼쳤다고 볼 수 있습니다. 그 과정에서 연방대법원은 단순히 우월적인 위치에서 결정하고 그 내용을 하급법원에 일방적으로 통보하는 방식이 아니라 주로 시민사회의 대표들이 모인 의회와 일반 대중을 상대로 소통을 강화해나갔습니다. 그처럼 새롭게 형성된 동력이 우리 사회의 역동적인 현안들에 대해서 궁극적인 해결책을 도출해낼 것이라 기대해봅니다. 바라건대, 그것도 최단 시일 내에 여성의 존엄성과 평등성을 확실히 보장해주는 방향으로 말입니다.

결론

이 강연의 메시지를 정리하는 차원에서 제 스승이자 친구이기도 한 제럴드 군터 교수가 제가 판사로 부임하던 당시 건넨 조언을 여러분께 들려드리려 합니다. 군터 교수는 위대한 법률가 한 분을 늘 마음속에 품고 있는데, 바로 러니드 핸드로, 현재 그분에 관한 전기 집필을 거의 다 마쳤다고 합니다. 군터 교수에 따르면, 훌륭한 판사는 모름지기 다음과 같아야 합니다. "마음이 열려 있고 사심이 없으며 자신의 능력이 지닌 한계에 대해서도 깊은 관심을 기울입니다. 그리고 무엇보다도, 헌법이 원래 구상했던 바를 추론함에 있어서 오로지 미세한 틈 사이로 움직여야만 한다는 절박감을 지녀야 합니다. 다만, 그 같은 섬세한 노력이 판사의 역할을 극히 사소하거나 기계적인 수준으로 격하시킨다고 생각하기보다는 오히려 창의적이고 중대한 사법적 기여를 위해서 가장 많은 책임을 감당할 여지를 마련해준다고 생각해야 합니다."

5장

인류의 목소리에 대한 온당한 존중*

저는 이 강연의 제목을 "인류의 목소리에 대한 온당한 존중'으로 정했습니다. 여기서 "온당한 존중Decent Respect"이라는 표현은 여러분들도 이미 눈치를 챘겠지만 미국의 독립선언문에 나오는 문구입니다. 열세 개 식민지[대영제국은 1607년에 버지니아 식민지를 시작으로 1732년에 조지아 식민지에 이르기까지 미국 대륙

---

* 긴즈버그 대법관은 2013년 7월 프랑스 파리 소재 툴레인대학 로스쿨 하기 프로그램에 참여한 학생들에게 행한 것을 포함해서 수년간 다양한 청중을 대상으로, 다양한 버전으로 이 주제에 관해 강연을 해왔다. 분량을 감안하고 당초 전달하려 했던 특정 맥락을 명확히 하기 위해서 연설문을 편집했다.

동부 연안에 열세 개의 식민지를 조성하였으나 1776년에 모두 미합중국으로 독립했다]가 왜 영국 왕실과의 관계를 단절하려 하는지를 밝히기 위해서, 토머스 제퍼슨 대통령은 독립운동을 비교적 상세히 설명하며 "인류의 목소리에 대한 온당한 존중"이 그 기폭제가 되었다고 언급했습니다. 또한, 독립운동의 궁극적인 목적은 당시로선 "공정한 세계질서"의 감시하에 "미합중국"이 되려는 이유를 온천하에 천명하는 데 있다고도 했습니다.

미국을 건국한 세대에게 마침내 여러 나라로 구성된 세계의 일원이 된다는 것은 본인들이 하고 있는 일에 대해 다른 여러 나라의 주목을 받게 된다는 것을 의미하기도 했습니다. 아울러 미국이라는 나라가 이제부터 국제법의 공표, 승인 및 발효에 직접적인 이해 당사자가 된다는 뜻이기도 했습니다. 따라서, 헌법 제6조는 다른 나라와 체결한 조약에 대해서도 미 의회가 제정한 법률에 준해서 이 땅에서 최고 수준의 법으로 자리잡도록 만든 것입니다. 또한, 헌법을 제정한 선조들은 헌법 제1조 8항에 열거된 권한 중에서 특별히 "만민법(Law of Nations, 萬民法)"에 반하는 범죄 행위를 정하고 처벌할 수 있는 특권을 의회에 부여했다고 명시했습니다. 미국의 초대 연방대법원장을 지낸 존 제이John Jay는 국가의 공통된 이해에 관한 의견을 표명하며 1793년에 "한 지역을 차지하며 세계국가의 일원이 되었기에" 미국은 "여러 국가가 참여해서 만든 법에 대해서도 법적 의무가 발생하게 됐다"고 기록으로 남기기도 했습니다. 여기서 나오는 '만민법'이라는 용어는 오늘날 우리가 흔히 말하는 '국제법international law'의 요체입니다.

가장 오랫동안 연방대법원에 재직했고 국제법 분야 최고의 권위자이기도 한 존 마셜은 국제법에 대한 이해를 돕기 위해서 매우 중요한 구분을 했습니다. 미국의 법원을 구속하는 '만민법'과 구속하지 않는 '외국의 법률과 사법적 판결'이 바로 그것입니다. 1815년에 내려진 판결에서, 존 마셜은 미국이 여러 국가로 이루어진 세계의 일원이 되었기에 '만민법'은 자국 법의 일부가 된다고 말했습니다. 반면 다른 나라의 재판소가 자국법을 근거로 판결한 것은 미국 법원에서 구속력을 가질 수 없다고 했습니다. 그렇다 하더라도, 다른 나라의 법원이 내린 판결이 우리가 겪고 있는 문제와 유사한 사안을 다루는 경우에는 잠재적 설득력을 지녔다 볼 수 있기에 그 가치에 대해 겸허한 자세로 관심을 가져볼 만하다고 언급했습니다.

존 마셜이 사법부를 이끈 이래로 약 2세기에 걸쳐 연방법원과 주 법원은 그런 차이에 관해 상당 부분 이해를 같이 했습니다. 다시 말해, 국제법은 미국법의 일부이지만 외국법은 그렇지 않다는 것입니다. 다만, 외국 법원의 판결을 통해 현재 우리가 겪고 있는 것과 유사한 문제를 다른 나라들은 어떻게 풀어냈는지에 대해서 연구를 하다 보면 해결의 실마리를 얻을 수도 있다는 것입니다. 2005년에 《윌리엄 & 매리 법률 리뷰》에서 166개에 이르는 방대한 사례들을 조사한 결과 따르면, 미국 법원이 사건 심리 초기부터 외국법과 외국 법원의 판결을 참고하는 경우가 상당히 많다는 것을 알 수 있습니다.

오늘의 주제에서 다소 벗어난 이야기긴 합니다만, 이쯤에서 제가 겪었던 사례 일부를 소개해드릴까 합니다. 저는 이를 소위 '미국이라는 국경을 넘어서서 보기'라고 표현합니다. 아래의 사례를 보면 그런 접근법이 왜 우리나라 변호사와 판사들에게도 유효한지를 이해하는 데 도움이 될 것입니다. 제가 로스쿨을 졸업하고 2년이 지난 후인 1961년에 있었던 일입니다. 컬럼비아대학이 주관하는 국제법에 관한 공동 집필 프로젝트에서 '스웨덴 민사소송법'이라는 흥미로운 주제를 다루게 되었습니다. 이는 한 나라의 사법시스템을 연구하여 기록으로 남기는 연속 프로젝트의 일부로 미국 측 저자가 해당 국가에서 온 변호사와 한 팀을 이뤄 프로젝트를 진행했습니다. 저희 팀에는 스웨덴이 배당됐는데 그 이유는 1940년대에 스웨덴 법률가들이 영미계통의 시스템 가운데 최고의 것들을 선별해서 자국의 사법체계에 반영해 전형적인 대륙법계 스타일인 자국의 민사소송법을 개정했기 때문입니다. 프로젝트 대상이 된 나머지 두 개 국가는 프랑스와 이탈리아였습니다(참고로, 독일의 사법체계는 벤민 캐플런Benjamin Kaplan 교수와 아서 테일러 본 메히렌 Authur Taylor von Mehren 교수가 《하버드 법률 리뷰》에 기고한 1958년 기사에서 이미 광범위하게 다뤄진 바 있습니다).

스칸디나비아 지역과 연고도 없고 그렇다고 그곳 사람들과 별다른 관계를 맺어온 것도 아니어서 저는 제가 선정되었다는 사실에 스스로 의아해했습니다. 당시에는 프랑스나 이탈리아의 사법 시스템을 연구하는 것이 개인적으로 더 도움이 될 것이라 생각하기도 했죠. 더욱이, 스웨덴은 제 고향인 뉴욕보다 크지도 않고 상대적으로 인구도 적은 나라였습니다. 퍼뜩 떠오른 유일한 인상은 잉마르 베리만 감독이 만든 영화 정도였습니다. 지금까지도, 컬럼비아대학이 여자 졸업자를 무시한 처사(남자 졸업생들은 모두 프랑스와 이탈리아 소송법에 관한 작업에 투입되었습니다)가 아닌지 의구심을 가지고 있습니다. 어쨌든 그렇게 해서 저는 스웨덴 프로젝트를 맡게 되었습니다.

그러나 이 작업은 저에게 커다란 깨우침을 줬습니다. 당시 스웨덴 사법 시스템을 요모조모 살펴보아도 미국에서 도입해볼 만한 법은 특별히 눈에 띄지 않았습니다. 다만, 미국의 법과 스웨덴 법을 비교 연구함으로써 미국에 맞는 것이 다른 나라에도 굳이 맞아야 할 필요가 없다는 것을 새삼 깨닫게 되었습니다. 아울러, 미국의 소송 절차 양식을 개선한다는 시각에서 보면 외국의 사법 시스템에서 배울 점도 있다는 것을 알게 됐습니다. 이로부터 파생된 또 다른 유익한 경험으로《미국 비교법 저널》편집국에서 일하기도 했고, 함부르크와 웁살라에서 열린 학술회의에 참석하기도 했는데 그중에서도 가장 기억에 남는 경험은 단연코 이탈리아의 아브루치 소재 페스카라에서 개최된 국제 비교법 학술회의에 참가한 것이었습니다.

결론적으로, 1970년대에 제가 성평등 옹호론자이자 여성 변호사로서 미국 법원을 상대로 헌법적 원칙에 입각해서 여성에게도 남성과 동등한 시민권적 지위를 인정해줄 것을 촉구할 당시에, 슬쩍 눈길을 돌려 외국의 법률과 판례들을 비교해보는 일은 꽤나 유용한 작업이 되었습니다. 문제의 첫 번째 사례는 '리드 사건' 판결입니다. 1971년에 확정된 이 사건은 연방대법원의 성차별에 관한 판결에서 역사적인 전환점이 됐습니다.*

저는 그 당시 '리드 사건' 준비서면을 작성하면서 두 개의 외국 법원 판결문을 참고했는데 모두 서독의 헌법재판소가 내린 결정이었습니다. 그중 하나는 부모가 자녀교육에 관해서 서로 이견을 보일 때 아버지가 결정하도록 하는 독일 민법과 관련한 사건으로 독일 헌법재판소는 해당 조항이 제2차 세계대전 후에 제정된 독일 헌법[German Basic Law, 1949년 당시 서독에서 제정되어 동독과 통일되기 전까지 적용되는 임시 헌법이라는 의미에서 '독일연방공화국 기본법'이라 불렸으며 1990년에 통일된 이후로도 개정되지 않고 있다]에 위배된다고 판결한 것입니다. 1949년에 새로

---

* 유언 없이 사망한 친족의 재산을 관리할 권리를 여성보다 남성에 먼저 부여하는 아이다호주의 법령에 반발하여 소송을 제기한 사건이다. '리드 사건' 판결에 대한 좀 더 자세한 설명은 이 책 3부 6장의 "성차별 철폐를 옹호함"을 참고하기 바란다.

제정된 독일 헌법 즉, '독일연방공화국 기본법'은 남녀 모두에게 평등한 시민권을 인정하고 있습니다. 나머지 하나는 대형 농장의 승계와 관련된 사건으로, 유산 분배로 인한 토지 분할을 피할 목적으로 장남 위에 누나가 있어도 장남이 토지 전체를 상속받을 수 있게 한 법이 문제였습니다. 그런 법률 또한 결국 위헌으로 판결이 났습니다.

'리드 사건' 준비서면에서 이상의 두 가지 판례를 인용하면서도 연방대법원이 법정 의견서에 해당 판례를 언급하리라고는 기대조차 하지 않았습니다(실제로도 언급을 하지 않았죠). 다만, 심리적으로 다소라도 압박을 가할 수 있지는 않을까 하는 일말의 기대감은 갖고 있었습니다. 거기서 제가 전달하려고 한 메시지는 당시 서독 헌법재판소의 성평등에 대한 시각이 그 정도로 앞서가고 있는데 미 연방대법원의 인식은 너무나도 시대착오적이라는 것이었습니다. 하지만 놀랍게도, 미 연방대법원은 그날 만장일치로 유산에 대해서 남성에게 우선권을 부여하는 아이다호주의 법령이 위헌이라고 판결을 내렸습니다. 드디어 미국도 법률 후진국의 자리에서 서서히 벗어나기 시작한 것입니다.

이제, 연방대법관 후보로 지명된 엘레나 케이건의 2010년 7월 인사청문회를 들여다보겠습니다. 상원 법사위 소속 의원들이 케이건 후보자에게 국제법과 외국법에 대한 질문을 수차례 던졌습니다. 한 의원은 케이건 후보가 하버드대학 로스쿨 학장으로 재직하는 동안 1학년 학생들에게 국제법을 필수과목으로 지정했던 것에 대해서 "크게 실망했다"는 표현까지 썼습니다. 또 다른 의원은 "우리나라 헌법 제정자들은 헌법상 어디에서도 외국법을 언급하지 않았다"며 뜬금없는 발언을 하기도 했습니다. 그 의원은 "미국의 헌법이나 법령 또는 조약을 해석하기 위해서 외국법을 종종 인용하는 이유가 과연 무엇인가요?"라며 의문을 제기했습니다. 또 다른 의원도 "미국의 판사라는 사람들조차도 좋은 생각이나 판결에 영감을 얻기 위해서 외국법을 항상 눈여겨봐야 할 정도로 미국법의 수준이 형편 없단 말인가요?" 하고 물었습니다. 당시 후보자였던 케이건 대법관은 그런 거친 질문에도 예의 멋진 답변으로 응수했지요. "저는 좋은 생각이라면 무엇이든 다 좋아합니다. 저에겐 그런 생각을 어디에서 구했는지는 전혀 문제가 되지 않습니다. 다른 나라가 현재 진행하고 있는 것들을 알아두면 언젠가는 저희들에게 유용하게 활용할 수가 있으니까요." 그 사례로, 외국인 관료들의 면책권과 관련해서 본인이 법무장관으로 재직하던 바로 그해에 발생한 소송 사건의 준비서면에 대해서 언급을 했습니다. 그리고 미국 법의 관점에서 우리가 외국의 판례를 공식적으로 인정할 수는 없으나 사람들이 《법률 리뷰》에 실린 기사를 읽으며 혜안을 얻듯이 그 속에도 매우 유용한 정보가 담겨 있을 수 있다고 명쾌하게 답변을 했습니다. 이에 질문을 던진 의원이 "참 혼란스럽다"며 "그렇다면 결론은 후보자 본인도 우리가 좋은 생각을 얻기 위해서 외국법에 의지해도 된다는 거네요"라며 퉁명스러운 반응을 했습니다.

상당 기간 동안, 미국 법원은 사실상 세계에서 유일하게 위헌법률심사제도[법률이 헌법에 위배되는지 여부를 심사하여 위헌이라고 판단되는 경우 해당 법률의 효력을 부정하거나 적용을 거부하는 제도]를 도입해왔습니다. 대다수 나라가 '국회 우위의 원칙'을 고수했는데 그에 따라 법원은 헌법이라는 국가의 기본적인 도구에 담겨 있는 처방에 반하는 일반적인 법률과 행정조치에 대해 심사할 수 있는 역할을 수행할 수가 없었습니다. 그러나 제2차 세계대전이 끝나고 나서 수많은 나라들이 억압적인 정부는 물론, 선동된 다수가 의회를 지배하는 경우에 대비하여 일종의 보호막으로 위헌법률심사제도를 채택했습니다. 또한, 개별 국가는 물론이고 다국적 및 국제적 차원에서 마련된 인권헌장과 국제재판소들도 이제는 21세기 국제사회에서 중추적인 역할을 톡톡히 해내고 있습니다.

이와 같은 일이 전개되는 와중에 얼마 전 고인이 되신 렌퀴스트 연방대법원장은 헌법에 관한 비교 연구 논문집 서문에 아래의 글을 남기기도 했습니다.

위헌법률심사권을 행사하는 미국의 법원들은 거의 한 세기 반 동안 관련 권한을 법원 내부에서 자체적으로 행사해왔기 때문에 자신들이 축적해온 것 외에는 특별히 참고할 만한 판례가 따로 없었다. 한편, 제2차 세계대전이 끝나고 새롭게 생겨난 수많은 외국의 헌법재판소들은 법 논리를 개발하기 위해서 자연스레 미 연방대법원의 판결과 판례에 집중적으로 의존할 수밖에 없었다. 그러나, 헌법이 여러 나라에서 확고히 자리를 잡아가자 이젠 오히려 미국 법원들이 자체 심리를 진행하는 과정에서 다른 나라 헌법재판소의 판결에 도움을 받기 시작한 것이다.

해당 논문집이 출간되고 나서 몇 년 후에 렌퀴스트 대법원장의 주장과 같은 취지로 오코너 대법관은 다음과 같이 재차 확인했습니다. "연방대법원은 미국이라는 나라의 법률을 해석하는 일에 궁극적인 책임을 져야 합니다. 그런 측면에서 보면 다른 나라의 뛰어난 법률가들에게서 배워야할 점도 참 많습니다. 그들의 연구는 우리가 처한 상황이 그네들 나라와 유사한 경우에는 해결의 단초를 제공해주기도 합니다." 저도 전적으로 오코너 대법관과 생각이 같습니다. 결론적으로, 케이건 대법관 역시 후보자 시절에 상원 법사위원회에 출석해서 바로 이 지점을 설명한 것입니다.

이와 관련해서 저는 여러분에게 한 가지를 더 강조하고 싶습니다. 헌법을 기초한 선조들 역시 미국 법원의 판결이 다른 나라들의 미국에 대한 관심에 어떤 영향을 미칠지 예의 주시했다는 사실을 말입니다. 1816년에 존 마셜 연방대법원장은 미국의 사법부가

"외국이 깊은 관심을 보이고 있는 사건은 물론이고 우방국이 법리상 또는 근원적인 질문을 던질 수 있는 사건"도 다룰 수 있다고 말했습니다. 미국에서 내려진 판결은 신생국가에 불과했던 당시보다 이제 훨씬 더 "투명하고 진솔해진 세계"의 강도 높은 심사를 받아야 합니다. 최근의 사례로, 연방대법원이 '2012-2013 회기' 맨 마지막 주에 발표한 세 개의 판결을 전 세계 언론이 대대적으로 보도하기도 했습니다. 다만, 우리가 '인류의 의견'을 귀담아 들어야 한다는 생각에 대해서 그간 이견이 존재해온 것도 사실입니다. 다음은 19세기 중엽, 당시의 연방대법원장이 남긴 글입니다.

> 문명화된 유럽 국가에서든 미국에서든, 대중의 의견 또는 느낌상의 변화가 헌법상의 문구 해석과 관련하여 법원으로 하여금 헌법을 기초하고 채택한 원래의 언어가 의도했던 것보다 좀 더 자유롭게 의미를 부여하도록 유도해서는 안 된다.

이는 1856년에 쓰여진 글로, '드레드 스콧 사건' 판결에서 의견이 분열된 연방대법원을 대표해서 로저 태니 대법원장이 직접 작성한 의견서에 또다시 등장합니다. 거기서 로저 태니 대법원장은 개인이 다른 개인을 속박할 수 있는 권리를 옹호하기 위해 수정헌법상의 그 지엄한 '정당한 법 절차' 조항까지 언급하고 있습니다.

앞서 언급한 상원의원들이 당시 케이건 대법관 후보자의 인준

청문회에서 언급한 바와 같이, 미국의 판사와 정치인들은 기본권에 해당하는 인권을 다루는 문제와 관련해서 미국이라는 국경을 넘어서 살펴본다는 것이 과연 정당한 것인가를 놓고 서로 날카롭게 대립하고 있었습니다. 제게 너무나도 소중한 동료인 스칼리아 대법관은 그에 대해 매우 강경한 어조로 반대하면서 특정 사례를 들어 조언을 해주셨지요. 스칼리아 대법관에 따르면, "미 연방대법원은 판결의 추론 근거로 외국법을 전면에 내세우면 안 된다. 어떤 사람의 생각에 동의할 때 외국법을 근거로 하거나 아니면 미국의 관련 법을 완전히 무시하는 것은 타당한 처사가 될 수 없을 뿐만 아니라 궤변에 불과하다"고요. 2005년에 브레이어 대법관과 공개적으로 나눈 대화에서, 스칼리아 대법관은 브레이어 대법관이 법률에 관한 국제적 조류를 자신에게 알려주는 것은 전적으로 본인의 자유이지만 연방대법원의 공식의견에는 그런 정보가 담겨서는 안 된다고 주장하기도 했습니다.

그러나, 이와 관련하여 스칼리아 대법관이 외국법을 참고한 것으로 볼 수 있는 사례를 한두 가지 들어보겠습니다. 2012년, 스칼리아 대법관은 연방대법원의 반대의견을 통해서 변호인의 효과적인 조력을 받을 권리를 사법 거래의 영역에까지 확대하는 판결을 비판했습니다. 이에, "전 세계 대부분의 나라에서는 미국식 사법 거래가 금지되어 있다. 유럽에서는 대다수 나라들이 검사로 하여금 적용이 가능한 모든 범죄 혐의를 기소하도록 함으로써 소위 참으로 지당한 '적법성의 원칙[형법상 유무죄가 성립되기 전에 이미 공표된 법률이 존재해야 한다는 죄형법정주의로, '법이 없으면 범죄도 없고 형벌도 없다'는 원칙]'을 고수하고 있다. 그런 사법체계는 법은 곧 법이며, 이를 어길 경우 그에 상응하는 처벌을 받아야 한다는 훌륭한 신념을 반영한다"고 했습니다. 더욱이 결혼보호법[남성과 여성의 결합만을 결혼으로 보는 미국의 법률. 즉, 동성 커플은 배우자로 인정하지 않는 것으로 2013년에 연방대법원이 위헌으로 판결했다]과 관련하여 '2012-2013 회기'의 판결 기일 마지막 날에 제출한 반대의견에서 독일 헌법 제93조와 비교해서 인용까지 하기도 했습니다. 스칼리아 대법관은 미 연방대법원이 특정 사건이나 논란을 해결하기 위해 필요한 경우를 제외하고는 "법이 무엇인지 말할 수 없다"는 사실을 지적했습니다. 스칼리아 대법관이 연구한 바에 따르면, 독일 헌법재판소는 그 정도로 심하게 제약을 받고 있지 않았습니다. 즉, 독일 헌법재판소는 소송을 제외한 여타의 사건들에 대해서도 '독일연방공화국 기본법'이 문맥상 무엇을 의미하는지 말해줄 수 있다는 것입니다[독일의 헌법에 해당하는 '독일연방공화국 기본법' 전문은 총 146개 조항(개정분 미포함)으로 구성되어 사안별로 내용이 매우 구체적으로 명시되어 있으나 미국의 헌법은 총 7개 조항(개정분 미포함)으로 구성되어 내용이 매우 포괄적이다].

비교를 위해 살펴보는 작업을 신랄하게 비판하는 제7순회항소법원의 리처드 포스너 판사는 수년 전에 다음과 같은 말을 하기도 했습니다. "외국법을 인용하는 것은 신뢰할 수 없는 행위이며 만국공통의 자연법 사상에 추파를 던지는 것과 다를 바 없다. 아니면, 전 세계 판사들이 모두 하나가 되어 지혜와 양심의 엘리트 집단을 구성하고 있다는 황홀한 착각 속에 빠져 있는 것은 아닌지 모르겠다." 포스너 판사의 시각은 부분적으로, 미국 판사들이 외국 판결문에 나타나는 사회적, 역사적, 정치적 배경은 물론 제도적 배경마저 제대로 이해하지 못하고 있다는 우려에 기반을 두고 있습니다. 그러나 관습법의 영역을 벗어나서 작성된 우리나라의 법률과 판결문에 사용되는 언어들은 우리들조차 대부분 제대로 이해하기 어렵습니다.

포스너 판사의 주장은 물론 다음과 같은 측면에서는 일견 일리가 있다고 할 수 있습니다. 오코너 대법관이 상원의원들 앞에서 조심스럽게 언급했듯, 외국 판결문이 미국 판사들을 구속할 수 있는 판례가 될 수는 없습니다. 그러나 외국 판결문은 재판과 관련해서 의문점을 해소하는 차원에서 도움이 되는 지식을 축적하는 데 필요할 수 있습니다. 물론, 외국의 법률 자료에 접근할 때는 미국 법과의 차이와 외국 법에 대한 불완전한 이해에 대해서도 민감하게 생각해보아야 합니다. 그러나 그 같은 불완전함이 외국 자료에서 얻을 수 있는 경험과 지혜를 배우려는 노력마저 포기하는 구실이 되어서는 안 될 것입니다.

한편, 국경을 넘어 살펴보는 작업을 비판하는 입장 가운데 저를 가장 당혹스럽게 만든 지점은 상원 법사위원회가 케이건 대법관 후보자를 심사할 때, 후보자 본인이 매력적인 방식으로 답변했던 요지에서 찾아볼 수 있습니다. 미국 판사들은 의심의 여지 없이 온갖 해설 자료들을 자유롭게 참고하고 있습니다. 거기에는 수정 내용, 논문, 법학 교수나 심지어 학생들이 검토한 법률 자료, 인터넷 자료 그리고 법률 관련 블로그에 숱하게 써대는 기사들도 포함됩니다. 만약 누구나 그런 자료들을 참고할 수 있다고 한다면 미국의 판사들이 캐나다 대법원, 남아공 헌법재판소, 이스라엘 대법원, 독일 헌법재판소 또는 유럽 인권재판소의 판결문에 담겨 있는 유사한 문제를 참고하지 않을 이유가 무엇일까요?

헨리 필딩[Henry Fielding, 풍자와 해학으로 유명한 영국의 소설가로 영국풍 소설의 토대를 마련했으며 치안판사도 역임했다]은 자신의 소설《조셉 앤드루》에서 "실제 사례가 계율보다 훨씬 더 강력하게 사람의 마음을 움직인다"고 썼습니다. 필딩의 충고를 마음속에 새기며, 미국의 헌법에 관한 문제 해결에 도움이 되는 외국 또는 국제적인 법률 자료에 근거하여 가장 최근에 내려진 우리 연방대법원의 판례를 간략히 살펴보고자 합니다. 2002년에 언론의 헤드라인을 장식했던 '앳킨스 대 버지니아주 사건'에서 (렌퀴스트 대법원장, 스칼리아 대법관과 토머스 대법관을 제외한) 여섯 명의 대법관은 정신지체를 앓고 있는 범죄자에 대한 사형 선고는 위헌이라고 판결했습니다. 연방대법원은 "정신지체자가 저지른 범죄행위에 대해서 사형을 선고하는 것은 국제사회 대부분이 허용하지 않고 있다"는 점에 주목했습니다. 그 다음해인 2003년에는 연방대법원이 '로런스 대 텍사스주 사건' 재판에서 드디어 미국이라는 국경 너머를 본격적으로 바라보기 시작했습니다. 1986년의 판결을 번복하면서, '로런스 사건'에 대해서 동성끼리 친밀한 성행위에 자발적으로 가담하는 것을 금지시킨 텍사스주 법령이 위헌이라고 판결한 것입니다. 연방대법원은 "인류의 목소리"를 존중한다는 의미로 '로런스 사건' 판결에서 "소송인들이 이 사건에서 추구하는 권리는 다른 여러 나라에서 인간의 자유를 구성하는 중대한 요소의 일부로 인정되어왔다"는 점을 강조했습니다. 1981년에 유럽 인권재판소가 내린 대표적 결정인 '더전 대 영국 사건' 판결에 이어 게이와 레즈비언들이 합의하에 친밀한 행위를 할 수 있는 권리를 인정해준 후속 판결들을 미 연방대법원도 존중한다는 것을 확인시켜준 것입니다('로런스 사건' 판결 내용은 연방정부의 결혼보호법 핵심 조항이 위헌이라고 판시한 연방대법원 결정문에 구체적으로 나타나 있습니다).

현재의 미 연방대법원은 테러와의 전쟁과 관련한 사건 재판에서 "인류의 목소리에 대한 온당한 존중"의 실증적 사례를 수차례 보여준 바 있습니다. 대표적으로, 2008년 6월의 '부메디엔 대 부시 사건' 재판에서 연방대법원은 관타나모 미군기지에 수용된 외국인이 신청한 신변보호 영장의 청원서 심리에 관한 연방법원 관할권을 미 의회가 삭제한 것은 위헌이라고 판시했습니다.

2004년에는 '함디 대 럼스펠드 사건' 판결을 통해서 '부메디엔 사건' 판결에 근거를 마련해줬습니다. 즉, 의회의 승인 없이는 미국 대통령이라도 군사작전을 수행하듯이 관타나모 미군기지 수용자들에 대해 재판을 지시할 수 없다고 판시한 것입니다. 이 주문은 심지어 "국가가 정당한 법절차를 수행하는 데 있어서 매우 심각하게 도전을 받는" 경우인 "가장 어렵고 불확실한 순간"에도 적용된다고 적시했습니다. 오코너 대법관은 '함디 사건' 판결에서 네 명의 대법관이 복수로 낸 의견서에 다음과 같이 의견을 피력했습니다. "우리가 외국에서 싸우기 위해서는 미국에서 약속한 원칙이 반드시 지켜져야 한다. 통제되지 않은 억류 시스템은 억압과 남용의 수단이 될 수 있는 가능성과 맞닿아 있다는 것을 우리는 역사와 상식에서 배운다."

하지만, 시카고대학 로스쿨의 에릭 포스너 교수와 에이드리언 베르묄 교수는 즉각적으로 오코너 대법관의 의견에 반대한다는 입장을 발표했습니다. 그들은 사람들이 죽음 앞에서는 자유마저 희생시킬 수 있다고 주장했습니다. 따라서, 테러 위협에 직면한 상태임에도 불구하고 시민의 자유를 위축시키지 않으려는 나라는 "자유에 대한 집착이 병적이라고 할 정도로 과도한 것이며 그 정도라면 문명국가라고 할 수가 없다"고 주장했습니다. 그러나 분명한 것은 우리가 그토록 반대하는 인간의 존엄성에 대한 극도의 무례함을 초래한 폭력 행위를 우리들 스스로 따라하는 것이야말로 세상에서 가장 크나 큰 패배로 기록될 것이라는 점입니다.

2005년 3월에 연방대법원이 내린 '로퍼 대 시몬스 사건'에 대한 판결을 소개하는 것으로 이 연설을 마치고자 합니다. 연방대법원은 중죄를 저지른 열여덟 살 이하의 청소년을 사형에 처하는 것은 위헌이라고 판결하며 "청소년의 사형선고에 반대하는 의견이 국제적으로 대세를 형성하고 있음"을 인정했습니다. 케네디 대법관은 연방대법원 판결문에서 국제사회의 의견이 "우리의 결론이 존중받을 만하고 중요하다는 점을 확인"시켜 주고 있다고 썼습니다. 그리고 "다른 나라와 그 나라 국민이 특정한 기본권에 대해서 명시적으로 확인한 것을 우리 연방대법원이 인정해준다고 해서 미 헌법에 대한 우리의 충성심이 결코 약화되지는 않는다"라고 덧붙였습니다(작년에 내려진 판결에서 연방대법원은 살인죄로 복역 중인 청소년이라 할지라도 가석방이 없는 무기징역을 선고하는 것은 위헌이라고 판결했습니다).

저는 예측한다는 것이 때론 매우 위험한 일이 될 수도 있다는 것을 잘 알고 있습니다. 하지만, 그럼에도 불구하고 "인류의 목소리에 대한 온당한 존중"은 국제적인 우호의 문제이자 겸손의 정신에도 부합하는 것이며 이에 대해서는 미 연방대법원이 앞으로도 지속적으로 인정해나갈 것이라고 굳게 믿고 있습니다. 국제 테러리

즘에 맞서 싸우는 일이야말로 그 대표적인 경우로, 국제적 수준의 연대는 인류의 행복에 결정적입니다. 그처럼 국제적으로 우호적인 관계를 맺기 위해서는 전 세계 국가의 상호신뢰와 협동이 필요합니다. 오코너 대법관의 말을 빌리자면 겸손은 "다른 나라의 법률 제도 역시 지속적으로 혁신을 거듭하며, 매일 발생하는 새로운 법률적 문제에 대한 해결책을 찾아가고 있으니 그 속에서 우리 역시 배울 수 있고 혜택을 누릴 수도 있기" 때문에 필요한 것입니다.

그런 측면에서, 저는 2003년 9월에 이스라엘의 아론 바라크 대법원장이 남긴 논평에 대단한 감동을 받았습니다. 바라크 대법원장 역시 주목했듯, 9.11 테러로 미국은 당시에 인간의 존엄성에 대한 존중을 포함해서 국가적으로 가장 소중한 가치를 희생시키지 않으면서 동시에 테러리즘에 맞서 전쟁을 치러야 하는 중대한 딜레마에 직면해 있었습니다. 바라크 대법원장은 "이스라엘에서는 9월11일, 9월12일 … 연이어 테러가 발생한다"고 말합니다. 그리고 이스라엘 대법원은 한편으로는 국가와 국민의 안전을 확보하기 위해 정부가 유지해야 할 단호한 기조와 '인간의 존엄성과 자유'에 대한 온당한 존중 사이에서 균형을 맞추기 위해 한치의 노력도 게을리할 수 없다고 합니다. 이번에는 특별히, 당신이 재직 중인 대법원에 던져졌던 구체적인 사안을 언급해주셨습니다. "째깍거리는 시한폭탄"이 놓여 있는 상황에서 테러리스트를 심문하며 폭력(직설적으로 표현해서 고문과 같은)을 동원하는 것이 과연 합법적인 것인가? 더욱이 경찰들이, 체포한 사람이 시한폭탄을 어디에 설치했고 언제 터질지를 안다고 확신하는 경우에도 말입니다. 이에 대한 이스라엘 대법원의 답변은 "허용 불가! 절대 폭력을 사용해선 안 된다"였다고, 그는 이에 대해 다음과 같이 부연했습니다.

> 모든 방법을 동원하도록 용인할 수 없는 것이, 그리고 적들이 사용하는 모든 방식을 따라할 수 없는 것이 민주주의의 운명입니다. 경우에 따라서 민주주의는 스스로 한 손을 뒤로 묶은 채 다른 한 손으로만 상대방과 싸우기도 해야 하는 것입니다. 그럼에도 불구하고 민주주의는 세상의 그 어떤 정치체제보다 여전히 우위를 점하고 있습니다. 법을 지키는 것, 그리고 개인의 자유를 인정해주는 것이 민주국가에서 안전을 이해하는 데 결정적 요소로 작용합니다. 무엇보다 중요한 것은 그러한 가치야말로 난관을 극복할 수 있는 정신과 힘, 그리고 역량을 한껏 고양시켜준다는 것입니다.

저는 한치의 망설임 없이 바라크 대법원장의 의견에 전적으로 공감합니다.

6장

인간의 존엄성과 법적 공정성

국제적 맥락에서 본 '브라운 대 교육위원회 사건' 판결

인권센터

남아공 프레토리아대학교

2006년 2월 7일*

비록 '브라운 사건' 판결문이 국제법이나 다른 나라의 법적 의견을 언급하고 있지 않지만, 왜 미국에서 인종 분리의 문제가 제

---

* 긴즈버그 판사는 수년 동안 다양한 청중을 대상으로, 여러 버전으로 해당 연설을 해왔다. 분량을 감안하고 당초 전달했던 특정 맥락을 명확히 하기 위해 연설문을 편집했다.

2차 세계대전이 끝난 1940년대 후반에 와서야 풀리기 시작했는지는 그 당시 사회적 분위기가 상당 부분을 설명해주고 있습니다. 미국과 동맹국들이 잘 싸운 덕에 히틀러의 홀로코스트 왕국이 붕괴되었고 유럽에서 나치의 지배력이 막강하던 시기에 만연했던 악취가 진동하는 인종주의도 몰아냈습니다. 그러나, 미국이 전쟁에 개입했을 때만 해도 미군들은 인종적으로 분리되어 있었습니다. 전쟁 중반인 1942년에 스웨덴 경제학자 군나르 뮈르달(Gunnar Myrdal, 1898~1987)이 자신의 저서인 《미국의 딜레마》를 통해서 "국제적 자존심이자 강대국이며 미래의 안전판인 미국은 흑인들도 자국의 민주주의 체제에 통합될 수 있다는 것을 전 세계를 향해 보여줄 필요가 있다"고 주장했습니다.

여기, 제2차 세계대전이 본격적으로 진행되면서 미국에서 인종문제의 심각성에 대한 자각이 점차 높아졌다는 것을 보여주는 사례가 있습니다. 당시에 군목으로 근무하던 젊은 랍비 로널드 기텔슨이 이오지마라는 태평양의 작은 섬에서 전사한 미해병대 대원들을 위해 새로 마련된 무덤 앞에서 추도사를 읽었습니다. 미국의 제33대 대통령 해리 트루먼을 기리기 위해 설립된 도서관에 보관되어 있던 그분의 표현을 써가며 군목은 지금까지 그래왔듯이, 그리고 앞으로도 반드시 그래야만 하듯이 다음과 같이 기도했습니다.

여기 미국을 사랑했던 남자들이 누워 있습니다. 장교와 사병, 흑인과 백인, 부유한 사람과 가난한 사람들 모두가 한자리에 누워 있습니다. 여기 그 누구도 신앙 때문에 어느 누구를 더 좋아하지도, 피부색 때문에 어느 누구를 멸시하지도 않습니다. 그들 사이에는 어떤 차별도, 편견도, 그리고 증오심마저도 존재하지 않습니다. 그들은 모두 가장 고매하고 순수한 민주주의의 전사들입니다. 여기 어쩔 수 없이 소수자가 되어버린 이들보다 자신이 우월하다고 생각한다면 그것은 이 추념식에 대한, 그리고 유혈이 낭자한 이들의 희생에 대한 공허한 조롱을 하고 있는 것에 불과합니다. 이에, 엄숙함과 신성한 의무로써 우리 살아남은 자들은, 개신교는 물론 가톨릭과 유대교를 믿는 흑인과 백인 모두의 권리를 지키기 위해 헌신할 것이며, 그로 말미암아 우리 모두가 민주주의를 향유할 수 있게 될 것입니다.

1954년, '브라운 사건'에 대한 판결문을 작성한 얼 워런 연방대법원장은 그 이후 진행된 약 18년의 세월을 다음과 같이 회고했습니다.

미국의 인종 정책에 반하는 현상이 제2차 세계대전의 발발로 확연히 드러나기 시작했다. 우선, 연합국의 주적인 독일은 역사상 가장 뚜렷하고도 잔혹한 나치즘에 매몰된 국가였으며 히틀러가 아리안계가 아닌 인종들을 분리하고 몰살시키는 행위에 대해서 모든 미국인이 경악했다. 그러나, 인종 문제와 관련해서 그들과 유사한 차별 행태를 보이고 있던 미국인들에게는 곤혹스럽기 그지없는 형국이었다. 모두가 나서서 거침없이 히틀러와 나치의 만행을 비난했지만, 미국 내에서 적지 않은 사람들이 백인이 아니라는 이유만으로 주어진 분리와 모욕감을 감수하며 살아가고 있었다. 나치에 대항하기 위해서 미국이 수사적으로 사용하던 평등주의가 자국의 인종 분리 정책과 배치된다는 점이 미국인들에게 극심한 정신적 고통을 안겨준 셈이다.

미국과 소련 두 나라 간의 냉전은 '브라운 사건' 판결이 내려진 1954년에 이르러 절정에 달했습니다. 버지니아대학 로스쿨 교수로 2004년에 《짐 크로법에서 시민권법에 이르기까지》라는 명저를 남긴 마이클 클라먼Michael Klarman은 그 시대에 대해서 "미국의 민주주의가 시험대에 올랐다. 드디어, 남부 지역 백인들의 패권이 엄청난 공격에 노출된 것이다. 동시에, 제2차 세계대전 이후에 전 세계적으로 제국주의 정권들이 몰락하자 민주주의가 훨씬 더 각광을 받았다"라고 썼습니다. 트루먼 대통령이 구성한 민권위원회가 "미국의 민주주의는 생각보다 그리 견고하지도 않고, 미국식 민주주의라는 이상이 세계사적으로 반드시 승리로 대미를 장식할 필요도 없으며, 다른 나라가 미국의 위대한 업적으로 생각하는 것들마저 무시해도 될 정도다"며 모든 미국인에게 미국의 위기를 강력히 주지시켜야 할 정도로 상황이 급박하게 전개되고 있었던 것입니다.

'브라운 사건' 재판에서 미국 정부를 위한 법정 조력자로 준비서면을 직접 작성한 당시의 법무장관은 다음과 같이 촉구했습니다.

미국에서 소수자 집단에 대한 차별은 이제 다른 나라와의 관계에까지 부정적인 영향을 미치고 있다. 인종차별 문제에 대해서는 심지어 미국에 우호적인 나라들마저도 미국의 민주주의에 대한 헌신의 강도라는 측면에서 의구심을 표출하고 있는 상황이다.

준비서면에는 애치슨 국무장관이 미국의 외교관계 미치는 인종차별 문제의 부정적 영향에 대해서 작성한 아래의 서신도 포함되어 있었습니다.

국내에서 벌어지는 소수자 집단에 대한 갖가지 차별 관행으로 인해, 외국의 언론과 라디오 방송은 물론이고 유엔과 같이 위상과 신망이 높은 국제기구들마저도 미국을 지속적으로 공격하고 있다.

미국에서 인종차별이 지속되고 있는 상황은 다른 나라와 외교관계를 맺을 때마다 미국 정부에 당혹스러움의 원천이 되고 있다. 또한,

인종차별은 전 세계 자유민주주의 국가들을 대상으로 미국의 도덕적 리더십을 효과적으로 유지시키는 일에도 위협을 가하고 있는 실정이다.

마침내, 얼 워런 연방대법원장은 약 한 시간에 걸쳐 발표한 전원일치 판결문을 통해서 "공공교육에 관한 한 이제 '분리 평등'의 원칙은 더 이상 존재하지 않는다"고 선언했으며 '미국의 소리Voice of America' 방송이 34개국 언어로 그 내용을 전 세계로 타전했습니다. 미 정보국은 즉각적으로 거의 모든 아프리카 국가의 언론에 '브라운 사건' 판결에 관한 기사를 대대적으로 게재했습니다. 《타임》은 '브라운 사건' 판결이야말로 "인종 분리로 손상을 입었던 나라들에게 모든 사람이 평등하게 태어났다는 미국의 기본 원칙을 시의적절하게 확인시켜줄 수 있는 계기가 될 것이다"라는 논평을 게재했습니다. 《뉴스위크》는 "그간 공립학교에서 실시된 인종 분리 정책은 미국에서 불평등의 상징이었다. 이제서야 그 상징이 송두리째 무너져버린 것이다"라고 보도했습니다.

서유럽 언론도 그와 유사한 기사를 쏟아내며 '브라운 사건'에 대한 미 연방대법원의 판결을 적극 환영했습니다. 프랑스의 《르몽드》는 1면에 "그토록 오랫동안 기다려온 판결이 드디어 인종 편견에 대한 정의의 승리와 민주주의의 승리로 나타나다"라고 보도했고, 영국의 《런던타임즈》는 "그간 내렸던 판결 중에서도 가장 중요한 판결로 역사에 기록될 것이며 앞으로도 미국과 국제사회에 지대한 영향을 미치게 될 것"이라고 보도하며 열렬히 환호했습니다. 영국의 《맨체스터가디언》은 그간 미국인들에게 가장 큰 치부였던 것을 이제서야 잊어버릴 수 있게 해준 "엄청난 위안"이라고 평가했습니다. 남미의 브라질 상파울루 시의회는 '브라운 사건'에 대한 판결을 "전 인류의 화합과 평화에 필수적인 인종 간의 정의로운 평등을 구현해낸 것"이라고 극찬했습니다.

아프리카 대륙에서도 전역에 걸쳐 대대적으로 보도가 이루어졌습니다. 세네갈의 다카르에 소재한 미국영사관의 긴급 공문에 의하면, 현지 언론이 '브라운 사건' 판결에 따른 이행 과정에 대해서 다소 회의적인 반응을 보이기도 했으나 프랑스령의 서아프리카 지역에서는 특히 대대적인 환호를 받았다고 합니다. 주간지 《아프리크누베》는 판결 내용을 헤드라인으로 뽑으면서 "드디어 미국에서 흑인과 백인들이 같은 학교의 벤치에 앉을 수 있게 됐다"고 보도했습니다. 케냐 입법부의 흑인 의원들은 자국도 그 같은 일을 해낼 수 있기를 간절히 바란다며 다음과 같이 발표했습니다.

> 여기 케냐에서 우리는 모든 인종이 모여 하나가 된 나라를 만들어야 합니다. 모두가 함께 교육받지 않으면 서로가 서로를 두려워하며 살게 될 것입니다. 우리가 영원이 함께 살아야 한다면 왜 인종별로 학교를 갈라놓아야 하나요? 아이들이 같은 학교에 다닌다면 서로

친하게 지내는 것도 배우게 될 것이며 결국은 서로 간에 느껴왔던 두려움도 사라지게 될 것입니다.

'브라운 사건' 판결에 대해서 모두가 긍정적으로만 반응한 것은 아니었습니다. 남아프리카공화국 주재 미국 대사관에서 보내온 긴급 공문 내용은 다음과 같습니다. "남아공 백인들은 대부분 지독한 인종분리주의자들이다. 그들은 자신들이 겪고 있는 인종 문제가 비록 미국과 유사한 측면이 있다고는 하나 자신들만큼 특별하지는 않은 것으로 여긴다. 남아공이 미국의 '브라운 사건' 판결에 관심을 둔 것은 오로지 학술적인 차원이었을 뿐이다." 그러나 그로부터 불과 4년 후에 해럴드 맥밀런 영국 총리는 남아공 의회에서 인종분리주의에 반대하는 연설을 했습니다. 영국의 수반이 아프리카 대륙을 휩쓸고 있는 "변화의 바람"을 드디어 본격적으로 언급하고 나선 것입니다. 미 연방대법원의 '브라운 사건'에 대한 판결이 이 모든 변화를 촉진시키는 데 결정적인 기여를 했습니다.

그러나 1950년대에 미국의 남부에서부터 일기 시작한 '브라운 사건' 판결에 대한 대대적인 저항은 1960년대까지 계속됐습니다. 해외 여러 출판물이 주목해서 다뤘듯이, 남부의 저항에도 불구하고, 또는 아마도 그 때문에, 세계는 미 연방대법원이 법 아래 평등한 정의를 추구하는 과정에서 나라의 다른 부서들(입법부와 행정부)과 여러 주들에서 지배적인 견해보다 한 발 더 앞서 나갔다는 것을 깨닫게 되었습니다.

드디어, 인권과 관련해서 법 아래 공정성을 추구하는 것이 국제적인 핵심 의제로 부상했습니다. 1965년에 유엔은 모든 인종차별을 일거에 철폐하기 위한 국제적 조약 비준을 공식 안건으로 채택했습니다. 2006년 1월까지 총 180개 국가가 비준에 동의했으며 미국은 1994년에 이미 서명한 바 있습니다. 이 조약은 각국의 정파들이 "인종차별과 분리를 특별히 규탄하며 자국의 사법관할하에 있는 영토에서 자행되는 일체의 인종차별 관행을 방지하고, 금지하며, 퇴치한다"고 규정하고 있습니다.

'브라운 사건' 판결이 남긴 영원한 유산에 대해서, 남아공 헌법재판소의 리처드 골드스톤 대법관과 '2003 회기'에 대법관의 재판연구원으로 근무한 바 있는 브라이언 레이는 공동으로 집필한 저서에서 "인권을 신장할 수 있는 법원의 역량과 사회적 변화를 효과적으로 가져올 수 있는 변호사들의 능력"을 동시에 보여주었다고 언급한 바 있습니다. 두 사람은 캐나다, 남아공과 트리니다드 토바고에서 내려진 판결을 언급하면서 민주주의 사회에서 교육을 실시하는 것도 물론 중요하지만 모든 사람에게 교육받을 기회를 공평하게 제공해주는 것이 무엇보다 중요하다고 역설하며 '브라운 사건' 판결을 재차 언급했습니다. 또한, 뉴질랜드와 남아공 법원에서 이뤄지는 판결에도 주목했습니다. 교육과 관련해서 국가의 예산 편성에 영향을 줄 수 있도록 지속적인 감독이 필요함을 역설하고, 그런 주문을 내릴 수 있는 법원의 권한에 대해서도 지적하며 '브라운 사건' 판결을 거듭 거론한 것입니다.

'브라운 사건' 판결과 그에 관한 선도적인 내용을 담은 판결들은 연이어 발생한 세계적인 인권운동과 함께 1970년대에 제가 관여했던 여성의 권리에 관한 소송에도 막대한 영향을 끼쳤습니다. 서굿 마셜 대법관과 그의 동지들은 연방대법원을 상대로 인종차별의 치명적인 결함을 단계적으로 교육하는 일에 전력을 다했습니다. 성평등을 옹호하는 사람들도 교육적 차원에서 여성과 남성의 인간적 활동을 별도로 분리하도록 명령하거나 강요하는 법령의 불공정성을 보여주는 일련의 사례들을 앞장서서 연방대법원에 제공했습니다. 제가 만들고 이끌었던 ACLU의 여성 권익 프로젝트도 흑인 민권운동을 주도한 '전미 유색인종지위향상협회'로부터 법률 보호 및 교육에 관한 기금을 지원받기도 했습니다.

1970년대에, 남녀 근로자들에게 평등한 시민권을 부여하기 위해 법률을 마련하자고 주장하던 사람들이 강력한 저항에 직면하지 않은 것은 어쩌면 지극히 당연한 현상일 것입니다. 이것은 인종차별 철폐를 위해 민권운동을 주도한 서굿 마셜 대법관과 그의 지원 세력들이 이미 1960년대에 '전미 유색인종지위향상협회'가 마련한 기금의 지원을 받아 활동한 경험이 있었기 때문입니다. 저희들의 활동 역시 그 같은 후원 덕분에 강력한 저항에서 벗어날 수 있었습니다. 그들 덕에 우리는 교외에서 소송을 진행할 때에도 아무런 어려움 없이 숙소를 잡을 수 있었습니다. 그 정도로 이미 전국적으로 잘 조직되어 있었습니다. 한 가지 명백한 사실은 '브라운 사건' 판결을 이끌어냈고 그에 뒤따라 일어난 민권운동에 관한 여러 소송전을 지켜보며 우리 성평등 옹호론자들 역시 큰 용기와 영감을 얻었다는 것입니다. 우리는 치밀한 계산 아래 여성운동을 이끌면서 법정의 방청객들을 교육시키는 전략을 흑인 민권운동에서 모방했으며 이를 법원의 의사결정권자인 판사들이 소화할 수 있고 받아들일 수 있는 방식으로 적용했습니다.

몇 년 전에 만났던 아론 바라크 이스라엘 대법원장 역시 '브라운 사건' 판결을 멋진 판결의 전형으로 손꼽았습니다. 바라크 대법원장은 이스라엘의 일반 공공주택 건설과 관련해서 아랍인들도 일반인에게 공개된 부지에 집을 지을 수 있다는 이미 인정된 권리마저 이스라엘 국토관리국이 부인한 적이 있다는 이야기를 들려주었습니다. 그러나 결국, 국토관리국이 아랍인 집단 거주지를 별도로 지을 수 있는 부지를 제공하기로 확약함으로써 기존의 건축 허가를 유지시키면서 동시에 헌법적인 문제도 해소할 수가 있었다고 합니다. 이스라엘 대법원이 '브라운 사건' 판결을 인용하면서, 국적을 바탕으로 분리 평등의 방식으로 처리한 것으로 의심되는 그 사건이 헌법에 위배되는 차별 행위에 해당한다고 판시한 것입니다.

요약하면, '브라운 사건'에 대한 미 연방대법원의 판결은 인권 보호를 국제적인 차원으로 승화시키고 촉진시키는 데 적지 않은 기여를 했습니다. 이 사건은 당시만 해도 홀로코스트라는 공포에서 완전히 벗어나지 못하고 소련, 동유럽, 남아공과 같이 폭압적인 정권들이 즐비하게 늘어선 가운데 내려진 판결로 법률적으로나 실제로도 전 세계 모든 사람이 '인간의 존엄성에 대한 존중'이라는 미완의 목표를 향해 나아갈 수 있도록 해준 기폭제가 된 것입니다.

'러빙 대 버지니아' 판결에 관한 연설문
연방 사법센터의 고등부 교사 교육 프로그램
워싱턴 D.C. 소재 연방대법원
2009년 6월 22일[*]

오늘은 그간 미 연방대법원이 내린 판결 중에서도 가장 중요하다고 여겨지는 사례 하나를 약 10분에 걸쳐 말씀드리고자 합니다. 이는 '러빙 대 버지니아 사건'으로 1967년에 대법관 전원일치 의견으로 결정이 났습니다.

2008년 5월, 《뉴욕타임스》 부고 기사에 기념비적인 소송사건

---

* 긴즈버그 판사는 수년 동안 다양한 청중을 대상으로, 여러 버전으로 해당 연설을 해왔다. 분량을 감안하고 당초 전달했던 특정 맥락을 명확히 하기 위해 연설문을 편집했다

의 공동 원고였던 밀드레드 러빙의 사망 소식이 실렸습니다. 고인은 천박하거나 복잡한 성격의 소유자가 아니었습니다. 학위조차 없었습니다만 남을 배려하는 따뜻한 마음씨와 우리에게 귀감이 될 만한 용기를 타고났습니다. 그분이 남편과 함께 진행한 소송 하나가 미국이란 거대한 나라를 송두리째 흔들어 놨습니다.

제가 대학의 로스쿨 교수 2년차였던 1958년에 밀드레드 지터와 리처드 러빙은 결혼식을 올리기 위해 캐롤라인카운티에서 워싱턴 D.C.까지 자동차로 한걸음에 달려갔습니다. 두 사람은 본인들이 함께 자랐으며 사랑에 빠진 동네이자 가정을 꾸리길 그토록 원하던 그곳에서 결혼식을 올릴 수가 없었습니다. 사유는 이렇습니다. 리처드는 백인 남성이었고 밀드레드는 아프리카계 미국인과 아메리카 원주민 사이에서 태어난 혼혈 여성이었습니다. 그런데 버지니아주는 법적으로(다른 열다섯 개 주도 당시 같은 법을 적용받았습니다) 서로 다른 인종 간의 결혼을 금지하고 있었습니다. 밀드레드 본인이 나중에 회상하길, 두 사람은 원래 정치적 주장을 펼치거나 주 정부와 싸움을 시작할 마음이 전혀 없었으며 서로가 너무도 사랑을 했기에 그저 결혼을 원했을 뿐이라고 합니다. 그들은 워싱턴 D.C.에서 결혼식을 마치고 나서 버지니아주의 센트럴포인트에 있는 집으로 돌아와 본인들의 결혼증명서를 침실벽에 걸어놓았습니다. 그 후 몇 주가 지나자 카운티의 보안관과 또 다른 두 명의 보안관보가 익명의 제보를 받고 새벽 두 시경에 침실로 불쑥 쳐들어와서는 손전등으로 부부의 얼굴을 비췄습니다. 그러고는 리처드에게 "당신이 함께 자고 있는 여자가 누구냐"고 다그쳐 물었습니다. 그가 벽에 걸린 결혼증명서를 손으로 가리키자 보안관이 "그런 게 여기에 있으면 당신 신상에 좋지 않다"고 위협을 가하고 부부를 경찰서로 연행해 갔습니다. 리처드는 그날 밤을 꼬박 유치장에서 보냈습니다. 유색인종인 부인은 그날 밤은 물론이고 다음날부터 5일 내내 수감된 채 하루하루를 보내야 했습니다.

변호인도 없이 놀란 모습으로 부부가 법정에 나타나자 검사가 버지니아주의 인종청결법[Racial Integrity Act, 백인과 유색인종 간의 결혼을 금지하는 버지니아주 법령]을 위반했다며 재판부에 처벌을 요구합니다. 이에, 판사는 그들을 1년의 징역형에 처하고 "앞으로 버지니아주를 떠나 25년간 돌아오지 않는다"는 조건으로 집행유예 1년을 선고합니다. 동시에, 판사는 "전지전능하신 신께서 백인, 흑인, 황색인, 말레이 인종과 홍색인종을 창조하시고 그들을 각각 다른 대륙으로 보내셨다. 신께서 인종을 구분하심은 서로 다른 인종들끼리 섞이지 않도록 하기 위한 것이다"라고 선언합니다.

수세대에 걸쳐 살아온 동네에서 추방당하자 부부는 워싱턴 D.C.로 이주해서 정말로 누구 못지않게 열심히 살았습니다. 몇 년이 지나서, 흑인 민권운동에 이정표를 세운 '워싱턴 행진'에 고무된 밀드레드가 케네디 법무장관에게 한 통의 편지를 보냅니다. 케네디 법무장관은 ACLU를 접촉해보라는 내용으로 회신합니다. 이에, ACLU 소속 버지니아주 자원변호사들(버나드 코헨과 필립 허쉬캅)의 도움을 받아 주 정부를 상대로 소송을 제기합니다. 마침내, 법원이 부부에 대한 종전의 유죄 판결을 파기하고 버지니아주로 하여금 그들의 결혼을 합법적인 것으로 인정해줄 것을 주문합니다.

부부의 소송은 1963년에 시작해서 상대방의 항소로 끝내 연방대법원에까지 올라갑니다. 1967년 6월 12일에 얼 워런 대법원장이 전원일치로 버지니아주의 서로 다른 인종 간 결혼 금지에 관한 법률을 위헌으로 판시합니다. 워런 대법원장은 "단지 인종을 사유로 결혼을 할 수 있는 권리를 제한하는 것은 헌법상 평등보호 조항의 핵심 취지를 위반하는 것이라는 데 한치도 의심의 여지가 없다"는 기록을 남겼습니다. 더욱이, 연방대법원은 버지니아주의 인종 간 결혼 금지가 "정당한 법 절차도 없이 러빙 부부의 자유를 빼앗았다"고 덧붙였습니다.(캘리포니아주 대법원은 그로부터 근 20년 전인 1948년에 이미 그와 동일한 취지로 판결을 내린 바 있습니다. 이는 또한 '브라운 사건' 판결이 있기 6년 전에 있었던 법원의 결정입니다.)

1967년, 도하의 언론매체들은 미국에서 법을 근거로 한 인종 분리 정책이 마침내 종지부를 찍게 된 판결에 대해서 과연 어떤 식으로 반응했을까요? 당시에 모든 언론이 전폭적으로 환호한 것만은 아니었습니다. 《뉴욕타임스》는 사설에서 젊은이들(1960년대의 젊은이들이지요)이 오히려 이 사건을 계기로 서로 다른 인종 간 결혼 문제에 대해서 각성하게 됐다는 투의 논평을 내놨으며 더욱이, 그 신문사 편집국장은 이제 젊은이들이 "법에 저항한다는 제스처로 인종적으로 뒤섞인 결혼"과 같은 "애정보다는 반항에 더 큰 뿌리를 둔" 결합을 굳이 하지는 않을 것이란 기대감마저 사설을 통해 표명했습니다. 《LA타임스》는 "인종 간 결혼에 대해서 격려가 될 만한 내용이 판결문 속에 한 구절도 등장하지 않은 것은 지극히 당연한 결과라고 할 수 있다"라고 보도했습니다. 심지어, 《워싱턴포스트》는 밀드레드가 용기 있는 여성이 아니라 "그저 매력적이고 가녀린 27세의 니그로일 뿐"이라고 묘사했습니다.

이 기념비적 판결에 대해서 미국의 유수 언론들이 그처럼 은근한 질투의 반응을 보인 지 40년이 지나서, 밀드레드는 다음과 같은 말을 남겼습니다. "저는 그토록 커다란 변화의 대부분을 생생히 지켜봤을 만큼 충분히 오래 살았습니다. 그동안, 나이든 세대의 마음속에 자리잡았던 인종차별에 대한 두려움과 편견이 이제 용기와 평등에 길을 내어주고 끝내 사라졌습니다. 오늘날의 젊은이들은 서로가 사랑한다면 당연히 결혼할 권리도 있다는 것을 너무나도 잘 알고 있습니다."

서로 다른 인종 간의 결혼을 금지하는 법령을 가장 마지막까지 고수했던 앨라배마주도 마침내 2000년에 관련법을 폐기했습니다. 오늘날에는 약 430만 쌍의, 서로 다른 인종끼리 맺어진 부부들이 미국이라는 나라에서 자유롭게 살고 있습니다.

밀드레드 러빙의 경우처럼 그런 격동의 세월을 충분히 겪었던 만큼 저도 참 오래 살았습니다. 단적으로, 오코너 대법관과 제가 로스쿨을 졸업하던 당시에, 우리는 단지 여성이라는 이유만으로 로펌에 채용되지 못했습니다. 그런 1950년대를 헤쳐나온 바로 그 두 명의 여성이 지금은 이 미국이라는 나라의 가장 높은 곳에 자리한 연방대법원 재판정에 함께 나란히 앉아있으리라고 그 누가 감히 상상이나 했겠습니까? 더욱이, 서로 다른 인종으로 결합한 부부가 낳은 아이가, 그것도 아버지가 '아프리카계'임에도 불구하고 미국의 대통령이 되리라고 그 또한 감히 상상이나 했겠습니까? 그렇습니다. 이 땅의 모든 사람이 법 앞에서 평등한 보호를 받을 수 있도록 하기 위해서 저희에게는 아직도 가야 할 길이 많이 남아있습니다. 다만, 저희 스스로 얼마나 먼 길을 왔는지 되짚어봄으로써 미국의 미래에 대해 낙관하는 좋은 근거를 마련할 수도 있을 것입니다.

다양성의 가치
소수자 우대 정책에 관한 국제적 조류
파리정치대학, 프랑스 파리
2009년 7월 17일*

---

* 긴즈버그 판사는 수년 동안 다양한 청중을 대상으로, 여러 버전으로 해당 연설을 해왔다. 분량을 감안하고 당초 전달했던 특정 맥락을 명확히 하기 위해 연설문을 편집했다.

파리정치대학의 교수, 학생, 가족 그리고 친지분들을 위해 마련한 이 축하의 자리에서 연설을 하게 되어 기쁘기 그지없습니다. 데스코잉스 총장님께서 최우선적으로 추진하기로 결정하신 대학의 다양성 프로그램과 관련해서, 탁월한 위치를 확보하기 위해 대학 당국이 마련한 계획안을 읽어보았습니다. 귀교의 그 같은 창의적 발상 덕분에, 프랑스 전역에서 가장 재능이 뛰어난 인재들이 여러분의 학교로 몰려들고 있는 것입니다. 계획안에 따르면, 모든 학생으로부터 시작해서 궁극적으로는 프랑스 경제계와 정부 최고위층 인사들의 체질은 물론이고 삶의 체험마저도 더욱더 심도 있게 만들어 줄 수 있도록 맞춤형 프로그램이 설계가 되어 있습니다. 저는 여타의 프랑스 고등교육기관들이 파리정치대학이 설정해놓은 모델들을 그간 지속적으로 모방해왔다는 사실만으로도 계획안의 성공 여부를 미리 가늠해볼 수 있다고 생각합니다.

I.

미국에서는 1960년대 이래 학교와 근로 현장에서 좀 더 폭넓게 사회적 요구를 수용하기 위해 다양한 시도가 이뤄져 왔습니다. 이에, 제가 알기로 유럽인들이 소위 '긍정적 차별positive discrimination'이라고 부른다는 소수자 우대 정책이 오늘의 대화에 어울리는 주제가 될 것 같습니다.

비교를 위한 살펴보기의 일부 사례들로 저의 연설을 시작하겠습니다. 제2차 세계대전이 끝나자 세계 각국은 여러 권리장전에 명시된 '비차별 원칙'만으로는 실질적인 평등을 보장할 수 없다는 데 인식을 같이하기 시작했습니다. 이에, 불평등의 세기와 일전을 벌이기 위해 소수자 우대 정책이 본격적으로 등장하게 된 것입니다. 오랫동안 지배를 받아왔으며 지금까지도 사회적으로 불리한 상황에 놓인 사람들에게 용기와 희망을 불어넣어주기 위해서 다수의 현대 헌법이 소수자 우대 정책을 허용하거나 심지어는 강제하고 있습니다. 인도의 '1950년 헌법'이 그 대표적인 사례로 여러 나라 헌법 중에서도 가장 광범위하게 정부가 특별한 관심을 갖고 취약계층의 교육과 경제적 이익을 증진시켜줄 것을 주문하고 있습니다. 또 다른 예로, 남아프리카공화국의 '1996년 헌법'은 평등한 사회구현을 촉진하기 위해서 "불공정한 차별로 불리한 위치에 처했던 사람이나 그 같은 부류에 속한 사람들을 보호하고 그들의 삶을 향상시키기 위해서 법률 제정을 포함하여 다양한 수단들이 강구되어야 한다"고 규정하고 있습니다. 유럽연합에 속한 다수의 나라에서는 애초부터 인도와 같이 견고한 카스트제도가 존재하지 않았고 남아공처럼 소수에 의해 다수가 억압받는 상황도 아니었기에 '긍정적 차별'을 위한 제도가 급속히 도입되지는 않았습니다. 그러나, 1957년 로마협약에서부터 2000년 '기본권 헌장Charter of Fundamental Rights'에 이르는 유럽연합 헌장과 지침들이 여성들에게 평등한 기회를 조기에 부여하는 데 크게 이바지했습니다. 더욱이, '기본권 헌장'은 회원국들의 '동등한 대우의 원칙'이 여성의 직업 활동과 경력 추구 활동을 촉진하기 위해 특별한 수단을 채택하는 것에 걸림돌이 되어서는 안 된다고 규정하고 있습니다.

유엔은 세계무대에서 두 가지 핵심 공약으로 차별철폐를 보장하고 있습니다. 시기상으로 첫 번째는 1965년에 체결된 다양한 형태의 소수자 우대 정책에 관한 협약들로 그들은 모두 "그간 뒤쳐지거나 소외되었던 특정 인종이나 민족 집단에게 충분한 발전의 계기를 마련해준다는 취지에서 동원되는 특별한 수단은 결코 또 다른 차원의 인종차별로 인식되어서는 안 된다"고 선언하고 있습니다. 두 번째는 여성에게 불리한 모든 형태의 차별을 철폐하기 위해서 마련된 '1979년 협약'에서 "남성과 여성 간의 실질적인 평등을 촉진하기 위해 임시로 동원된 특별한 수단의 채택을 차별의 범주에서 제외시키고" 있습니다.

미국과 프랑스의 초기 헌법은 제가 앞서 읽어드린 두 가지 내용과 흡사한 조항을 구체적으로 담고 있지는 않습니다. 다만, 미 헌법은 1868년에 수정된 바와 같이 간단히 "법의 평등한 보호"를 부인하는 행위를 금지하고 있으며, 1958년에 수정된 프랑스 헌법은 제1조에 보다 구체적으로 그러한 원칙을 천명하고 있습니다. 그에 따르면, "출신지와 인종 그리고 종교의 구분 없이" 시민들의 평등권을 선언하고 있습니다. 그 같은 선언과 국가적 전통에 따라 프랑스에서는 모든 법률이나 정책이 인종 및 종족별로 개인이나 단체를 구분하여 표현할 수 없다고 들었습니다. 대신에, 교육상 우선 순위 지역, 도시 개발 전략, 그리고 지리적 위치에 따라 핵심적으로 동원되는 유사한 수단들이 주로 경제적으로 낙후된 곳에 사는 사람들의 삶을 개선시키는 데 초점을 맞추고 있다고 합니다. 평등한 사회를 구현하기 위해 미국이 동원해온 처방들은 그동안 국내외적으로 개략적으로라도 소개된 경우가 거의 없었습니다. 이에, 제가 살면서 일하고 있는 미국이라는 사회에서 평등이 순간적인 열정에 휩싸이기보다는 긴 안목에서 이상적인 것으로 자리잡도록 하기 위해서 벌이고 있는 일련의 노력을 여러분에게 소개해 드리는 것으로 오늘의 연설을 마무리하고자 합니다.

II.

무엇보다도, 차별철폐를 위한 노력은 미국의 역사 속에 특징적으로 녹아 있습니다. 프랑스에 거주하는 모든 사람들에게는 1789년의 프랑스혁명으로 인종이나 종교와 상관없이 시민권이 주어졌습니다. 그러나, 미국의 노예제도는 1861년에 시작된 남북전쟁과 1865년의 헌법수정으로 겨우 철폐될 수 있었습니다. 하지만, 이후에는 소위 말하는 '짐 크로 법'이 여러 주에서 존재하던 노예제도에 관한 법령들을 대체해버리고 말았습니다. 이 법은 인종을 엄격히 분리하는 제도로 20세기 중반까지만 해도 미국 전역에 걸쳐 널리 시행되고 있었습니다. 제2차 세계대전은 인종주의라는 악마의 존재를 전 세계에 명명백백하게 확인시켜 준 계기가 되었습니다. 그러나, 과거의 상흔이 한순간에 모두 완벽하게 지워질 수는 없습니다. 1965년, 존슨 대통령이 "최근에 인종적 카스트제도가 종언을 고했음에도 불구하고 우리에겐 아직도 자유가 충분하지 않습니다. '이제 여러분들은 어디든지 자유롭게 갈 수 있고 원하는 건 무엇이든 할 수 있으며 누구든 다수가 원하는 사람이 있으면 지도자로 뽑을 수도 있습니다'라는 이 말 한 마디로 수세기 동안 받아온 상처를 일거에 날려버릴 수는 없을 겁니다"라고 모든 미국인을 향해서 연설한 바 있습니다.

미국에서의 소수자 우대 정책은 시소게임과도 같은 부침의 역사를 지니고 있습니다. 소수자 우대 정책은 1961년에 최초로 도입되었으나 공화당의 리처드 닉슨 행정부가 출범하기 전까지는 지지부진하기 이를 데가 없었습니다. 1969년에 닉슨 정권의 노동부가 이정표로 불릴 만큼 획기적인 '필라델피아 계획'을 발표했습니다. 이 계획은 아프리카계 미국인들의 높은 실업률과 대대적으로 맞서 싸우는 한편, 건설업계의 정실주의를 타파하기 위해서 입안된 것입니다. 그에 따라, 정부와 계약을 맺은 건설회사들은 소수계 인종들을 고용하기 위해 별도의 목표와 일정표를 수립해야만 했습니다. 계획대로 진행하지 못한 기업들은 정부와의 수주계약을 종료해야 하는 위험을 무릅써야 했습니다.

그로부터 수년 내에 미국 전역에서 그와 동일한 모델이 대학은 물론이고 정부의 모든 계약서에까지 적용되는 수준에 이르렀습니다. 이후, 적용 범위는 소수계 인종과 종족을 넘어서 드디어 여성으로까지 확대가 됩니다. 저도 닉슨 행정부의 소수자 우대 정책의 수혜를 본 사람이라고 할 수 있습니다. 덕분에 컬럼비아대학 교수로 재직하면서 1972년에 미국에서 여성 최초로 이 대학의 종신교수가 될 수 있었기 때문입니다.

닉슨 행정부가 소수자 우대 정책을 독려하던 시기에, 미국의 고용상 차별금지에 관한 기본법으로 1964년에 제정된 시민권법 제7조의 적용 범위에 대해서 연방대법원이 중요한 가이드라인을 제시했습니다. 시민권법 제7조는 일반 회사의 고용주와 공공기관들이 인종, 피부색, 종교, 성별 또는 국적을 근거로 차별하는 것을 금지시킨 것입니다. 1971년의 '그릭스 대 듀크 전력회사 사건' 재판에서 연방대법원은 "시민권법 제7조는 공개적인 차별은 물론이고 암묵적인 관행까지도 불법적인 것으로 간주하며 아울러, 형식은 공정하나 실제 운영상으로는 차별적인 경우도 그에 해당한다"고 전원일치 의견으로 결정을 내렸습니다. 여기서 언급된 암묵적 관행이란 소수자 그룹이나 여성들에게 '차별 효과'를 불러일으키는 행위나 조치를 말합니다. 단지 의도적인 차별을 차단하는 것만으로는 미 의회의 법안이 담고 있는 소기의 목적을 온전하게 달성하지 못할 것이라는 점을 그제야 연방대법원이 인정한 것입니다. 관련 규제의 도입 단계에서, 고용주는 자사의 고용 관행을 자체적으로 조사해야만 했으며 조직의 정책이나 관행이 과업에 대한 성과와 명시적으로 연계되어 있지 않는 한, 즉 사업상 안전하고 효율적인 운영에 필요한 경우가 아니라면 소수자 그룹과 여성의 진입을 차단하는 인위적인 장애물들은 고용주가 자발적으로 제거해야 했습니다.

'그릭스 사건'은 고등학교 졸업 요건과 관련이 있습니다. 이 사건에서 회사는 해당 기준에 못 미치는 사람들도 완벽하게 해낼 수 있는 저숙련도의 업무에도 고등학교 졸업증명서를 요구했습니다 (참고로, 듀크 전력이 공장을 운영하고 있던 노스캐롤라이나주에 사는 아프리카계 미국인 대다수가 1970년대에는 고졸 자격을 갖추고 있지 못했습니다). 그러나 '그릭스 사건'에 대해서 이를 "차별 효과"로 해석하는 판결이 내려짐에 따라 그 같은 일련의 배제 관행이 종적을 감추게 되었습니다. 비행기 조종이나 경찰업무와 관련해서 특별히 신장이나 역도 기술과 같이 극히 일부의 여성들이나 겨우 충족시킬 수 있는 조건을 요구하는 경우가 또 다른 대표적인 '차별 효과'의 사례에 해당합니다.

드디어, '차별 효과'나 간접적인 차별 개념마저도 소수자 집단이나 여성들에게는 '원천적인 장애물'로 작용하는 선별 기준이라고 연방대법원이 규정하기에 이른 것입니다. 그러나, '그릭스 사건'

판결은 고용주나 교육기관이 오히려 소수자 그룹을 명시적으로 선호한다는 것을 드러내도 무방한지에 대해서는 여전히 답을 주지 못했습니다.

연방대법원은 1978년에 열린 재판에서 어느 대학교에서 도입한 '특례 입학 제도'를 처음에는 합헌이라고 판결했습니다. 이 사건은 '캘리포니아대학 운영위원회 대 배키' 사건으로 캘리포니아의 한 의과대학에 지원했던 백인 남성이 법원에 청원서를 제출한 데서 비롯됐습니다. 이 대학교의 소수자 우대 정책 실행 계획에 따라 개강 전에 소수자 그룹에 속한 학생들을 위해서 강의실 100곳 중 16곳이 사전에 특별히 할당된 상태였습니다. '5 대 4'로 의견이 나눠진 채, 연방대법원은 그 같은 수강신청 제도는 헌법상 평등보호의 원칙에 위배된다고 판시했습니다. '배키 사건' 판결에서 지원자를 개별적으로 처리했던 신입생 선발과정에 비춰볼 때 인종이 하나의 고려 요소가 될 수 있다고 보았지만 소수자 그룹을 위해 패키지로 일정 규모의 장소를 사전에 할당하는 방식으로 배정하거나 예약해주는 것에 대해서는 다수의 대법관이 위헌이라고 판단한 것입니다. 과거에 자행된 심각한 수준의 사회적 차별을 감안한다고 하더라도 캘리포니아 의과대학이 실행하는 방식마저 용인할 수는 없다는 데 다섯 명의 대법관이 동의했습니다. 다만, 연방대법원은 대학들이 인종적으로 다양한 학생들로 구성한다는 것을 목표로 보다 유연한 형태의 소수자 우대 정책을 실시하는 것은 승인해주었습니다. 한편, '배키 사건'에서 수강생 쿼터제나 별도 배정제에 대한 원고 측의 피해 보상 요구에 대해서는 받아들이지 않기로 했습니다. 기각 사유로, 서로 다른 문화의 학생들이 함께 모여서 생활하고 배우면 모든 학생의 교육적 체험이 더욱더 강화될 수 있다는 것을 판결문에 적시했습니다. 파리정치대학이 구상하고 있는 다양성 프로젝트가 이와 맥을 같이하고 있습니다.

미 연방대법원은 미시건대학의 2003년도 신입생 선발과 관련해서 두 건의 재판을 통해서 소수자 우대 정책의 역할을 거듭 강조했습니다. 그중 하나는 '그라츠 대 볼링거 사건'으로 학부과정에 입학 허가를 받기 위해 필요한 100점 중 20점을 소수자 그룹에 속한 신청자들에게 자동적으로 부여한 것입니다. 또 다른 하나는 '그루터 대 볼링거 사건'으로 로스쿨 선발 과정에서 특별히 가산점을 부여하지는 않았지만 특정 인종이나 종족에 대해서는 '플러스 요소'를 적용하여 좀 더 탄력적으로 처리한 것입니다. 첫 번째 사건과 관련해서, 연방대법원은 다수의견을 통해 소수자 그룹의 사람들을 특별히 별도의 트랙에 올려놓았기 때문에 그 같은 학부 프로그램은 인정해줄 수 없다고 판결했습니다. 반면에, 로스쿨 프로그램에 대해서는 쿼터제나 별도 트랙을 설정하지 않고도 학생들의 다양성을 증진시켰기 때문에 적법한 것으로 판단했습니다. 저는 미시건대학의 두 가지 프로그램 모두를 지지하였으며 이에, 문제가 된 학부 사건에 대해서 다음의 내용으로 반론을 제기했습니다.

한편에는 시민권의 완전한 법률적 지위를 오랫동안 누릴수 없었던 특정 집단에게 오히려 부담을 주도록 설계된 방안이 있습니다. 또 다른 한편에는 깊숙이 뿌리 박힌 차별과 그로 인한 후유증이 근절 되는 날을 하루라도 빨리 앞당기려고 동원된 수단이 있습니다. 그런데, 확연하게 다른 이 두 가지를 동일한 선상에서 놓고 본다는 것은 결코 분별력을 갖춘 처사로 볼 수 없습니다. 또한, 정직이 최선의 정책이라고 한다면 학부과정의 투명한 인종 할당 프로그램이 윙크나 끄덕거림 또는 위장이란 편법을 동원해서 엇비슷한 규모의 학생들을 확보하는 것보다는 교육상 훨씬 낫습니다.

미시건대학 사건에 관한 판결이 내려진 지 4년이 지난 후에 연방대법원은 또 다른 재판에서 '5 대 4'로 다시 한번 의견이 갈렸습니다. 이번에는 워싱턴주 시애틀과 켄터키주 루이스빌의 어린이들을 대상으로 하는 교육 프로그램이 과연 헌법에 부합되는지에 관한 문제가 발단이 됐습니다. 해당 지역의 동네 사람들은 확연히 드러날 정도로 인종별로 분리된 채 살아왔는데, 모든 인종들이 통합된 열두 개 학급을 통해서 유치원을 운영하도록 프로그램이 설계됐던 것입니다. 지역의 학교위원회는 통합을 명목으로 어린이들을 특정 학교에 배정하는 과정에서 인종을 고려했습니다. 그러나, 연방대법원은 최종적으로('지역 학교 학부모들 대 시애틀 학교 지역구 1호' 사건에서—편집자) 해당 프로그램이 헌법에 위배된다고 판결했습니다. 미시건대 로스쿨 프로그램의 경우와는 달리, 연방대법원은 저학년의 어린이들에게는 인종 문제가 "그 자체로 매우 중요하다"고 본 것입니다. 아울러, 미시건대학의 경우에는 "고등교육기관이라는 고유의 성격"을 감안해서 결정한 것이라고 부연했습니다. 이 판결에서, 다수의견은 눈길을 확 끄는 문장 하나로 끝을 맺습니다. "인종차별을 멈추기 위해서는 인종을 근거로 해서 시행되고 있는 무분별한 차별 행위를 차단해야 한다."

그러나 저를 포함한 네 명의 대법관은 시애틀과 루이스빌의 프로그램에 대해서 다수의견과 관점을 달리했습니다. 저희들은 반대의견에서 "인종을 분리시켜놓기 위해서 인종을 의식한 기준과 인종을 모아놓기 위해서 인종을 의식한 기준 사이"에는 "법률상으로는 물론, 실제로도 엄연한 차이가 존재"한다고 주장한 것입니다.

한편, 저는 미 연방대법원이 '차별 효과'와 관련해 최근에 내린 판결('리치 대 드스테파노 사건'—편집자)에도 주목하고자 합니다. 2009년 6월 29일, 연방대법원은 다시 한번 '5 대 4'로 관련 사건에 대한 판결을 내림으로써 미국 언론의 헤드라인을 장식합니다. 예일대학이 위치한 코너티컷주 뉴헤븐에서 치러진 소방관 승진 시험에서 아프리카계 미국인들이 적어도 2년 동안 단 한 번도 승진하지 못했음에도 불구하고 연방대법원이 시험 결과를 취소할 수 없다고 판결한 것입니다. 반대의견에서 저는 해당 시험이 설계상 여러가지 흠결이 있다고 지적했습니다. 발견된 문제점들은 시험의 신뢰도를 현저히 저하시킬 정도로 심각했습니다. 더욱이, 흑인 소방관들이 지휘할 수 있는 위치에 오를 준비가 제대로 갖춰진 상태임에도 불구하고 의도적으로 승진할 수 없도록 만든 기획의 소지가 다분히 있었습니다. 이 소방관 사건에 대한 연방대법원의 판결문은 '차별 효과'라는 개념을 전면적으로 부정한 것은 아니지만 적용 범위를 심하게 제한하고 있습니다.

냉소적인 사람이 1971년 '그릭스 사건'에 대한 전원일치 판결을 최근의 연방대법원 판결들과 비교해본다면, 그는 미국의 진정한 상징이 대머리독수리가 아니라 정해진 자리를 왔다갔다 하는 진자라고 생각할 수도 있겠습니다. 최근의 변화된 정치 지형에 대응해서, 일부 주 정부들은 명시적으로 인종 기준이 확연히 드러나지 않는 선에서 가능한 모든 수단을 총동원해서라도 고등교육상의 불평등을 줄이기 위해 노력하고 있습니다. 일례로, 10년 전에 텍사스주가 '상위 10퍼센트 법'이라는 것을 제정한 바 있습니다. 이 법에 따르면, 고등학교 학급에서 성적이 상위 10퍼센트에 든 졸업생들은 텍사스주에 있는 모든 공립 단과대학에 자동으로 들어갈 수 있도록 설계되어 있습니다. 다른 몇몇 주들도 블라인드 면접과 같이 "상위 10퍼센트 법"과 유사하게 설계된 방식을 채택해오고 있습니다. 이들은 거주지를 분리하여 각각에 일정 비율로 할당하는 방식*을 채택함으로써 다양성을 추구할 수 있는 수단을 성공적으로 동원하고 있습니다.

이제는 역설적으로 가난한 동네에 있는 학교가 소수자 우대 정책으로 오히려 훨씬 더 많은 인기를 끌고 있습니다. 잘 사는 동네에 위치하여 경쟁이 몹시 치열한 학교보다는 가난한 동네의 학업 성과가 낮은 학교에 다니는 학생들이 보다 손쉽게 10퍼센트 안에 들어갈 수가 있기 때문입니다.

III.

요약하면, 최근 소수자 우대 정책을 위한 수단이 한편으로는 고무적이긴 하나, 다른 한편으로는 곤혹스러운 메시지를 던져줘서 미국 사회에서 논쟁이 본격화되고 있다는 것입니다. 소수자 우대 정책과 '차별 효과'라는 개념은 실질적으로 불평등을 경감해주고, 인종의 다양성을 제고하며, 극도로 빈곤한 지역사회에서 자라난 사람들의 사회경제적 복리를 증진시켜줄 수 있는 잠재력을 지니고 있습니다. 그러나, 요즘에는 과거 차별이라는 반사회적 행위에 가담하지 않은 무고한 개인들에 대해서도 역으로 부당하게 차별을 가한다는 비난과 함께 소수자 우대 정책에 반기를 드는 사람들도 점차 늘어나고 있습니다. 개인적으로, 그들의 목소리를 과

---

* 구체적으로 학생 선발 과정에서 인종을 하나의 고려 요소로 지정한 텍사스대학의 입학 허가 정책이 별도의 사건으로 두 번씩이나 연방대법원까지 올라왔다. '피셔 대 텍사스대학' 사건 판결에서 긴즈버그 대법관이 수행한 역할에 대해서는 이 책 7장과 8장의 '피셔 사건' 판결 내용을 참조하기 바란다.

소평가하진 않습니다만, 오코너 대법관이 미시건대학 사건의 판결문에서 다수의견과 반대의견의 균형을 맞추면서 피력한 다음의 내용을 저 역시 지지하는 바입니다. "시민들의 시각에 맞춰 합법성을 갖춘 지도자들을 육성하기 위해서는 리더십을 갖춘 인재가 될 수 있는 길이 재능이 있는 모든 인종과 종족 출신 사람들에게 투명하게 개방되어야 합니다." 그리고 "모두 하나가 되는 나라라는 꿈을 실현하기 위해서는 시민생활을 영위하는 그 나라 모든 일원[특히, 소수자 그룹과 여성들]이 그처럼 원대한 이상을 실현하는 과정에 효과적으로 동참하는 것이 필수적입니다." 공동의 목표를 향해 서로 함께 이끌어주면서 보다 확대된 다양성, 포용력 있는 사회, 서로 간의 이해와 인정은 물론 차이마저도 축복해주는 것으로부터 나오는 다양한 혜택을 우리 모두가 함께 향유할 수 있기 때문입니다.

끝으로, 최고의 고등교육기관으로 널리 알려진 파리정치대학을 졸업하시는 여러분들께 거듭 축하의 말씀을 드립니다. 그리고 여러분을 성장시키고 여러분이 간절히 바라는 바들을 성취하려는 굳은 의지를 형성해나가는 과정에서 큰 도움을 주신 모든 가족과 스승님께도 힘찬 응원의 박수를 보냅니다. 이제 여기를 떠나서 인생이라는 먼 길을 향해 걸어가시는 동안 소중한 발자취를 남기기 위해서 부디 최선의 노력을 다해주시기 바랍니다. 여러분이 속한 커뮤니티의 눈물을 닦아주기 위해서 여기서 받으신 교육을 부디 잘 활용해주십시오. 지역 공동체와 국가, 그리고 이 세상이 여러분의 세대와 그다음 세대로 하여금 보다 확실하게 건강과 안녕을 누리는 길로 나아갈 수 있도록 우리 모두 함께 노력합시다.

그간의 성취에 거듭 큰 박수를 보내며 여러분의 모든 소망이 온전히 이뤄지기를 간절히 기원합니다.

7장

반대의견의 역할

아래와 같이 재발행된 "반대의견의 역할"이란 제목의 강연에서, 긴즈버그 대법관은 연방대법원의 다수의견에 비추어 반대의견의 내용과 적절한 역할에 대해서 특별히 살펴보고 있다. 그도 그럴 것이, 로버츠 대법원장 체제하에서 논란이 되는 법률적 사안이 아홉 명의 대법관을 철학적 차원에서 극단적으로 갈라놓을 때, 대게 긴즈버그와 다른 세 명의 리버럴한 대법관이 소수 그룹으로 남게 되었기 때문이다. 연방대법원에 20년 넘게 근무하여 리버럴한 대법관 중에서 최고참이 되자, 긴즈버그는 가장 중요하다고 여겨지는 사안에 대해서는 반대의견을 손수 작성하여 렌퀴스트 전임 대법원장 시절보다 훨씬 더 자주 주도적인 목소리를 내고 있다.

그가 강연에서 언급한 바와 같이, 분열이 극심해서 첨예한 결과로 이어질 때, 반대의 목소리를 내는 대법관들은 종종 소수의견을 작성하는 것 이상으로 많은 일을 해낸다. 일례로, 다수의견 작성자가 해당 사건의 재판 결과를 발표하고 나면, 그들은 현장에서 반대의견 내용을 요약해서 구두로 방청객과 변호인단에게 전달한다. 렌퀴스트 대법원장 시절(1993년~2005년)에는 반대의견이 지금보다 훨씬 적어 12개 회기 동안에 단 6건에 불과했다. 그러나, 후임인 로버츠 대법원장의 두 번째 회기가 시작되자 양상이 완전히 달라졌다. '2006~2007 회기'에는 한 해 동안 긴즈버그가 하나도 아닌 무려 두 건의 반대의견을 발표해서 《뉴욕타임스》의 1면을 장식하기도 했다. 《타임》의 연방대법원 베테랑 출입기자인 린다 그린하우스가 '레드베터 대 굿이어타이어앤러버 사건' 판결에서 두 번째 반대의견이 나온 후 이틀이 지나서 "그동안 긴즈버그 대법관은 구두로 반대의견을 직접 발표하는 스타일이 아니었다"고 보도했다. 그리고 기자 특유의 선견지명으로 "앞으로도 회기가 약 한 달이 남긴 했지만, 금번 회기는 특별히 긴즈버그 대법관이 본인의 목소리를 발견하고 제대로 사용한 시절로 기억될 것이다"[1]라고 전망했다. 2014년까지 긴즈버그 대법관은 무려 열두 번에 걸쳐 구두로 반대의견을 전달하여 로버츠 대법원장 체제하에서 가장 자주 반대의 목소리를 내는 대법관이 됐다. 이 장은 '2012~2013 회기'에만 무려 네 건이나 발생한 반대의견 기록도 담고 있다. 최근 약 30년 동안, 연방대법원에서 단일 회기에 그토록 많은 반대의견을 발표한 대법관은 긴즈버그가 유일하다.

그동안 줄곧 법을 가르치는 훈장 역할을 자처했던 긴즈버그 대법관은 2013년 툴레인대학 로스쿨 학생들에게 반대의견에 대해 강연하기 몇 주 전에 법정에서 발표한 네 개의 반대의견 중 두 개를 특별히 복사해서 나눠줬다. 첫 번째는 '밴스 대 볼 사건' 판결에 대한 반대의견으로 연방법의 해석에 관한 것이다. "미 의회가 관련 법안을 통과시킬 때 의도했던 바가 무엇인지를 보다 명확히 하기 위해서 시민권법 제7조를 수정해줄 것을 요청하는 것으로, 미 의회에 제출하는 일종의 항소장"이라고 할 수 있다. 두 번째는 '셸비카운티 대 홀더 사건' 판결에 대한 반대의견으로 헌법 해석에 관한 것이며 "미래에 재판을 담당할 지성에게 호소하는 내용"을 담고 있다. 한편, 그는 네 편 중 세 번째 반대의견에 대해서는 배부하지 않고 학생들에게 직접 읽어줬다. 이것은 '피셔 사건' 판결에 관한 것으로 2007년 '레드베터 사건' 재판에서 그가 제출한 반대의견을 통해 이미 다뤄졌던 내용이다.

이상에서 언급한 네 편의 반대의견이 강연 내용과 함께 여기에 실려 있다. 한편, 로버츠 연방대법원장 체제에서 가장 중요한 재판의 하나로 평가받는 'NFID 대 시벨리우스 사건'과 관련해서 긴즈버그가 법정에서 발표한 결정문과 반대의견도 함께 실었다. 이 판결은 트럼프 대통령이 전임자인 오바마의 건강보험개혁법인 부담적정보험법(Affordable Care Act, 이하 ACA)을 해체해버리겠다고 위협한 바로 그 첫 번째 ACA 사건에 관한 것이다. ACA와 관련해서 두 번째로 발생한 2014년 '버웰 대 하비로비 사건'은 고용주들로 하여금 건강보험 약관상으로 여성 근로자의 피임 비용도 부담하도록 하는 정부의 규제에 대해 고용주들이 항소한 것이다. 긴즈버그의 왕성한 반대 활동에 브레이어 대법관과 소토마요르 대법관에 이어 케이건 대법관까지 가세하자 다른 대법관들이 긴장하기 시작했다. 이에, 연방대법원은 교회와 종교단체와 같은 비영리단체를 위해 특별히 마련한 ACA 예외 조항을 가족기업인 하비로비와 같이 이윤 창출을 목적으로 하는 회사로도 확대해서 적용할 수 있도록 다수의견으로 서둘러 결정해 버렸다. 마지막으로, 2007년 '곤잘레스 대 칼하트 사건' 판결에 대한 반대의견도 실었다. 이것은 특정 낙태 방식을 금지하고 있는 주 정부 법령을 지지하는 다수의견에 항의하는 내용으로 해당 법령은 심지어 여성의 건강을 지키기 위해 반드시 낙태가 필요한 경우에도 예외로 인정할 수 없다고 규정하고 있다.

반대의견의 역할

툴레인대학 로스쿨 하기 프로그램

프랑스 파리

2013년 7월*

* 긴즈버그 판사는 수년 동안 다양한 청중을 대상으로, 여러 버전으로 해당 연설을 해왔다. 분량을 감안하고 당초 전달했던 특정 맥락을 명확히 하기 위해 연설문을 편집했다.

이 강연은 미국 항소법원과 연방대법원에서 반대의견이 수행하는 역할에 관한 것입니다만 주로 제가 몸담고 있는 연방대법원을 중심으로 다루게 될 것입니다. 최근 회기에 들어서 저는 유난히 자주 이 주제에 대해서 곰곰이 생각해보곤 합니다.

비록 연방대법원이 미국의 사법체계상 가장 높은 곳에 위치하고 있긴 하지만, 저는 오히려 제1심 재판관을 진정한 힘을 지닌 사람으로 종종 묘사해왔습니다. 제1심 판사는 단독으로 재판을 진행하며, 본인이 내린 결정은 대부분 모든 재판 과정이 끝나고 판결이 나올 때까지 항소법원의 심리 대상이 될 수가 없습니다. 또한, 제1심 재판소의 판결이 항소로 이어지는 경우는 극히 드뭅니다. 이것은 항소심에서는 사실관계가 아닌 법리에 관한 사항들을 중심으로 재판이 이뤄지기 때문이기도 합니다. 즉, 제1심 재판소가 확인한 사실에 대해서는 항소심에서 굳이 다시 확인할 필요가 없다는 뜻입니다. 통상 두 명의 동료 법관과 함께 배석하는 항소법원 판사는 적어도 다른 한 명의 동의가 없으면 아무런 힘을 발휘할 수가 없습니다. 아홉 명의 대법관이 배석하는 연방대법원 재판에서는 자신의 의견에 대해서 적어도 네 명의 다른 대법관들로부터 지지를 받아야 법정의견으로 채택이 됩니다.

현 로버츠 대법원장은 2005년에 열린 본인의 인준청문회에서 미국 역사상 가장 위대한 연방대법원장으로 선구자적 입지를 구축하였고 가장 오랫동안(대법관으로 부임한 1801년부터 대법원장 재직 중에 사망한 1835년까지) 근무한 존 마셜 대법원장에게 각별히 존경의 마음을 표한 바 있습니다. 여기에 계신 분들 대부분이 공감하시는 것처럼 로버츠 대법원장도 마셜 대법원장이 동료 대법관들과 합의를 도출하는 과정에서 보여준 탁월한 소통 능력에 경탄을 금하지 못했습니다. 마셜 대법원장이 34년을 재직하는 동안 연방대법원은 거의 대부분 전원일치 판결로 한 목소리를 냈습니다.

마셜 대법원장은 어떻게 그토록 위대한 업적을 달성할 수 있었을까요? 그의 초기 대법원장 시절, 대법관들은 수도인 워싱턴 D.C.에 있는 관사에서 숙식을 함께 했습니다. 지금으로서는 전설 같은 이야기지만, 저녁식사 후에는 대법원장이 마데이라 와인을 대법관들에게 손수 따라 주며 문제가 된 사안들에 대해서 공론의 자리를 마련해줬습니다. 그런 다음 대법관 전원일치 결정을 독려했으며 기대했던 결과가 나오면 본인이 자원해서 거의 모든 의견서를 직접 작성했습니다.

로버츠 대법원장이 부임한 첫 해이자 오코너 대법관의 임기 마지막 회기에는 신임 대법원장의 소망처럼 이전보다 훨씬 더 훌륭한 전원일치 판결이 이뤄지는 듯이 보였습니다. '2005~2006 회기'에 심리한 청원서에 대해서는 45퍼센트가 만장일치로 결정됐으며, 핵심 사안에 대해서는 55퍼센트는 구두변론 없이 전원일치로 심리가 종결되었습니다. 오코너 대법관이 퇴임하여 더이상 평의에 합류하지 않자 전원일치 결정 비중이 다소 감소했습니다만 아직까지도 인상적인 수준을 보이고 있습니다. 일례로, 금번 '2012~2013 회기'에는 저희 대법관들이 발표한 78건의 의견서 중 38건(49%)이 구두변론 없이 최종 판단이 내려진 것들입니다. 또한, 22건(28.2%)은 대법관 전원이 참석한 가운데 구두변론을 거쳐 연방대법원이 단일 의견으로 발표한 것들입니다. 다만, 연방대법원에서 구두변론을 진행한 후 내린 판결 중 23건(29%)이 '5 대 4'로 결정됐습니다.

통상적으로 판결 내용에 대한 법정 발표는 주로 다수의견을 중심으로 요약된 형태로 이뤄지고 보충의견이나 반대의견은 통상 주석으로 달고 따로 발표하지 않습니다. 따라서, 특별히 구두로 발표되는 반대의견은 즉각적으로 세간의 주목을 받게 됩니다. 이는 반대하는 대법관들이 보기에 다수의견이 단순히 틀린 것이 아니라, 스티븐 대법관의 말씀을 빌리자면 사안의 본질을 "심대하게 잘못 이해한 것"이라는 신호가 될 수 있습니다. 하나의 사례로, 텍사스대학의 소수자 우대 정책 사건 재판에서 제가 법정에서 발표한 6월 24일자 반대의견을 여러분에게 읽어드리겠습니다.*

반대의견을 공개하는 저희들의 관행은 다른 나라에서는 찾아보기 어렵습니다. 영국을 제외한 유럽과 한때 유럽 본토의 통제를

---

* 그리고 나서, 긴즈버그 대법관이 '피셔 사건'의 반대의견 발표 내용을 읽어내려 갔다. 해당 내용은 이 책 7장의 '피셔 사건' 재판에서 발표한 반대의견을 참조하기 바란다.

받았던 나라들은 대륙법 전통에 따라 복수의 판사들을 두고 있는 재판부가 일정한 양식에 맞춰 단체로 작성하되, 작성자를 특정하지 아니하는 언어로 구성한 판결문을 최종적으로 내놓습니다. 거기에는 판결문 작성자의 이름은 고사하고 작성자를 알아볼 수 있는 그 어떤 흔적도 담겨 있지 않습니다. 다만, 반대의견이 불가피하게 발생하는 경우도 있는데 이 또한 공개하지 않습니다.

영국의 관습법 전통은 유럽 본토의 대륙법과 대척점에 서 있습니다.* 미국의 사법체계는 유럽의 대륙법과 영국의 관습법 사이에서 자리를 잡고 있습니다.

로버츠 대법원장은 본인의 인준청문회에서 연방대법원이 이전보다 더 큰 목소리를 내야 하며 의견이 분열되지 않은 경우라면 보다 명확한 주문을 내려줘야 한다는 말씀을 하셨습니다. 별도로 의견을 피력해야 할지 고심하는 대법관은 자신의 반대의견이나 보충의견이 정말로 필요한지에 대해서 항상 스스로 반문해봐야 한다고도 했는데, 저도 로버츠 대법원장의 의견에 공감합니다. 다만, '브라운 사건'에 대한 1954년의 연방대법원 전원일치 결정이 가져온 추가적인 무게를 고려해봅시다. 그날, 공립학교에서 법적으로 유효했던 인종 분리를 헌법상 더 이상 용인할 수 없다고 명확히 밝힌 하나의 의견서에 연방대법관 아홉 명 전원이 군말 없이 서명했

---

* 이에 관한 설명은 이 책 5부 4장 '매디슨 강연' 편을 참고하기 바란다.

습니다.

심지어 반대의견의 편에 자주 서는 저마저도 하나로 통일된 의견이 네 개로 나뉘어진 반대의견보다 훨씬 더 인상적이라는 말씀을 드리고 싶습니다. 단적으로, 2000년 '부시 대 고어 사건'에서 판결을 급히 서두르는 바람에 반대의견들마저 하나로 정리할 시간이 없었습니다. 그 결과, 언론과 국민들은 개별 대법관의 시각을 제대로 분별하기에 다소 불편할 정도로 긴 네 개의 반대의견을 각각 읽어내려가야만 했습니다. 참고로, 스티븐 대법관이 2010년 초에 '시민연대 대 연방선거관리위원회 사건' 판결에서 본인을 포함하여 반대의견을 낸 대법관 네 명을 대표해서 집약적으로 작성한 하나의 의견서와 '부시 대 고어 사건'과 관련한 네 개의 반대의견서를 대조해보십시오(여러분도 기억하겠지만, 이 '시민연대 사건'에서 '5 대 4'로 내려진 연방대법원의 판결로 공직자가 되려는 후보자의 당락을 가르기 위해 기업이 예산을 지출하는 것을 규제하는 핵심 사항이 효력을 잃게 되었습니다).

그다음 회기에는 '애리조나프리엔터프라이즈클럽 대 베넷 사건' 판결에서 반대의견 발표가 반복됐습니다. 애리조나주가 선거비용을 과도하게 지출하는 것을 막기 위해서 공개적으로 모금하는 후보자가 받을 수 있는 금액을 비공개적으로 모금하는 상대방이 지출한 금액에 맞추도록 하려는 시도를 다섯 명의 대법관이 나서서 무력화시킨 것입니다. 케이건 대법관은 네 명의 반대자를 대신해서 강경한 어조로 의견서를 작성했습니다. 그리고 금번 회기에는 네 분들을 위해 제가 직접 의견서를 작성해서 발표했습니다. 이번에는 미 의회가 투표권법에 명시한 사전 승인 제도를 연방대법원이 뒤엎는 판결을 내린 것에 대해 강력히 반대한다는 내용입니다.*

반대의견의 용도에 관해서 우선, 연방대법원 내부에 미치는 영향을 언급하고자 합니다. 제 경험에 의하면, 다수의견 작성자가 최초로 회람을 시킨 내용을 다시 정밀하게 가다듬고 논지를 보다 명확한 방향으로 이끌어 가는 데는 인상 깊게 작성한 반대의견만 한 도움이 없다고 확신합니다. 일례로, 1996년의 'VMI 사건' 판결을 들 수 있는데 여성에게 VMI 입학을 허용하지 않은 것은 수정헌법 제14조의 평등보호 조항 위반에 해당한다는 것으로, 그에 관한 연방대법원의 판결문 작성이 저에게 배당되었습니다.** 그 후, 최종적으로 공개된 문안은 십여 차례의 회람을 거쳐 수정에 수정을 거듭하며 가장 훌륭한 작품으로 완성한 것이었습니다. 이는 전적으로 스칼리아 대법관이 작성한 매력적인 반대의견 덕분이었습니다. 스칼리아 대법관은 제가 답변 형식으로 의견서 초안을 배부할 때마다 거기에 부합하는 내용으로 적절히 의견을 조율

---

* '셸비 대 홀더' 사건에서 긴즈버그 대법관이 반대의견을 구두로 발표한 것으로 이 책 7장의 발표문 참고하기 바란다.
** 'VMI 사건'에서 긴즈버그 대법관이 발표한 다수의견으로, 이 책 3부 5장을 참고하기 바란다.

해주셨습니다. 회기가 끝나갈 무렵이 되어서야, 스칼리아 대법관과 저는 그만하면 충분하다는 데 공감하게 됐습니다.

때로 반대의견은 완성되고 나서도 작성자에 의해 폐기되기도 합니다. 브랜다이스 대법관이 1916년부터 1939년까지 연방대법원에 재직하는 동안에 작성한 매우 광범위한 유형의 반대의견들은 발표되지 않은 채 통째로 뒤켠에 남겨졌습니다. 다수의견이 내용을 개선하는 쪽으로 제대로 수정을 가했을 경우 브랜다이스 대법관은 최종적으로 반대의견을 내지 않았던 것입니다(제가 가장 좋아하는 그분의 별도의견도 그와 비슷한 이유로 공개되지 않았습니다). 브랜다이스 대법관은 비록 본인의 의견이 다수로부터 인정을 받지는 못했더라도 만약 연방대법원의 공식의견이 제한된 범위에서 적용되고 앞으로 발생할 사건에 누를 끼치지 않을 것 같다는 판단이 설 경우 본인의 반대의견을 과감히 접었습니다. 한때 그는 "대법관이라면 그 누구든 자원을 아껴 써야 한다"며 "너무 자주 반대하는 것은 정말로 반대해야 할 만큼 긴요한 상황에서 오히려 반대의견의 힘을 약화시키는 방향으로 작용한다"는 말을 남기기도 했습니다.

헌법학자이자 1932년에 브랜다이스 대법관의 재판연구원으로 근무했던 폴 프로인드는 그해에 새로 부임한 카르도조 대법관에 대해서 다음과 같이 회상했습니다. "카르도조 대법관님이 회의에서 얼마나 자주 반대의견을 내시던지 정말 깜짝 놀랐습니다. 다른 한편으론 우세한 쪽이 만장일치에 도달하려고 그분 같은 소수의 반대자들을 얼마나 억세게 억누르던지! 그 또한 저에게는 충격이었습니다."(저희들은 반대의견에 던지는 표를 '무덤 표'라고 부릅니다. 실제로 묻혀버리니까요.)

그런 무덤의 존재를 가장 단호하게 부인한 사람은 아마도 1921년부터 1930년까지 연방대법원장을 지낸 윌리엄 태프트일 겁니다. 그분의 반대의견에 대한 감정은 토머스 제퍼슨이 느꼈던 것과 흡사합니다. 태프트 대법원장은 대부분의 반대의견이 "일종의 자애주의"이며 허영심의 발로라고 여겨 수많은 사건을 대하면서 반대의견을 내는 것을 극도로 자제했지요. 태프트 대법원장에 의하면, 반대의견에 가담한다는 것은 심지어 "연방대법원에 버티고 서서 판결에 부담을 주는 행위"를 하고 있는 셈입니다. 태프트 대법원장은 8년 6개월의 대법원 재직 기간 동안에 단 17건에 대해서만 반대의견에 동조했으며 그중에서도 불과 세 건에 대해서만 본인이 직접 반대의견을 작성했지요. 더욱이, 처음에는 소수의견에 표를 던졌다가 나중에 다수의견으로 갈아탄 경우가 무려 200여 건에 달합니다.

무덤 표가 태프트 대법원장이 생각한 수준으로 흔하지는 않았을 겁니다. 오히려, 반대의견이 연방대법원의 공식의견이 되는 데 필요한 표마저 끌어들일 정도로 대단한 설득력을 발휘할 때가 있습니다. 다만, 회기마다 한두 번은 몰라도 세 번 이상은 기대하기 어렵습니다. 더글러스 대법관의 전임 재판연구원이 다음과 같은 이야기를 들려준 적이 있습니다. 어느 날, 대법관님이 본인의 의견서를 회람한 후 동조자가 나타나길 기다리고 있었답니다. 그런 와중에, 늦은 금요일 오후에 할런 대법관이 본인이 작성한 반대의견을 다른 대법관들께 돌렸습니다. 재판연구원이 거기에 맞춰 더글러스 대법관에게 변경된 내용으로 답변서를 만들기 원하시는지 여쭤봤습니다. 그때, 더글러스 대법관은 주말에 하이킹을 갈 요량으로 막 퇴근을 할 참이었습니다. 그래서인지, 할런 대법관의 반대의견을 읽지도 않은 채 재판연구원에게 "그분이 그러신다고 뭐 별수 없을 겁니다"라며 대수롭지 않게 여기고 집무실을 떠났습니다. 그러나, 월요일 아침에 집무실로 돌아왔을 때는 이미 다수의견을 확보할 기회는 영영 사라져버리고 말았습니다. 분통이 터지게도, 할런 대법관의 반대의견이 금요일 오후와 주말 사이에 다수의견으로 뒤바뀌어서 본인이 졸지에 소수 그룹인 반대의견에 속하게 된 것입니다.

한 번은 저와 다른 한 분을 위해 반대의견을 작성하면서 저 역시 아주 멋진 경험을 했습니다. 소수의견으로 출발한 것이 결국은 연방대법원의 공식의견으로 채택되었고, 당초의 다수의견은 오히려 3인의 반대의견만으로만 남게 된 것입니다. 반대의견을 작성할 때마다 저는 그런 황홀한 경험을 되살려보는 것을 목표로 삼고 있습니다. 대법관 회의에서는 자주 투표가 진행되는데 그때마다 그런 희망이 샘 솟아나기를 기대하고 있답니다.

날카로운 언어로 작성된 반대의견이 현재 연방대법원에서 벌어지고 있는 내부 균열의 원인이라고 과연 단언할 수 있을까요? 스칼리아 대법관은 그 질문에 참으로 멋진 답을 주셨지요. "브레넌 대법관과 저처럼 서로 그렇게 수시로 반대하고 그토록 날카롭게 대립한 경우는 아마도 연방대법원 역사상 유례를 찾아볼 수 없을 것입니다. 하지만, 저는 언제나 브레넌 대법관을 연방대법원 안에서 가장 친한 동료 중 한 사람으로 여기고 있으며 그분도 제 생각에 어느 정도 공감하고 계실 겁니다."(저와 자주 대척점에 선 스칼리아 대법관을 향한 저의 애틋한 마음도 그분의 말씀처럼 정리할 수 있을 것입니다.)

휴즈 대법원장은 1936년에 출간한 연방대법원에 관한 저서에서 반대의견의 외부적 영향을 설명하며 이런 명언을 남겼습니다. "법정의 마지막 피난처인 반대의견은 다수의견에 의해서 법원이 배신당했다고 생각하는 그런 오류가 언젠가 내려질 또 다른 판결을 통해서 수정될 수 있다는 믿음이 있을 때 또 다른 재판을 언젠가 담당하게 될 미래의 지성에게 보내는 호소문이다." 근본적인 오류를 바로잡기 위해서는 연방대법원이 판결을 번복하거나 헌법을 수정해야만 합니다. 바로 그때 주로 반대의견이 나옵니다. 그런 형태의 오류는 입법부서인 의회가 나서도 바로잡을 수가 없기 때문입니다.

"미래의 지성에게 호소하는" 의견서의 대표적인 사례로는 그토록 악명 높은 1856년 '드레드 스콧 대 샌드퍼드 사건' 재판에서 벤저민 커티스 대법관이 제출한 반대의견을 들 수 있습니다. 그 당시, 연방대법원은 '드레드 스콧 사건' 재판에서 노예로 미국에 끌려온 아프리카계 후손들에 대해서는 시민권이 영구적으로 박탈된다고 판결했습니다. 그 결과 아프리카계 미국인들은 한 번 노예로 끌려온 이상, 노예제도가 없는 주에서 살게 됐으니 이젠 더이상 주인의 소유물이 아니라는 것을 확인하는 데 필요한 연방법원의 '시민권의 다양성에 관한 관할권[diversity-of-citizenship jurisdiction, 원고와 피고가 서로 다른 주에 속한 시민들인 경우에는 관할권이 지방법원이 아닌 연방법원에게 주어진다]'마저 자칭 자유국가라는 미국에서조차도 더 이상 적용받을 수 없게 된 것입니다. 커티스 대법관은 맥린 대법관과 함께 다수의견에 합류하기를 거부하고 당시로선 대단히 주목받을 만한 내용으로 반대의견을 작성했습니다. 즉, 미국이 건국될 즈음에 아프리카계 사람들은 "적어도 다섯 개 주에서 미국의 시민으로 살아왔다. 따라서, 그들은 당연히 미국민의 일부이고 미국민과 그 후손들을 위해 제정한 헌법상으로도 미국의 시민으로 보호받아 마땅하다"고 말입니다.

또 다른 대표적 사례로는 시민권 관련 사건에서 할런 대법관이 작성한 반대의견을 들 수 있습니다. 1883년에 내려진 판결에서 연방대법원은 "다양한 인종과 피부색의 시민들"이 교통수단과 숙박시설을 "마음껏 공평하게 즐길 수" 있도록 규정한 연방법을 무효로 만들어버렸습니다. 이에, 할런 대법관은 만약 수정헌법 제13조 및 제14조가 "채택된 취지에 따라" 제대로만 발효가 된다면 "다른 부류의 사람들에게 종속되어 살아가는 이들은 모두 해방되어 사실상 미국이라는 공화국에서 더 이상 그 어떤 노예도 존재하지 않을 것이다"라고 썼습니다.

그 당시 연방대법원 결정에 반대한 할런 대법관의 의견에 대해서 그간 강경하게 보수 측 입장을 대변하던 스칼리아 대법관도 이번에는 제대로 된 논평을 남겼습니다. "그런 성격의 반대의견은 연방대법원의 위상을 깎아내리기보다 오히려 드높여줍니다." 그리고 "연방대법원이 당시에 다수결 판결로 끔찍한 실수를 저질렀다는 것을 역사가 증명하고 있습니다. 과거를 돌이켜보면 소수의 대법관들이 그 같은 위험을 명확히 인식하고 우려의 목소리를, 그것도 때론 장엄하게 내왔다는 것에 대해 저 스스로 큰 위안을 삼고 있습니다"라고도 덧붙였습니다.

비록 스칼리아 대법관이 아래의 사례들에 대해서는 저와 뜻을 달리 했을 수도 있습니다만, 저는 '시민연대 사건' 판결에서 스티븐 대법관이 작성한 반대의견과 '애리조나프리엔터프라이즈' 사건에서 케이건 대법관이 작성한 반대의견을 "미래의 또 다른 지성에게 보내는" 대표적인 사례들로 평가하고 싶습니다. 수정헌법 제1조가 과도한 공직자 선거비용 지출을 통제하는 것에 대해서 지출 자체를 원천적으로 차단하는 것과 마찬가지라고 주장하는 다섯 명의 다수의견에 두 분이 모두 반대했습니다. 또한 투표권법과 관련한 재판에서 2013년 6월 25일에 제가 작성한 반대의견도 나름대로 평가를 받을 수 있다고 봅니다.

또 다른 유형의 반대의견은 정치 부서인 미 의회와 대통령이 먼 미래가 아닌 지금 당장 조치를 취해야 하는 사안에 해당하는 것들입니다. 이런 부류는 시민들의 관심을 유발시키거나 활력을 불어넣어서 입법부가 연방대법원으로 하여금 이미 판결한 내용을 즉시 번복하도록 유도하는 역할을 해줍니다. 2007년의 '레드베터 사건' 재판에서 제가 요약해서 발표한 반대의견*이 대표적인 사례라고 할 수 있습니다. 이 사건의 원고인 릴리 레드베터는 앨라배마 주에 있는 '굿이어타이어앤러버' 공장에서 매니저로 근무했으며 1997년에는 회사에서 유일한 여성 매니저였습니다. 그런데, 1979년에 그가 받은 첫 급여는 유사한 업무를 하는 남성들과 동일한 수준이었으나 이후 서서히 격차가 벌어져서 마침내 1997년 말에는 기본적으로 동일한 업무를 하는 15명의 남성들이 받는 수준에 비해 15~40퍼센트가 낮았습니다. 연방판사는 십중팔구 그가 단지 여자라는 이유로 회사가 그처럼 차별해서 임금을 지급했다고 확신했습니다. 그러나, 연방대법원은 '5 대 4'의 표결로 하급법원

---

* 이 책 7장의 긴즈버그 대법관이 발표한 반대의견을 참고하기 바란다.

의 판결을 파기 환송해버렸습니다. 그것도 단지 레드베터가 너무 늦게 소송을 제기했다는 이유로 말입니다.

회사가 본인의 임금을 남성 동료들의 급여 수준으로 올려주지 않았다면 재직 중에 매번 차등지급에 대해서 소 제기를 했었어야 한다고 판결한 것입니다. 따라서, 적기(180일 이내)에 이의를 제기하지 못한 연봉은 시민권법 제7조(미국의 기본법으로 고용에 관한 차별을 금하고 있음)의 치유 범위를 넘어서는 것으로 구제받을 수 없다는 것입니다.

제가 보기에 그와 같은 연방대법원의 판결은 시민권법 제7조를 통해서 다뤄져야 할 현실세계의 고용관행을 무시한 처사입니다. 임금 불평등의 이유가 차별 때문인지가 확실하지 않던 시점에, 더욱이 동일한 업무를 하면서도 남성들이 자신보다 더 많이 받고 있다는 사실조차 모르고 있던 상황에 대해 연방대법원의 다수의견은 단순히 "빨리 소 제기를 했어야 한다"고 결론을 내려버린 것입니다(덧붙여 너무 이른 시기에 섣불리 소송을 제기하면 패소로 이어질 가능성이 큽니다). 그러나 임금차별이 지속적으로 이뤄져서 마침내 그 격차가 어느 정도 커졌을 때 소송을 건다면 승소할 수 있는 사건임에도 불구하고 금번 판결로 인해 단지 소송 시기가 문제가 되어 제동이 걸리게 될 것입니다. 그 경우, 동전의 앞면과 뒷면이 뻔히 정해져 있어서 앞면인 사측이 무조건 승소하고 뒷면인 근로자는 당연히 패소하게 될 것입니다. 이는 시민권법 제7조를 통해 근로 현장에서 인종, 피부색, 종교, 성별이나 국적을 근거로 차별하는 것을 금지시킨 미 의회의 입법 취지에도 전적으로 반하는 것입니다. 이에, 저는 "시민권법 제7조에 대해서 그처럼 비좁게 해석한 연방대법원의 결정을 바로잡기 위해서 공이 끝내 의회로 넘어갔다"고 반대의견에 적시했습니다.

판결이 난 지 며칠만에 의회로부터 답변이 왔습니다. 레드베터가 처한 상황에서 그간 받았던 급료를 차별로 인정하고 사건의 발단이 되는 시점부터 기간 산정을 다시 하는 것으로 명시한 시민권법 제7조 수정안을 상원과 하원에 상정한 것입니다. 2009년 초에 의회가 드디어 '릴리 레드베터 공정임금법Fair Pay Act'을 통과시켰으며 오바마 대통령은 취임 후 첫 번째 시정조치로 의회의 수정안에 서명을 했습니다.

저는 지난 회기에 진행된 2011년의 '월마트 대 듀크스 사건' 재판에서 데자뷰를 본 것 같은 느낌을 받았습니다. 이것은 연방대법관들 사이에서 '5 대 4'로 의견이 나뉘어진 사안으로, 집단소송이 성립된다는 것을 입증하기 위해서 원고 측이 쟁점의 '공통성'이라는 요건을 충족시켰는지가 문제가 된 사건입니다. 여기서, 해당 여성들의 불만은 공통적으로 본인들이 관리자 직급으로 채용되거나 승진할 기회가 감독 직급 남성 지원자들에 비해 현저히 적다는 데 있었습니다. 그러나 연방대법원은 법적으로나 사실관계상으로도 해당 집단을 한데 묶을 수 있는 '공통'의 쟁점이 없다고 간주했습니다. 즉, 원고들이 수백만 가지에 이르는 각기 다른 성격의 고용에 관한 결정 사항들에 대해서 소송을 제기하고 있다는 것입니다.

저는 반대의견을 제시하면서 매니저가 급여 및 승진 결정과 관련해서 폭넓은 재량권을 갖고 있다는 데 주목했습니다. 원고 측 회사처럼, 매니저급이 남성들로 가득한 상황에서는 부지불식간에 본인처럼 보이는 사람을 더 선호하게 된다는 유유상종의 실증적 사례를 제시하며 이 사건에서 쟁점의 공통성 요건이 충족됐다고 주장했습니다. 이전에는 공개된 공간에서 오디션을 통해 연주자들을 뽑았으며 그 결과, 여성들은 오케스트라 무대에 많이 설 수가 없었습니다. 이에, 근래에는 오디션을 보는 사람이 남성인지 여성인지 구분할 수 없도록 커튼을 내린 채 오디션이 진행된다는 점에 저는 주목했습니다(더욱이 남성이나 여성이라는 그 어떤 단서도 제공하지 못하도록 오디션을 보는 사람들은 신발마저 벗어야 합니다)[뉴욕 필하모닉 오케스트라가 공정성을 위해 단원 모집 방식으로 블라인드 오디션을 도입하자 그전에는 거의 없던 여성 단원들이 점차 늘어 현재는 50퍼센트에 육박하게 되었다고 한다].

요약하자면, 기본적으로 전원일치 결정의 가치를 존중하지만, 중대한 사안이 위태로운 상황에 처하게 된다면 저는 앞으로도 계속해서 반대의견을 제시할 것입니다. 브랜다이스 대법관이 과거에 행한 바를 따르고자 하는 저로서는 더더욱 그리할 것입니다. 브랜다이스 대법관은 법률의 해석과 관련해서 "적용이 가능한 법치주의를 정착시키는 것이 법을 바로 세우는 것보다 중요하다"며 신중하게 판단할 것을 당부했습니다. 그의 말처럼 누군가는 내국세법이나 근로자 퇴직소득 보장법과 같이 복잡한 법령에 부속된 애매모호한 조항을 그런 범주에 넣을 수도 있을 겁니다.

저는 또한 1902년부터 1932년까지 연방대법원을 빛낸 올리버 홈스 대법관이 '위대한 반대자'로 불렸다는 점을 여러분에게 상기시켜드립니다. 사실은 그분이 다른 동료들만큼 그렇게 자주 반대의견을 냈던 것은 아닙니다. 한때, 본인도 "내가 동의하지 않는 의견에도 지지를 하거나 눈 감아주기도 했다"는 말을 남기기도 했지요. 그러나, 본격적으로 반대하기로 결정을 하고 나면 대단히 효과적인 방법으로 대응했습니다.

브랜다이스 대법관이 다수의견에 대해서 묵인해주거나 독립적인 입장을 취한 것과 관련해 애리조나 출신 변호사이자 법학자인 존 프랭크는 1958년에 브랜다이스 대법관이 설정한 모델을 예로 들며 다음과 같이 설명했습니다.

브랜다이스는 위대한 연방대법관이다. 마구잡이식 반대의견 제시는 연방대법원이 최고기관으로서 갖춰야 할 영향력을 약화시키고 본연의 업무를 수행하는 것마저 저해할 수 있다. 연방대법원이 더 이상 우유부단한 모습을 보이지 않거나 논쟁에 휩싸이지만 않는다면 오히려 향후에 야기될 중대한 사태에 대비해서 반대의견 제시를 자제할 필요가 있다. 그가 본인이 작성한 반대의견 일부를 스스로 폐기해버린 것은 연방대법원의 권위와 일관성을 위해 희생한 최고의 사례라고 할 수 있다. 그러나 그는 결국 그에 대한 보상도 받았다. 그의 반대의견은 근거가 확실한 만큼 갈수록 더욱더 매섭게 느껴졌기 때문이다.

연방대법원에 근무하는 영광이 앞으로도 계속 주어진다면, 저 역시 근거를 제시할 때 브랜다이스 대법관과 같은 지혜를 발휘할 수 있기를 간절히 바랍니다.

반대의견 법정 발표문
레드베터 대 굿이어타이어앤러버 사건
2007년 5월 29일

릴리 레드베터는 '굿이어타이어앤러버' 회사에서 근 20년을 근무했다. 처음에는 동일한 업무를 담당하는 남자들과 같은 임금을 받았다. 그러나 시간이 흐를수록, 남성 동료와 임금 격차가 점점 더 커져만 갔다. 1998년, 레드베터는 퇴직하자마자 성별에 따른 임금차별이 1964년에 제정된 시민권법 제7조[특정 인종, 피부색, 종교, 성별 및 출신 국가를 근거로 고용주가 차별하는 것을 금지했다. 1978년에는 임신과 연령이, 1990년에는 장애가 금지 항목에 추가되었다] 위반이라며 회사를 상대로 소송을 제기했다. 이 사건이 연방대법원에 올라왔을 때, 다섯 명의 다수의견을 대표해서 판결문을 작성한 알리토 대법관은 원고인 레드베터의 소송 제기가 받아들여지기에는 너무 늦었다고 판시했다. 긴즈버그 대법관은 법정에서 직접 요약 발표한 반대의견에서 연방대법원이 시민권법 제7조를 너무 협소하게 해석했으며 그로 인해 의회가 교정 조치를 취하도록 자극하고 있다고 주장했다. 결국 긴즈버그가 주장한 대로 의회가 이 사건 내용을 사실대로 반영하여 2009년에 '릴리 레드베터 공정임금법'을 통과시켰다.

스티븐 대법관, 사우터 대법관, 브레이어 대법관 그리고 저를 포함해서 네 명의 대법관이 오늘의 연방대법원 결정에 반대합니다. 저희가 볼 때, 연방대법원은 여성들을 희생양으로 만들 수도 있는 '은밀한 방식'의 차별에 대해서 이해하지 못하고 있거나 아예 관심조차 보이지 않는 것 같습니다. 오늘의 판결은 이제 막 겪기 시작한 임금 불평등의 원인이 성차별로 인한 것인지도 불명확한 상황에서 소송 제기가 너무 늦었다고 성급히 결론을 내려버린 것입니다. 여성인 원고는 사건 초기에는 남성들이 자신과 매우 유사한 직무를 수행하면서 더 많은 임금을 받고 있다는 사실을 몰랐을 수 있습니다(또한 사회적으로 주목을 받고 있지 못하는 상황에서 소송을 제기하면 패소로 이어질 가능성이 매우 높습니다). 금번 판결로 인해, 앞으로는 소송에서 이길 수 있다고 판단이 설 만큼 사태가 무르익었을 때 소 제기를 하면 연방대법원의 문턱도 넘어보지 못하고 너무 늦었다는 이유로 하급법원에서 기각당하고 말 것입니다. 우리나라 사업장에서 인종, 피부색, 종교, 성별 또는 출신 국가를 근거로 하여 자행되는 차별은 불법이라고 시민권법 제7조에 명시했을 당시에 미 의회가 의도했던 내용에도 더 이상 부합하지 않습니다.

이 사건의 원고인 릴리 레드베터는 1979년, 앨라배마주에 소재한 '굿이어타이어앤러버'라는 회사에 공장 소속 지역 매니저로 입사했습니다. 그의 첫 급여는 회사에서 비슷한 일을 하던 남성 동료들과 같았습니다. 그러나 시간이 지날수록, 동급이나 심지어 낮은 직급의 남성 근로자들이 받는 수준과도 서서히 격차가 생기기 시작했습니다. 1997년 말경, 회사의 지역 매니저 중 여성은 레드베터가 유일했으며, 열다섯 명의 남성 동료 매니저와의 급여 차이는 이제 너무나 극명해져서 무려 15~40퍼센트나 낮은 수준에 이르렀습니다.

1998년, 레드베터는 '고용기회균등위원회'에 문제의 내용을 신고했습니다. 그곳에서 시민권법 제7조에 반해서 회사가 성별을 근거로 차별적으로 낮은 임금을 지급했다고 주장했으며 마침내 법정으로 비화하여 재판까지 받기에 이르렀습니다. 법원의 담당 판사는 "회사가 단지 여성이란 이유로 불공평하게 급여를 지급했을 가능성이 상당히 높다"고 확신했습니다. 오늘, 연방대법원이 그 사건에 관한 항소법원의 판결을 무효로 만들어버린 것입니다. 그것도 단지, 사건이 발생하고 나서 소송이 너무 늦게 제기됐다는 이유로 말입니다.

시민권법 제7조에 따르면, "법에 어긋나는 차별적 관행에 대한 혐의는 발생한 지 180일 이내에 고발이 이뤄져야" 합니다. 레드베터는 180일이라는 법정 신고기간에 받은 급여가 동일한 직무를 수행하는 남성들에 비해서 현저히 낮았다고 고발했고 법정에서 직접적인 증거자료를 제시하기도 했습니다. 임금 차이가 남녀차별로 인한 것임을 설명할 수 있었으며 여성 관리자에 대한 차별이 회사가 운영하는 공장 전체에 만연해 있다는 것을 보여주는 강력한 증거들도 함께 제출했습니다. 그러나 결국엔 아무 소용이 없었습니다. 연방대법원은 회사가 남성 동료의 급여와 같은 수준으로 올려주지 못했을 때마다 원고가 매년 고발했어야 한다고 판결한 것입니다. 이번 판결은 적기(180일 이내)에 이의를 제기하지 않은 문제의 연봉 일체에 대해서 시민권법 제7조를 통해 구제받을 수 없다고 본 것입니다.

시민권법 제7조는 현실세계의 고용 관행을 다루는 법률입니다. 오늘은 연방대법원이 바로 그 점을 간과해버렸습니다. 이와 같은 형태의 임금 불평등 문제는 미국 사회에서 갈수록 더 자주 발생하고 있습니다. 금번 사건의 경우에는 시간이 제법 흐르고 나서야 원고에게 실제로 임금차별이 일어나고 있다는 의문이 들기 시작한 것입니다. 여기서도 임금을 비교할 수 있는 정보가 정기적으로 근로자에게 제공되지 않았으며 그들이 볼 때 회사 측에선 오히려 관련 정보를 자주 숨겼다고 합니다. 더욱이, 초기의 근소한 임금 차이는 설사 근로자가 인지했다 한들 사안의 중대성에 비춰볼 때 연방법원에서는 결정적인 판단 근거로 작용하지 못했을 수 있습니다. 또한, 남성이 압도적으로 많은 작업 현장 즉, 입사하자마자 본인 앞에 오직 남성들만 보이는 직장에서 그래도 성공하려고 발버둥치던 여성 근로자로서는 괜히 그런 문제로 평지풍파를 일으킬까 우려가 되었다는 원고 측 주장에 대해서도 저희들은 십분 공감합니다.

여러 번 거듭되어 서서히 늘어나 드디어 충격적인 수준에 이르게 되는 임금 격차의 문제는 해고나 승진 거부 또는 채용 거절과 같이 단발적으로 발생하는 불리한 회사의 조치들과는 확연히 다른 사안입니다. 즉, 후자의 경우에는 성격상 회사와 즉시 소통이 가능하고 차별적이라고 "쉽게 구분해낼 수 있"습니다. 그처럼 명확히 대처할 수 있는 상황과는 대조적으로, 임금차별은 확연하게 드러날 정도로 일정 규모에 이르기 전까지는 근로자가 그런 당혹스러운 상황을 제대로 파악할 수조차 없어 제때 이의를 제기하지 못할 가능성이 매우 큽니다. 설사, 레드베터가 처음부터 의심이 가긴 했지만 한 번쯤 밑지는 셈 치고 고용주를 믿어보려 했다 한들 그것을 구실로 지속적으로 실망스러운 수준의 급여가 지급된 사실 자체에 대해 사후적으로 바로잡으려는 노력을 중단시킬 수는 없습니다.

그러나 연방대법원은 차별적인 임금 결정에 대해서 하나도 빠짐없이 제때 이의를 해야 했으며 그렇게 하지 않았기에 기왕의 일들은 일체 없었던 것으로 치고 다시 출발해야 한다는 의미로 시민권법 제7조를 해석한 것입니다. 원고가 다른 지역 남성 매니저들보다 훨씬 적은 임금을 받도록 결정지은 그간의 판결들이 갖는 법적 구속력에 대해서는 굳이 신경 쓰지 마십시오. 밝혀진 사실관계를 토대로 과거에 발생한 임금차별에 대해 소급해서 적용하는 것은 지극히 온당한 처리 방식이기 때문입니다. 그러나, 문제는 이번의 무리한 판결이 가져올 파장이 적지 않다는 것입니다. 우선, 시민권법 제7조에 의거하여 '고용기회균등위원회'에 불만을 제기하더라도, 앞으로는 소급 보상을 받지 못할 수도 있습니다. 더욱이, 원고가 이번에 겪었던 연방대법원 차원의 구제 거절이 이제부터는 성별 문제를 넘어서 인종, 종교, 연령, 출신 국가 또는 장애를 근거로 한 임금차별로도 이어질 수 있다는 것입니다.

연방대법원이 시민권법 제7조의 광범위한 치유 목적에 반해서 그토록 답답한 해석을 내놓은 것은 이번이 처음만은 아닙니다. 1991년, 의회는 오늘날 연방대법원이 기대고 있는 로런스 사건을 포함하여, 당시 연방대법원이 유사한 수준으로 제약을 가했던 판결을 효과적으로 무력화하는 시민권법을 통과시킨 바 있습니다.

이번 사건에 입법부가 나서서 금번에 내린 시민권법 제7조에 대한 옹졸한 해석을 바로잡을 이유가 이로써 충분히 소명되었다고 주장하는 바입니다.

밴스 대 볼 주립대학 사건
2013년 6월 24일

2013년 6월 24일, 긴즈버그 대법관이 세 명의 진보적인 대법관을 대신해서 사안의 성격상 서로 연관되어 있으며 모두 '5 대 4'로 대법관끼리 의견이 갈린 두 개의 사건 판결에 대해서 반대한다는 내용의 의견서를 요약해서 발표했다(2013년의 '텍사스대학 남서부지역 메디컬센터 대 나사르 사건' 판결과 '밴스 사건' 판결). '레드베터 사건'처럼, 두 건 모두 다수의견이 시민권법 제7조를 '너무 비좁게 해석한' 결과로 평가된다. 이에, 긴즈버그 대법관과 함께 반대의견을 낸 동료 대법관들은 다수의견이 "현실세계의 고용 관행"은 물론이고 시민권법 제7조를 제정한 미 의회의 입법 취지에도 반하는 것이라고 주장했다. 여기에 첫 번째로 실린 반대의견은 먼저 발표된 '밴스 사건' 판결에 관한 것이다.

오늘 발표된 두 건의 판결문에서, 연방대법원은 시민권법 제7조를 너무 비좁은 울타리 안에 가둬버리고 말았습니다. 이 법은 원래 인종, 피부색, 종교, 성별 또는 출신 국가를 근거로 가해지는 차별을 없애기 위해 마련된 것입니다. 금번 판결들은 공히 미 의회의 입법 취지와는 달리 시민권법 제7조의 권능을 약화시키는 결과를 초래하고 말았습니다. 이에, 브레이어 대법관, 소토마요르 대법관, 케이건 대법관과 저를 포함한 4인의 대법관은 금번 결정에 반대합니다.

알리토 대법관이 방금 전에 발표한 '밴스 사건' 판결문 내용에 대해서 우선 다음과 같이 질문을 드립니다. 어느 국가기관이 전면에 나서서 시민권법 제7조에 담긴 입법 취지를 감독해야 하는 겁니까? 이에 대한 답변이 매우 중요한데 그 이유는 감독관이 괴롭히는 행위를 저지르면 고용주가 관리자로서 응분의 책임을 져야 한다는 취지로 그간 연방대법원이 일관되게 판결을 해왔기 때문입니다. 반면에, 괴롭힌 사람이 동료일 뿐 감독관이 아니라면, 피해자가 고용주의 방임을 입증하지 못하는 경우, 고용주는 책임에서 벗어날 수 있습니다. 여기서 피해자는 고용주가 괴롭히는 행위를 이미 알고 있었거나 반드시 알고 있어야 하는 상황임에도 불구하고 그런 행위를 하지 못하도록 사전에 방지하거나 인지하고 나서도 중지시키지 않았다는 것을 입증해야 합니다. 그러나, 입증에 대한 부담은 그리 쉽게 해소될 수 있는 사안이 아닙니다. 더욱이, 해당 인사는 직장에서 가해자로 소문이 날 수 있기 때문에 애써 감추려 들 것입니다. 보다 심각한 문제는 불만이 회사의 경영층까지 보고되지만 않는다면 고용주가 아무런 책임도 지지 않는다는 데 있습니다.

이 사건에서는 감독관과 직장 동료를 구분해서 적용하는 것이 타당합니다. 괴롭힘의 가해자가 동료라면 피해자는 그와 완전히 결별하거나 그런 동료에게 "당장 꺼져버려!"라고 하면 그만입니다. 그러나, 감독관의 괴롭힘은 그가 행사하는 통제권 때문에 동료의 괴롭힘에 비해 벗어나기가 훨씬 더 어렵습니다.

그렇다면 통상 어떤 사람이 감독관에 해당되나요? 우선, 회사에 고용된 사람으로 채용, 해고, 승진 또는 강등 조치와 같이 실질적으로 고용이나 인사 조치를 할 수 있는 권한을 지닌 사람이라는 점에 대해서는 이 사건의 모든 당사자가 동의하고 있습니다. 여기에 더해, 시민권법 제7조를 해석하고 관리하도록 위임을 받은 기관인 '고용기회균등위원회'는 다른 근로자들의 "당일 업무활동을 지시할" 권한이 주어진 사람이라고 정의하고 있습니다. 이 사건에서 언급되고 있는 두 가지 형태의 감독관이 실제로 존재하고 있다는 것과 그에 대한 개념 정의에 대해서도 양측 모두 수용했습니다. 반면에, 연방대법원은 놀랍게도 '고용기회균등위원회'가 정의한 내용을 부정하고 실질적인 고용 행위와 인사권을 행사할 수 있는 사람만으로 감독관의 범주를 한정시켰습니다.

그럴 경우 과연 어떤 부류의 사람들이 법망을 빠져나갈 수 있을까요? 고속도로의 보수 유지를 담당하는 여성 근로자에게 업무지시를 하는 '작업반장'이라는 사람들이 현실 세계에서 찾아볼 수 있는 가장 전형적인 사례라고 할 수 있습니다. 성적 수치심을 자극하는 욕설이 여성 근로자를 향해 난무하고 음란물 동영상마저 여성 탈의실에서 불법적으로 촬영됩니다. 작업반장이 영하의 날씨에도 자신이 모는 차를 닦도록 시키고, 도로보수 작업 대신에 내키지 않는 역내의 궂은 일들은 물론이고 자신의 자동차에 내장된 고장나 멈춰선 난방 시스템도 수리하도록 시킵니다. 더욱이 아무도 그 여성을 도와주지 말라고 특명까지 내립니다. 이런 모든 행위가 명백히 직장 내 괴롭힘에 해당합니다. 여기서, 작업반장이라는 사람은 괴롭힘을 당한 여성 근로자의 하루 업무 활동에 대해서 분명히 책임을 지고 있습니다. 다만, 그에게는 채용이나 해고 또는 고용에 대해서 일정한 권한이 부여되지 않았을 뿐입니다. 따라서, 오늘의 판결로 현장의 관리 책임자라는 그 사람이 이제부터 졸지에 작업반장이 아닌 단지 여성 근로자의 작업장 동료가 되어버리고 만 것입니다.

직장생활을 해본 사람이라면 누구나 손쉽게 이해할 수 있듯이, 부하 직원에게 하루 업무를 부여하고 통제할 수 있는 사람은 고용주가 특정 자리에 배치하고 부여한 관리 감독자의 지위를 이용해서 부하 직원을 끝까지 괴롭힐 수 있습니다. 이에, 고용주는 그런 비위행위에 대해서도 적절히 관리할 책임이 있습니다. 따라서, 연방대법원의 이번 결정은 노동 현장의 실상을 무시한 처사임이 분명합니다. 이 판결로 인해 앞으로는 작업 현장에서 끊임없이 발생하는 갖가지 괴롭힘 사례를 효과적으로 방지하거나 치유하는 일이 쉽지 않을 것입니다. 이번 판결로 시민권법 제7조에 따라 차별적 행위를 예방하고 바로잡을 수 있는 법원의 헌법상 기능과 역할마저 현저히 위축되고 말 것이기 때문입니다.

6년 전에도 '레드베터 사건' 재판에서 연방대법원이 이번처럼 시민권법 제7조를 매우 제한적으로 해석했습니다만, 다행히도 2009년에 미 의회가 나서서 그와 같은 과오를 바로잡아주었지요.

연방대법원의 시민권법 제7조에 대한 그토록 고지식한 해석을 바로잡기 위해 이제 그 공을 다시 한번 의회로 넘깁니다.

셸비카운티 대 홀더 사건
2013년 6월 25일

미국의 투표권법은 "인종이나 피부색을 근거로 투표권을 행사함으로써 그 어떤 시민의 권리를 부인하거나 축소하는 결과를 가져오는 기준이나 관행 또는 절차를 금지하고" 있다. 그와 같은 취지에서, 아프리카계 미국인들의 투표권을 축소시킨 전력이 있는 주 정부와 관할구역에 한해서는 선거와 관련해서 법령을 변경하려면 발효하기 전에 모든 변경 내용에 대해서 연방정부 법무부의 '사전 승인'을 받도록 했다. 바로 거기에 해당하는 앨라배마주 셸비카운티가 그와 같은 조치는 위헌이라며 이의를 제기한 것이다.

로버츠 대법원장이 작성한 다수의견에서 다섯 명의 대법관은 제도를 도입하고 나서 현재까지 투표 여건이 현저히 개선되었으니 해당 법령은 너무 시대착오적일 뿐만 아니라 위헌의 소지도 있다고 주장했다. 나머지 네 명의 대법관을 대신해서 긴즈버그가 서른일곱 장에 이르는 방대한 분량의 반대의견을 작성했다. 거기서 그는 변론의 핵심 요지를 다음의 한 문장으로 간명하게 정리했다.

"그간 지속적으로 작동해왔고 지금도 계속해서 작동하고 있는 사전 승인이라는 제도를 일거에 폐기해버리는 것은 마치 폭풍우 속에서 본인이 젖지 않는다고 해서 주변 사람들은 살펴보지도 않고 쓰고 있던 우산을 내던져버리는 것과 마찬가지입니다." 또한 사전 승인 방식이야말로 "투표권 차별이라는 최악의 상태에 빠진 관할구역을 정확히 구분해냅니다"라고 주장했다. 그가 반대의견의 역할에 대해서 학생들에게 강연할 때 이미 언급한 바와 같이 '셸비카운티 사건' 판결은 헌법의 해석에 관한 것으로 본인이 이번에 직접 발표한 반대의견도 "미래의 또 다른 지성에게 던지는 호소"나 다름이 없다. 반대의견을 요약해서 작성한 법정 발표문에서 관련 내용을 소상히 언급하고 있으며 특히, 인종 간 평등의 실현을 굳게 다짐하는 대목에서 소수자 그룹에 대한 긴즈버그 특유의 배려심이 잘 나타나있다.

이 재판에서 다수의견과 반대의견 공히, 다음의 두 가지 측면에서는 궤를 같이하고 있습니다. 첫째, 인종을 근거로 한 투표권 차별 행태가 아직까지도 엄연히 존재하고 있으며 여기에는 추호도 의심의 여지가 없다는 것입니다. 둘째, 투표권법은 근 한 세기 동안 수정헌법 제15조의 명령을 어겨온 심각한 문제들에 대응하기 위해 고심을 거듭한 끝에 나온 법안이며 미 의회가 이를 해소하기 위해 비상한 수단까지 동원했던 것입니다. 이 두 가지 이외의 사안들에 대해서는 대법관들끼리 의견이 극명하게 갈리고 있습니다.

의회가 관할구역을 획정하는 방식을 변경하는 데 실패하자, 소수자 그룹의 투표권을 지켜주는 동시에 구습으로 돌아가는 것을 막기 위해서 가장 강력한 효력을 지닌 투표권법 제5조[주 정부 또는 지방자치정부가 투표 행위에 영향을 미치는 규정을 개정할 경우 연방정부의 법무부 또는 워싱턴 D.C. 지방법원의 사전 승인을 받아야 한다]상의 사전 승인 제도를 동원한 것에 대해서 오늘 연방대법원이 더 이상 효력이 없다고 선언했습니다. 그러나, 브레이어 대법관, 소토마요르 대법관, 케이건 대법관과 저를 포함해서 네 명의 대법관은 의회가 금번에 투표권법을 개정하고 기존의 관할구역 획정 방식을 유지하기로 한 결정이 그간 미국인들이 꿈꿔온 나라를 건설하는 데 있어서 가장 합리적인 수단이라고 판단했습니다. 그 꿈이란 우리의 정치체에 속하는 모두가 동등한 시민권적 지위를 갖는것, 인종에 의해 희석되지 않은 우리 민주주의의 모든 유권자들이 동등하게 목소리를 내는 것입니다.

저희들은 이 사건에서 "누가 결정해야 하는가"가 가장 근본적인 문제라고 생각합니다. 이와 관련해서, 수정헌법 제1조[의회는 종교를 세우거나, 자유로운 종교활동을 금지하거나, 발언의 자유를 저해하거나, 출판의 자유, 평화로운 집회의 권리 그리고 정부에 청원할 수 있는 권리를 제한하는 어떠한 법률도 만들어서는 안 된다]를 통해서 우리의 선조들은 한때 미 의회에 대한 의구심을 명시적으로 드러낸 바 있습니다. 그에 따라 의회가 표현의 자유를 위축시킬 수 있는 법령을 만들지 못하도록 한 겁니다. 그러나, 그 이후에 만들어진 '남북전쟁 수정헌법[Civil War Amendments, 남북전쟁이 끝나자 3개의 수정헌법이 미 의회를 통과했는데 1865년에 채택된 제13차 수정헌법은 노예제도 폐지를 골자로 하고 있고, 1866년에 채택된 제14차 수정헌법은 '적법절차 조항'과 '평등보호 조항'을 골자로 하고 있으며, 1870년의 제15차 수정헌법은 투표권법을 주로 다루고 있다]'에 새롭게 등장한 조항들은 그와는 확연히 다른 취지를 담고 있습니다. 수정헌법 제15조는 인종을 구실로 투표할 권리를 부인하거나 축소할 수 없도록 명시하고 있습니다. 또한, 수정헌법 제13조와 제14조가 그랬던 것처럼 수정헌법 제15조에서도 적절한 입법화를 통해서 보장된 권리를 강제할 수 있는 권한이 그때부터 의회에게 부여됩니다. '사우스캐롤라이나주 정부 대 카첸바흐 사건' 판결에서 연방대법원은 의회의 권한에 대한 기준을 설정하기 위해서 다음과 같이 주문했습니다. "투표권 행사와 관련하여 이제부터 연방정부의 권한이 유보될 것이며 그에 반해 의회는 투표에서 인종차별을 금지하는 헌법을 효과적으로 실행하기 위해 합리적인 수준에서 모든 수단을 동원할 수 있다."

의회는 1965년에 투표권법 제5조가 통과되고 나자 우선, 당시 기준으로 가장 최근의 내용까지 포함한 모든 재승인 사항에 대해서 연방대법원이 주문한 내용에 맞춰 일일이 상응하는 조치를 취했습니다. 이에, 2006년에 나온 재승인 내용이야말로 최고의 진정성을 담은 의회의 심의 결과라고 할 수 있습니다. 20개월도 넘는 오랜 기간에 걸쳐, 하원과 상원 법사위원회가 무려 스물한 번의 청문회를 개최하였고 수많은 사람들의 증언과 의견을 청취했으며 다수의 조사보고서와 다양한 문건들도 접수해서 심의했습니다. 관련 보고서와 문건들에 따르면, "획정된 관할구역 내에서 의도적으로 행해지는 차별이 이젠 심각한 수준에 이르렀으며 더욱이 만연해 있"다는 점이 확실했습니다.

입법부가 검토한 관련 기록물들은 모두 합쳐 1만 5천 장이 넘을 정도로 방대했습니다. 당시에 하원의원이자 법사위원장이었던 센센브레너는 의회가 무려 27년 6개월이나 다뤄왔던 법령들에 대해서 역사상 가장 광범위하게 심의했던 사례로 기록될 것이라며 당시에 방대한 검토 문건들에 대해서도 특별히 언급을 했습니다. 그토록 어렵사리 심의를 마친 수많은 재승인 안건들이 드디어 하원에서 '390 대 33'으로 통과되었으며 상원에서는 무려 '98 대 0'이라는 경이로운 찬성률로 통과됐습니다. 부시 대통령은 안건을 접수하고 일주일 만에 "불공정과 맞서 싸우기 위해서는 이처럼 심도 있는 작업이 필요하다"고 언급하며 서명을 했습니다. 또한, "모든 사람들이 인간의 존엄성과 상호존중으로 대우받는 하나의 미국을 만들기 위해서 꾸준히 지속해온 헌신적인 활동의 대표적 산물"이라고 언급하며 재승인이 마침내 이뤄졌다는 사실에 큰 의미를 부여했습니다.

왜 의회가 특별히 투표권법 제5조를 계속해서 존속시키려 했을까요? 연방대법원장이 설명한 바에 따르면, 투표에 관한 규정 변경으로 인해 새로운 형태의 차별이 야기될 수도 있기 때문에 이를 미연에 방지하기 위해 사전에 승인을 받아놓도록 하고 있다는 것입니다. 무엇보다도, 의회는 투표권법 제5조가 소수자 그룹에 속한 유권자들의 선거 등록과 투표 참여를 성공적으로 확대시켜왔다는 사실을 이미 확인한 바 있습니다. 또한, 의회는 투표권법 제5조가 문제 많던 과거의 획정 방식으로 되돌아가려는 시도를 막는 데 결정적인 역할을 한다는 사실도 알게 되었습니다. 단적인 사례로, 1995년에 미시시피주가 차별로 얼룩졌던 1800년대의 짐 크로 시대에나 통했던 유권자들의 이중등록을 허용하려고 했으나 투표권법 제5조로 인해 제지를 당한 바 있습니다. 2006년에는 텍사스주가 대부분 라틴계 남자들로 구성된 지역구에서 사전

투표를 축소하려는 행위를 하다 금지 처분을 받았습니다. 그 같은 행위는 텍사스주가 해당 지역구를 없애려 시도하자 연방대법원이 나서서 되살릴 것을 주문한 것에 저항하는 과정에서 벌어진 것입니다. 의회는 사전 승인 대상이 된 관할구역 내에서 그와 유사한 차별 사례들을 다수 확인한 바 있습니다.

또 다른 중요한 시그널로, 소수자 그룹에 속한 유권자들의 선거 등록과 투표 참여가 급증하자 과거 한때 투표장 진입을 방해했던 시도와 수단들을 대체할 수 있는 이색적인 장애물들이 급부상하고 있다는 사실도 확인할 수 있었습니다. 그 같은 차세대형 장애물로는 인종차별적 게리맨더링, 개별 지역에서 전체 지역으로 투표 구역 변경, 차별 목적의 지역구 병합 등이 있습니다. 새롭게 동원된 수법들은 1965년처럼 대놓고 하기보다는 훨씬 교묘한 방식으로 자행되고 있으며, 자신이 속한 커뮤니티의 선거 과정에서 소수자 그룹이 영향력을 제대로 행사하지 못하도록 하는 데 특히 효과가 큰 것으로 드러났습니다.

이에, 차세대 장애물이 확산하는 것을 선제적으로 봉쇄하기 위해 의회가 투표권법 제5조를 그대로 유지하기로 결정한 것입니다. 그러나, 연방대법원의 다수의견에 따르면, 관할구역을 획정하는 방식은 "수십년이 지난 통계 자료와 이미 근절된 관행들"을 근거로 하고 있기 때문에 더 이상 유효하지 않으니 의회가 처음부터 다시 밑그림을 그려야 한다는 것입니다. 하지만, 기존의 사전 승인 방식을 활용하면 투표권 차별이 너무나 심각한 곳이어서 주목의 대상이 되는 그런 관할구역들을 지속적으로 찾아낼 수 있다는 것을 관련 기록물들을 통해서 확인할 수 있습니다. 만약 의회가 자체적으로 수집한 다수의 증거물을 통해서 문제의 관할구역들이 아직도 사전 승인을 받아야 한다고 판단했다면 왜 굳이 연방대법원이 나서서 기존의 방식을 바꾸도록 강제해야 하나요?

셸비카운티는 재승인 방식에 정면으로 도전해왔으며 그 강도가 갈수록 심해지고 있다는 점에 각별히 주목해야 할 것입니다. 그에 대응하기 위해서 연방대법원이 동원할 수 있는 권한으로는 과연 무엇이 있을까요? 종전까지 연방대법원은 직접 나서서 그 같은 정면 도전을 성공적으로 해소하기가 몹시 어렵다고 설명해왔습니다. 그러나, 이제부터는 문제의 투표권법 제5조와 관련하여 연방대법원은 고사하고 심지어 지극히 정당한 사유를 근거로 하급법원에 소송을 제기하더라도 상대 측인 셸비카운티가 금번의 연방대법원 판결을 구실로 일방적으로 무시하려 들 것입니다. 한편, 의회가 단지 소수자 그룹의 투표권 행사를 방해하는 장애물에 대해서만 심의하고 나서, 셸비카운티를 포함하여 앨라배마주 전 지역에 대해서도 사전 승인 제도를 계속 유지하기로 결정했습니다. 그러나, 투표 방해뿐만이 아니라 다른 유형의 온갖 장애물들이 도처에 깔려 있고 내용도 너무나 충격적이며 더군다나 최근까지도 계속해서 유사한 문제들이 발견되고 있습니다. 참고로, 관련 사례들은 저희들의 의견서에 상세히 기재되어 있습니다. 투표권법 제5조가 그간 유지되지 않았다면 연방대법원이 과연 정면 공격마저 기꺼이 물리쳐온 통상적인 자제력과 결연한 자세를 발휘할 수 있었을까요?

다수의견은 투표권법 제5조가 1965년까지 존재했던 투표권 부여에 관한 자격 심사용 문맹률 테스트와 그에 동원된 도구들을 일거에 폐기해버린 것은 물론이고 소수자 그룹에 속한 시민들의 선거인명부 등록과 투표 참여를 독려하는 데도 일조했다고 언급하고 있습니다. 그렇다고 그것이 과연 투표권법 제5조를 통한 강력한 치유가 더 이상 필요가 없다는 근거라도 된다는 말입니까? 그런 사고방식은 그리 새로운 것이 못 됩니다. 이미 투표권법이 도입되기 이전에도 특이한 투표권 차별 방식이 확인되어 제거하고 나면 문제가 전부 다 해결된 것처럼 주장하는 목소리가 지금처럼 활개를 쳤습니다. 그러나 결국에는 모두가 거듭해서 오판임이 드러나고 말았습니다. 이에, 2006년에 투표권법이 변경되었으며 특정 관행으로 제한했던 종전의 제재 방식 대신에 소수자 그룹의 투표권을 손상시킬 목적으로 끈질기게 동원해온 온갖 종류의 수법들을 모두 망라하여 직접적인 제재 대상으로 삼게 된 것입니다. 투표권법 개정과 함께, 의회가 대대적으로 나서서 차세대형 장애물들을 찾아냈으며 그들은 모두 사전 승인 제도라는 치유법이 강력하게 유지되어야 하며 투표권법을 결코 연방정부의 무기고에서

들어내서는 안 된다는 것을 여실히 보여주는 생생한 증거물로 남아있습니다.

결론적으로, 수정헌법 제15조의 명령을 무시한 채 근 100년이라는 세월 동안 누적된 차별의 흔적들을 지우는 데는 그간의 40년으로도 충분하지 않다고 의회가 판단한 것입니다. 따라서, '남북전쟁 수정헌법'상으로 "적절한 법령의 제정을 통해서" 강제할 권한이 있는 입법부가 그같이 판단을 내린 것에 저희 모두 아낌없는 찬사를 보내줘야 마땅합니다. 앨라배마의 셀마에서 시작해서 몽고메리에 이르기까지 벌인 대규모 행진을 진두지휘하며 투표권법의 통과를 외쳤던 위대한 존슨 대통령은 앨라배마에서도 의미 있는 진전이 있으리라고 예견한 바 있습니다. 존슨 대통령은 "도덕적 세계의 범주는 너무도 광활하다. 하지만, 과업을 완성하려는 끈질긴 헌신이 있다면 그 세계는 정의의 편으로 향할 것이다"는 말을 남겼습니다. 불행히도, 그와 같은 헌신이 오늘의 연방대법원 판결로 끝내 손상을 입게 된 것입니다.

피셔 대 텍사스대학 사건

2013년 6월 24일

텍사스주에 소재한 고등학교의 상급반에서 성적이 상위 10퍼센트에 드는 학생들은 텍사스주에 있는 공립대학교에 자동으로 입학을 허용해주는 '상위 10퍼센트 법'에 따라 텍사스대학에 입학한 신입생들이 등록한 전체 학생의 4분의 3에 이르렀다. 나머지 학생들을 뽑기 위해서, 텍사스대학은 지원자 본인의 재능, 리더십 자질, 가정형편은 물론 인종도 평가 요소로 삼았다. 이에, 상위 10퍼센트에 들지 못해 입학이 거부된 백인 학생 애비게일 피셔가 대학 당국을 인종차별 혐의로 고발했다. 그의 주장에 따르면, 인종을 선발 기준으로 삼는 것은 수정헌법상 평등보호 조항에 배치되는 것이기에 오히려 본인에게 인종차별을 가한 것과 다름이 없다는 것이다.

해당 지방법원과 제5순회항소법원은 연방대법원의 2003년 '그루터 사건' 판결을 인용하면서 대학 측의 손을 들어줬다. 당시에 연방대법원은 미시건대학이 지원자에 대한 총체적 평가 항목 중에서 인종은 단지 하나의 가산 요인에 해당할 뿐으로 전체 학생의 다양성을 확보하려는 대학의 취지("협소하게 맞춰진")가 충분히 입증되었다고 판시했다.(이와는 대조적으로, 그루터의 동료가 제기한 '그라츠 사건'에 대해서는 헌법을 위반한 것으로 판단했다. 연방대법원이 미시건대학의 학부생 선발 과정에서 소수계 인종이나 종족에 대해서 구체적으로 수치화해서 점수를 부여한 것은 "협소하게 맞춰진" 요건에 부합하지 않는다고 본 것이다.)

텍사스대학을 상대로 한 '피셔 사건' 판결에서 연방대법원의 다수의견은 제5순회항소법원이 각기 다른 성격의 '그루터 사건' 판례와 '그라츠 사건' 판례를 엄격히 분별해서 적용하지 못했다는 결론 아래, 법률적 오류를 바로잡는다는 명목으로 하급법원의 결정을 파기 환송시켰다. 긴즈버그 대법관은 이 사건 판결의 유일한 반대자로, 연방 항소법원은 연방대법원이 내린 '그루터 사건' 결정을 충실하게 따랐다며 제5순회항소법원의 판단을 전적으로 옹호하였으며 법정에서 혼자라도 반대의견을 발표해야 한다고 강하게 느꼈다. 우선, '상위 10퍼센트 법'을 인종적으로 "중립적"이라고 규정한 다수의견에 이의를 제기했다. 그는 오히려 신입생 선발 방식을 놓고 벌어진 두 가지 사건 모두가 인종 다양성을 확대하려는 차원에서 채택한 것이며 따라서 공히 헌법이 추구하는 바에 부합한다고 주장했다.

긴즈버그 대법관의 법정 발표문은 아래와 같다. 하지만, '피셔 사건'에 관한 이야기는 여기서 끝나지 않는다. 다수의견이 주문한 바와 같이, 이 사건은 제5순회항소법원으로 파기 환송됐으나 두 번째 재판에서도 연방대법원의 주문과는 달리 텍사스대학이 입학 허가 과정에서 인종을 하나의 고려 요소로 삼은 것은 헌법의 취지에 부합한다고 거듭 판결했다. 이 책 8장의 '2015~2016 회기' 주요 보고 사항에 상술되어 있듯이 결국은 연방대법원이 심리를 다시 하기로 했다.

제가 보기에 아래의 하급법원은 연방대법원이 당초에 제시했던 기준을 고수하였기에 이 사안에 대해서는 심리를 다시 할 여지조차 없는 것으로 판단됩니다.

금번의 연방대법원 결정을 반대하고 있는 저는 본 소송에서 원고 측이 주장하는 기본 전제에 근본적으로 의문을 품고 있습니다. 텍사스주의 '상위 10퍼센트 법'에 따르면, 그 주에 속한 공립대학들은 지역 내 고등학교 졸업자로 학급에서 성적이 상위 10퍼센트 안에 든 모든 학생에게 입학을 허용해주고 있습니다. 여기서, 원고는 '상위 10퍼센트 법'을 '인종 중립적인 법'이라고 주장하고 있으며 다수의견도 그 같은 개념 설정에 동조하고 있습니다. 원고는 '상위 10퍼센트 법'이 "이뤄낸 다양성은 인종적 기준에 기대지 않고 달성한 것이다. 따라서, 해당 대학은 각개의 승인 신청서를 심사하는 과정에서 인종을 연계시킬 수 있는 헌법적 근거가 없다"고 주장하고 있습니다.

해당 대학이 다양성 확보라는 교육 목표를 달성하기 위해 수많은 요소 중 하나로 인종을 명백히 고려했음에도 불구하고 '상위 10퍼센트 법'이 과연 인종 중립적이라고 말할 수 있나요? 텍사스주가 채택한 퍼센티지 플랜은 인종과 무관한 것이 아니라 인종을 오히려 의식하고 있는 것 아닐까요? 텍사스주의 커뮤니티와 학교에서 만연했던 인종 분리라는 차별 정책이 애초부터 없었더라면 '상위 10퍼센트 법'은 태어나지도 않았을 겁니다. 지역 공립대학들의 인종 다양성 확보와 관련하여 텍사스주 의회는 인구통계학적 자료들도 면밀히 검토한 바 있습니다.

'상위 10퍼센트 법'이 인종 중립적이라는 개념은 토머스 리드 파월 교수의 그 유명한 진술을 환기시켜줍니다. "만약 당신이 그

것과 관련된 것에 대해서는 생각하지 않고 다른 것과 불가분의 관계가 있는 것에 대해 생각해낼 수 있다면 당신은 리걸 마인드[법률가는 필연적으로 사건 자체를 뛰어넘어 그 사건을 포함할 수 있는 법질서를 찾기 위해 추론이라는 작업을 거치게 되며, 이를 기초로 하여 현실과 법을 연계시킨다]가 있는 사람입니다." 오직 그런 법의식만이 인종 다양성을 만들어내기 위해서 구체적으로 기획된 입학 승인 계획이 인종을 인식하지 않은 것이라는 생급스러운 결론을 도출해낼 수 있을 것입니다.

불평등에 대해서 법률적 제재가 이미 가해졌는데도 불구하고 수세기에 걸쳐 누적된 효과로 인해 이 문제가 아직까지도 우리 주변을 맴돌고 있습니다. 저는 거의 매일 마주하는 불평등 사례들을 주립대학은 물론이고 정부당국마저 외면해버리면 안 되는 이유를 누차 설명해왔습니다. 헌법상 허용이 가능한 옵션의 하나로 인종에 대해서 특별히 고려할 수 있다는 것을 차제에 솔직하게 인정하고 가는 것이 오히려 감추고 계속해서 애매모호한 자세를 취하는 것보다 교육상 훨씬 낫다고 저는 확신합니다.

더욱이, 전국의 수많은 교육기관이 그랬듯이 텍사스대학의 입학 허가 정책도 '그루터 사건' 판결로 이미 승인이 난 미시건대학의 로스쿨 정책과 파월 대법관이 '배키 사건' 판결문에서 모범 사례로 언급한 바 있는 하버드대학의 입학 승인 프로그램을 모두 반영하여 수립한 것입니다.

이번에 연방대법원이 10년 전, '그루터 사건'을 통해 정리한 평등보호의 골간을 폐기하지 않기로 한 것은 제대로 된 결정입니다. 하지만, 오늘의 판결은 '그루터 사건' 판결의 핵심 내용이 보장하고 있는 결론에는 가보지도 못한 채 중간에 멈춰서버린 것에 불과합니다. 그 대신, 항소법원이 내린 결정을 파기하고 "입학 허가 프로그램의 다양성이 가져오는 교육상 혜택을 실현하기 위해서 허용 기준이 협소하게 맞춰져 있다는 것을 입증해낼 정도로 대학당국이 충분한 증거를 제시했는지 항소법원 스스로 평가해보라"고 한 것입니다. 항소법원은 이미 그런 질문에 완벽히 답한 바 있습니다. 더욱이, 연방대법원이 이정표를 세운 것으로 평가받고 있는 '배키 사건' 판결과 '그루터 사건' 판결을 통해서 단련을 받은 대로 판단을 했기에 본건은 응당 저희 연방대법원이 승인해주어야 하는 사안에 해당하는 것입니다.

NFIB 대 시벨리우스 사건
2012년 6월 28일

연방대법원의 '2011~2012 회기' 마지막 날인 2012년 6월 28일에는 법정이 사람들로 가득 찼다. 대법원 밖에도 수천명의 인파가 운집했으며 2000년 '부시 대 고어 사건' 판결 이래로 가장 흥미진진하게 진행되고 있는 재판 결과를 지켜보기 위해서 수많은 사람들이 텔레비전과 라디오 주변으로 몰려들었다. '미국자영업자연맹(NFIB, National Federation of Independence Business) 사건'에서는 2010년의 '환자보호 및 부담적정보험법[Patient Protection and Affordable Care Act, 일명 '오바마 케어'로 미국에서 저소득층까지 의료보장제도를 확대하는 방안으로 이하 ACA라 칭함]'이라는 건강보험 개혁 법안이 과연 반대하는 측의 헌법상 이의제기라는 난관을 뚫고 살아남을 수 있을지가 최대 관심사였다.

당초, ACA는 미국에 거주하는 사실상 모든 사람이 건강보험을 이용할 수 있도록 설계되었다.[미국의 의료보험 제도는 크게 네 가지로 구분된다. 연방정부와 주 정부가 공동으로 운영하며 65세 미만의 저소득층과 장애인들을 중심으로 제공되는 메디케이드Medicaid, 연방정부가 단독으로 운영하며 65세 이상의 노령층과 질병이나 장애를 갖고 있는 사람들에게 제공되는 메디케어medicare, 고용주가 주축이 되어 피고용자들에게 제공하는 사보험, 그리고 개인들이 가입하는 여타의 보험이 그것이다. 참고로, 2022년 기준으로 네 종류의 비중이 각각 17퍼센트, 22퍼센트, 29퍼센트, 31퍼센트를 차지했다. '오바마 케어'가 최초로 시행된 2010년에는 미국에서 보험 미가입자가 15퍼센트에 달했으나 2020년에는 8퍼센트로 감소했다. 한편, 트럼프 행정부 1기가 들어서고 나서 수차례에 걸쳐 '오바마 케어'를 폐기하려고 시도했으나 일부 공화당 의원까지 가세한 의회의 반대로 결국 무산이 됐다.] 그에 따라, 사안의 성격상 매우 복잡하고 많은 논란

거리가 야기될 수밖에 없었으며 이를 해소하기 위해 두 가지 기본적인 운용 메커니즘이 채택됐다. 첫째, 고용주가 제공하는 보험이나 저소득층 의료보장제도인 '메디케이드'를 통해서 보호받지 못하는 사람들은 보험 상품을 별도로 확보하도록 했다. 아울러, 개별적으로 보험증권에 접근할 수 있도록 ACA가 별도의 '보험거래소'를 마련해주고 2014년 마감 시한까지 구입하지 못한 사람들에 대해서는 국세청을 통해서 별도의 과징금을 부과하겠다는 것이다.

둘째, ACA에 대해서는 기존의 '메디케이드' 제도를 확대해서 적용하는 방식으로 실시한다는 것이다. 연방 및 주 정부가 공동으로 운영하는 '메디케이드' 프로그램은 모든 주 정부가 이미 채택하고 있는 것으로 장애인, 맹인 및 노인과 같은 저소득층과 부양해야 할 자녀가 있는 가난한 가정을 위해서 별도의 의료서비스를 제공하는 것을 골자로 하고 있다. ACA는 거기에다 연방정부가 정한 빈곤선 poverty line의 133퍼센트보다 소득이 낮은 비노년계층을 추가하기로 했다.

당시에, 바로 이 두 가지 조항이 핵심 쟁점으로 부상했으며 헌법상으로 공격을 받았다. 우선, 법안이 개인들로 하여금 보험증권 구매를 의무화하고 있다는 것에 이의가 제기됐다. 다음으로는 의회가 주 정부들로 하여금 '메디케이드'를 채택하도록 유도하는 메커니즘을 문제 삼았다. 즉, 법안에 반대하는 주 정부들에 대해서는 의회가 연방정부를 통해서 제공하던 기존의 '메디케이드'용 기금을 사실상 중단시켜 버릴 수도 있다는 우려가 제기된 것이다.

로버츠 연방대법원장이 다수의견을 발표하기 시작하자 법안을 지지하는 사람들이 숨을 죽였다. 그도 결국 보수라는 라벨이 붙은 다섯 명의 대법관 중 한 사람이었기 때문이다. 여기서도 그가 보수파 대법관들의 입장을 대변한다면 ACA도 살아남지 못할 것이다. 헌법상의 "통상조항[헌법 제1조 8항에 "의회가 외국 간, 각 주 상호 간 및 인디언 부족과의 통상을 규율하는 권한을 가진다"고 규정하고 있다]"에 따라 관련 규정을 주 정부들과 함께 만들 수 있는 권한이 의회에 부여된 것은 사실이나 개인들에게 보험 가입을 강제하는 것은 그와는 성격이 다르다고 대법원장이 언급했을 때 그간의 우려가 현실로 나타나는 듯했다(한 텔레비전 방송은 법정 안에 있던 어느 기자의 몸짓에 놀라서 ACA가 위헌으로 판결이 난 것처럼 서둘러 보도해버리고 말았다).

그러나, 로버츠 대법원장은 그 방송이 나갈 때까지도 법정 발표문 낭독을 이어가고 있었다. 드디어 비록 통상조항이 의회로 하여금 개인의 보험 가입 의무화를 법제화할 수 있도록 해주지는 않지만, 헌법상 의회가 다른 권한을 동원해서 세금을 부과하거나 징수할 수 있다고 선언했다. 이번에는 놀랍게도 로버츠 대법원장이 긴즈버그 대법관, 브레이어 대법관, 소토마요르 대법관 그리고 케이건 대법관으로 구성된 법안 찬성파 4인방의 주장에 동조한 것이다. 마침내, ACA 의료보험 메커니즘의 핵심 사안인 개인에 대한 보험 가입 의무화가 '5 대 4'로 다수의견이 되어 표결에서 살아남게 됐다.

그러나 주 정부들로 하여금 '메디케이드'상으로 확대해서 ACA를 시행하도록 설계한 법안은 끝내 같은 길을 가지 못했다. 왜냐하면, 로버츠 대법원장이 그것에 대해서는 특별히 위헌이라고 선언했기 때문이다. ACA를 통해서 좀더 관대한 기금 운용이라는 당근을 제시하고 있지만, 기존의 '메디케이드' 프로그램에 대해서는 연방정부로 하여금 지원을 중단시킬 수도 있다고 의회가 압박을 가하는 순간, 주 정부에게 "ACA가 강행 규정으로 변질됐다"고 주장했다. 다수의견에 의하면, 입법부인 의회가 "주 정부의 독립성을 강조하는 미국의 연방제 취지에 반하는 내용으로 ACA를 추진하고 있다"는 것이다. 이에 대해서는 긴즈버그와 나중에 합류한 소토마요르 대법관 두 사람만이 반대의견을 제시했다.

긴즈버그 대법관이 약 20분에 걸쳐 반대의견을 낭독했으며 이는 그간에 그가 구두로 발표한 것 중에서 가장 긴 내용으로 법안을 찬성하는 측은 물론 반대하는 측의 의견도 모두 반영하고 있다.

1930년대에 미국의 노령층을 위해서 새로운 의료보험제도 도입이 필요하다는 여론이 형성되자 의회가 적극적으로 나서기 시작했습니다. 결국에는 의회가 세금에 기반하여 사회보장제도를 만들되, 연방정부 프로그램으로 일괄하여 처리하는 방식을 제시했습니다. 2010년에 의회가 질병을 갖고 있거나 부상을 당한 국민들이 이용할 수 있는 건강보험이 절대적으로 필요하다는 데 공감했으며 다만, 기존의 사회보장제도와는 다른 방식으로 해결책을 도출해냈습니다. 즉, 종전의 연방정부 프로그램으로 일괄해서 처리하는 방식 대신에 치료가 필요한 사람들에게 의료혜택을 보장하기 위해서 ACA를 통해 주 정부와 민간 보험회사들에게 중요한 역할을 부여하기로 한 것입니다. 의회가 그와 같은 코스를 밟는 것이 헌법상 적절한 것인지 여부에 대해서 이제는 연방대법원이 답해야 할 차례가 온 것입니다. 결론부터 말씀을 드리자면, 저희는 헌법상 전혀 문제가 없다고 판단하고 있습니다.

세금 부과 및 지출에 관한 의회의 권한이 개인의 보험 가입 의무화나 최소 보상 조항을 뒷받침하고 있다는 대법원장의 의견에 저도 전적으로 공감합니다. 제가 살펴본 바로는 주 정부 간의 통상 문제를 규제할 수 있도록 폭넓게 권한을 위임해준다면 의회가 ACA의 법제화에 적극적으로 나설 것으로 예상됩니다. 이에, 저는 본 건에 대해서 의회의 주장을 강력히 옹호하는 바입니다.

1937년 이후로, 연방대법원은 불가피한 경우에 한해서 의회의 사회경제적 정책결정에 관한 사건에 대해서 판단을 유보해왔습니다. 그러나, 오늘은 통상권이 의회의 책무나 권한으로 보기에는 적합하지 않다고 지체없이 결정해버렸습니다. 이는 75년 전, 생계유지가 급급했던 사람들의 편에 서서 경제를 규제하려던 입법부의 노력을 연방대법원이 즉각 나서서 무력화시켰던 경제대공황 시대의 모습을 연상시키고 있습니다. 금번에 내린 결정이야말로 결코 반복되어서는 안 될 퇴행적인 행태라고 생각합니다.

다수의견은 건강보험을 브로콜리에 비유하고 있습니다. 이는 정부가 사람들에게 보험에 들도록 강제하는 것은 마치 몸에 좋다는 이유로 브로콜리를 강제로 섭취하게 만드는 것과 같다는 뜻입니다. 바로 이 순간에도 그런 식의 논쟁이 계속되고 있습니다. 그러나 건강보험은 야채나 다른 상품들처럼 자유롭게 거래할 수 있는 그렇고 그런 물건이 아닙니다. 의료지원이 생각보다 조금 빠르게 필요한 사람도 있고 다소 뒤늦게 필요한 사람도 있겠지만 언제, 어디서 또는 얼마만큼 심각한 규모가 될지 지금 당장은 그 누구도 가늠할 수가 없습니다. 단적으로, 이제 불과 스물한 살인 건장한 젊은이가 내일이라도 당장 갑작스러운 사고의 희생자가 되어 죽을 때까지 계속해서 값비싼 의료지원을 받아야만 하는 절박한 상황에 놓일 수도 있는 것입니다. 더욱이, 브로콜리를 얻으려면 계산대에서 그때마다 물건값을 지불해야 하지만 건강보험은 그렇지도 않습니다. 물론, 사고의 희생자가 어마어마한 치료비를 감당할 수 없다면 해당 법률과 전문적인 윤리의식에 따라 그래도 응급조치와 함께 후속 치료도 일부 받을 수는 있을 것입니다. 이 세상엔 아직도 인정이 살아있을 테니까요. 그러나 보험에 가입한 사람들은 단지 보험회사를 통해 치료비용을 부담하면 그만입니다. 이번에는 의회가 특히 아직도 가입하지 않은 건강한 사람들로 하여금 보험을 들게 하거나 세금을 통해서 그에 합당한 비용을 부담하도록 요구하는 방식으로 프로그램을 설계하여 그간 누적된 무임승차의 문제도 함께 해소하려는 것입니다.

새로운 의무 규정에 대해서 건강한 젊은이들이 나이 들고 병약한 이들을 위해 의료혜택을 보조해주는 법령 정도로 치부하는 것은 근시안적인 태도라고 할 수 있습니다. 그들도 언젠가는 우리 사회의 늙고 병약한 구성원이 될 것이기 때문입니다. 인생이라는 긴 안목에서 볼 때, 결국은 누구에게나 의료보험 제도상으로 비용과 이익 측면에서 균형을 이루게 될 것입니다. 앞서 언급한 바와 같이, 오늘 당장은 보험 상품을 원치 않던 젊은이가 언젠가는 그와 같은 서비스를 절박하게 필요로 할 수도 있기 때문입니다.

ACA상의 의무 규정은 사실상 사람들이 의료비를 지불할 돈은 부족한데 서비스가 절실히 필요한 시점에 누군가가 주머니에서 선뜻 돈을 꺼내주길 마냥 기다리는 것보다 보험이란 상품을 통해 손쉽게 해결하려는 것입니다(주 정부 간에 이뤄지는 통상이나 통상에 영향을 미치는 상품과 서비스에 대한 지급 조건을 의회가 수립하는 것은 이미 제대로 자리잡은 경제 규제의 일환이라고 할 수 있습니다).

연방대법원장은 의회가 통상권을 활용해서 이미 존재하는 어떤 것을 규제할 수는 있겠지만 또 다른 차원의 규제가 수반되는 제도를 새롭게 만들어낼 수는 없다고 판단했습니다. 그러나, 주 정부 간에 체결된 건강보험에 관한 계약과 건강보험 시장은 의회가 새롭게 만들어낸 작품들이 결코 아닙니다. 이 두 가지는 ACA

가 채택되기 이전부터 이미 미국 사회에서 제대로 작동해온 것들입니다.

저희들은 앞서 건강보험 시장 고유의 특성상 저희 모두가 시차를 두고 수혜의 대상이 될 수 있다는 것과 그 시기를 정확히 예측할 수 없다는 것을 거듭해서 말씀드린 바 있습니다. 현재, 어쩔 수 없이 보험 가입을 늦추다가 병들거나 부상당해서 결국은 무료로 치료를 받아야만 하는 사람들이 있습니다. 그들 때문에 건강보험을 통해 미리 돈을 지불해야 하는 저희 같은 사람들에게 비용상 막대한 경제적 부담을 안겨주는 무임승차의 문제도 이젠 심각한 수준에 이르렀습니다. 이와 관련해서 비교할 수 있는 시장이 없기 때문에 연방대법원의 다수의견이 대신 제시한 가파른 기울기(오늘의 건강보험이 내일은 브로콜리로 전락한다)도 현실세계를 제대로 반영하기보다는 극도의 상상력을 동원한 것에 불과합니다. 어느 박식한 법률가가 한때 말했던 것처럼 "판사와 변호사들은 유추 해석이라는 가파른 기울기에 의지해서 살아간다. 그들은 그로 인해 스키 활강처럼 한순간에 깊은 나락으로 빠질 수 있다는 것에 대해서는 생각조차 하지 않으려 든다"는 겁니다.

그렇습니다. 의무적인 보험 가입은 소설 같은 이야기일 수도 있습니다. 그러나, 이제는 소설같이 색다르다고 해서 그런 의무를 거절할 이유가 없다고 보아야 할 것입니다. 미국 경제가 성장하고 변화해감에 따라 의회는 그에 상응하는 법률을 신속히 만들어낼 수 있는 능력을 평소에도 갖추고 있어야 합니다. 바로 그런 이유 때문에 '필요 및 적절 조항[Necessary and Proper Clause. 연방헌법 제1조 8항 1절에서 17절에 이르는 사항에 대해서 연방의회가 "시행에 필요하고 적절한 모든 법률"을 제정할 권한을 가진다고 규정하고 있다]'이 헌법에 반영된 것입니다. 즉, 헌법을 기초한 선조들이 당시로선 예견하기 불가능에 가까운 미래의 여건과 상황 전개에 맞춰 의회가 대처할 수 있도록 관련 조항을 특별히 마련한 것입니다.

의회는 건강보험에 가입하지 않은 미국 내 거주자들을 대폭 줄이는 방향으로 ACA 도입을 추진하고 있으며 그 규모가 2009년 기준으로 5천만 명에 달하는 것으로 파악하고 있습니다. 다만, 적지 않은 사람들이 불가피하게 보험에 가입할 수 없었던 상황에 대해서 의회도 충분히 공감하고 있습니다. 의회는 또한 그들 중 이미 질병을 앓고 있는 사람들에 대해서도 특별히 주목하고 있습니다. ACA가 제정되기 이전에는 보험회사가 이들에 대해서 고액의 보험수가를 적용하거나 보험 가입을 박절하게 거절해왔습니다. 그런 관행이 단순히 규제를 가한다고 해서 치유되지 않는다는 것을 의회가 뒤늦게 깨달은 것입니다. 보험 가입을 강제하지 않으면서 동시에 그들을 보호할 수 있는 장치를 마련해준다면 그로 인해 건강보험 시장에서 거대한 죽음의 소용돌이가 몰아칠 수 있습니다. 왜냐하면, 수많은 사람들이 병들거나 다치기 전까지 절대로 보험에 가입하려 들지 않을 것이기 때문입니다. 그 결과, 보험료가 천정부지로 치솟는 악순환이 거듭되고 점점 더 많은 사람들이 보험 미가입자의 대열에 가세할 것입니다. 결국은 어마어마한 보험수가를 감당할 수가 없어 극히 일부의 고위험군들만 남게 되어 보험회사들마저 어쩔 수 없이 시장에서 빠져나가고 말 것입니다. 의회에 따르면, 보험 상품을 적정한 수가로 이용할 수 있도록 해주는 의무 규정을 신설하면 그간에 쌓여온 무임승차 문제들도 대폭 줄일 수 있다고 합니다.

한편, 이번에 의회가 제안한 조치가 연방법상 부적절하다고는 말할 수 없습니다. 그와 같은 의무 규정은 개인에게 직접적으로 적용되며 연방법상 문제가 될 수 있는 주 정부들을 매개로 동원하지 않기 때문입니다. 또한, 의회는 ACA는 물론이고 통상조항을 강제로 동원해야 할 정도로 심각한 국가적 차원의 문제도 함께 다루고 있습니다. 보험에 가입하지 않은 수백만 명에 달하는 미국 내 불법체류자들로 인해 파생된 위기를 단지 일개 주 정부의 울타리 안에서 해소하기란 거의 불가능합니다. 더욱이, ACA는 연방제 하에서 주 정부에게 주어진 특별한 권리를 침해하는 것과는 거리가 멀어도 한참 멉니다. ACA에 따르면, 주 정부가 개별적으로 움직여서는 결코 해결할 수 없는 문제들이 산적해 있습니다. 이에, 연방정부가 나서서 대신 지원하도록 해주겠다는 것입니다.

연방대법원은 주 정부들 간에 이뤄지는 통상을 규제할 수 있는 의회의 파워가 "연방제 국가의 필요에 부합하는 긍정적인 의미의 권한"에 해당한다고 오래전부터 인정해왔습니다. 그러나 이번에는 연방대법원이 마땅히 그래야만 하니까 어쩔 수 없이 옹호하는 듯한 자세를 취하면서 실제로는 의회의 통상권에 직접적인 제약을 가하고 있는 것입니다. 그 결과, 연방대법원은 헌법을 기초한 이들의 기대에 부응하기보다는 오히려 국가 차원의 법제화 과정에서 엄청난 비난만 자초하고 말았습니다. 저희 선조들이 "미 연방의 이해관계가 걸려있는 모든 사안과 연방정부가 작동불능 상태에 빠질 수 있는 상황"에 한해서 의회가 통상조항을 동원할 수 있다고 본 것은, 물론 내심 그리해주길 기대했던 것입니다.

참고로, 통상조항을 이번처럼 퇴행적으로 해석하는 것에 대해 강력히 반대한다는 저의 주장에 세 명(브레이어 대법관, 소토마요르 대법관 및 케이건 대법관)의 대법관이 의견을 같이했습니다.

한편, 상대적으로 큰 비중을 차지하고 있는 미국의 빈곤계층까지 수용하기 위해서 의회가 '메디케이드'를 확대해서 실시하는 방안에 대해 연방대법원은 이번에 승인을 거부하기로 했습니다. '메디케이드' 제도는 연방정부와 주 정부 간에 맺어진 협력 관계의 전형적인 사례라고 할 수 있습니다. 다만, 금번에 확대 방안을 마련하는 과정은 과거에 노인계층에 집중했던 메디케어의 경우와는 차이가 납니다. 그 당시, 의회는 범국가적 차원에서 건강보험 시스템을 통합적으로 관리할 수 있는 권한을 연방기관에게 위임해줬습니다. 그러나, 이번에는 각자가 처한 특수한 상황을 감안해서 빈곤계층을 위한 맞춤형 정책을 스스로 설계할 수 있도록 우선적으로 주 정부들에게 기회를 줬습니다. 단, 연방법이 허용하는 한도 내에서 마련되어야 한다는 조건으로 말입니다. 동시에, 의회는 '메디케이드'와 관련한 법률상 모든 조항에 대해서 "변경, 수정 또는 폐지할 수 있는 권리"를 유보하기로 결정했습니다. 이번에 당사자 자격으로 한 축을 담당하고 있는 주 정부들도 연방법 변경에 맞춰 '메디케이드' 계획을 수정하기로 이미 합의한 바 있습니다. 때로는 방대한 작업이었음에도 불구하고 1965년부터 2010년까지 주 정부들은 주기적으로 발생하는 '메디케이드' 확대 적용을 위한 법안 수정 작업에 줄곧 잘 부응해 왔습니다.

그러나, 금번에 연방대법원은 2010년에 추진하고 있는 메디케이드 확대 적용 방안이 과거와 성격상 차이가 있다며 표결에 붙여 '7 대 2'로 부결시켰으며 이에, 소토마요르 대법관과 제가 반대의견을 제출한 것입니다. 특히, 로버츠 대법원장은 '확대'라는 명칭 자체가 잘못된 것이라고 지적했습니다. 즉, 2010년에 '메디케이드'라는 '저소득층 의료보험제도'가 이미 시행되고 있으며 금번에 의회가 제시한 방안은 기존의 '메디케이드'와는 별도로 완전히 새로운 프로그램을 마련해서 주 정부들로 하여금 수용하도록 강제하고 있다는 것입니다. 더욱이 신규 프로그램에 저항하는 주 정부들에 대해서는 기존 프로그램 지원 중단으로 입게 될 손실에 대해서는 보상하지 않을 것이라며 위협까지 가하고 있다고 주장합니다. 연방대법원은 의회가 사상 최초로 세금 지출 권한을 그처럼 강압적으로 행사하고 있으며 이는 헌법의 통상조항에 위배된다고 판단한 것입니다.

그러나 '메디케이드' 제도는 사실상 가난한 사람들이 필요할 때 기본적인 의료서비스를 지원받을 수 있도록 해준다는 영구적 목표를 지닌 국내 유일의 프로그램입니다. 이번에 확대해서 적용하는 방안도 취지는 같지만 단지 보다 많은 가난한 사람들을 '메디케이드' 제도에 대상자로 추가하려는 것일 뿐입니다. 의회가 '메디케이드' 프로그램에서 변경한 건 그것 이외에는 없습니다.

로버츠 대법원장은 금번 확대 방안을 일종의 신규 프로그램으로 규정하고 그 근거로 다음의 세 가지를 제시했습니다. 첫째, 연방정부의 빈곤선[중위소득의 60%]인 133퍼센트 이하의 계층에 속하는 사람들을 포함시켜주는 확대 방식은 '메디케이드'의 당초 입법 취지와는 달리 신규 대상자들로 인해 기존의 빈곤층을 제대로 보살펴주지 못하게 된다고 주장하고 있습니다. 그러나 금번에는 연간 1만 5천 달러도 벌지 못하는 성인들을 포함시키고 있는데, 이들도 당연히 국가적으로 빈곤층에 해당된다는 것이 조사 때마다 거듭해서 확인되고 있습니다.

둘째, 새로이 자격이 주어지는 사람들마저도 기존의 '메디케이드' 패키지에 비해서 포괄적으로 보상을 받지 못하게 된다고 주장하고 있습니다. 그러나, ACA는 그와는 달리 그들에게 상대적으로 불리할 수 있는 패키지는 수용하지 않았습니다. 더욱이, 2006년 이후에는 주 정부들이 '메디케이드' 제도의 수많은 수혜자를 위해서 패키지를 수시로 탄력적으로 이용해왔습니다.

셋째, 참여하는 주 정부마다 보상 비율이 다르다고 주장하는데, 이는 기본적으로 사실에 부합하긴 합니다만, 그보다 더 중요한 것은 그 비율이 기존에 연방정부가 통상적으로 불입하는 것보다 훨씬 더 후하다는 사실입니다. 더욱이, 그 어떤 주 정부도 아무런 불평을 할 수가 없을 정도로 말입니다. 또한, 연방정부가 초기에는 비용의 100퍼센트를 부담하고 이후에는 90퍼센트에 이를 때까지 점진적으로 감소하는 것으로 설계되어 우려할 만큼 진폭이 큰 것도 아닙니다. 의회가 처음부터 기존의 '메디케이드' 제도 수혜자들에 더해 금번의 신규 대상자들까지 모두 기존 방식대로 보장해준다고 가정해보십시오. 대법원장의 주장에 따르면, 어쩌면 연방대법원이 그에 대해서는 반대하지 않을 것이란 말이 됩니다. 저희들은 의회가 수립한 기초 위에 건물을 올릴 때 보조금 프로그램이 하나보다 두 개가 되는 것이 더 좋다고 주장한 적이 단 한 번도 없습니다. 다만, 보조금 수령자들이 기금을 계속해서 받기 위해 반드시 충족시켜야 하는 조건을 추가하는 방식으로 의회가 기존의 '메디케이드' 프로그램을 확대할 수도 있다고 생각하고 있으며 이 또한 그간 자주 동원해온 방식입니다.

재무적 유인책이 "압력 차원에서 강압 차원으로 전이되는 지점을 통과함"에 따라 의회의 지출 권한을 넘어섰다는 추론을 전제로 판결이 내려진 맥락에 대해서는 일견 이해가 되는 측면이 있긴 합니다. 그러나, 오늘까지도 그런 예상은 단지 추정에 불과할 뿐으로, 다수의견은 거기에 제대로 들어맞는 실제 사례를 아직까지 단 한 번도 제시한 적이 없습니다.

1965년에 의회가 '메디케이드' 제도를 채택했을 때, 관련 조항에 대해서 변경이나 수정 또는 심지어 폐지까지 할 수 있는 권한이 자신들에게 주어졌음에도 불구하고 그에 대한 행사를 스스로 유보했다는 사실을 상기해보시기 바랍니다. 연방대법원은 이미 오래전에 의회의 권한이 무엇을 의미하는지를 적시한 바 있습니다. 즉, "입법권의 범위 안에 있기에 의회가 그처럼 수정, 변경 … 등을 가할 수 있는 전적으로 완전한 권한을 지닌다"는 것입니다.

주 정부들도 그 같은 취지에 공감하고 매번 자체적으로 '메디케이드'에 관한 실행 계획을 수립하고 내용이 변경되면 연방정부에 통보했습니다. 연방정부가 설정한 참여 조건이 변경될 수 있다는 것도 제대로 인지하고 있었으며 지속적으로 이 프로그램에 참여하기 위해서 추후에 이루어질 법령상 변경 내용도 준수할 것이라고 공식적으로 확인까지 했습니다.

오늘의 판결 요지는 의회가 지출 프로그램을 변경할 수는 있지만 "정도껏 하되 과하지는 말라"는 것입니다. 의회의 수정안이 "압력을 강요"로 변질시켜 너무 과도하다는 식으로 결론을 내렸기에 이제부터 연방대법원은 이전보다 훨씬 더 거센 도전에 직면하게 될 것입니다. 막상 어려움이 닥치고 나면 이번에 다수의견에 가담했던 동료 대법관들도 뒤늦게 후회하게 될 겁니다. 즉, "용인할 수 없는 강압"이라는 개념이야말로 사법적으로 관리가 불가능할 정도로 너무나도 실체가 없다는 점에 주목한 저희의 반대의견의 혜안을 그제서야 인정하게 될 겁니다. 왜냐하면, 금번의 다수의견은 주 정부가 연방정부의 기금 수급 여부를 자체적으로 정할 수 있는 판단 능력조차 없다는 선입견을 전제로 한 것이기 때문입니다.

한편, 주 정부가 연방 기금에 의존하면 세금 지출 프로그램을 변경할 수 있는 의회의 권한에 상대적으로 제약이 따른다고 다수의견이 우려를 표명하고 있습니다(그들은 내심 그리되길 바라고 있겠지만 말입니다). 이것이야말로 문제의 본질을 흐리게 할 뿐 아니라 근거마저 없는 주장에 불과합니다. 헌법상으로, 공공복지 서비스 차원에서 연방정부의 돈을 지출하는 책무는 주 정부가 아닌 의회에게 주어져 있습니다. 또한, 후속 회기마다 적절한 곳에 지출할 수 있도록 기금을 책정할 수 있는 권한도 오직 의회만이 행사할 수가 있습니다. 금번 제111대 의회가 '메디케이드'를 통해서 반드시 감내해야 할 빈곤층의 비중이 직전의 제110대 의회가 파악했던 수준보다 훨씬 더 큰 것으로 결론을 내렸습니다. 그러나, 금번에 의회는 "현재 남아있는 기금" 또는 "그 이전에 남아있던 기금"

에 대해서 주 정부가 요구할 수 있는 권리를 통째로 날려버리지 않았습니다. 다만, 그런 기금이 실제로는 남아있을 가능성이 극히 희박하고 더욱이 기금의 최종 집행은 의회의 고유 권한입니다. 그것은 주 정부가 그저 받을 수 있다고 기대하는 액수일 뿐이며 다음번에 구성될 의회에게 주정부가 무조건 요구할 가능성마저 거의 없습니다.

하지만 일곱 명의 대법관은 기대했던 기금 지급에 대한 예비적 성격의 보류가 의회의 지출 권한을 넘어선다는 변론 내용을 끝내 채택하고 말았습니다. 그에 관한 치유법으로 대법원장이 제시한 내용에 대해서 방법론상으로는 저희들도 일정 부분 공감하고 있습니다. 즉, 기존의 '메디케이드' 제도를 확대해서 적용하는 방안을 모두 폐기하기보다는 의회가 그간 진행해온 것들 중에서 허용이 불가능하다고 확인된 보류 사항들만 금지하자는 것입니다. 헌법의 노쇠함으로 손상을 입은 법령을 놓고 고심할 때마다, 연방대법원은 해당 법령을 완전히 폐기하기보다는 입법화를 위해 의회가 그간에 들인 노고에 대해서는 일정 부분 인정하고 보호해줘야 한다고 그동안 수차례에 걸쳐 천명한 바 있습니다. 이번에 "의회가 마련한 법안이 너무 멀리 나갔다는 측면에서 그에 해당하는 사항들은 무효이나 그 이외의 사항들은 건드리지 않기"로 선언함으로써 그와 같은 취지를 나름 살려준 것입니다. 즉, 보조금을 주는 것 자체를 문제삼은 것이 아니라 의회가 연방기금의 지급을 예비적 차원에서 보류한다는 것이 헌법상 지출 조항에 부합하지 않는다고 본 것입니다. 이에, 굉장히 후한 연방정부 보조금을 받을 의지를 확인해주는 주 정부들에 대해서는 기금 이용을 허용해줌으로써 의회가 제출한 '메디케이드' 확대 개편 방안의 기본 골격을 유지할 수 있게 된 것입니다.

결론적으로, ACA는 이상의 과정을 거쳐 크게 상처받지 않고 끝내 살아남을 수 있었습니다. 그러나 연방대법원의 통상 및 지출 조항에 대한 판단은 여전히 사실관계와 어긋나는 방식으로 내려졌다는 점을 부인하기 어려울 것입니다. 본인은 그 같은 퇴행이 극히 일시적인 상황 변화로 끝나고 영원한 장애물로는 남지 않기를 바랍니다.

버웰 대 하비로비 사건
2014년 6월 30일

'하비로비'와 '코네스토거우드스페셜티'라는 두 회사가 실비아 버웰을 상대로 각각 소송을 제기했다. 그 당시, 버웰은 소위 '오바마 케어'로 알려진 ACA를 관장하는 연방정부 기관인 보건사회부 장관으로 재직하고 있었다. ACA는 고용주가 여성 근로자에게 예방 차원의 건강관리 및 검진 서비스를 제공하기 위해서 의무적으로 '헬스 플랜'을 제출하도록 규정하고 있다. 보건사회부는 고용주가 의료보험을 통해서 미국 식약청이 승인한 20가지 피임법을 여성 근로자에게 제공하도록 강제하고 있으나 교회와 비영리 종교단체에 속한 고용주에 대해서는 예외로 인정해주고 있다. 하지만, 소송을 제기한 두 회사 모두가 영리를 목적으로 하는 기업으로 보건사회부 규정상 예외 대상이 될 수가 없었다. 그런데도, 회사의 주요 주주들은 식약청이 승인해준 피임약 중에서 임신 후에도 효과가 나타나는 것에도 보험서비스을 제공하고 있어 본인의 종교적 믿음에 어긋난다며 이의를 제기했다. 그런 약품들에 대해서는 특별히, 1993년에 제정된 '종교 자유 회복법[Religious Freedom Restoration Act, 사업체와 개인이 종교적 신념을 지키고 이에 따라 행동할 수 있는 권리에 관한 법률]'의 보호를 받아야 한다고 주장한 것이다. '종교 자유 회복법'은 연방정부가 어떤 사람의 종교활동에 심각하게 부담을 주는 것을 법으로 금지하고 있다. 다만, 연방정부가 ① 국가적 차원에서 압도적인 수준의 공익을 확보하기 위해 추진하고 있으며 ② 그 과정에서 동원하는 수단이 최소한으로 한정되어 있다는 것을 입증하면 예외적으로 허용하고 있다. 두 사건이 동일한 성격의 사안임에도 불구하고 하비로비는 제10순회항소법원에서 승소한 반면에 코네스토거는 제3순회항소법원에서 패소했다. 이에, 연방대법원은 두 회사의 심리청원을 받아들이기로 했다.

    결국, 대법관들의 의견이 '5 대 4'로 나뉘었으며 알리토 대법관은 제10순회항소법원이 원고 측 주장을 인용한다는 내용으로 다수의견을 발표했다. 연방대법원은 소송을 제기한 기업들('소수 주주 지배회사'로 적어도 회사의 주식 대부분을 가족이나 소규모 투자자 그룹이 보유하고 있다)도 회사 성격상 '종교 자유 회복법'에 따라 보호를 받을 수 있는 "인격체person"로 분류될 수 있으며, 보건사회부의 피임에 관한 명령은 그러한 '인격체'의 종교활동에 심각한 부담을 안긴다고 결론을 내렸다. 아울러, 문제가 되는 네 가지 피임약을 근로자들이 무료로 이용함으로써 정부 차원에서 압도적 수준의 공익이 실현된다고 판단이 서더라도 그 과정에서 피임 의무는 극히 제한적으로 동원되어야 한다는 것이다. 그러나, 연방정부가 그와 같은 사실을 입증해내는 데 실패한 것으로 연방대법원은 판단했다. 긴즈버그 대법관이 이에 대해 아래와 같이 반대의견 발표문을 낭독했다.

ACA에 따라, '헬스 플랜'을 정부에 제출한 고용주는 보험에 가입된 여성 근로자에게 무료로 피임약을 이용할 수 있도록 해줘야 합니다. 오늘, 연방대법원은 각기 다른 종교를 믿는 사람들을 통해서 운영되고 있는 영리회사라도 피임약 사용이 고용주의 신앙에 부합하지 않는 경우, 그런 회사는 ACA가 정한 피임약 의무 보장 대상에서 예외로 인정될 수 있다고 결론을 내렸습니다. 하지만, 수정헌법 제1조의 '자유로운 활동 조항[Free Exercise Clause, 미국 수정헌법 제1조의 국교 금지 조항으로 "의회는 종교를 세우거나 종교의 자유로운 행사를 금지하는 법률을 만들지 아니한다"고 규정한다]'에 따르면, 고용주의 종교적 믿음이 종업원들에게 이롭지 못한 영향을 끼치는 경우, 그들은 고용주의 종교와 관련한 행위를 수용하지 않아도 됩니다. 이와 동일한 취지의 판례들이 그간 잘 구축되어 왔기 때문에 연방대법원은 헌법상의 '자유로운 활동 조항'이 아닌 오로지 '종교 자유 회복법'에 근거하여 일관되게 판결을 내려왔던 것입니다.

이에, 브레이어 대법관, 소토마요르 대법관, 케이건 대법관과 저를 포함한 4인은 다수의견과는 달리 소송을 제기한 두 회사 모두 ACA를 탈퇴할 수 없다는 결론에 도달했습니다. 과거에도 어느 특수한 사건 재판에서 이번처럼 '종교 자유 회복법'이 핵심 쟁점으로 떠오른 적이 있습니다. 그 당시, 아메리카 인디언들이 종교행사에서 필수의례로 마약의 일종인 페요테를 섭취한 것은 정부가 실업 급여 지급을 거부할 수 있는 사유에 해당한다고 연방대법원이 결론을 내린 바 있습니다. 그러자, 의회가 나서서 새로운 법안까지 들먹이며 그 같은 결정을 뒤엎으려 했습니다. 즉, 오랫동안 유지해온 종교행사는 그 자체로 존중해주는 것이 타당하다고 본 것입니다. 사안의 성격상, 본 건 역시 그 이상, 그 이하도 아닙니다.

연방대법원이 법령을 너무 포괄적으로 해석하면 너도나도 이의를 제기하여 일련의 '미투 Me, too' 문제를 불러올 수 있습니다. 영리를 목적으로 사업을 하는 고용주가 수혈을 받거나 예방접종을 하는 것과 항우울제 또는 돼지로부터 추출한 의약품을 복용하는 것이 자신의 신앙에 반하는 의료 행위라며 예외로 인정해줄 것을 요구한다면 과연 받아들여야 한다는 것입니까? 만약 그렇다면, 아버지의 동의 없이 독신 여성을 고용하거나 남편의 동의 없이 결혼한 여성을 고용하는 것이 신에게 죄를 짓는 것이라고 가르치는 그런 종교를 믿고 있는 고용주는 대체 어떻게 되는 것입니까? 그런 고용주들은 고용상 성차별을 금지하고 있는 시민권법 제7조에서마저도 벗어날 수가 있다는 것입니까? 그런데 여기서 드리는 질문들은 단지 가정을 전제로 하는 것이 아닙니다.

어느 유명한 법률학자가 수정헌법 제1조가 보장하고 있는 '표현의 자유'에 대해서 "당신이 팔을 흔들 수 있는 권리는 상대방의 코앞에서 끝난다['누구도 남에게 실체적 피해를 줄 수 있는 권리가 없다'는 의미이다]"고 밝힌 바 있습니다. 저희들은 헌법상 '자유로운 활동 조항'도 그와 동일한 원리가 적용되어야 하며 미 의회도 '종교 자유 회복법'에 대해서 저희들과 이해를 같이하고 있는 것으로 알고 있습니다.

더욱이, 피임약 이용에 대한 보장 규정은 연방대법원이 오래전에 내렸던 판결을 근거로 하여 탄생했습니다. 즉, "여성들이 남성들과 동등하게 사회경제적 활동에 참여하기 위해서는 무엇보다도 여성들에게 출산을 조절할 수 있는 권리가 주어져야 한다"고 이미 20여 년 전에 판결로 확인해준 것입니다. 또한, 전국적으로 폭넓게 시행하기 위해서 마련한 의료보험 프로그램인 ACA에 따라, 여성들에게 필요한 예방 차원의 관리비용도 보험으로 처리해달라는 요구가 이미 제기된 바 있습니다. 이에. 여성의 권리에 대해서 연방대법원이 종전에 내린 유권해석을 바탕으로 의회가 피임약 이용에 관한 보장 규정을 마련해준 것입니다.

비용에 대해서는 당사자들끼리 배분하는 방식 대신에, 식약청이 승인한 모든 피임약 이용을 보장해주는 단체 건강보험에 고용주가 일괄해서 가입하도록 요구하는 규정을 보건사회부가 이미 공포한 바 있습니다. 과학적인 연구 조사에 따르면, 결과적으로 피임약 이용 환경이 전반적으로 향상되어 국민들의 건강이 현저히 개선되고 있을 뿐만 아니라 여성들의 복리에도 커다란 도움을 주고 있는 것으로 나타났습니다.

특히, 다수의견도 ACA에 근거해서 피임약 이용을 폭넓게 보장해주자 국가적 차원의 압도적 이익으로 이어지고 있다는 사실을 인정하고 있습니다. 그러나, 연방대법원이 결론에 이르기 위해 동원한 법리상 추론은 그 같은 이익을 오히려 부차적인 것으로 만들어버리고 말았습니다. 다시 말해, 이 문제는 양사가 이의를 제기한 네 가지 피임약으로만 국한해서 논의할 성격의 사안이 결코 아닙니다. 구두변론에서 하비로비 측 변호인은 만약 고용주의 종교가 식약청이 승인한 스무 개 피임약 모두에 대해서 배제 요청을 했다면 자신의 변론 취지가 오히려 더 잘 먹힐 수 있었을 것이라고 솔직히 인정했습니다.

사건 당사자들이 다투고 있는 근본적인 문제와 관련해서, 연방대법원은 '어떤 인격체'의 종교활동을 언급하고 있는 '종교 자유 회복법'이 영리를 추구하는 기업에도 적용되어야 한다는 것이며 그 근거로 비록 육신을 갖춘 정상적인 인격체는 아니지만 극소수의 주주들이 인위적으로 결성한 법인체라는 점을 들고 있습니다. 수정헌법 제1조의 '자유로운 활동 보호 조항'과 '종교 자유 회복법'의 안전장치가 자연인[natural person, 법인체와 대비되는 개념]을 보호해줄 뿐만 아니라 육신을 갖춘 정상적인 인격체가 아닌 교회나 여타 비영리 종교단체들에게도 방패막이가 되어주고 있다는 것은 분명한 사실입니다. 다만, 연방대법원은 그동안 종교기관에 대한 '특별 배려'라는 취지에 부합하게 판결을 내려왔으며 가장 최근까지도 그 같은 배려가 영리기업으로까지 확대해서 적용된 경우는 단 한 번도 없습니다.

더욱이, 저희가 주장하는 근거가 결코 애매모호하지도 않습니다. 종교단체는 같은 종교를 믿는 사람들의 신앙생활과 종교 공동체의 발전을 위해 존재합니다만, 영리기업은 그렇지 않습니다. 금번에 문제가 된 두 회사의 종업원들도 그런 종교단체 출신의 사람들이 아닙니다. 실제로, 종교단체에 대한 기준을 제대로 설정해놓지 않으면 법적으로 영리기업의 노동력이 극도로 제한을 받을 수도 있습니다. 같은 종교를 믿는 신앙인들의 공동체와 다양한 종교적 배경을 지닌 사람들을 포용하는 사업체 간의 차이가 오늘 재판에서는 너무나도 소홀이 다뤄진 것입니다.

소토마요르 대법관과 저는 영리를 목적으로 하는 기업은 종교적 공동체에 봉사하기 위해서 존재하는 비영리단체와 근본적으로 성격이 다르기 때문에 '종교 자유 회복법'을 적용할 수 없다고 판단하고 있습니다. 브레이어 대법관과 케이건 대법관은 영리기업이나 그 사주들이 과연 '종교 자유 회복법'을 근거로 소송을 제기해도 되는 것인가라는 근본적인 질문에 답하지 않았습니다만, 문제의 두 회사가 공히 피임약 이용을 보장하는 의무에서 벗어날 수 없다는 데는 의견을 같이했습니다. 그 결과, 모두 4명의 대법관(소토마요르, 긴즈버그, 브레이어와 케이건)이 소송을 제기한 두 회사에 대해서 ACA 탈퇴를 허용할 수 없다고 주장하고 있는 것입니다.

한편, 연방대법원은 연방정부가 제기한 피임약 이용에 관한 보장 요구를 기각하기로 결정했으며 그 근거로 '종교 자유 회복법'이 요구하는 '최소한으로 한정된 수단'이라는 테스트를 통과하지 못했기 때문이라고 주장합니다. 그러나, 연방정부는 원고 측 회사의 종교적 거부감을 해소하고 동시에 여성 근로자들에게도 건강과 복지에 필요한 예방 차원의 의료서비스를 무상으로 제공해주는 방식으로 '사주에 대한 제약은 줄여주고 혜택은 모두 누릴 수 있도록 해주는 수단'은 결코 현실적인 대안이 될 수 없다는 것을 보여줬습니다. 이에, 연방대법원은 연방정부가 나서서 (고용주와 종교가 같지 않은 근로자들을 대신해서) 피임약 값을 지불하는 방안을 제시하고 있습니다. 그러나, ACA는 그처럼 연방정부가 약값을 대신 부담하는 것(국가의 세수로 처리하니 사실상 국민들이 부담하게 되는 것입니다)이 아니라 사업주를 통해서 기존의 의료보험 체계에 따라 제공하도록 요구하고 있습니다.

더군다나, "연방정부가 지급하도록 한다"는 해결책은 도대체 어디까지 적용해야 한다는 것입니까? 연방정부가 대신 지급한다는 것이 여성들에게 최소임금을 지급해야 한다거나 동일 노동에는 동일임금을 지급해야 한다는 사주의 종교적 믿음에 반한다고 가정해보십시오. 사실상 그 같은 사주들의 주장이 진정성을 갖춘 것으로 그간 인정되어 왔습니다. 사안이 이럴진대, 근본적으로 종교적 반감을 갖고 있는 사주들을 대신해서 정부가 지원한다고 해서 과연 '최소한으로 한정된 수단'이라는 요건을 충족시킬 수 있는 대안이라도 된다는 말입니까?

이 같은 질문들은 손쉽게 답할 수 있는 성격의 사안이 아닐 겁니다. 그렇다 보니, 연방대법원도 어쩔 수 없이 궁여지책으로 이미 비영리 종교단체에 허용하고 있는 적용 범위를 마침내 영리기업까지 확대하는 방안에 기대고 있는 것입니다. 그러나, 원고 측이 제출한 준비서면에서는 그런 방식이 언급조차 되지 않고 있습니다. 구두변론에서 저희들이 이에 대해 의문을 제기하자, 하비로비 측 변호인은 "누구도 사전에 그 같은 수용안을 제시해준 적이 없습니다. 따라서, 어떻게 대응해야 할지 그동안 고민할 필요조차 없었습니다"라고 답변했습니다.

연방대법원은 결국에 가서는 대충 얼버무리고 말았습니다. 즉, 대안으로 제시했던 확대책마저도 '종교 자유 회복법'상으로 과연 모든 종교적 요구를 충족시킬 수 있는지에 대해서 판단하기를 거부한 것입니다. 그러나, 치명적인 결함은 어떠한 경우에도 결국 문제를 일으키고 맙니다. 금번에 연방대법원이 제시한 확대 치유법은 영리기업과 비영리기업이 서로 이질적인 집단임에도 불구하고 그 둘을 동일시하고 있다는 데 근본적인 문제가 있습니다. 거듭 말씀을 드리지만, 하비로비와 코네스토거는 각양각색의 종교를 갖고 있는 사람들에게 문이 열려 있는 기업인 반면에, 비영리 종교단체들은 신자들이 속한 특정 공동체의 미션을 수행하도록 설계되어 있습니다.

'종교 자유 회복법'을 지켜냈던 1982년의 역사적 판결은 다음의 측면에서 시사하는 바가 매우 큽니다. 그 당시, 연방대법원은 '미국 정부 대 리 사건' 재판에서 아미시[안만파라는 기독교 계열의 종파로 지금도 엄격한 규율에 따라 현대 문명을 벗어나 18세기 말경의 생활 형태를 유지하고 있다] 종파에 속한 기업가가 사회보장세 납부는 자신이 따르는 교리에 어긋난다며 제기한 예외 신청을 기각한 바 있습니다. 또한, 세금 문제는 특히나 신중히 다뤄야 할 사안이라고 다수의견에서 재차 밝히고 있습니다. 그러나, '리 사건'에 대한 판결은 세금이라는 문제를 넘어서 두 개의 핵심적인 내용도 담고 있습니다. 첫째, "특정 종파의 신자들이 자율적으로 상업적인 활동에 들어가는 경우, 자신들의 행위가 신앙과 양심의 차원에서 이뤄지는 것으로 인정받을 수 있는 한계치는 일반적으로 상업활동을 하고 있는 사람들에 대해서 구속력을 갖고 있는 법률이 정한 한도를 넘어서는 안 된다"고 적시했습니다. 둘째, 종교에 기반한 예외 조치가 상업 목적의 고용주까지 확대해서 허용하는 것은 "고용주 본인의 신앙을 근로자들에게 강요하는 방향으로 작용할 수 있다"고 판결문에서 구체적으로 언급하고 있습니다. 결론적으로, 인근에 있는 회사에서는 사주가 근로자들에게 보험을 통해 예방 차원의 의료혜택을 제공해주고 있는데 문제의 두 회사가 단지 종교가 다르다는 이유만으로 종업원들로부터 그와 같은 혜택을 빼앗을 수 없다는 것입니다.

하비로비와 코네스토가는 제가 설명한 실제 사례에서 알 수 있듯이, 종교적인 이유를 들며 직장에서의 차별을 금지하는 법률과 같이 일반적으로 적용되는 법률의 적용을 받지 않으려 하는 영리기업으로, 이러한 기업은 이들만 있는 게 아닙니다. 그러나, "법률적 제재로부터 벗어나기" 위해서 종교적 믿음으로 가장하고 있는 건 아닌지, 법적으로 수용이 가능한 독실한 믿음이란 도대체 무엇인지, 그리고 어느 경우에는 그것마저 인정할 수 없는 건지를 연방대법원이 무슨 수로 알 수가 있겠습니까? 더욱이, "법원은 종교적 요구의 정당성을 자신이 결정하는 것으로 판단해서는 안 된다"고 다수의견이 반복해서 주장함으로써 저희를 더욱더 혼란스럽게 만들고 있습니다.

요약하면, 금번의 다수의견은 현재 노동 현장을 지배하고 있는 법령의 적용은 물론이고 ACA를 일관되게 준수하려는 정부의 의지마저 극도로 위축시킬 수 있습니다. 아울러, 이번 판결은 종교를 구실로 ACA에서 탈퇴함으로써 다른 사람들 특히, 사주가 믿는 종교를 따르지 않는 근로자들에게 가해질 수 있는 불이익에 대해서도 매우 소홀이 다루고 있습니다.

미국은 상상이 가능한 거의 모든 종교를 믿는 사람들로 구성된 나라이며 세계주의 국가를 지향하고 있습니다. '종교 자유 회복법'에 관한 법안을 통과시키면서 미 의회는 한 사람이 자유롭게 종교활동을 할 수 있는 권리가 타인의 권리 및 공공의 이익과 반드시 조화를 이뤄야 한다는 미국의 오래된 전통을 바꾸지는 않았습니다.

요약한 이상의 사유와 반대의견에서 개진한 모든 내용을 근거로, 저희들은 제10순회항소법원의 판결이 번복되기를 바라며 제3순회 법원의 판결에는 전적으로 동의하는 바입니다.

곤잘레스 대 칼하트 사건
곤잘레스 대 가족계획연맹 사건
2007년 4월 18일

연방대법원의 '곤잘레스 대 칼하트 사건'에 대한 판결은 2003년에 제정된 '부분 출산 낙태(금지)법'을 지지했다. 이 법은 임신하고 12주가 지나면 의사들이 이용하고 있는 여러 가지 낙태법 중 하나인 자궁경관 확장 및 흡인술(intact dilation and evacuation, 이하 "D&E")이라는 수술 절차를 불법으로 규정한 것이다. 오코너 대법관이 퇴임한 이후에 연방대법원이 진행한 첫 번째 낙태 관련 재판에서, '5 대 4'로 다수의 대법관이 '부분 출산 낙태금지법'을 옹호했다. 케네디 대법관이 결정문을 작성했는데 거기에는 두 번째 회기를 맞은 로버츠 연방대법원장과 함께 스칼리아 대법관, 토머스 대법관 그리고 퇴임한 오코너 대법관의 후임인 알리토 대법관이 합류했다.

이보다 앞선 재판에서는 주 정부가 D&E를 금지시킨 것이 위헌이라고 판결했음에도 불구하고, 이번에 나온 다수의견은 황당하게도 낙태권에 대해서 연방대법원이 그간에 내렸던 결정을 충실히 따랐다고 강변했다. 참고로, 2000년 '스텐버그 대 칼하트 사건' 재판도 이번처럼 '5 대 4'로 끝났지만 스티븐 대법관, 오코너 대법관, 사우터 대법관 그리고 긴즈버그 대법관이 합류하고 브레이어 대법관이 대표로 작성한 다수의견을 통해서 금번과는 정반대로 D&E를 금지시킨 법령은 위헌이라고 판단한 것이다. 당시에, 만약 수술이 "임신부의 건강 보호를 위해서 필요하다는 온당한 의학적 판단이 내려진" 경우, 의사가 D&E 절차를 밟을 수 있다는 예외 조항이 해당 법령에는 없다는 점이 위헌의 소지가 있다는 결정적 근거로 작용했다. 이번에 쟁점이 됐던 '부분 출산 낙태(금지)법' 역시 그와 같은 예외 조항을 제대로 갖추지 못하고 있었다. 그때 브레이어 대법관이 작성한 '스텐버그 사건'에 대한 다수의견은 여성들의 건강을 보호하기 위한 예외 조항이 없다는 점을 부각시켰던 것과는 달리, 이번에 케네디 대법관이 작성한 '곤잘레스 사건'에 대한 다수의견은 "태아의 생명을 보호하고 성장을 촉진시키는 데" 정부의 합법적이고도 중대한 이해관계가 걸려있다는 것만 유난히 강조했다. 의견서에서는 또한 그러한 정부의 이해관계가 임신 기간 내내 이어진다고 주장했다. 한편, 토머스 대법관과 스칼리아 대법관은 보충의견을 통해 '로 사건'과 그 후속 재판 결과들이 이번 결정으로 모두 명시적으로 번복됐다는 주장을 되풀이했다.

그간의 판례를 고수했다고 생급스럽게 주장하고 있는 다수의견에 대해서 네 명의 반대자가 긴즈버그 대법관이 작성한 의견서를 통해서 공개적으로 반론을 펼쳤다. 특히, 긴즈버그 대법관은 서로의 관심 사항에 대해 공감을 표하면서도 다수의견에 "강력히" 반대한다고 선언했다.

스티븐스 대법관, 사우터 대법관, 브레이어 대법관과 저를 포함하여 모두 네 명의 대법관이 오늘의 결정에 강력히 반대하는 바입니다.

15년 전에 있었던 '남동부 펜실베이니아 가족계획연맹 대 케이시 사건' 재판에서, 연방대법원은 "의심의 여지가 존재하는 법체계 아래서 자유가 기댈 곳은 아무데도 없다"고 천명한 바 있습니다. 그에 따라, 연방대법원은 이번에는 약 20년 전에 '로 사건' 재판에서 나온 '7 대 2' 판결의 '의미와 범주'와 관련해서 그간 제기된 의문들을 해소하는 것이 '절대적으로' 필요하다고 봤습니다. 한편, '케이시 사건' 판결은 여성 건강을 보호하기 위해서 주 정부가 무조건 따라야만 하는 조건을 제시하고 있습니다. 즉, 낙태 절차상으로 주 정부가 규제를 가하는 경우라도 임신 기간 내내 "해당 여성의 건강"은 반드시 보호해줘야 한다는 것입니다.

금번 사건과 관련하여, 연방대법원은 '로 사건' 판결 내용을 재확인하면서 출산을 결정하는 과정에서 여성의 "존엄성과 자율성", "운명", 그리고 "사회적 지위에 관한 본인의 이해"가 매우 중대한 의미를 갖는다고 재차 피력했습니다. 아울러, 저희들은 '케이시 사건' 재판에서 낙태 절차의 과도한 통제에 대해 이의가 제기됐던 사실을 상기시켜 드리고자 합니다. 이는 '로 사건[433쪽 옮긴이 해설 참고]'처럼 일부 모호하거나 일반화된 프라이버시 개념을 정당화시키려는 것이 아닙니다. 그보다는 여성들도 스스로 자신의 삶을 선택할 수 있으니 금번 재판에서는 남성들과 동등한 시민권적 지위를 누릴 수 있는 여성의 자율성에 관심을 집중하는 것이 오히려 타당하다고 판단한 것입니다.

저희들은 임신 기간 내내 어떤 경우라도 한 여성으로서의 존재 즉, 그의 생명은 물론이고 건강도 함께 지켜줄 것을 계속해서 요구해왔습니다. 1973년부터 오늘에 이르기까지 연방대법원은 이 문제에 대해서 손상되지 않고 나름대로 완결성을 갖춘 판례들을 충실히 반영해서 판결을 내려왔습니다. 이에, 7년 전에 열린 '스텐버그 사건' 재판에서 오늘처럼 문제가 됐던 D&E 절차를 금지하는 주 정부의 법령은 임산부의 건강을 보호해줄 수 있는 예외 조항 미비로 위헌이라고 봤던 것입니다. 한편, 만약 주요 의료당국이 특정 낙태 절차의 금지가 여성 건강에 위험을 초래할 수 있다고 주장하는 경우, 의회가 건강상 예외 조항을 입법 과정에서 감히 누락시킬 수는 없을 것이라고 저희들은 확신하고 있었습니다.

그러나 저희들의 예상은 완전히 빗나가고 말았습니다. 연방대법원이 '케이시 사건' 재판과 '스텐버그 사건' 재판을 통해 명확히 지침을 내려줬음에도 불구하고, 의회가 종전의 예외 조항마저 누락시킨 채 전국적으로 수술을 금지하는 '부분 출산 낙태금지법[임신 3개월 이후 머리 전체나 배꼽 이상이 산모의 몸 밖으로 나와 '부분적으로 출산된' 태아에 대해서는 낙태를 금지하며 시술한 의사를 징역 2년형에 처하도록 한 법으로 부시 행정부 때 채택되었다]'을 끝내 통과시키고 말았습니다. 반면에, 각 지방법원이 해당 법령을 심리하기 위해서 장기간 재판 과정을 거치면서 수많은 의학적 증거 자료들을 철저히 검토한 후 연방대법원 판결과 동일한 취지로 '부분 출산 낙태금지법'은 위헌이라고 결론을 내렸습니다. 그 과정에서, 주요 의료당국이 D&E가 일부 여성들에게 가장 안전한 수술 절차라는 것을 확인시켜준 것입니다.

더욱더 놀라운 것은 의회가 낙태금지법을 통과시키기가 무섭게 연방대법원이 나서서 일종의 경고성으로 하급 연방법원들이 일제히 만들어낸 결과물들을 일거에 폐기해버렸다는 것입니다. 금번에는 더욱이 '케이시 사건'과 '스텐버그 사건'의 판결 내용을 진지하게 심의하는 것조차 거부했습니다. 오늘, 연방대법원은 '아메리카 산부인과 전문대학'이 특정 사례에 대해서 필요하고도 적절한 것으로 이미 확인한 수술 절차조차도 연방정부가 전면적으로 금지시킬 수 있도록 다수의견으로 용인해주었습니다. 이는 연방대법원이 문제를 야기시킨 의회의 결정을 사실상 적극적으로 호응해준 것과 마찬가지입니다. 이로써, '로 사건' 판결 이후로는 처음으로 연방대법원이 여성의 건강을 보호하기 위한 예외조항조차 없이 부분 출산 낙태를 전면적으로 금지할 수 있도록 의회와 연방정부에 축복을 내려준 꼴이 되고 말았습니다.

연방대법원은 금번 판결이 "태아 생명의 촉진"에 대해 국가적 관심을 증진시킬 수 있다고 단언하고 있습니다. 그러나 '부분 출산 낙태금지법'이 오로지 낙태 방식에만 초점을 맞추고 있기 때문에 그럴 가능성은 매우 희박합니다. 오히려, 담당 의사가 상대적으로 D&E보다 안전성이 떨어지는 방식을 대신 사용하는 경우, 임신부가 그야말로 유산을 할 수도 있습니다. 연방대법원은 이번 결정이 여성들을 보호하기 위한 것이라고 꾸며대고 있습니다. 여성들이 담당 의사의 조언에 따라 D&E를 선택할 경우 결국에는 후회할 수도 있으며 심각한 우울증과 자존감 상실로 이어질 수 있다고 걱정까지 해주고 있습니다. 하지만, 이번에 승인을 해준 해결책에는 담당 의사가 선택할 수 있는 각기 상이한 절차와 그로 인해 수반되는 위험 요인을 사전에 임신부에게 충분히 알려줘야 한다는 의무 조항마저 들어 있지 않습니다. 이것은 여성의 선택권을 부정하는 방식으로, 과거처럼 여성들을 울타리 안에 가둬두려는 형국처럼 보여 여성의 사회적 지위에 관한 아주 오래된 통념을 다시 떠올리게 합니다. 여성들은 이미 오래전부터 그토록 고리타분한 사고방식을 몹시도 치욕스럽게 여겨왔습니다.

금번 판결에도 불구하고 연방대법원이 일말의 구제책이라도 남겨주길 저희들은 기대해봅니다. 다시 말해, 나중에라도 해당 법령의 합헌성에 대해서 이의가 제기되더라도 연방대법원이 전면에 나서서 배척하려 들지 말라는 것입니다. 한편, 연방대법원이 이번에 허용하려고 하는 "별도의 사례에서 적용한 바 있는 이의제기 사례들"은 오히려 여성 건강에 위험을 초래하고 의사들을 매우 불안정한 위치에 놓이게 할 수 있습니다. 다만, 일선 법원들이 앞으로 치열한 싸움과 간헐적인 판결 지연 등을 통해서 매우 잘 정리된 사례들을 발굴해낸다면 '부분 출산 낙태금지법'에 대한 건강상 예외 대상이 보다 안전하게 확대될 수 있을 것입니다. 그러나 문제는 지난번 소송 결과만 믿고 이번과 같은 결과를 전혀 예상하지 못했던 임신부들은 이제부터 아무런 법적 보호도 받을 수가 없게 됐다는 것입니다. 또한 환자에게 가장 안전하다고 여겨지는 의료 절차에 따라 최선을 다해 치료를 해주더라도 담당한 의사가 형사 기소, 유죄 판결, 심지어는 수감 생활이라는 엄청난 위험마저 감수해야 할 수도 있습니다. 더욱이, 연방대법원은 이미 적용한 바 있는 극히 일부의 이의제기 사례들에 국한해서 예외적으로 "여성의 건강을 보호하기에 적절한 방식"이라고 결론짓는 심각한 실수마저 저지르고 말았습니다.

한편, '케이시 사건' 판결문에 나와 있는 것과는 달리, 금번에 '로 사건'의 판결 요지를 번복함으로써 '선례 구속성의 원리[하나의 판결이 정립된 후에 동일 또는 유사한 사건에서 선례로써 판단을 구속하는 원리]'를 위배했습니다. 또한, 금번 판결로 인해 사법권을 실질적이고도 최종적으로 행사하는 연방대법원의 본원적 위상은 물론, 법치주의에 헌신하는 국가 최고의 법률기관이 지녀야 할 품격마저도 심각하게 훼손될 수가 있습니다. 오늘의 판결이 '로 사건' 판결이나 '케이시 사건'의 판결 내용을 완전히 폐기하는 수준까지 가지 않았으나, 연방대법원은 '케이시 사건' 판결이 주문한 '법치주의'와 '선례 구속성의 원리'에 충실했다고 보기 참으로 어렵게 됐습니다. 즉, 제한적 낙태 규정에 대해 집중적으로 심리했던 전례들과는 다르게 내용을 일방적으로 재구성해서 판결함으로써 이상의 두 가지 원칙을 모두 벗어나게 된 것입니다.

솔직히 말씀을 드리면, 이번 판결은 연방대법원이 '부분 출산 낙태금지법'을 동원하여 그간 거듭해서 천명해온 여성들의 정당한 권리마저 깎아내리려는 시도로밖에 보이질 않습니다. 더욱이, 그러한 권리가 여성들의 삶에 중심이 된다는 것에 대한 공감대가 넓게 형성되어가고 있는 바로 이 국면에서 말입니다. 그러한 성격의 판결문이 오랫동안 구속력을 발휘해서는 결코 안 될 것입니다.

8장

연방대법원 주요 보고 사항

2015~2016 회기

　미국 연방법원의 지도는 열세 개의 순회 구역으로 나뉘는데, 대부분 지역별로 관할이 구분된다. 각각의 순회 구역은 '순회항소법원'의 본거지이다(긴즈버그 대법관이 1980년부터 1993년까지 컬럼비아특구 순회항소법원에서 근무한 경우가 그 단적인 사례다). 순회항소법원은 자체 관할지역의 지방법원으로 불리는 제1심 법원으로부터 항소장을 접수하며 연방대법원이 바로 그 상부기관에 해당한다.

　미 연방공화국 초기에는 특정 순회 구역에 배치된 연방대법관이 순회법원 판사와 함께 재판에 참석해서 사건을 심리했다. 오늘날에도 연방대법관들에게 한두 개의 순회 구역에 배정되곤 하지만 심리에 직접 참여하지는 않는다. 그들의 주요 임무는 본인의 관할지역 순회항소법원이 요청한 긴급한 현안(특히 사형집행의 경우)과 법원의 명령에 관한 사건들을 처리하는 것이다.

긴즈버그 대법관이 배정받은 곳은 제2순회항소법원으로 코네티컷주, 뉴욕시 그리고 버몬트주를 관할하고 있다. 그는 매년 제2순회항소법원 대회의에 참석하며 그 자리에서 연방대법원의 '주요 사항'에 관한 보고서를 참석자들에게 발표한다. 보고서에는 제2순회항소법원에서 연방대법원으로 넘어간 사건들에 대해 특기할 만한 조치사항뿐만 아니라 연방대법원이 해당 회기에 내린 '가장 주목을 받은' 판결들도 포함된다. 여기서, 그는 연방대법원 생활에서의 밝은 면을 살짝 맛보여줌으로써 보고서에 생기를 불어넣고 있다. '주요 사항'은 통상 회기가 종료되기 전에 전달되며 긴즈버그 대법관은 모든 판결문이 들어오면 주요 내용을 정리했는데 그 시기가 통상 매년 6월 말이었다.

긴즈버그 대법관이 아래의 '주요 사항'에서 밝힌 것처럼, '2015~2016 회기'는 도중에 발생한 스칼리아 대법관의 사망으로 인해 전체적으로 큰 변화가 있었다. 단적으로, '5 대 4'로 끝나는 것으로 거의 결정이 났던 사건이 '4 대 4' 동률로 바뀐 것을 들 수 있다. 그로 인해 일부 사건들에 대한 결정이 다음 재판이나 회기로 순연되기도 했다. 또한, 스칼리아 대법관의 유고로 나머지 대법관들에게 업무가 훨씬 더 가중됐다. 그나마도 다행스러운 것은 그 와중에도 많은 사건들이 근소한 표차로 결정될 정도로 첨예하게 대립하지는 않았다는 점이다. 아울러, 긴즈버그 대법관이 예의 주시했던 해당 회기 심의 과정은 물론 몇 가지 사례들도 보여주듯이 재판 역시 대체로 평소처럼 순탄하게 진행됐다. 그러나, 정열적으로 일했던 스칼리아 대법관의 유고로 연방대법원이 전반적으로 "활기를 잃었다"고 긴즈버그는 회고한다.

'2015~2016 회기'에 '가장 주목받은' 판결의 최상단에 오른 두 가지 사건이 모두 텍사스주에서 발생했다. 그중 하나는 '피셔 사건'으로 대학에서 인종을 할당하는 방식으로 추진하던 입학 허가 정책이 평등보호 조항에 위배된다며 이의를 제기한 것이고 다른 하나는 '홀우먼즈헬스 대 헬러스테트' 사건으로, 여성들의 낙태 접근을 위축시켰던 기준을 낙태 클리닉과 의사들에게도 적용하는 법령에 대해서 헌법상 정당한 법 절차를 위반했다고 이의를 제기한 것이다. 연방대법원에서 두 사건에 관한 의견서 작성을 모두 담당했던 사람이 바로 케네디 대법관이었다. 소수자 우대 정책 및 낙태 문제에 대해서 그간 보수 성향 판사로 분류되던 그가 이제는 과거에 반대의견을 통해 이의가 제기됐던 진보적 의제들을 보호하기 위해서 리버럴한 대법관들의 대열에 가세했다.

긴즈버그 대법관은 금번 회기 '주요 사항' 보고서에서 거론한 일부 명확한 사건에 대해서는 다수의견을 본인이 직접 작성했지만 '피셔 사건'이나 '홀우먼즈헬스 사건'에 대해서는 그러지 않았다. 그렇지만 그는 두 가지 사건에서 모두 큰 발자취를 남겼다. '2015~2016 회기'의 '신속한 심사'로 넘어가기 전에 가장 주목했던 판결에서 그가 맡았던 역할의 일부를 아래와 같이 시기순으로 소개하고자 한다.

피셔 사건

'피셔 사건'에 대해서 첫 번째 판결(파기되어 항소법원으로 환송됨)이 나온 지 약 3년 만인 2016년 6월 23일에 연방대법원이 이 사건에 대해서 두 번째 판결을 내린다(이 책 7장의 '피셔 사건' 법정 발표문 참조). 이 재판에서는 소장파 대법관인 케이건이 기피신청을 냈다. 그가 연방대법관이 되기 직전에 연방정부 법무장관으로 재직하고 있을 때, 법무부가 이 사건과 관련해서 법정 조언자 의견서를 제출한 사실이 있기 때문이다. 케이건 대법관의 불참과 회기 초 스칼리아 대법관의 유고로, 재판에 참여하는 대법관이 모두 일곱 명으로 줄어 연방대법원은 이번에는 '4 대 3'으로 의견이 갈릴 가능성이 높아진 것이다. 재심을 위해 제5순회항소법원으로 파기 환송될 예정이던 제1차 '피셔 사건' 판결문은 케네디 대법관이 작성했다. 이제 제2차 '피셔 사건' 재판에서 과연 세 명의 동료 대법관이 그의 의견에 동조해서 또 다시 다수의견을 형성할 수 있을 것인지에 이목이 집중됐다.

긴즈버그 대법관은 케네디 대법관의 제1차 '피셔 사건' 판결문에 대해서 유일하게 반대의견을 냈던 사람으로 그 내용은 다음과 같다.

"1978년의 '배키 사건' 판결에서 파월 대법관이 하버드대학의 입학 허가 계획을 대표적인 모범 사례로 언급한 바 있습니다. 이에, 텍사스대학은 관련 자료를 참고로 하여 정책을 수립하였고 그에 따라 학생들의 인종 다양성을 도모했습니다. 아울러, 전국의 수많은 교육 기관이 그랬듯이 이 대학도 2003년 '그루터 사건' 판결에서 연방대법원이 승인한 모델을 따르기 위해 노력했습니다[인용 생략]."

긴즈버그는 "따라서, 저는 이 사건을 하급법원에서 재심하도록 파기 환송하는 것에 대해 반대합니다"라며 본격적으로 의견을 피력하기 시작했다.

"면밀히 따져보고 작성된 아래의 항소법원 결정문이 말해주듯이, 이 대학의 입학 허가 정책은 인수분해 하듯이 모든 요소를 다면적으로 세밀하게 살펴보는 방식을 동원하여 인종이란 변수를 매우 탄력적으로 감안하고 있습니다. 한 해 동안 자체적으로 조사를 벌인 결과, 이 대학은 인종 중립적인 방식보다 인종을 배려하는 방식이 아직도 더 많은 혜택을 가져온다는 합리적이고도 신뢰할 만한 판단을 내렸습니다. 더욱이, 해당 정책은 인종이라는 요소를 고려하는 것이 교육 목표 달성에 필요한지와 적절한지 여부를 정기적으로 심사한다는 조건으로 시행되는 것입니다."

"연방대법원이 10년 전에 '그루터 사건' 판결을 통해 정립한 평등 보호의 기조를 그대로 유지하기로 한 것은 그나마 다행입니다. 하지만, 오늘의 판결은 '그루터 사건' 판결의 핵심 내용이 보장하고 있는 결론에 이르지도 못하고 중간에 멈춰서버린 것에 불과합니다. 그 대신, 항소법원의 판결을 파기하고 "해당 대학이 입학 허가 프로그램의 다양성이 가져오는 교육상 혜택을 실현하기 위해서 헌법상 문제가 없을 정도로 까다로운 기준을 동원하고 있는지 항소법원이 알아서 평가해 보라"고 한 것입니다. 제가 보기에, 항소법원은 이미 그런 질문에 완벽히 답한 바 있으며 더욱이, 연방대법원이 이정표를 세운 것으로 높이 평가받고 있는 '배키 사건' 판결과 '그루터 사건' 판결을 통해서 단련을 받은 대로 판단했기에 저는 당연히 승인을 해줘야 한다고 봅니다[주석 및 인용문 생략]."

비록 케네디 대법관은 스칼리아 대법관과 토머스 대법관처럼 소수자 우대 정책에 대해서 완강히 반대하지는 않았지만 1차 '피셔 사건' 재판에서는 사실상 승인을 거부했었다. 그러나, 2차 '피셔 사건' 재판에서 그가 드디어 긴즈버그 대법관, 브레이어 대법관 그리고 소토마요르 대법관의 의견에 전격적으로 합류함으로써 방향을 완전히 선회한 것이다. 그 결과, 텍사스대학의 인종을 의식한 입학 허가 프로그램이 '4 대 3' 다수의견으로 헌법상 평등보호 조항에 부합하는 것으로 결론이 났다. 더욱이, 케네디 대법관은 다수의견에 합류한 사람 중에서 최고참으로 의견서 작성을 주도하며 다음과 같이 주장했다. "텍사스대학은 신중하고 면밀한 연구를 거쳐 '구체적이고도 명확한 교육 목표'를 도출해냈습니다. 거기에는 고정관념 타파, 인종 간 이해 증진, 나날이 다양해지고 있는 고용시장 및 사회환경 변화에 대비한 사전 준비, 시민들이 요구하는 자질을 갖춘 지도자 육성 방안 등도 포함되어 있습니다. 또한, 1차 '피셔 사건' 재판에서 연방대법원이 주문했던 '정부의 압도적인 공익'을 구현하기 위한 방안들도 모든 정책 목표에 제대로 반영되어 있습니다." 이번에는 텍사스대학이 자체적으로 마련한 소수자 우대 정책이 아직도 교육상 유효하다는 점과 함께 인종적으로 다양한 학생 구성이 가져오는 공익에 세밀하게 맞춰져 있으며 설득력도 상당히 갖추고 있다고 본 것이다.

또한, 그 대안으로 원고 측이 제시한 내용은 이 대학의 교육 목표에 부합할 수 있을 정도로 '이용이 가능하다'거나 '적용이 가능한' 수단이 될 수 없다고 결론지었다. 그에 따라, 텍사스대학은 '상위 10퍼센트 계획'에서 상한선을 제거하고 모든 학생 또는 거의 모든 학생을 받아들이자는 원고 측 주장도 받아들이지 않았다. 원고 측 주장을 반박하면서 케네디 대법관은 제1차 '피셔 사건' 재판에서 긴즈버그 대법관이 제시했던 반대 사유를 아래와 같이 재차 언급했다.

"애초부터 원고 측은 '상위 10퍼센트 계획'이 인종 중립적인 것으로 보았습니다. 그로 인해, 소수자 그룹에 속한 학생들의 등록을 권장하려는 기본 목표와 분리해서는 이 대학의 학생 선발 프로그램을 제대로 이해할 수 없다는 점을 간과했습니다. 즉, 퍼센티지 플랜은 초기 단계에서부터 인종적으로 확연하게 분리된 동네와 학교들을 대상으로 특별히 채택된 것입니다." 긴즈버그는 그 당시(제1차 '피셔 사건' 재판) 반대의견에서 "퍼센티지 플랜은 기본적으로 인종이란 요소를 배려해주려는 정책입니다. 다시 말해, 인종문제로 촉발된 정책이기 때문에 인종이란 요소를 결코 무시할 수가 없습니다. 따라서, 단순히 이 대학이 퍼센티지 플랜에 대한 의존도를 상한선인 10퍼센트에서 그 이상으로 늘리면 늘릴수록 인종 중립적으로 변할 것이라는 원고 측 주장은 애당초 성립할 수가 없었던 것입니다"라고 이미 자신의 주장을 피력한 바 있다.

케네디 대법관은 대학당국이 이번에는 원고인 피셔의 입학을 거부했을 당시에 적용했던 입학 허가 정책이 극도로 까다롭게 설계됐다는 것을 입증해야 하는 부담스러운 작업을 제대로 해냈다고 결론지었다. 제2차 '피셔 사건' 재판을 통해, 케네디 대법관은 결국 긴즈버그 대법관이 제1차 '피셔 사건' 재판에서 홀로 반대의견을 견지했던 바로 그 지점에 서 있게 된 것이다.

홀우먼즈헬스 사건

이것은 지난 수십 년 동안 벌어진 낙태 관련 사건 중에서도 가장 중요한 부류에 속한다. 그 당시, 여성의 건강을 위한다며 텍사스주에서 태아가 체내에서 독자적인 생존 능력을 갖추기 이전에 시행하는 낙태pre-viability abortion에 대해서 제한을 가하는 법령이 과연 헌법에 부합하는지에 대해서 연방대법원이 판단을 내려줘야 하는 상황이었다. 긴즈버그 대법관, 소토마요르 대법관 그리고 케이건 대법관으로 이뤄진 세 명의 여성 연방대법관은 3월 초에 진행된 구두변론에서 격렬하면서도 깔끔하고 예리한 질문을 던져서 특별히 언론의 주목을 받았다.

"긴즈버그 대법관이 홀우먼즈헬스 측 변호인인 토티에게 첫 질문을 던졌다. 그러나, 변론 도중에 심리가 교착상태에 빠졌다. 이에, 긴즈버그 대법관이 동료 질문자들과 함께 협의를 위해 자리를 옮기려고 했다. 심지어 케이건 대법관까지 중간에 가세하며 거들었다. 하지만 토티가 주어진 시간을 모두 다 쓸 때까지도 케네디 대법관과 신임 알리토 대법관에게 과거에 발단이 됐던 소송 관련 이슈들을 모두 소상히 설명해줄 수가 없었다. 바로 그때, 긴즈버그 대법관이 다시 한번 끼어들어서 대법원장에게 토티가 원고 측에 유리한 점들 즉, 텍사스주의 법적 요건이 낙태를 선택할 수 있는 여성의 권리에 과도한 부담을 준 것을 설명할 수 있도록 시간을 더 달라고 요청했다. 이에, 대법원장이 추가로 5분을 할애했다. 말미에 소토마요르 대법관이 심리를 담당했는데 적어도 5분이라는 시간이 또 다시 필요했다. 그러나, 텍사스주 정부 측 변호인인 스콧 켈러가 세 명의 여성 대법관이 법정을 압도하며 공격했던 텍사스주 법령을 방어하기 위해서 황급히 일어섰다. 긴즈버그 대법관은 본인이 처음에 토티에게 했던 질문을 다시 상대 측 변호인에게 던지는 것으로 응수했다. 그러자 구두변론이 거듭해서 주어진 시간을 초과했다. 《워싱턴포스트》는 긴즈버그 대법관과 소토마요르 대법관이 상대 측 변호인들에게 그토록 오랜 시간 질문을 던지는 바람에 당초 양측에 할당된 변론 시간이 한 시간에서 한 시간 반으로 늘어난 것에 주목했다. 담당 기자인 달리아 리츠위크가 '슬레이트'라는 블로그에 "3인의 맹렬한 여성대법관이 어떻게 연방대법원을 휘어잡았는지"라는 다소 긴 제목으로 "역사상 처음으로, 마치 미국의 최고법원에서 오랫동안 활동하던 남성이라는 존재가 여성들에게 완전히 압도당했다는 느낌이 들었다"고 전했다. 《워싱턴포스트》는 스콧의 변론이 막바지에 이르렀을 때 긴즈버그 대법관이 던진 단도직입적인 표현을 특별히 인용했다. 긴즈버그가 "무슨 말씀이냐 하면, 낙태에 관한 결정은 여성에게 주어진 기본적 권리에 해당한다는 것입니다"라며 스콧에게 강력히 주의를 환기시킨 것이다.

구두변론이 이어지는 동안, 케네디 대법관은 두 가지를 마음속에 담아두고 있었던 것 같다. 즉, 헌법상으로 문제가 된 사안에 대해서 결정을 미루거나 회피할 것인지, 아니면 텍사스주 법령이 초래한 결과에 대해서 전문가로부터 의학적 지혜를 구해봐야 할지 고민했던 것 같다. 재판을 지켜보던 사람들 사이에서 그의 최종 선택을 놓고 추측이 난무했다. 결정의 시간이 다가오자 보수파로 분류되던 그가 진보를 대변하는 긴즈버그 대법관, 케이건 대법관 그리고 브레이어 대법관의 의견에 전격적으로 동조하여 마침내 다수의견으로 텍사스주 법령을 무효로 만들었다. 다수의견에 가담한 대법관 중 최고참인 그가 판결문 작성자로 브레이어 대법관을 지명했다.

한편, 브레이어 대법관은 긴즈버그가 연방대법원에 합류하기 한

해 전에 판결이 내려진 '케이시 사건'을 검토하고 나서 낙태 규제의 합헌성 여부를 평가하기 위해 의견서상으로 "과도한 부담"에 대한 기준을 제시했다. 그는 "다른 의료 절차들과 마찬가지로 환자가 최대한 안전을 보장받는 상황에서 낙태 수술이 이뤄졌는지에 대해 국가가 관심을 갖는 것은 지극히 당연하다"며 '로 사건' 판결문에서 일부를 인용했다. 동시에, '케이시 사건' 판결문도 반영하여 "낙태를 모색하는 여성에게 막대한 지장을 초래하려는 목적이나 취지가 담긴 건강상 불필요한 규제는 오히려 여성의 권리에 과도한 부담을 안겨준다"고 적시했다. 그는 또한 "'케이시 사건' 판결에서 도출한 원칙은 법원이 낙태 시도에 대해서 과도하게 부담을 주는 법률을 심의할 때 그로 인한 혜택도 함께 다루도록 요구한다"고 적었다. '홀우먼즈헬스 사건'에 대해서 '균형 맞추기 테스트'를 적용하면서 그는 관련 증거물들을 동원해서 텍사스주 법령이 가져올 수 있는 긍정적인 요인과 부정적인 요인을 놓고 고강도 심사를 벌였다. 그 결과, 건강상 도움을 주는 효과는 간과해도 될 정도로 미미했으나 낙태 접근에 부담을 주는 강도는 상당히 큰 것으로 나타났다. 마침내, 텍사스주 법령이 그가 실시한 헌법상 테스트를 통과하지 못했다고 결론을 내렸다.

긴즈버그 대법관은 브레이어 대법관이 무려 40장에 걸쳐 작성한 다수의견에 동조했지만 '주요 보고 사항'에서 언급하고 있는 것처럼 그와는 별도로 보충의견을 작성해서 제출했다. 다소 긴 문장이지만 단지 하나의 단락으로 작성된 이 의견서는 브레이어 대법관의 논지를 압축적으로 부연해서 설명을 해주고 있다. 즉, 텍사스주 법령은 "낙태에 관한 서비스를 제공할 수 있는 병원과 의사의 규모를 불가피하게 축소시켜" 여성들이 낙태 수술을 받기가 갈수록 어렵게 만든다는 것이다. 더욱이, 낙태 수술로 야기되는 합병증은 "드물게 발생할 뿐만 아니라 거의 위험하지도 않다"고 주장했다. 또한, 낙태 수술은 "미국에서 가장 안전한 의료 절차"에 속하며 "외래환자가 본격적인 진료에 앞서 밟게 되는 통상적인 의료 조치와 마찬가지로 안전한" 반면에, "출산 등의 다른 의료 절차들은 환자들에게 훨씬 더 위험하다"고 주장했다.

긴즈버그가 "그와 같은 현실을 감안할 때, 텍사스주 법령이 여성의 건강을 온전히 보호할 수 있다는 주장은 합리적인 믿음을 벗어난 것이며 오히려 그로 인해 여성들이 낙태수술을 받기가 이전보다 훨씬 더 어려워질 뿐이다"고 언급했다(나중에, 기자와 대화하면서 그는 보다 어려워진 낙태 수술 여건을 언급하기보다는 "그 법령이 마치 여성들을 위해 도입한 것처럼 꾸며대는 짓거리가 저에게는 치욕스럽기 그지없었습니다"라며 도입 취지 자체를 부정했다).

그리고 나서, 긴즈버그는 브레이어 대법관의 다수의견에서는 찾아볼 수 없지만 너무나 오래된, 그러나 수많은 여성들의 기억 속에는 뚜렷이 남아있을 법한 '낙태가 불법이었던 시절'에 대해서 언급했다. "여성들이 안전하고 법적으로도 문제가 없는 의료 서비스에 접근하는 것을 국가가 나서서 제한한다면 참담한 상황에 놓인 여성들이 엄혹한 국면을 맞을 수도 있습니다. 즉, 달리 선택의 여지가 없어 건강과 안전에 엄청난 위험이 따르는 데도 불구하고 어쩔 수 없이 무면허 악덕 시술자를 찾아가야 할 수도 있다는 뜻입니다." 그는 "이제는 연방대법원이 여성의 건강에 관심이 없는 것으로 보입니다. 연방대법원이 낙태에 걸림돌을 잔뜩 뿌려놓은 1973년 '로 사건' 판결과 1992년 '케이시 사건' 판결(내용이 텍사스주 법령과 유사하다)에 지금처럼 집착한다면 낙태에 관한 사법적 감시체계가 더 이상 살아남을 수가 없게 될 것입니다"라고 결론지었다. 판결이 나오고 며칠이 지나자 긴즈버그 대법관은 AP 통신 기자에게 "브레이어 대법관님이 언급하신 내용에 전적으로 동의합니다만 저는 그 같이 장황한 내용보다는 함축적인 한 마디를 기대했습니다. 그래서 제가 '정부가 나서서 이따위 짓거리는 더 이상 하지 말라'는 취지로 보충의견을 작성한 것입니다"[1]라고 말했다.

미국 연방대법원 2015~2016년 회기 주요 보고 사항
2016년 7월 1일[*]

오늘의 이 연설은 저에게 너무도 소중했던 동료 안토닌 스칼리아 대법관님에 대한 회상으로 시작하는 것이 적절할 것 같습니다.

---

[*] 이 연설문은 2016년 5월 25일에 뉴욕 소재 사라토가 스프링에서 개최된 미국의 제2순회항소법원 대회의에서 발표됐으며 그 내용은 일부 업데이트 및 편집됐다

그분의 죽음은 '2015~2016 회기'에 일어난 가장 엄혹한 사건으로 기억될 것입니다. 그분의 부재가 앞으로 너무나도 크게 느껴질 겁니다.*

스칼리아 대법관님은 천의무봉의 재능을 지니신 분으로, 총명함이라는 매력을 타고나셨으며, 재기발랄하기 이를 데 없는 법률가이자 세상에서 가장 심각한 표정으로 지내는 저 같은 판사마저도 한순간에 미소를 짓게 만들 정도로 출중한 유머감각을 지닌 분이셨습니다. 언론들은 "에너지 넘치는 열정", "재기가 번득이는 지성", "맵싸한 산문가", "수완가" 그리고 "상냥함"이란 표현으로 그분을 추모하였습니다.

직장의 오랜 동료이자 소중한 친구로 지내온 저에게는 그분과의 만남 자체가 너무나 큰 행운이었습니다. 하여, 그분이 떠난 연방대법원의 빈자리가 저에겐 처연하기 그지없습니다.

이제부터 직전에 끝난 금번 회기 재판 결과에 대해서 숫자상으로 간단히 정리해 보겠습니다. 2015년 6월에서 2016년 5월까지 연방대법원은 총 6,375건의 심리청원서를 접수했으며 이는 직전 회기의 6,500건보다 다소 줄어든 수치입니다. 수천 건 중에서 단 67건이 전체 브리핑 및 구두변론 대상으로 선정되었으며 다른 한

---

* 이 연설에 일부 담겨 있는 긴즈버그 대법관의 추모사와 관련해서, 이 책 1부 6장에 나오는 "스칼리아 연방대법관을 추모하며"라는 추모사에서 그의 상세한 기억들을 담고 있어 여기에는 반복해서 싣지 않기로 했다.

건은 부주의하게 승인이 난 것으로 간주하여 결국 제외됐습니다. 직전 회기와 같은 수준인 67건에다 전체 브리핑이나 구두변론 없이 만장일치로 의견서가 완성된 12건을 더해서 총 79건의 결정문이 채택되었습니다.

이번 회기에 나온 기록물: 기록물에 관해서 지속적으로 연구하고 블로그에 글도 올리고 있는 어느 법학 교수에 따르면 브레이어 대법관은 구두변론에서 누구보다도 가장 긴 질문을 던졌다고 합니다. 대통령이 이민 정책 집행을 연기하기로 결정한 것에 대해서 이의를 제기한 '미국 정부 대 텍사스주 사건' 재판에서, 무려 52줄에 이르는 질의를 한 것으로 나타났습니다. 그러나 전체 질문 숫자로는 381개로 단 4위에 머물렀습니다. 3위인 아리토 대법관은 401개, 그리고 2위를 차지하신 로버츠 연방대법원장은 417개의 질문을 던졌습니다. 모두 477개로 압도적 선두를 달린 소토마요르 대법관은 구두변론에서 그간 가장 많은 질문을 던졌던 스칼리아 대법관의 자리를 이었습니다.

토머스 대법관은 근 10년간 거의 침묵을 지켜오다가 '브와진대 미국 정부 사건' 재판에서만 무려 아홉 개의 질문을 던져 모든 참석자를 놀라게 했습니다. 이 재판에서 부주의한 행위에 대해 경미한 폭행죄로 유죄판결이 나와도 과연 미국 연방법 18조 922항에 따라 총기 소유에 대한 법적 금지를 촉발시킬 수 있을지 특별히 주목했던 것 같습니다.

모든 보고서가 접수되자 금번 회기의 업무가 드디어 6월 27일부로 종료가 됐습니다. 구두변론을 통해 심리가 이뤄진 총 67건 중에서 8건은 '5 대 3' 또는 '4 대 3'으로 의견이 갈렸습니다. 적어도 25건의 핵심 사안에 대해서는 전원일치로 결정이 났습니다. 그리고 4건에 대해서는 의견이 동수로 갈려서 항소법원의 판결이 효력을 유지하게 됐습니다. 표결이 동수로 나뉘어지면, 연방대법원은 공식의견을 발표하지 않고 하급법원의 결정을 지지하는 것으로 간주하며 판례로는 인정하지 않습니다. 따라서, 이런 경우도 심리 거부와 동일하게 간주하는 것이 타당합니다. 하급법원의 결정에 대해 그처럼 '4 대 4'로 자동으로 승인이 이뤄진 4건 중 3건은 이번 회기에서 가장 주목해야 할 사건입니다. 이에, 다음과 같이 축약해서 여러분께 설명을 드리겠습니다.

첫 번째로 발표된 '프리드리히스 대 교사연합 사건': 이 사건의 원고들은 연방대법원에 '아부드 대 디트로이트교육위원회 사건'을 기각해줄 것을 요청하면서 공공 분야에서 근무하는 사람들이 소속 노조에게 소정의 금전을 납부하도록 요구하는 것은 수정헌법 제1조상 표현의 자유를 보장하는 조항을 위반한 것이라고 주장하고 있습니다. 그에 반해, '아부드 사건'은 모든 근로자가 단체협상과 노조가 운영하는 분쟁 처리 과정에서 발생한 비용을 공동으로 부담하도록 요구할 수 있다고 주장하고 있어 모두 아홉 명의 대법관으로 구성이 완료될 때까지 연방대법원이 결정을 유보하기로 했습니다.

회기가 종료되기 4일 전인 6월 23일에 연방대법원은 '달러제너럴 대 미시시피 촉토족 인디언 밴드 사건' 재판에서 의견이 반반으로 갈렸습니다. '달러제너럴 사건'은 촉토족 사람이 인디언 보호구역에서 발생한 비위 사건에 연루되었는데, 부족원은 아니지만 문제의 부족원과 함께 고소당한 사람에 대해서 부족법원[tribal courts, 미국 원주민들이 설립하여 운영하는 사법 시스템]이 자체적으로 판결을 내릴 수 있는지에 관한 것입니다.

'미국 정부 대 텍사스주 사건'에서는 몇몇 주 정부들이 공동으로 오바마 정부가 제안한 정책의 적법성에 대해서 이의를 제기했습니다. 이 정책은 자식이 미국 시민권자이거나 적법한 영주권자이지만 정작 부모는 불법으로 미국에 체류하고 있는 약 4백만 명에 달하는 외국인의 추방을 연기하자는 것입니다. 오랫동안 유지돼온 정부 정책에 따르면 연기 대상으로 확정된 외국인들에게는 일정한 혜택이 주어집니다. 무엇보다도, 그들은 미국에서 합법적으로 일자리를 구할 수 있게 됩니다. 제5순회항소법원 재판부의 의견이 갈렸으나 다수가 지방법원의 판결을 예비적으로 지지함으로써 오바마 정부는 불법체류 외국인들의 추방을 늦출 수 있게 되었습니다.

이 사건은 이제 제1심 법원으로 환송될 예정인데, 텍사스주가 신청한 오바마 정책의 항구적 금지 명령과 관련해서 열리는 이번 재판은 모든 과정이 생중계될 것으로 보입니다. 다만, 하급법원에서 두 번째 재판이 끝나고 나면 핵심 쟁점이 연방대법원까지 다시 올라올 가능성이 큽니다.

5월 16일, 연방대법원은 언론이 주목할 만한 본안소송을 심리했으나 공식 의견은 채택하지 않았습니다. 비영리 종교단체들이 ACA 요건에 따라 여성 근로자에게 건강보험상으로 피임약을 제공하거나 비용을 보전해주는 방식에 반대한다는 내용의 '주빅 대 버웰 사건'으로, 여타의 관련 사건들과 병합해서 진행하기로 했습니다. 이 소송은 수정헌법 제1조의 '자유로운 종교 활동 조항'보다는 의회가 통과시킨 '종교 자유 회복법'에 근거를 두고 있습니다. 미국 정부는 비영리단체가 제기한 문제를 해소하기 위해서 주로 보험회사들을 포함한 제3자에게 종교인인 고용주를 대신해서 피임약 보장 서비스를 제공해달라고 요청하고 있습니다. 그러나, 원고들은 그와 같은 수용 조건도 결국은 헬스 플랜을 통해서 고용주가 부담하는 건강보험을 활용하는 것이기 때문에 여전히 본인들의 종교활동에 부담을 주게 될 것이라고 주장하고 있습니다.

변론을 듣고 나서 저희들은 당사자들끼리 이견을 조율할 수 있는지 여부를 가늠해보기 위해 양측에 추가 자료를 요구했습니다. 그에 따라 별도의 준비서면을 확보한 연방대법원은 관련 사건을 하급법원으로 환송하면서 '전원합의 명령'을 발동했습니다. 이는 새롭게 제출된 준비서면에 대해서 하급법원이 제대로 심의할 수 있도록 해주기 위한 조치입니다. 소토마요르 대법관은 저와 함께 보충의견을 제출하면서 금번에 발동한 명령은 비영리단체들이 의도하는 방향으로 활용이 되어서는 안 된다고 특별히 강조했습니다.

이제부터 금번 회기에 처분 결정이 내려졌던 주요 사건들에 대해서 말씀을 드리겠습니다. '이븐웰 대 애보트 사건'에 대한 재판은 수정헌법 제14조의 평등보호 조항에서 유래된 '1인 1표제의 원칙'에 따라 투표 대상자를 산출하는 방식과 관련이 있습니다. 주와 관할지역 선거구를 획정할 때, 원고 측인 텍사스주 유권자들이 주장하는 것처럼 해당하는 주는 오직 투표권을 가진 사람들만 계산해야 하는지 아니면 선거구 전체 인구를 고려해야 하는지가 관건이었습니다. 저희 연방대법원은 관할법원이 전체 인구에 맞춰서 선거구를 획정할 수 있다고 판결했습니다.

연방대법원은 판결문에서 수정헌법 제14조의 제정자들은 전체 인구를 기준으로 의회 선거구를 배분했다는 점을 강조했습니다. 그들은 "하원의원은 해당하는 주에 속한 사람 전체를 계산해서 나온 결과에 따라 배분되어야 할 것이다"라고 수정헌법에 적시했습니다. 저는 개인적으로 "수정헌법 제14조가 전체 인구를 바탕으로 하원의원 선거구를 배분하도록 요구하고 있지만, 주 의회 선거구에 대해서는 그와 같은 방식으로 배분하는 것을 금지하고 있어서 연방대법원의 이번 결정은 헌법상 제대로 작동할 수 없다"고 기록으로 남겼습니다.

이번 회기에 '선도적인 판결' 리스트의 상단에 오른 '피셔 사건'은 2차 심리를 위해 연방대법원으로 다시 올라왔습니다. 이 사건의 최대 관심사는 텍사스대학에서 실시하고 있는 소수자 우대 정책이 과연 연방대법원이 요구하는 헌법상 평등 보호에 관한 평가 기준에 부합하는지 여부였습니다. 제5순회항소법원이 이 대학의 최초계획을 전면 백지화하자 텍사스주 의회는 공식적으로 '상위 10퍼센트 법'을 채택하는 것으로 대응했습니다. 이 법에 따르면, 고등학교 졸업반에서 성적이 상위 10퍼센트 안에 든 텍사스주의 모든 학생은 이 대학에 자동으로 입학할 수가 있습니다. 한때는 최대 75퍼센트까지에 이르는 신입생 수강생들이 그 덕택에 입학한 것으로 나타났습니다. 나머지 학생들을 채우기 위해서 대학 당국은 지원한 학생들의 인종을 포함해서 여러 가지 요소를 고려하고 있습니다.

2012년 말경에 연방대법원은 텍사스대학의 입학 허가 정책을 지지했던 제5순회항소법원에 이 사건을 돌려보냈습니다. 연방대법원이 인종을 기반으로 분류하기 위해서는 좀더 면밀한 심사가 필요하다고 주문했으나 하급법원이 제대로 반영하지 못했다고 판단한 것입니다. 그러나, 연방대법원이 미시건대 로스쿨의 소수자 우대 정책과 관련해서 열린 '그루터 사건' 재판에서 승인이 난 인종을 의식한 모델을 이 대학이 전반적으로 충실히 따랐다는 점을 근거로 하여 저는 환송 조치에 반대했습니다. 미시건대 로스쿨의 경우처럼, 텍사스대도 수많은 고려 요소 중 단지 하나에 불과한 인종을 활용한 것일 뿐입니다. 연방대법원의 다수의견이 '인종 중립적'으로 간주한 '상위 10퍼센트 법'은 해당 주정부가 인종적으로 분리됐던 동네와 학교들을 최대한 감안해서 채택한 것이기 때문에 저는 그런 '인종 중립적'이란 표현 자체가 성립하지 않는다고 주장했습니다.

환송 후 재심과 관련해서 제5순회항소법원은 연방대법원의 주문에도 불구하고 종전과 같이 텍사스대학의 입학 허가 정책을 거듭 지지했습니다. 이번에 케네디 대법관이 작성하여 6월 23일에 발표한 '4 대 3'의 다수의견은 결국 항소법원의 거듭된 결정을 인정했습니다. 케네디 대법관은 "대학이 인종을 의식한 입학 심사의 필요성 여부를 지속적으로 재평가해야 하는데, 여기에 제출된 재평가 결과를 살펴보니 세심한 주의를 바탕으로 이뤄진 것으로 보이며 아울러, 이 대학이 자체적으로 세워놓은 인종 할당 목표를 아직까지 달성하지 못했다는 결론은 합당한 것으로 판단이 된다"고 적시했습니다. 의견서에는 "공립대학들은 미국이라는 연방국가처럼 실험용 연구실의 역할을 수행할 수 있다. 텍사스대학(오스틴)에는 이제 연구와 교육에 있어서 특별한 기회가 부여된 것"이라고 명시되어 있습니다.

'피셔 사건' 판결과 필적할 만한 것으로는 '홀우먼즈헬스 사건'을 들 수 있습니다. 여기서는 텍사스주에 소재한 낙태 전문 병원들이 그 주 의회가 낙태 접근을 극도로 제한하기 위해서 부과한 두 가지 규제가 합헌성에 문제가 있다고 이의를 제기한 것입니다. 문제는 우선, 낙태 담당 의사가 해당 지역 종합병원으로부터 낙태 수술을 할 수 있다는 인증을 받아야 한다는 것이며, 다음으로는 간단한 의료시설인 낙태 클리닉마저도 일반 외래수술센터가 요구하는 최소한의 기준에 맞춰 기기와 시설들을 구비하고 있어야 한다는 의무 규정입니다. 규제가 본격적으로 시행되면, 약 40개 피임 및 낙태 클리닉 중에서 겨우 7, 8개만이 살아남게 될 것으로 해당 법원이 확인한 바 있습니다.

제5순회항소법원은 텍사스주가 낙태를 제한하는 핵심 내용에 대해서 대체로 지지했습니다. 그러나, 이번 회기의 마지막 의견서가 발표된 6월 27일, 연방대법원은 브레이어 대법관이 작성한 '5 대 3' 다수의견으로 항소법원의 결정을 번복시켜 버렸습니다. 텍사스주의 낙태 수술 요건이 여성의 건강을 사실상 보호하고 있지 않다고 확인해준 것입니다. 오히려, 텍사스주 법령은 정당한 근거도 없이 여성들의 낙태 접근에 상당한 부담을 안겨줬던 것으로 판단했습니다. 저는 보충의견을 통해서 텍사스주가 낙태 전문 클리닉에 대해서만 유독 가혹하게 제한을 가하고 있으며, 편도선 절제술, 결장경 검사 또는 출산과 같이 환자에게 훨씬 더 위험한 의료 절차에 대해서는 아무런 제재도 가하지 않았다는 점을 강조했습니다.

2015~2016년 회기에서 국제사회가 주시한 판결로는 'RJR 나비스코 대 유럽공동체 사건'과 '마르카지은행 대 피터슨 사건'이 있습니다. 'RJR 나비스코 사건'에서, 유럽연합은 어떤 회사에 대해서 소송을 제기하는 과정에서 일반적으로 RICO로 알려진 미국의 '공갈 매수 및 부패 조직 처벌법'을 언급했습니다. 이 회사는 미국에 설립되어 본사도 미국에 있으며 복잡한 국제자금 세탁을 기획한 혐의를 받고 있습니다. 그로 인해 유럽연합은 유럽의 금융기관과 회원국들을 대상으로 관세를 징수할 수 있는 기회를 상실하는 피해를 봤다고 주장한 것입니다. 그러나, 미 연방대법원은 유럽연합의 심리청원을 받아들이지 않았습니다. 미국 내에서 피해가 발생한 사실이 없으니 금번 민사소송은 국내법인 RICO상으로 법적 구속력이 성립될 수 없다고 결정한 것입니다. 다만, 미국 정부가 나서서 RICO와 연계하여 민사소송을 제기하면 문제가 되지 않는다고 적시했습니다. 저는 유럽연합이 아닌 미국 정부가 주체가 되어 소송을 제기할 수 있다는 데 대해서는 동의를 했습니다. 그러나 해외에서 피해를 본 사적 당사자들이라는 이유로 소송 대상에서 배척하는 것에 대해서는 반대했습니다. 브레이어 대법관과 케이건 대법관이 제 반대의견에 합류한 가운데 연방대법원이 유럽연합의 소송을 중단시키기 위해서 언급한 미국 내 피해 발생 요건은 RICO의 관련 조항 그 어디에도 나오지 않으며 오히려 연방대법원이 자체적으로 만들어낸 논리에 불과하다는 것을 반대의

견에 기록으로 남겼습니다.

'마르카지은행 사건'은 2012년의 '이란 위협 감축법Iran Threat Reduction'과 '시리아 인권법'상 어느 한 조항이 미 헌법에 부합되는지 여부가 문제가 됐습니다. 그 조항은 이란 중앙은행인 마르카지를 대신해서 어느 뉴욕 소재 은행이 보유하고 있던 일련의 자산들을 밝혀내는 데 결정적인 역할을 해냈습니다. 그 결과, 수많은 미국인의 생명을 앗아간 외국 테러리스트들의 공격에 가담했던 이란 정부에 대해서 내려진 약 16건에 이르는 지방법원의 판결을 집행하기 위해서 동결된 자산을 사용할 수 있게 된 것입니다. 이 사건은 금번 판결 내용을 사후적으로 집행하기 위해서 해당 법령상으로 일련번호에 따라 이름이 주어진 소송사건들과 병합하여 처리될 것입니다. 여기서 제기된 의문은 미결 사건임에도 불구하고 결과를 미리 특정함으로써 해당 조항이 삼권분립의 원칙에 위배될 수도 있다는 것입니다.

이에 저는 미 연방대법원이 해당 법령을 이미 지지한 바 있으며 그에 따라 이 사건의 수혜자들끼리 억류된 자산을 자유롭게 배분했다고 기록으로 남겼습니다. 동시에, 저희들은 의회가 법원에게 현행법상 어떤 사건에 대해 판결이 어떻게 나와야 한다고 강요할 수 없다는 것을 재차 확인시켜주었습니다. 다만, 의회가 일상적으로 미결 사건에 적용할 수 있도록 관련 법률을 변경할 수는 있습니다. 심지어 그와 같은 법률 개정으로 인해 재판 결과가 사전에 확정되는 경우가 생기더라도 말입니다. 로버츠 대법원장이 그에 대해 강력히 반대했는데 소토마요르 대법관이 그의 주장에 유일하게 동조했습니다. 그러자 이란 정부가 미국을 상대로 국제사법재판소에 소송을 제기하는 등 격렬한 반응을 보였습니다.

마지막으로, 저는 이번 회기에 어느 변호사가 저지른 사소하지만 가장 기억에 남을 만한 실수에 대해서 말씀드리지 않을 수가 없습니다. 구두변론 마지막 날인 4월 27일, 그 변호사가 제 질문에 엉뚱하게도 "대법관님께서 말씀하시는 내용을 확실히 금지시킬 수 있는 법령들이 아직도 수두룩합니다, 오코너 대법관님!"이라고 답했습니다. 이에, 제가 그에게 점잖게 "그간 참 오랫동안 잠잠했는데 말이죠"라며 제가 오코너가 아닌 긴즈버그라는 사실을 재차 환기시켜 주었습니다. 미 연방대법원 역사상 최초로 여성 대법관이 된 오코너가 퇴임을 한 지도 벌써 10년이란 세월이 지났는데, 아직도 우리 두 사람을 혼동하고 있었던 모양입니다. 이번 회기에서 '4 대 4'의 분열이 보여주듯이 여덟 명은 연방대법원을 위해서 결코 좋은 숫자가 아닙니다. 마지막으로, '2016~2017 회기'가 끝나갈 때에는 아홉 명의 대법관 전원이 참석해서 내린 판결문을 가지고 여러분들을 찾아 뵙고 보고드릴 수 있기를 기대해 봅니다.

맺는 글

　금년에 83세가 된 긴즈버그 대법관은 아직도 노익장을 과시하고 있다. 일주일에 두 번씩 연방대법원 체육관에서 운동을 한다. 저녁에는 타원형 글라이더에 앉아 TV로 뉴스를 본다. 오랫동안 함께 해온 트레이너의 지도를 받으며 역기를 들고, 팔 굽혀 펴기도 20회씩이나 하는데 중간중간에 잠시 숨을 가다듬기 위해서 짧은 스트레칭도 겸하곤 한다. 몇 년 전만 해도 30회를 거뜬히 소화했는데 근래에는 좀 줄어 들긴 했다. 그래도 아직까지 그 나이의 절반밖에 안되는 우리 또래 사람들보다도 더 많은 운동을 소화해내고 있다. 1999년과 2009년에는 두 번씩이나 암을 이겨냈으며 그 와중에 단 한 번도 재판을 거른 적이 없다. 일요일인 2010년 6월 27일에는 56년 동안 인생을 같이 한 마티가 그의 곁을 영원히 떠났다. 그러나 이후로도 그의 일상은 꾸준히 계속되고 있다. 마틴 긴즈버그가 세상을 떠난 바로 그다음 날이 연방대법원의 회기 마지막 날이었다. 그날도 어김없이 동료 대법관들과 함께 법정에 나타나 판결문을 발표했다. 그가 말하길, 남편 마티가 자신이 세상을 떠난 후에도 그저 평소와 다름없이 살아가길 바랐다고 한다.

2010년 6월에 스티븐 대법관이 퇴임한 이후 긴즈버그는 네 명의 리버럴한 연방대법관 중에서 최고참이 된다. 이것은 중요한 의미를 지닌다. 공식적으로 매우 중요한 사안에 대해서 '5 대 4'로 의견이 갈리는 경우, 누가 반대의견을 작성할지를 그가 결정하기 때문이다. 반대의견을 말하는 긴즈버그의 목소리는 법원의 다수자와 반대자들이 이 땅의 법률을 형성해나가는 과정에서 이성적 대화를 나눌 때, 그 어느 때보다도 강력하고 중요한 힘을 발휘하고 있다.

놀랍게도, 최근 긴즈버그는 문화계의 록스타가 되었다. 다름 아닌 오페라 〈스칼리아/긴즈버그〉(이 책의 1부 7장을 참조하라)에서 연방대법원의 재판 도중 벌어진 상황을 일부 재연해낸 것이다(법복과 레이스 칼라를 걸치고 긴즈버그 대법관 역할을 맡은 배우는 긴즈버그의 모습을 너무도 정확히 그려냈다). 긴즈버그는 또한 본인이 살아온 인생의 궤적을 담아내기 위해서 자신만의 블로그도 운영하고 있으며 다양한 티셔츠 차림으로 자주 그곳에 등장한다. 긴즈버그의 애칭이 베스트셀러 제목으로도 등장했는데 놀랍게도 제목은 '악명 높은 RBG Notorious RBG'였다(저자들이 래퍼이자 그의 브루클린 친구인 '노터리어스 B.I.G'의 이름을 이용해서 지어준 것이다). 오페라 가수이자 교사이며 긴즈버그의 며느리인 패트리스 미셸즈가 그에게 존경의 표시로 연작 가곡을 헌정했다. 이제, RBG 머그잔, RBG 초상화, RBG 생일카드, RBG 문신 그리고 최근에는 한 권도 아닌 두 권이나 되는 'RBG 칠하기 그림책'도 나와 있다. 텍사스주 댈러스에 있는 에마누엘 사원의 '비 하이브 클래스Bee Hive Class'에 다니는 서너 살 된 아이들이 교실에서 키우는 물고기에 그의 이름을 따서 "루스 베타 긴즈버그"라는 이름을 붙여줬다. 연구기관으로 호주의 '시드니의 브라노치'와 클리블랜드 국립역사박물관에 위치한 '가빈 스벤손'은 여기서 한발짝 더 나갔다. 긴즈버그 대법관에 대한 존경의 표시로 모든 종류의 사마귀를 '일로만티스 긴즈버개 Ilomantis ginsburgae'로 부르기로 한 것이다. 유대계 배우인 나탈리 포트만이 1971년 긴즈버그 대법관이 남편과 함께 소송을 제기한 사건에 관한 영화에서 긴즈버그의 모습을 재현할 예정이다.

다소 학술적인 내용을 담은 또 다른 저서인《자매들Sisters in Law》은 이중전dual biography 형식의 작품이다. 부제목은 "샌드라 데이 오코너와 루스 베이더 긴즈버그는 어떻게 연방대법원까지 올라갔으며 세상을 어떻게 바꿨는가"인데, 관련 내용을 자세히 다루고 있다. 세 번째 작품인《루스 베이더 긴즈버그의 유산》에서는 법학자와 비평가들이 그가 변호사이자 법학 교수로, 그리고 연방판사와 연방대법관으로 일해오면서 기여한 바를 평가한 글들이 곳곳에 등장한다. 그는 이미 서른 개 이상의 명예 박사학위를 받았으며 지금도 그 수는 계속해서 늘어나고 있다. 또한 수많은 본상과 명예상을 수상했는데 가장 최근에는 '미국 법학계에 혁혁한 기여를 해온 지도자급 판사나 변호사'에게 수여하는 전미 변호사협회 메달이 추가됐다. 《타임》의 '가장 영향력 있는 100인', 《포브스》의 '가장 영향력 있는 여성 100인' 그리고 《엘르》의 '2015년 워싱턴 파워 여성'에도 선정됐다. 뉴욕시 변호사협회는 매년 여성과 법에 관한 루스 베이더 긴즈버그의 특별 강연을 후원하고 있으며 미국 로스쿨협회의 법학교육계 여성분과에서는 그에게 특별히 공로상을 수여했다(제1회 수상자도 긴즈버그였다).

연방대법원에 새로 두 명의 여성 대법관(소니아 소토마요르와 엘레나 케이건)이 부임했다는 건 긴즈버그에게 너무도 특별한 사건이었다. 20여 년 전, 클린턴 대통령이 연방대법관 후보로 자신을 지명했을 때 남다른 감회를 언급하며 이를 계기로 본인이 임기를 마치는 날까지 우리 사회에서 적어도 절반의 인재 풀을 형성하고 있는 여성들이 전문직 분야에서 고위직에 올라 성과를 낼 수 있기를 간절히 바란다고 말했다(이 책의 4부 참조). 여성계의 상징적 인물이었던 오코너 대법관이 2006년에 퇴임하여 여성대법관으론 유일하게 긴즈버그만이 남게 되자 그는 "이런 상황이 다시는 벌어지지 않았으면 좋겠어요"라고 말했다. 오코너가 떠나고 한 해가 지나고 나서 어느 기자에게 "법정에서의 내 처지를 한 마디로 표현한다면 외롭다는 것입니다"[1]라고 말했다. 그러나 이젠 더이상 외로울 필요가 없게 된 것이다. 그가 "지금은 케이건 대법관님이 제 왼쪽에, 소토마요르 대법관님이 제 오른쪽에 각각 앉아 계십니다. 그래서인지, 우리 여성들이 이제서야 연방대법원의 진정한 일원이 된 것 같습니다. 우리 세 사람은 그곳에 함께 머물러야 되는 운명인가 봅니다"[2]라며 몹시도 기뻐했다. 최근에는 사람들이 연방대법원에 여성 대법관들이 얼마나 되어야 만족하겠냐는 질문에 반짝이는 눈빛으로 "아홉 명 모두랍니다!"[3]라고 대답했다.

긴즈버그 대법관이 혹시 퇴임을 계획하고 있는 것은 아닐까? 몇 년 전에는 과거에 23년간 재직했던 루이스 브랜다이스 대법관이 세운 기록 정도는 해내고 싶다고 말한 적이 있다. 2016년 4월이 바로 그 날이었다. 다른 자리에서는 스미스소니언 미국 예술 박물관이 순회 전시를 위해서 그에게서 빌려간 요제프 알베르스 Josef Albers의 유화 그림을 되돌려 받기 전까지는 연방대법원을 떠나지 않을 거라고 말한 바 있다. 그 그림은 이제 그의 집무실 책상을 마주보는 곳에 다시 놓여 있다. 2010년에 스티븐스 대법관이 35년을 재직하고 나서 90세의 나이로 퇴임을 하자 이젠 그가 연방대법원의 최고령자이자 리버럴 그룹의 최고참 대법관이 됐다. 이에 긴즈버그는 스티븐스 대법관이 드디어 자신의 새로운 '롤 모델'이 되었다며, "내가 그 일을 할 준비가 되어 있는가?"라는 테스트에 임하는 게 중요하다고 말한다. 긴즈버그는 여기에 머물 것이다. 그녀의 말에 따르면 "내가 그 일을 충분히 해낼 수 있는 한."[4]

루스 베이더 긴즈버그 대법관이 아직도 계속해서 "충분히 해내고" 있다는 것이 그가 말한 테스트의 가장 중요한 척도가 될 것이다. 세부 근거로는 추론의 품격(언제나 능수능란하고 흥미진진하게 의견서를 작성한다), 정신적 영민함(구두변론에서 던지는 질문과 대중 앞에 보이는 모습에서 잘 나타난다), 체력(아마도, 현재까지 의견서를 가장 효율적이고 제시간에 완성하는 대법관일 것이며 필요하면 그 일을 해내기 위해서 여전히 밤새워 작업을 한다), 그리고 활발한 대중 참여(아직도 미국 전역과 세계 곳곳을 지칠 줄 모르고 여행하며 가르치고 스스로 배우기도 한다)를 들 수 있다.

감사의 글

메리 하트넷과 웬디 윌리엄스는 차기작인 긴즈버그의 전기 작업 과정에서 우리 편집자들에게 도움을 주신 분들과 기관들의 노고를 한 번도 잊은 적이 없다. 그중에서도 특히, 조지타운대학 법률센터, 미 의회도서관, 윌슨센터와 다른 여러 기관의 도움이 컸다. 조지타운대학 법률센터와 여타 기관에서 근무하는 일군의 연구 조교들, 우리 인터뷰에 응해준 긴즈버그 대법관의 지인, 가족, 동료들, 재판연구원들 그리고 여러 가지 궂은 일들을 돌보아준 모든 분(특히, 데이비드 노랜드는 우리가 10년이 넘도록 뉴욕에 있는 본인의 아파트를 이용할 수 있도록 허락해주었다)들에게 거듭 감사의 말씀을 올린다. 끝으로, 우리가 출간할 다음 작품에 대해서도 여러분의 끊임없는 관심과 성원을 부탁드린다.

참고 문헌

원문의 출처에 관하여

이 책은 다수의 인용문이 포함된 준비서면과 법률 리뷰 기사는 물론, 특별한 인용문 없이 작성된 연설문을 포함하여 실로 매우 광범위한 자료들을 바탕으로 작성되었다. 이 책에 모든 인용문을 담는 대신, 그에 관한 웹사이트를 별도로 마련한다면 대량의 인쇄물 사용으로 인한 환경문제를 해소하고 대부분의 독자들에게도 편익을 제공할 수 있다는 출판사의 권고에 따라 "MyOwnWordsBook.com"을 운영하기로 했다. 다만, 이 책의 인쇄본에 실린 글들의 도입부와 오페라 〈스칼리아/긴즈버그〉 발췌문에는 특별히 주석을 달아 자료의 출처를 밝혔다.

1부 유년시절과 소중한 추억들

1   Interview by Mary Hartnett and Wendy Williams with Ruth Bader Ginsburg (Aug. 12, 2010) (on file with authors).

2   Interview by Mary Hartnett and Wendy Williams with Ruth Bader Ginsburg (Aug. 27, 2009) (on file with authors).

3   "Justice Ginsburg Grade School Tour," C-SPAN, June 3, 1994, http://www.cspanvideo.org /program/57503-1 (quote begins at 1:22:42 mark of video clip).

4   Interview by Maeva Marcus with Ruth Bader Ginsburg (Aug. 10, 1995) (on file with authors).

5   Ibid.

6   Interview by Mary Hartnett with Beth Amster Hess (Apr. 11, 2005) (on file with authors).

7   Letter from Ruth Bader Ginsburg to Mary Hartnett and Wendy Williams (Aug. 16, 2004) (on file with authors).

8   Interview by Larry Josephson with Ruth Bader Ginsburg, "Only in America—Celebrating 350 Years of the Jewish Experience," NPR, Sept. 2, 2004, http://

www.onlyinamerica.info/ginsburg.shtml.

9   Interview by Mary Hartnett and Wendy Williams with Ruth Bader Ginsburg (Aug. 27, 2009) (on file with authors).

10   Interview by Ron Grele with Ruth Bader Ginsburg (Aug. 17, 2004) (on file with authors).

11   Interview by Larry Josephson with Ruth Bader Ginsburg, "Only in America—Celebrating 350 Years of the Jewish Experience," NPR, Sept. 2, 2004, http://www.onlyinamerica.info /ginsburg.shtml.

12   Interview by Ron Grele with Ruth Bader Ginsburg (Aug. 17, 2004) (on file with authors).

13   Interview by Mary Hartnett and Wendy Williams with Ruth Bader Ginsburg (Sept. 5, 2008) (on file with authors).

14   Interview by Mary Hartnett and Wendy Williams with Ruth Bader Ginsburg (Aug. 27, 2009) (on file with authors).

15   Ibid.

16   Ibid.

17   Ibid.

18   Ibid.

19   Ibid.

2장 하나의 사람들

1   Interview by Mary Hartnett and Wendy Williams with Ruth Bader Ginsburg (Aug. 27, 2009) (on file with authors).

2   Interview by Larry Josephson with Ruth Bader Ginsburg, "Only in America—Celebrating 350 Years of the Jewish Experience," NPR, Sept. 2, 2004, http://www.onlyinamerica.info/ginsburgs.html.

3   Interview by Mary Hartnett and Wendy Williams with Ruth Bader Ginsburg (Aug. 5, 2005) (on file with authors).

4   Interview by Sarah Wilson with Ruth Bader Ginsburg (Sept. 25, 1995) (on file with authors).

5   Interview by Larry Josephson with Ruth Bader Ginsburg, "Only in America—Celebrating 350 Years of the Jewish Experience," NPR, Sept. 2, 2004, http://www.onlyinamerica.info/ginsburg.shtml.

6   Ruth Bader Ginsburg, "Tribute to Rabbi Stephen S. Wise," East Midwood Jewish Center Bulletin, June 21, 1946, p. 2 (on file with authors).

7   Interview by Research Assistant Leila Abolfazli with Seymour "Si" Bessen (Mar. 17, 2007) (on file with authors).

8   Interview by Mary Hartnett with Anita Fial (May 12, 2006) (on file with authors).

9   Interview by Mary Hartnett with Ann Burkhardt Kittner (May 22, 2006) (on file with authors).

3장 도청: 쇠뿔을 바로잡으려다 소를 죽인다

1   Interview by Maeva Marcus with Ruth Bader Ginsburg (Aug. 10, 1995) (on file with authors).

2   Interview by Mary Hartnett and Wendy Williams with Ruth Bader Ginsburg (Aug. 5, 2004) (on file with authors).

3   Ibid.

4   Conversation between Mary Hartnett and Ruth Bader Ginsburg (Feb. 3, 2010).

4장 마티 긴즈버그가 좋아했던 주제

1   Interview by Mary Hartnett and Wendy Williams with Martin Ginsburg (Aug. 2, 2004) (on file with authors).

2   Interview by Maeva Marcus with Ruth Bader Ginsburg (Aug. 10, 1995) (on file with authors).

3   Ibid.

4   Ibid.

5   Interview by Mary Hartnett and Wendy Williams with Martin Ginsburg (Aug. 2, 2004) (on file with authors).

6   Interview by Maeva Marcus with Ruth Bader Ginsburg (Aug. 10, 1995) (on file with authors).

5장 오페라 속의 법과 변호사

1   Interview by Mary Hartnett and Wendy Williams with Ruth Bader Ginsburg (Aug. 12, 2010) (on file with authors).

6장 스칼리아 연방대법관을 추모하며

1   Interview by Mary Hartnett with Antonin Scalia (Aug. 1, 2007) (on file with authors).
2   Ibid.

7장 오페라 〈스칼리아/긴즈버그〉

1   Cf. St. Mary's Honor Ctr. v. Hicks, 509 U.S. 502, 512 (1993) ("Only one unfamiliar with our case law will be upset by the dissent's alarum that we are today setting aside 'settled precedent,'······"); Melendez-Diaz v. Massachusetts, 557 U.S. 305, 312 (2009) ("[W]e must assure the reader of the falsity of the dissent's opening alarum······").

2   See Antonin Scalia, A Matter of Interpretation: Federal Courts and the Law 40 (Amy Gutmann ed., 1997) ("It certainly cannot be said that a constitution naturally suggests changeability; to the contrary, its whole purpose is to prevent change—to embed certain rights in such a manner that future generations cannot readily take them away." (emphasis added)); see also Lee v. Weisman, 505 U.S. 577, 632 (1992) (Scalia, J., dissenting) ("Today's opinion shows more forcefully than volumes of argumentation why our Nation's protection, that fortress which is our Constitution, cannot possibly rest upon the changeable philosophical predilections of the Justices of this Court, but must have deep foundations in the historic practices of our people." (emphasis added)). Changeability is the subject of one particularly well-known operatic aria. See Giuseppe Verdi & Francesco Maria Piave, La donna mobile [Woman is changeable], in Rigoletto act 1, sc. 11 (1851), available at http://perma.cc /3KX-ZCBG.

3   Cf. Georg es Bizet, Henri Meilhac & Ludovi c Halévy, Habañera (L'amour est un oiseaurebelle) [Haba-era (Love is a rebellious bird)], in Carm en act 1, sc. 5 (1875), available at http://perma.cc/6LTM-YJAH ("L'amour est enfant de Bohême, / il n'a jamais, jamais connu de loi" ["Love is a gypsy's child, / It has never, ever known the law"]).

4   See, e.g., George Frideric Händel & Nicola Francesco Haym, Empio, dir~, pi sei [I say, you are a villain], in Giulio Cesare in Egitto [Julius Caesar in Egypt] act 1, sc. 3 (1724) (HWV 17), available at http://perma.cc/CWU7-4GGU.

5   See Planned Parenthood of Se. Penn. v. Casey, 505 U.S. 833, 980 (1992) (Scalia, J., concurring) (stating that "the Constitution says absolutely nothing about"

whether the power of a woman to abort her unborn child is a liberty protected by the Constitution).

6   See United States v. Virginia, 518 U.S. 515, 567 (1996) (Scalia, J., dissenting) ("Today [this Court] enshrines the notion that no substantial educational value is to be served by an all-men's military academy……" (emphasis added)); id. at 597 ("The enemies of single-sex education have won; by persuading only seven Justices (five would have been enough) that their view of the world is enshrined in the Constitution, they have effectively imposed that view on all 50 States." (emphasis added)). Contra McCreary County v. Am. Civil Liberties Union of Ky., 545 U.S. 844, 896-97 (2005) (Scalia, J., dissenting) ("The Establishment Clause, upon which Justice Stevens would rely, was enshrined in the Constitution's text, and these official actions show what it meant…… What is more probative of the meaning of the Establishment Clause than the actions of the very Congress that proposed it, and of the first President charged with observing it?" (emphasis in original)); Dist. of Columbia v. Heller, 554 U.S. 570, 584-85 (2008) ("Nine state constitutional provisions written in the 18th century or the first two decades of the 19th …… enshrined a right of citizens to 'bear arms in defense of themselves and the state' or 'bear arms in defense of himself and the state.'" (emphasis added) (citations omitted)); id. at 634-36 ("Constitutional rights are enshrined with the scope they were understood to have when the people adopted them, whether or not future legislatures or (yes) even future judges think that scope too broad …… [T]he enshrinement of constitutional rights necessarily takes certain policy choices off the table." (emphasis added)).

7   See, e.g., Ushma Patel, Scalia Favors "Enduring," Not Living, Constitution, Princeton Univ. (Dec. 11, 2012, 1:00 PM), http://perma.cc/M7R2-3G9H ("'I have classes of little kids who come to the court, and they recite very proudly what they've been taught, 'The Constitution is a living document.' It isn't a living document! It's dead. Dead, dead, dead!' Scalia said, drawing laughs from the crowd. 'No, I don't say that…… I call it the enduring Constitution. That's what I tell them.'").

8   Cf. The First Nowell, in Christmas Carols New & Old (Henry Ramsden Bramley & John Stainer eds., ca. 1878) ("The First Nowell the Angel did say, / Was to certain poor shepherds in fields as they lay……").

9   See McDonald v. City of Chicago, 561 U.S. 742, 805 (2010) (Scalia, J., concurring) ("Justice Stevens abhors a system in which 'majorities or powerful

interest groups always get their way' ...... but replaces it with a system in which unelected and life-tenured judges always get their way." (citation omitted)); Webster v. Reproductive Health Servs., 492 U.S. 490, 535 (1989) (Scalia, J., concurring) ("We can now look forward to at least another Term with carts full of mail from the public, and streets full of demonstrators, urging us—their unelected and lifetenured judges who have been awarded those extraordinary, undemocratic characteristics precisely in order that we might follow the law despite the popular will—to follow the popular will.").

10 Cf. Händel & Haym, Svegliatevi nel core [Awaken in my heart], in Giulio Cesare in Egitto, supra note 4, at act 1, sc. 5 ("L'ombra del genitore / accorre a mia difesa / e dice: a te rigor, / Figlio, si aspetta." ["The specter of [my] father / Rushes to my defense / And says: from you, severity, / [My] son, is expected."]).

11 Cf. Francis Scott Key & John Stafford Smith, The Star-Spangled Banner (1814) ("O! say can you see by the dawn's early light, / What so proudly we hailed at the twilight's last gleaming").

12 Cf. George Frideric Händel, Ombra mai fu, in Serse [Xerxes] act 1, sc. 1 (1738) (HWV 40), available at http:// perma.cc /6XRJ-AUK5 (Händel's "Largo") ("Ombra mai fu / Di vegetabile, / Cara ed amabile / Soave pi." ["Never was a shade / Of any plant / Dearer and lovelier, / [Or] sweeter."]).

13 Cf. The First Nowell, supra note 8 ("Nowell, Nowell, Nowell, Nowell, / Born is the King of Israel.").

14 See 60 Minutes: Justice Scalia on the Record, Both Online and Off (CBS television broadcast Apr. 27, 2008) (transcript available at http://perma.cc/ A64C-QNBB) ("'When I first came on the court I thought I would for sure get off as soon as I could which would have been when I turned 65. Because you know, justices retire at full salary. So there's no reason not to leave and go off and do something else. So you know, essentially I've been working for free, which probably means I'm too stupid to be on the Supreme Court,' Scalia says, laughing. 'You should get somebody with more sense. But I cannot—what happened is, simply I cannot think of what I would do for an encore. I can't think of any other job that I would find as interesting and as satisfying.'").

15 See id. ("'I mean after a while, you know, I'm saying the same things in today's dissent that I said in a dissent 20 years ago,' Scalia explains.").

16 Cf. Wolfgang Amadeus Mozart & Emanuel Schik aneder, Die Zauberflöte [The Magi c Flute] act 2, sc. 8 (1791) (K. 620), available at http://perma.

cc/444R -UDUT ("Die Königin der Nacht kommt unter Donner aus der mittlern Versenkung und so, dass sie gerade vor Pamina zu stehen kommt." ["The Queen of the Night emerges amid thunder from the central trapdoor so that she stands just in front of Pamina."]); Richard Wagner, Das Rheingold [The Rhine Gold] sc. 4 (1869), available at http://perma.cc/U6VV-PLAL ("[W]ird plötzlich Erda sichtbar, die ⋯⋯ aus der Tiefe aufsteigt; sie ist von edler Gestalt⋯⋯" ["Erda is suddenly visible, rising ⋯⋯ from the depths; she is of noble figure⋯⋯"]).

17 See Nat'l Fed'n of Indep. Bus. v. Sebelius, 132 S. Ct. 2566, 2623-24 (2012) (Ginsburg, J., concurring) ("Underlying the Chief Justice's view that the Commerce Clause must be confined to the regulation of active participants in a commercial market is a fear that the commerce power would otherwise know no limits. ⋯⋯ As an example of the type of regulation he fears, The Chief Justice cites a Government mandate to purchase green vegetables. ⋯⋯ One could call this concern 'the broccoli horrible.'").

18 See United States v. Windsor, 133 S. Ct. 2675, 2704 (2013) (Scalia, J., dissenting) ("Unimaginable evil this is not.").

19 Cf. McCulloch v. Maryland, 17 U.S. (4 Wheaton) 316, 407 (1819) ("[W]e must never forget, that it is a constitution we are expounding."); Antonin Scalia, Remarks at the Woodrow Wilson International Center for Scholars (Mar. 14, 2005) (transcript available for download at http://perma.cc /WAB5-EGV3) ("Although it is a minority view now, the reality is that, not very long ago, originalism was orthodoxy. ⋯⋯ [C]onsider the opinions of John Marshall in the Federal Bank case, where he says ⋯⋯ we must always remember it is a constitution we are expounding. And since it's a constitution, he says, you have to give its provisions expansive meaning so that they will accommodate events that you do not know of which will happen in the future. Well, if it is a constitution that changes, you wouldn't have to give it an expansive meaning. You can give it whatever meaning you want and, when future necessity arises, you simply change the meaning. But anyway, that is no longer the orthodoxy.").

20 See United States v. Virginia, 518 U.S. 515, 567 (1996) (Scalia, J., dissenting) ("The virtue of a democratic system with a First Amendment is that it readily enables the people, over time, to be persuaded that what they took for granted is not so, and to change their laws accordingly. That system is destroyed if the smug assurances of each age are removed from the democratic process and written into the Constitution. So to counterbalance the Court's criticism of our ancestors, let me say a word in their praise: They left us free to change.

The same cannot be said of this most illiberal Court, which has embarked on a course of inscribing one after another of the current preferences of the society (and in some cases only the countermajoritarian preferences of the society's law-trained elite) into our Basic Law."). See generally David F. Forte, The Illiberal Court, 48 Nat'l Rev., July 29, 1996, at 40; cf. also [Jennifer Senior, In Conversation: Antonin Scalia, N.Y. Mag., Oct. 6, 2013, available at http://perma.cc/Q9ZW-ZFYN] ("[W]e get newspapers in the morning. ⋯⋯ We used to get the Washington Post, but it just ⋯⋯ went too far for me. I couldn't handle it anymore. ⋯⋯ It was the treatment of almost any conservative issue. It was slanted and often nasty. ⋯⋯ I think they lost subscriptions partly because they became so shrilly, shrilly liberal.").

21 Cf. Giuseppe Verdi & Francesco Maria Piave, Sempre libera [Always free], in La Travi ata [The Fallen Woman] act 1, sc. 5 (1853), available at http://perma.cc/6EZF-AUKY ("Follie! follie⋯⋯!" ["What folly! what folly⋯⋯!"]).

22 Cf. Antonin Scalia, God's Justice and Ours, First Things (May 2002), http://perma.cc/FY87-852V ("This dilemma, of course, need not be confronted by a proponent of the 'living Constitution,' who believes that it means what it ought to mean. If the death penalty is (in his view) immoral, then it is (hey, presto!) automatically unconstitutional. ⋯⋯ (You can see why the 'living Constitution' has such attraction for us judges.")).

23 The words sung by the character of Scalia correspond approximately to the poetic structure of the Verdi aria "Sempre libera" ["Always free"]. See Verdi & Piave, Sempre libera [Always free], in La Traviata, supra note [21], at act 1, sc. 5 ("Sempre libera degg'io / folleggiare di gioia in gioia" ["Always free, I must frolic from delight to delight"]).

24 The words sung by the character of Ginsburg correspond approximately to the rhythms of a Mozart duet. See Mozart & Da Ponte, Aprite, presto, aprite [Open it, quickly, open it], in [Le Nozze di Figaro [The Marriage of Figaro] act 2, sc. 4 (1786) (K. 492), available at http:// perma.cc /32JK-Q3PR] ("Fermate, Cherubino!" ["Stop, Cherubino!"]).

25 Justice Scalia joined the majority opinion in Shelby County v. Holder. See 133 S. Ct. 2612, 2648 (2013) (Ginsburg, J., dissenting) ("[T]he Court's opinion can hardly be described as an exemplar of restrained and moderate decisionmaking. Quite the opposite.").

26 See Adam Liptak, How Activist Is the Supreme Court?, N.Y. Times, Oct. 12, 2013, at SR4 ("Justices Antonin Scalia and Ruth Bader Ginsburg are ideological

antagonists on the Supreme Court, but they agree on one thing. Their court is guilty of judicial activism.").

27　See id. ("'If it's measured in terms of readiness to overturn legislation, this is one of the most activist courts in history,' Justice Ginsburg said in August [2013] in an interview with The New York Times. 'This court has overturned more legislation, I think, than any other.'"); Justice Ruth Bader Ginsburg Talks About Judicial Activism, Nat'l Const. Ctr. (Sept. 9, 2013), http://perma.cc/7R6V-ZKAX ("[An activist court] is a court that is not at all hesitant to overturn legislation passed by the Congress. ...... The worst case was [Shelby County v. Holder,] the Voting Rights Act case.").

28　Shelby Cnty. v. Holder, 133 S. Ct. 2612 (2013) (Ginsburg, J., dissenting).

29　See id. at 2636 (2013) (Ginsburg, J., dissenting) ("Congress' power to act [was] at its height.").

30　See Justice Ruth Bader Ginsburg Talks About Judicial Activism, supra note [27] ("Despite the overwhelming majority in Congress that passed the Voting Rights Act, the Court said, 'that won't do.'").

31　See Nat'l Fed'n of Indep. Bus. v. Sebelius, 132 S. Ct. 2566, 2676 (2012) (Scalia, Kennedy, Thomas and Alito, JJ., dissenting) ("The Court regards its strained statutory interpretation as judicial modesty. It is not. It amounts instead to a vast judicial overreaching. ...... The values that should have determined our course today are caution, minimalism, and the understanding that the Federal Government is one of limited powers. But the Court's ruling undermines those values at every turn. In the name of restraint, it overreaches.").

32　Cf., e.g., Atkins v. Virginia, 536 U.S. 304, 338 (2002) (Scalia, J., dissenting) ("Seldom has an opinion of this Court rested so obviously upon nothing but the personal views of its Members.").

33　Cf. United States v. Virginia, 518 U.S. 515, 601 (1996) (Scalia, J., dissenting) ("It is one of the unhappy incidents of the federal system that a self-righteous Supreme Court, acting on its Members' personal view of what would make a 'more perfect union' (a criterion only slightly more restrictive than a 'more perfect world') can impose its own favored social and economic dispositions nationwide.").

34　Cf. Shelby Cnty., 133 S. Ct. 2612, 2632 (2013) (Ginsburg, J., dissenting) ("Recognizing that large progress has been made, Congress determined, based on a voluminous record, that the scourge of discrimination was not yet extirpated."); Fisher v. Univ. of Tex., 133 S. Ct. 2411, 2434 n.4 (2013) (Ginsburg, J., dissenting) ("'Actions designed to burden groups long denied full citizenship stature are not sensibly ranked with measures taken to hasten the day when entrenched discrimination and its aftereffects have been extirpated.'" (quoting Gratz v. Bollinger, 539 U.S. 244, 301 (2003) (Ginsburg, J., dissenting))).

35 Cf., e.g., City of Richmond v. J.A. Croson Co., 488 U.S. 469, 520 (1989) (Scalia, J., concurring) ("I do not agree, however, with Justice O'Connor's dictum suggesting that, despite the Fourteenth Amendment, state and local governments may in some circumstances discriminate on the basis of race in order (in a broad sense) 'to ameliorate the effects of past discrimination.'").

36 Cf. Mozart & Da Ponte, Voi che sapete [You who know], in The Marri age of Figaro, supra note [24], at act 2, sc. 2.

37 Cf. Antonin Scalia, The Disease as Cure: "In Order to Get Beyond Racism, We Must First Take Account of Race," 1979 Wash. U. L.Q. 147 (1979) (discussing Regents of Univ. of Cal. v. Bakke, 438 U.S. 265 (1978)).

38 Cf. Mozart & Schik aneder, Der Hölle Rache kocht in meinem Herzen [Hell's vengeance boils in my heart], in The Magi c Flute, supra note [16], at act 2, sc. 7 ("Verstoßen sei auf ewig, / verlassen sei auf ewig" ["Be disowned forever, / be forsaken forever"]).

39 See Fisher, 133 S. Ct. at 2433 (Ginsburg, J., dissenting) ("As for holistic review, if universities cannot explicitly include race as a factor, many may 'resort to camouflage' to 'maintain their minority enrollment.'" (quoting Gratz, 539 U.S. at 304 (Ginsburg, J., dissenting))); Fisher, 133 S. Ct. at 2434 ("As the thorough opinions below show ······ the University's admissions policy flexibly considers race only as a 'factor of a factor of a factor of a factor' in the calculus. ······" (citation omitted)).

40 See Gratz, 539 U.S. at 288-89 (Ginsburg, J., dissenting) ("This insistence on [judicial consistency] would be fitting were our Nation free of the vestiges of 3P_ rank discrimination long reinforced by law. But ······ [i]n the wake 'of a system of racial caste only recently ended,' large disparities endure." (citations omitted) (quoting Adarand Constructors, Inc. v. Pena, 515 U.S. 200, 273-76 & n.8 (1995) (Ginsburg, J., dissenting))). Cf. generally Giuseppe Verdi & Temis tocle Solera, Va, pensiero [Fly, thought, on wings of gold], in Nabucco [Nebuchadnezzar] act 3, sc. 2 (1842) ("Chorus of the Hebrew Slaves").

41 See Shelby Cnty., 133 S. Ct. at 2633 (Ginsburg, J., dissenting) ("A century after

the Fourteenth and Fifteenth Amendments guaranteed citizens the right to vote free of discrimination on the basis of race, the 'blight of racial discrimination in voting' continued to 'infec[t] the electoral process in parts of our country.' Early attempts to cope with this vile infection resembled battling the Hydra." (quoting South Carolina v. Katzenbach, 383 U.S. 301, 308 (1966))).

42 See Fisher, 133 S. Ct. at 2433-34 (Ginsburg, J., dissenting) ("I have said before and reiterate here that only an ostrich could regard the supposedly neutral alternatives as race unconscious. ⋯⋯ [T]he University reached the reasonable, good-faith judgment that supposedly race-neutral initiatives were insufficient to achieve, in appropriate measure, the educational benefits of student-body diversity." (citations omitted)).

43 See Adarand, 515 U.S. at 239 (Scalia, J., concurring) ("In my view ⋯⋯ [i]ndividuals who have been wronged by unlawful racial discrimination should be made whole but under our Constitution there can be no such thing as a either a creditor or debtor race. ⋯⋯ In the eyes of government, we are just one race here. It is American."); City of Richmond v. J.A. Croson Co., 488 U.S. 469, 527-28 (1989) (Scalia, J., concurring) ("[T]hose who believe that racial preferences can help to 'even the score' display, and reinforce, a manner of thinking by race that was the source of the injustice and that will, if it endures within our society, be the source of more injustice still.").

44 See Shelby Cnty., 133 S. Ct. at 2648 (Ginsburg, J., dissenting) ("Hubris is a fit word for today's demolition of the [Voting Rights Act].").

45 Cf. Bizet, Meilhac & Halevy, Seguidilla (Près des remparts de Séville) [Seguidilla (Near the ramparts of Seville)], in Carm en, supra note 3, at act 1, sc. 9 ("Près des remparts de Séville, / Chez mon ami, Lillas Pastia, / J'irai danser le séguedille / Et boire du Manzanilla. / J'irai chez mon ami Lillas Pastia." ["Near the ramparts of Seville, / At the place of my friend, Lillas Pastia, / I will go to dance the Seguidilla / And drink Manzanilla. / I will go to the place of my friend Lillas Pastia."]); see also ABA Journal—Law News Now, Justice Ruth Bader Ginsburg Talks Opera, the Law and Tells of a Plácido Domingo Serenade, YouTube (Aug. 5, 2012), http://perma.cc/4ZCV-W48R?type=source [hereinafter ABA Journal, Justice Ginsburg Talks Opera] ("[T]he most famous plea bargain in opera is Carmen's bargain with Don JosŽ: if he will allow her to escape, then she promises him that she will meet him at her friend's caf.").

46 See, e.g., Verdi & Piave, Libiamo ne'lieti calici [Let us drink from joyful chalices], in La Traviata, supra note [21], at act 1, sc. 2.

47 See Lawyers Enjoy a Morning at the Opera with Justice Ginsburg and Solicitor General Verrilli, ABANow (Aug. 4, 2012), http://perma.cc/L3NW-A5X3 ("The founders of our country were great men with a vision. They were held back from realizing their ideas by the times in which they lived. But I think their notion was that society would evolve and the meaning of some of the grand clauses in the Constitution, like due process of law, would grow with society so that the Constitution would always be attuned with the society that law is meant to serve."); see also Adarand, 515 U.S. at 276 (Ginsburg, J., dissenting) ("I see today's decision as one that allows our precedent to evolve, still to be informed by and responsive to changing conditions.").

48 This section of the aria prioritizes the lower register of the soprano voice. Cf. ABA Journal, Justice Ginsburg Talks Opera, supra note [45] ("[If I were an opera singer,] my first reaction would be, well, [my voice] would be a great soprano: I would be Renata Tebaldi or perhaps Beverly Sills. But then I think of Ris' Stevens and say, well, perhaps I'd be a mezzo, like Marilyn Horne.").

49 See, e.g., United States v. Virginia, 518 U.S. 515, 531 (1996) ("Through a century plus three decades and more of [our Nation's] history, women did not count among voters composing 'We the People.'").

50 See id. at 557 ("A prime part of the history of our Constitution ⋯⋯ is the story of the extension of constitutional rights and protections to people once ignored or excluded.").

51 See id. at 532 ("[T]he Court has repeatedly recognized that neither federal nor state government acts compatibly with the equal protection principle when a law or official policy denies to women, simply because they are women, full citizenship stature—equal opportunity to aspire, achieve, participate in and contribute to society based on their individual talents and capacities.").

52 See Ledbetter v. Goodyear Tire & Rubber Co., Inc., 550 U.S. 618, 645 (Ginsburg, J., dissenting) (challenging "the unlawful [employment] practice [that] is the current payment of salaries infected by gender-based (or race-based) discrimination—a practice that occurs whenever a paycheck delivers less to a woman than to a similarly situated man"). Congress later adopted Justice Ginsburg's position by passing the Lilly Ledbetter Fair Pay Act of 2009. Pub. L. No. 111-2, 123 Stat. 5 (2009).

53 Cf. Ruth Bader Ginsburg, Closing Remarks for Symposium on Justice Brennan and the Living Constitution, 95 Cal. L. Rev. 2217, 2219 (2007) ("Justice Brennan was also instrumental in the 1970s, I should not fail to note, in moving the Court

in a new direction regarding women's rights. The very first case I argued before the Court, Frontiero v. Richardson, yielded, in 1973, the first in a line of Brennan opinions holding that our living Constitution obligates government to respect women and men as persons of equal stature and dignity." (emphasis added)).

54 See Adarand Constructors, Inc. v. Pena, 515 U.S. 200, 274 (1995) (Ginsburg, J., dissenting) ("Bias both conscious and unconscious, reflecting traditional and unexamined habits of thought, keeps up barriers that must come down if equal opportunity and nondiscrimination are ever genuinely to become this country's law and practice.").

55 Cf. Ruth Bader Ginsburg, The 20th Annual Leo and Berry Eizenstat Memorial Lecture: The Role of Dissenting Opinions (Oct. 21, 2007) (transcript available at http://perma.cc/Z6E8-6NUM) ("Our Chief Justice ...... expressed admiration for the nation's fourth Chief Justice, John Marshall, in my view, shared by many, the greatest Chief Justice in U.S. history. Our current Chief admired, particularly, Chief Justice Marshall's unparalleled ability to achieve consensus among his colleagues. During his tenure, the Court spoke with one voice most of the time.").

56 As Justice Ginsburg notes, "There are a number of cases ...... they're not picked up by the press too often, where Justice Scalia and I are in total agreement, and if you think of this last Term, of Fourth Amendment cases, the one where Nino was ...... in dissent. [The] question was whether the police, when they arrest someone suspected of a felony, ... can take a DNA sample." Justice Ginsburg on Supreme Court Rulings and Political Activism (C-SPAN television broadcast Sept. 6, 2013), available at http://perma.cc /S5LZ-68GA; see Maryland v. King, 133 S. Ct. 1958, 1980 (2013) (Scalia, J., dissenting) ("Justice Scalia, with whom Justice Ginsburg, Justice Sotomayor, and Justice Kagan join, dissenting.").

57 Cf. Zuni Pub. Sch. Dist. v. Dep't of Educ., 550 U.S. 81, 113 (2007) (Scalia, J., dissenting) ("The sheer applesauce of this statutory interpretation should be obvious.").

58 Cf., e.g., Piers Morgan Tonight: Interview with Antonin Scalia [(CNN television broadcast July 18, 2012) (transcript available at http:// perma.cc /6ZPA-HGR5)] ("My best buddy on the Court is Ruth Bader Ginsburg, has always been.").

59 See, e.g., Emmarie Huetteman, Breyer and Scalia Testify at Senate Judiciary Hearing, N.Y. Times, Oct. 6, 2011, at A21 ("Justice Scalia expounded on what sets the United States apart from other countries: not the Bill of Rights, which 'every banana republic has,' but the separation of powers. Americans 'should

learn to love the gridlock,' he said. 'It's there for a reason, so that the legislation that gets out will be good legislation.'")

60 The original composition of the Court was six justices. Judiciary Act of 1789, ch. 20, ¤ 1, 1 Stat. 23. In 1869, the number of justices was increased to nine. Judiciary Act of 1869, ch. 22, ¤ 1, 16 Stat. 44 ("[T]he Supreme Court of the United States shall hereafter consist of the Chief Justice of the United States and eight associate justices······").

61 Cf. Scalia, A Matter of Interpretation, supra note 2, at 13-14 ("By far the greatest part of what I and all federal judges do is to interpret the meaning of federal statutes and federal agency regulations.").

62 See, e.g., Rob Seal, Scalia: Judges Should Consider Tradition in Church and State Cases, U. Va. L. Sch. (Apr. 11, 2008), http://perma.cc/3PYB-R8E4 ("What Shakespeare is to the high school English student, the society's accepted constitutional traditions are to the prudent jurist. He doesn't judge them, but is judged by them. ······ [Rules] ought to be rooted in—ought to be derived from— the text of the Constitution, and where that text is in itself unclear, the settled practices that the text represents.").

63 See, e.g., Morning Edition: Ruth Bader Ginsburg and Malvina Harlan: Justice Revives Memoir of Former Supreme Court Wife [(NPR radio broadcast May 2-3, 2002), available at http://www.npr.org/templates/story/story.php?storyId=1142685] ("Dissents speak to a future age. It's not simply to say, 'My colleagues are wrong and I would do it this way.' But the greatest dissents do become court opinions and gradually over time their views become the dominant view. So that's the dissenter[s'] hope: that they are writing not for today but for tomorrow.").

64 Compare Daniel J. Hemel, Scalia Describes "Dangerous" Trend, Harvard Crimson (Sept. 29, 2004), http://perma.cc/B8JU-U5BF ("The Supreme Court's recent decisions ······ represent a 'dangerous' trend, Justice Antonin Scalia told a Harvard audience last night."), with At the Supreme Court: A Conversation with Justice Ruth Bader Ginsburg and Stanford Law School Dean M. Elizabeth Magill, Stanford Lawyer (Oct. 4, 2013), http://perma.cc/ZNS2-VMZU ("If you reflect on the history of the Court, there have been periods in which the Court is stemming the tide of progress in the nation at large. I think this may be one such time, but, eventually, this time will pass.").

65 See Scalia, A Matter of Interpretation, supra note 2, at 7, 12 ("[A]n absolute prerequisite to common-law lawmaking is the doctrine of stare decisis—that

is, the principle that a decision made in one case will be followed in the next. Quite obviously, without such a principle common-law courts would not be making any 'law'; they would just be resolving the particular dispute before them. It is the requirement that future courts adhere to the principle underlying a judicial decision which causes that decision to be a legal rule. (There is no such requirement in the civil-law system, where it is the text of the law rather than any prior judicial interpretation of that text which is authoritative. Prior judicial opinions are consulted for their persuasive effect, much as academic commentary would be; but they are not binding.) ⋯⋯ I am content to leave the common law, and the process of developing the common law, where it is. It has proven to be a good method of developing the law in many fields—and perhaps the very best method.").

66 See Justice Ginsburg on Supreme Court Rulings and Political Activism, supra note [56] ("I should say that one of the hallmarks of the Court is collegiality, and we could not do the job the Constitution gives to us if we didn't—to use one of [Justice Antonin] Scalia's favorite expressions—'get over it.' We know that—even though we have sharp disagreements on what the Constitution means, we have a trust, we revere the Constitution and the Court, and we want to make sure that, when we leave it, it will be in as good shape as it was when we joined the Court.").

67 See id.

2부 불모지의 개척자들에게 보내는 찬사

1 Justice Ginsburg, who often uses the terms "pathmarking" and "waypaving," not only in these tributes but also in her legal writings and judicial opinions, came across the term when she read former UN Secretary General Dag Hammar skjöld's book Vägmärken (1965). See Interview by Mary Hartnett and Wendy Williams with Ruth Bader Ginsburg (Aug. 5, 2004) (on file with authors).

3부 성평등에 관하여: 여성과 법

1 Interview by Mary Hartnett and Wendy Williams with Ruth Bader Ginsburg (Aug. 25, 2005) (on file with authors).

2 See Ruth Bader Ginsburg, Treatment of Women by the Law: Awakening Consciousness in the Law Schools, 5 Val. U. L. Rev. 480, 481 (1971).

3 Ruth Bader Ginsburg, Remarks for Rutgers (Apr. 11, 1995), cited in Herma Hill Kay, Claiming a Space in the Law School Curriculum: A Casebook on Sex-Based

Discrimination, 25 Colum. J. Gender & L. 54, 55 (2013).

3장 '프론티에로 사건' 답변서

1   Gerald Gunther, The Supreme Court, 1971 Term—Forward: In Search of Evolving Doctrine on a Changing Court: A Model for a Newer Equal Protection, 86 Harv . L. Rev. 1, 8 (1972).

4장 남녀평등수정헌법의 필요성

1   See, e.g., Nikki Schwab, Ginsburg: Make ERA Part of the Constitution, U.S. News & World Report, Apr. 18, 2014, available at http://www.usnews.com/news/blogs/washington-whispers/2014/04/18/justice-ginsburg-make-equal-rights-amendment-part-of-the-constitution (quoting Justice Ginsburg).

4부 연방대법관이 되다

1   Interview by Mary Hartnett with Ron Klain (Nov. 30, 2007) (on file with authors).
2   Interview by Maeva Marcus with Ruth Bader Ginsburg (Sept. 6, 2000) (on file with authors).
3   Interview by Mary Hartnett and Wendy Williams with Martin Ginsburg (Aug. 3, 2004) (on file with authors).
4   Interview by Mary Hartnett with Ron Klain (Nov. 30, 2007) (on file with authors).
5   Interview by Mary Hartnett with President William Jefferson Clinton (June 26, 2014) (on file with authors).
6   Interview by Mary Hartnett with Bernie Nussbaum (Nov. 15, 2007) (on file with authors).
7   Interview by Mary Hartnett and Wendy Williams with Ruth Bader Ginsburg (Aug. 25, 2005) (on file with authors).
8   Ibid.
9   Ibid.
10 Interview by Mary Hartnett with President William Jefferson Clinton (June 26, 2014) (on file with authors).
11 Interview by Mary Hartnett with Bernie Nussbaum (Nov. 15, 2007) (on file with authors).
12 Background Briefing by Senior Administration Officials (June 14, 1993), available

at the American Presidency Project, http://www.presidency.ucsb.edu/ws/?pid=59985.

13 Ibid.

14 Interview by Maeva Marcus with Ruth Bader Ginsburg (Sept. 6, 2000) (on file with authors).

1장 로즈가든 수락 연설

1 Transcript of president's announcement and Judge Ginsburg's remarks, New York Times, June 15, 1993.

2 Ibid.

3 Ibid.

4 Interview by Mary Hartnett and Wendy Williams with Ruth Bader Ginsburg (Aug. 25, 2005) (on file with authors).

5 Background Briefing by Senior Administration Officials (June 14, 1993), available at the American Presidency Project, http://www.presidency.ucsb.edu/ws/?pid=59985.

6 Ruth Bader Ginsburg Supreme Court Nomination Announcement, White House Rose Garden, Washington, D.C. (June 14, 1993) (recording available on C-SPAN at http://www.c-span.org/video/?42908-1 /ginsburg-supreme-court-nomination).

7 Interview by Mary Hartnett with President William Jefferson Clinton (June 26, 2014) (on file with authors).

8 Ibid.

9 Ibid.

2장 상원 인준청문회 모두진술

1 Nomination of Ruth Bader Ginsburg, to Be Associate Justice of the Supreme Court of the United States: Hearings Before the Committee on the Judiciary, 103rd Congress, July 20-23, 1993, S. Hrg. 103-482 [hereinafter Nomination Hearings], at 1 (statement of Chairman Biden).

2 Ibid., p. 32 (statement of Senator Heflin).

3 Ibid., p. 46 (statement of Judge Ginsburg).

4 Ibid.

5   Ibid., p. 166 (statement of Judge Ginsburg).

6   Linda P. Campbell, "Soft-spoken Ginsburg Gets Points Across," Chicago Tribune, July 25, 1993, p. 1.

7   Nomination Hearings, supra note 1, p. 404 (statement of Senator Feinstein).

8   Ibid., p. 503 (statement of Rosa Cumare).

9   Ibid., p. 517 (statement of Susan Hirschmann).

10 Ibid., p. 565 (statement of Chairman Biden).

11 Interview by Mary Hartnett with Joel Klein (Sept. 16, 2014) (on file with authors).

12 Nomination of Ruth Bader Ginsburg to Be an Associate Justice of the United States Supreme Court: Executive Report, 103rd Congress, Aug. 5, 1993, Exec. Rept. 103-6, at 2 (submitted by Chairman Biden).

5부 판결과 정의

1   Interview by Mary Hartnett and Wendy Williams with Ruth Bader Ginsburg (Aug. 4, 2004) (on file with authors).

7장 반대의견의 역할

1   Linda Greenhouse, Oral Dissents Give Ginsburg a New Voice, N.Y. Times, May 31, 2007 at A1.

8장 연방대법원 주요 보고 사항

1   Interview by Mark Sherman with Ruth Bader Ginsburg, Ass ociated Press, July 8, 2016, http://bigstory.ap.org/article/0da3a641190742669cc0d01b90cd57fa/ap-interview-ginsburg-reflects-big-cases-scalias-death.

맺는 글

1   Joan Biskupic, Ginsburg 'Lonely' Without O'Connor, USA Today, Jan. 26, 2007, at A1.

2   Jessica Weisberg, Supreme Court Justice Ruth Bader Ginsburg: I'm Not Going Anywhere, Elle Magazine, Sept. 23, 2014, at 358, 360.

3   Ruth Bader Ginsburg, 2nd Annual Dean's Lecture to the Graduating Class, Georgetown University Law Center, Feb. 4, 2015, available at http://apps.law.georgetown.edu/webcasts/eventDetail.cfm?eventID=2559.

4   Weisberg, supra note 2, at 362.

저자들에 관하여

　루스 베이더 긴즈버그는 빌 클린턴 대통령에 의해 1993년 6월 미 연방대법원의 대법관으로 지명됐으며 그해 8월 10일에 취임 선서를 했다. 연방대법원에 부임하기 전에는 미국 컬럼비아특구 순회항소법원에서 13년간 판사로 근무했다. 그 전에는 컬럼비아대학 로스쿨(1972~1980년)과 럿거스 소재 뉴저지 주립대학(1963~1972년)에서 법학 교수로 재직했다. 1972년 당시 교수였던 긴즈버그는 ACLU가 여성 권익 프로젝트를 착수하는 데 주도적인 역할을 수행했다. 1970년대에는 내내 젠더에 근거한 차별에 대항해서 헌법적 원칙을 공고히 해준 일련의 획기적인 소송 사건들을 주도적으로 이끌었다. 코넬대학에서 학사학위를 받았고, 하버드대학 로스쿨에서 수학했으며, 컬럼비아대학 로스쿨에서 법학박사 학위를 받았다. 로스쿨을 졸업한 후에 한때 뉴욕 남부 지역 지방법원 소속 에드먼드 팔미에리 판사의 재판연구원으로 근무했다. 이후, 컬럼비아대학 로스쿨에서 국제소송법에 관한 프로젝트의 책임연구원과 부소장을 지냈다. 컬럼비아대학, 하버드대학, 예일대학 그리고 스웨덴의 룬드대학을 포함해서 모두 30여 개 대학이 그에게 명예박사 학위를 수여했다. 지금은 고인이 된 남편 마틴 긴즈버그는 조지타운대학 법률센터의 조세법 교수였고, 딸 제인 긴즈버그는 컬럼비아대학 로스쿨에서 문화예술재산법 교수로 재직하고 있으며, 아들 제임스 긴즈버그는 현재 클래식 음반 제작자이다.

메리 하트넷은 1998년부터 조지타운대학 로스쿨에서 여성에 관한 법률 및 공공정책 협력 프로그램의 기조실장으로 출발해서 현재는 동 프로그램의 자문위원이자 법학 담당 부교수로 재직 중이다. 또한, 우드로 윌슨 국제센터의 공공 정책 학자, 라트비아 공화국 리가 법학대학원 방문교수 그리고 미국 변호사협회의 여성권리위원회 부의장으로 재직해오고 있다. 1998년 이전에는 국제적인 로펌인 쿠데르트 브라더스에서 근무하며 미국 워싱턴 D.C. 지방법원의 시민 무료 변론 변호인단으로 가난한 사람들을 대변했으며 미국 내의 폭력 희생자들을 변론했다. 전미 변호사협회가 국제법상 여성 발전에 기여한 공로로 그에게 라스무센 상 Rasmussen Award을 수여했으며 그리넬대학이 동문상도 수여했다. 뉴욕대학 로스쿨을 루트-틸덴 장학생으로 일 년간 수학했으며 조지타운대학 법률센터를 우등으로 졸업했다.

웬디 윌리엄스는 조지타운대학 법률센터 석좌교수로 젠더와 법 특히, 일과 가정 문제에 관한 연구 업적으로 미국 법조계에서 명성을 떨쳤다. 1996년에는 젠더와 법에 관한 사례집을, 2016년에는 미국 법사학계가 출간한 젠더 문제에 관한 저서를 공동으로 집필했다. 1978년 '임신차별법[임신을 구실로 가하는 성차별을 금지한 연방 법령]'과 1993년 '가족 및 의료 휴가법'과 관련하여 미 의회 위원회에서 초안을 작성하는 데 도움을 줬으며 증언도 했다. 1976년에 법률센터 교수로 부임하기 전에는 캘리포니아주 대법원 소속 레이먼드 피터스 대법관의 재판연구원과 리지널드 헤버 스미스 빈곤 전문 법률 연구소의 연구원으로 근무했으며, 샌프란시스코 소재 공익법률사무소인 '평등권 옹호론자 모임' 결성을 주도했다. UC 버클리에서 문학사 및 법학박사 학위를 받았다. 미국 법학 교수회 회장을 역임했으며 1989년부터 1993년까지 조지타운대학 법률센터 대학원장으로 근무했다. 여성에 관한 법률 및 공공정책 협력 프로그램의 공동창설자로 1993년부터 운영위원으로 활동해왔다.

번역 **문경록**

서강대학교에서 경영학을 전공하고 한국개발연구원(KDI) 국제정책대학원에서 MBA를 취득했다. 현대오일뱅크에서 해외영업과 기획조정 업무를 담당했으며 외국계 합작회사와의 커뮤니케이션 및 국제 중재 업무를 총괄했다. 이후, 모바일 결제 스타트업에서 구글, 아마존, 알리바바, 애플 등의 거대 기술기업들과 페이팔 등 세계적인 모바일 결제 회사들의 비즈니스 모델 연구와 생태계 동향 분석을 담당했다. 현재까지 WTO 제소 사건을 포함하여 다수의 외국계 회사가 의뢰한 영문 및 한국어 번역 작업에 참여하고 있다. 역서로는 《온라인 쇼핑의 종말》 등이 있다.

진보의 품격
세상을 바꾼 목소리

초판 1쇄 인쇄 ｜ 2025년 7월 10일
초판 1쇄 발행 ｜ 2025년 7월 15일

지은이 ｜ 루스 베이더 긴즈버그, 메리 하트넷, 웬디 W. 윌리엄스
번 역 ｜ 문경록

발행인 ｜ 정병철
발행처 ｜ ㈜이든하우스출판
등 록 ｜ 2021년 5월 7일 제2021-000134호
투 자 ｜ 김준수
자 문 ｜ 장하일
편 집 ｜ 신원제
디자인 ｜ 스튜디오41

주 소 ｜ 서울시 마포구 양화로 133 서교타워 1201호
전 화 ｜ 02-323-1410
팩 스 ｜ 02-6499-1411
이메일 ｜ jbc072@naver.com
ISBN ｜ 979-11-94353-25-6 (03300)

* 값은 뒤표지에 표시되어 있습니다.
* 잘못된 책은 구입하신 서점에서 바꾸어 드립니다.